国家社会科学基金"十二五"规划2014年度教育学
一般课题"非洲教育一体化发展战略研究"（编号：BDA140029）成果

非洲教育研究丛书

非洲教育一体化发展战略研究

万秀兰　李佳宇　等◎著

RESEARCH ON THE
DEVELOPMENT STRATEGY OF
INTEGRATION OF EDUCATION
IN AFRICA

ZHEJIANG UNIVERSITY PRESS
浙江大学出版社

目　录

绪　论

中非交流与友谊有着悠久的历史,最早可追溯到郑和下西洋。新中国成立后,中国支持非洲民族独立运动,支持非洲国家发展民族经济、捍卫民族独立。自1956年与埃及建交以来,中国与非洲各国政府的官方关系已经走过60余载,中非合作到了一个全新的发展阶段。2000年中非合作论坛成立,成为一种新的合作机制,成为中非双方在世纪之交开展集体对话、谋求互利合作和共同发展的一次重要尝试。2015年12月5日,中国国家主席习近平在中非合作论坛约翰内斯堡峰会上,全面阐述了中国对非关系政策理念,并提出中非关系将由新型战略合作伙伴关系提升为全面战略合作伙伴关系。在中非合作论坛的机制下,中国与非洲开展了全方位、多领域的合作,建立了全面战略合作伙伴关系。

至于中国与非洲一体化的关系,2012年,在中非合作论坛第五届部长级会议上,中国时任国家主席胡锦涛就提出"支持非洲一体化建设,帮助非洲提高整体发展能力"①。随着中非合作的深入,中国对非洲一体化的推动作用日趋明显。目前,这种推动作用主要体现在三个方面:一是积极建立与非洲跨国跨区域基础设施建设合作伙伴关系,为项目规划和可行性研究提供了支持;二是积极发展与非盟的战略伙伴关系,重视非盟在非洲发展与稳定中的积极作用,同时与非洲次区域组织开展合作;三是中非合作论坛增强了非洲集体身份的认同,从而有助于推动非洲一体化。② 此外,中国注重支持非盟的机构与能力建设来推动非洲一体化建设。中国于2006年决定为

---

①　中央政府门户网站.胡锦涛在中非合作论坛第五届部长级会议开幕式上的讲话[EB/OL].[2017-05-20].http://www.gov.cn/ldhd/2012-07/19/content_2187072.htm.

②　中非合作论坛.中非合作论坛第五届部长级会议——北京行动计划(2013年至2015年)[EB/OL].[2017-07-08].http://www.focac.org/chn/ltda/dwjbzzjh/hywj/t954617.htm;张忠祥.中国在非洲一体化进程中的作用[J].上海师范大学学报(哲学社会科学版),2012(5):97-99.

非盟无偿援建非盟会议中心,该中心于 2012 年 1 月正式竣工并交付使用,使非盟第一次拥有了真正属于自己的会议中心和办公楼。①

在教育领域,中国与非洲开展了一系列合作项目,特别是在高等教育领域。随着"一带一路"教育行动计划②的提出,中非在教育合作方面有了更具指导性的政策支持。目前,中非国家之间的教育合作已经逐渐从单向的对非援助走向双边互动的交流与合作模式③,主要表现在支持非洲人才培养、开展教育合作项目两个方面,对于推动非洲教育一体化发展具有重要意义。

一、中非扩大教育合作产生新的课题

在上述背景下,中非教育合作日益加强,也提出了一些新的研究课题,其中包括非洲教育一体化发展战略的发生、发展以及中国的参与问题等。

关于中非教育合作,目前渠道众多,下面略从几个重要方面加以论述。

(一)教育部、商务部组织高等学校开展非洲人力资源开发与培训

中国在多届中非合作论坛上提出,支持非洲教育与人力资源培训。2000 年北京峰会提出"为非洲培养 15000 名各类人才",并专门设立了"非洲人力资源开发基金"。2009 年第四届部长级会议提出"为非洲培训各类人才总计 2 万名",增幅为 33%。2012 年第五届部长级会议提出开展"非洲人才计划","为非洲培训各类人才 3 万名",增幅 50%,还"提供政府奖学金名额 18000 个"。④

中国教育部和商务部成立了援外(非洲是重点地区之一)培训基地,定期举办培训班和研修班,采取多种人才培养模式和培训方式,帮助发展中国家开发人力资源。例如,浙江师范大学从 2002 年起承担了多个援非人力资

① 天津职业技术师范大学非盟研究中心组.非洲一体化背景下的中非合作[C].北京:世界知识出版社,2013:263.
② 中华人民共和国教育部.教育部关于印发《推进共建"一带一路"教育行动》的通知[EB/OL].[2017-07-08].http://www.moe.edu.cn/srcsite/A20/s7068/201608/t20160811_274679.html.
③ 李军,田小红."一带一路"背景下中、非大学的国际合作与发展[J].华南师范大学学报(社会科学版),2017(1):73.
④ 张忠祥.中非合作论坛研究[M].北京:世界知识出版社,2012:140;中非合作论坛.中非合作论坛第五届部长级会议——北京行动计划(2013 年至 2015 年)[EB/OL].[2017-07-08].http://www.focac.org/chn/ltda/dwjbzzjh/hywj/t954617.htm.

源培训项目如"非洲基础教育管理研修班""非洲高等教育管理研修班"等170余期,先后为非洲培训高级政府官员、大中小学校长和教师共计约4000人次;天津职业技术师范大学在非洲当地建立职业教育学院(如亚的斯亚贝巴职业教育学院),开展短期职业教育培训,为埃塞俄比亚、坦桑尼亚等非洲国家培养了大批中、高级人才。再比如,宁波职业技术学院获商务部批准成为中国职业技术教育援外培训基地,有了10余年援外职业教育培训经验,到2018年底为止,已为来自115个发展中国家的2500余名教育界及产业界官员进行培训,涉及职业教育管理、港口管理、汽车产业管理、工业产业等领域。①

中国教育部还组织了一批高职院校赴非洲进行职业技术培训。

除了中国官方的行动,非洲中资企业还在当地开展了本地员工的培训。

(二)国家多部委设立中非高校合作项目

2010年,中国政府启动的"中非高校20+20合作计划"比较有影响。根据该计划,中国选择国内20所重点大学(或职业教育学院)与非洲20所大学(或职业教育学院)建立长期合作的伙伴关系。此外,中国还支持非洲高校对中国深入的研究。在中非合作论坛第五届部长级会议中提出进一步完善中非高校校际合作机制,鼓励中非高校在区域和国别研究领域开展合作,支持非洲高校开设中国研究中心。② 随后,区域与国别研究计划下非洲研究中心在浙江师范大学成立。类似的机制还有很多,比如,在中外高级别人文交流机制下,中国南非人文交流中心也在浙江师范大学成立。

(三)国家汉办和中国高校在非洲开展语言文化教育与培训活动

截至2019年9月30日,全球已有158个国家(地区)设立了535所孔子学院和1134个孔子课堂。其中,非洲46国,孔子学院61所,孔子课堂44个。③ 孔子学院除了承担传播中国文化、开展汉语培训等职责外,还积极融入当地社会,组织编写符合非洲国家本土化特色的汉语教材,满足了当地人

---

① 毛信意,戚音.中非职教合作大有可为——中国助力非洲职教发展[N].人民日报(海外版),2018-12-14.
② 中非合作论坛.中非合作论坛第五届部长级会议——北京行动计划(2013年至2015年)[EB/OL].[2017-07-08].http://www.focac.org/chn/ltda/dwjbzzjh/hywj/t954617.htm.
③ 国家汉办.孔子学院/课堂·关于孔子学院/课堂[EB/OL].[2020-08-01].http://www.hanban.org/confuciousinstitutes/node_10961.htm.

民的学习多样化需求,极大地推动了中非友好合作关系的全面发展。孔子学院与孔子课堂为汉语和中国文化在非洲的传播发挥了基础作用。从2014年开始,南非、肯尼亚、尼日利亚等国家已经将普通话列为语言选修课程;2018年12月乌干达将普通话课程引入部分中学。中国紧随法国之后,成为在非洲开设文化机构第二多的国家。①

(四)在国际组织设立专项合作基金为非洲教育项目提供资金支持

中非合作论坛第五届部长级会议通过的《北京行动计划》提出,中国将在联合国教科文组织信托基金框架下,每年提供200万美元,用于支持非洲教育发展项目,特别是支持非洲的高等教育。② 2012年联合国教科文组织-中国信托基金项目第一期启动。中国第一次通过该信托基金集中帮助非洲国家提高教师培训机构的培训能力。③ 第一期(2012—2016年)信托资金共800万美元,资助的国家包括科特迪瓦、纳米比亚和埃塞俄比亚等8国。中国常驻联合国教科文组织代表团大使衔代表张秀琴说,这是一个"种子项目",也为各国发展起了示范作用,这种国际合作将把非洲和中国与联合国教科文组织的合作关系推向新高度。2017年该项目第二期(2017—2019年)启动,中国追加400万美元资助金。④ 2017年9月中国、非洲与世界银行在塞内加尔签署了三方教育合作协议。在该协议框架下,在中国和世界银行合作基金的资金支持下,世界银行非洲教育团队与中国同行合作,共同建立了中非世界银行教育合作论坛这一机制。自2017年以来,该论坛已经成功举办三届,将非洲教育政策制定者、实践者、中国教育同行聚集在一起,交流和分享政策经验和教训,并在一致同意的相关教育领域建立合作。

(五)为非洲学生设立来华奖学金项目

依据三年一度的中非合作论坛宣言,非洲来华学生的奖学金名额不断

---

① Robert Daugherty. 投资非洲教育,中国正在领先[EB/OL]. (2019-05-13). [2019-11-18]. https://baijiahao.baidu.com/s? id=1633412935651230883&wfr=spider&for=pc.

② 中非合作论坛. 中非合作论坛第五届部长级会议——北京行动计划(2013年至2015年)[EB/OL]. [2017-07-08]. http://www.focac.org/chn/ltda/dwjbzzjh/hywj/t954617.htm.

③ 邢雪. 中国首次通过联合国教科文组织成立信托基金支持非洲发展[N]. 人民日报,2014-10-09.

④ 联合国教科文组织-中国信托基金项目进一步推动非洲教师培训[EB/OL]. (2017-04-06). [2020-05-06]. http://iice.zjnu.edu.cn/2018/0506/c10676a242493/page.htm.

增多,标准大幅提高。① 目前中国已经成为非洲留学最大目的地国家。奖
学金的类型有中国政府奖学金、各省政府奖学金、孔子学院奖学金、长城奖
学金、院校奖学金、企业奖学金等。

除此之外,中国对非教育援助与合作方式,还有派遣志愿者、援建学校、
援建技术示范中心等。

（六）新课题的产生

中非合作论坛框架和"一带一路"倡议都要求我们加强中非教育合作。
目前中国对非教育援助与合作的发展性质,总体上虽然还是以数量扩张为
主,但已经初步开始走向深入,着手制度建设,提高有效性。

不过从上述援助与合作的路径、方式来看,中非合作以双边为主,中国
与全球教育援助组织在非洲教育方面的合作少,与非洲本土的区域教育组
织的合作基本没有提上议事日程。这就会事倍功半,不能充分利用好这些
组织的作用。

因为非洲国家众多,发展水平和能力各不相同,大多数非洲国家都比较
重视甚至依赖于本区域的一体化发展战略。而且对非洲教育一体化发展发
挥巨大作用的,除了非洲国家政府、非洲国内的非政府组织和全球组织外,
还有非洲本土的政府间组织、区域教育专业组织,这些组织都发挥了独特而
重要的动员、引领、监督和促进作用。

因此,中非教育合作不仅需要与非洲政府打交道,与联合国教科文组
织、世界银行打交道,也需要与这些政府间组织、区域教育专业组织打交道。
这样的联系将使我们的中非教育合作事半功倍。

另外,中非教育合作需要结合非洲的教育议程。一方面,非洲的教育发
展战略是前瞻性纲领性的教育规划、目标和行动方案,值得研究。而相对于
我国承认的54个非洲国家的国别教育发展战略的一一详查来说,对区域教
育一体化发展战略的了解和掌握,比较容易。另一方面,制定这些区域发展
战略的组织更具专业权威性,其战略也更具有本区域的普适性。

因此,非洲哪些区域组织在推动区域教育一体化发展战略? 其合法性
何在? 它们制定了哪些发展战略和规划? 其中的核心主题有哪些? 实施情

---

① Wan X L. Trends of China's Aid to African Education[J]. Norrage News,2015(52):133-135.

况如何？有何特点？有何成效和问题？原因何在？基于这些问题的研究结果，中国参与非洲教育一体化治理和发展应该有何对策？这些课题值得研究。

二、区域一体化概念及其理论

国内关于一体化概念和理论有不少研究。这里仅进行简要概括和提炼，以作为本书的重要理论基础。

（一）一体化概念

一体化有广义和狭义之分。本书的一体化指的是区域内主权国家之间在区域共同组织机构领导下从区域整体角度提出的政治经济文化的制度化的协调、合作、共同发展的进程；不含一国、一区、一组织内部不同区域、部门或者事项之间的协调一致的发展进程。本书的一体化也可称为区域一体化，或地区一体化，是国际关系研究的重要课题之一。

我国学者罗建波认为，"地区一体化指的是一群地缘特性相近的国家为了增进地区的共同利益和应对地区内外的各种共同性挑战，从地区整体性的角度展开的有关政治、经济或文化等领域的制度性合作"。他还指出"地区一体化是当代历史发展的一种表现形态和存在方式。其进程产生于二战结束以后，在 20 世纪 90 年代以来全球化加速发展的时代又获得了新的发展"；区域一体化"是地区国家间的一种联合、合作与统一实践"。但其思想缘起于并付诸实施于"二战前比较久远的历史时期"。[①]

在非洲政策和研究者语境中的"一体化"（harmonization 或 integration）意味着"标准化"和"一致性"（uniformity），有助于可靠而透明地"获得信息"，更多、更好地"联络利益相关者"，以及区域间优良实践的"模式分享"与"资源分享"；意味着"联合"有共同目的的行动和努力，使之"步调一致"，即同意和接受某种安排，使某种教育和培训系统的教育能力和性质与另一个或某一组教育和培训系统相匹配。[②]

（二）一体化理论——政府间主义和超国家主义的博弈

一体化理论"是西方国际关系学理论之一，美国学者多伊奇（Karl

---

① 罗建波.非洲一体化与中非关系[M].北京:社会科学文献出版社,2006:25,10.

② 万秀兰.非洲教育区域化发展战略及其对中非教育合作的政策意义[J].比较教育研究,2013(6).

Deutch)1957 年提出。其核心是系统功能主义，强调研究共同体的系统交互作用和特殊功能，主张通过跨国渠道，采取共同措施，在特定领域实现全面合作……一体化并不代表完全一致化，而是一个趋同化的过程"①。一体化理论涉及国家主权及其让渡程度问题。围绕这个问题，"战后欧洲联合进程中一直存在超国家主义（supranationalism）与政府间主义（intergovernmentalism）两种倾向。联邦派主张的超国家原则始终受到政府间主义原则的抵制"。法国和英国等欧洲共同体主要国家，坚决坚持政府间主义。"在两种倾向的斗争中，欧洲共同体在坚持一体化的同时保持了主权国家的主导和控制。"第二次世界大战后欧洲联合的一个重要特点，在于它是具有一定程度的"超国家"性质的"一体化"。欧洲联邦主义者要求由经济一体化发展到政治一体化，并把国家主权转移给共同体，最终实现"欧洲联邦"或"欧洲合众国"。但政府间主义者强调民族国家政府在一体化中的关键作用，虽然坚持各国在有关问题和领域实行"合作"，但反对超国家的权力机构凌驾于主权国家之上。他们认为"一体化只有与各成员国的利益相吻合的时候，才会发生。它必须置于政府间合作的基础之上和框架之内，使各国政府能够对联合进程保持抉择权、主导权和控制权。政府间主义主张一种'邦联'（confederation）模式的欧洲联合，因而也称为'邦联主义'（confederalism）"。②

虽然联邦主义者的超国家主义原则目前实施起来不太现实，但"民族和国家的全球联合、融合的趋势是不可改变的"③。政府间主义过分强调成员国政府的作用而贬低共同体超国家机构的作用，而且没有考察复杂的机制性国家结构如何影响国家官员的观念和偏好，忽视了这类机构决策的复杂性，缺乏充分解释力④。因此，政府间主义也是有局限的。

这两种主义的博弈，结果如何，取决于很多因素。但目前的区域一体化，无论在欧洲还是在非洲、东南亚和拉丁美洲，似乎都是政府间主义占上风。虽然在欧洲一体化过程中联邦主义也有过高潮，但"政府间主义原则始

①　魏航.欧盟高等教育合作交流政策研究[D].东北师范大学,2011:11.
②　黄正柏.战后欧洲联合中的"政府间主义"及其影响——兼及欧洲一体化与国家主权的关系[J].华中师范大学学报(人文社会科学版),2000(6).
③　王培利,崔逸豪.历史视角下的超国家主义研究[J].廊坊师范学院学报(社会科学版),2017(6).
④　房乐宪.政府间主义与欧洲一体化[J].欧洲,2002(1).

终主导着欧洲联合的进程"①。然而从趋势上看,假以时日,形势也有可能会发生逆转。

（三）影响区域一体化进程的要素

多伊奇认为地区一体化需要具备以下条件:(1)单位之间的相互关联性;(2)价值的一致性以及某些实际的共同报偿;(3)相互的反应性;(4)某种程度概括的共同特征或忠诚。同时,他提出以下任何一个因素都会导致一体化进程分崩离析:(1)对该社会或任何参加一体化的单位经济、军事、政治负担的激增;(2)社会变动与政治参与的急剧增长,快于民众同化于该社会共同政治文化的进程;(3)地区经济、文化、社会、语言或种族差别上的急剧增加,快于并大于任何补偿性的一体化进程;(4)政治或行政机构以及政府和政治领导处理其当前工作与负担的能力严重落后或下降;(5)政治精英相对封闭,使新成员与新观念的进入大为减慢,促使沮丧的潜在社会精英成员成为敌对的反社会精英分子;(6)政府和社会精英未能及时地实行人民所需要或期望的必要的改革和调整,对某些拥有特权、占据优势的少数人的地位的急剧下降或丧失,未能做出及时的调整。②

作为新功能主义者的美国学者哈斯(E. Haas),"把地区性政治机制的存在看作是地区一体化及其概念界定的基础"。哈斯认为,一体化是"说服来自不同国家的政治行为体将其忠诚、期望和政治活动转向一个新中心的进程。这个中心的组织机构拥有或要求掌握对已经存在的各民族国家的管辖权"③。

以霍夫曼(S. Hoffmann)为代表的现实主义流派认为,成员国之间的政治讨价还价决定了区域合作的特点和区域共同体制度的范围与限度,体现了国家中心的研究范式。以哈斯、多伊奇等为代表的新老功能主义理论者,则强调国家在阻止或干扰一体化进程时无能为力。不过他们也承认国家政治精英在一体化过程中的作用。

我国学者胡延新认为一体化有三个特点:地域性、集团效应和结构变革。罗建波对不同地区一体化的共同特点的归纳颇有见地:(1)一体化的地

---

① 黄正柏.战后欧洲联合中的"政府间主义"及其影响——兼及欧洲一体化与国家主权的关系[J].华中师范大学学报(人文社会科学版),2000(6).

② 贾瑞霞.国外学者关于一体化理论的一些研究[J].当代世界与社会主义,2000(3).

③ 转引自罗建波.非洲一体化与中非关系[M].北京:社会科学文献出版社,2006:27.

区必须具有相对独特的地区性或地缘性(regioness)——高度的地理相似
性、某种程度的相互依存度、一定程度的文化同质性以及大体一致的情感认
同;(2)地区一体化必须以某种形式的制度安排为物质依托;(3)地区一体化
往往涉及政治、经济或文化等多个领域的合作。虽然经济一体化仍然是地
区一体化的主要形式,但政治安全一体化也是地区一体化的重要内容,而社
会文化一体化也日益深入地进入一体化的合作视野。①

　　这些分析为我们探讨非洲教育一体化进程的促进和阻碍因素提供了概
念体系和分析框架。

　　(四)非洲区域一体化

　　非洲一体化也称为非洲区域化,有时候也称为非洲化,统称为非洲区域
一体化。

　　以格兰特(J. A. Grant)等人为代表的国际学术界对经济、政治、外交领
域的非洲一体化、地区主义的综合性研究较多,涉及其发生和发展的过程、
性质的演变、机制的创新、具体的战略和行动、取得的成效、面临的障碍和未
来的前景,等等。伴随着非洲国家民族解放运动,在 20 世纪 60 年代有些研
究讨论了语言、宗教和教育与国家一体化的关系。

　　20 世纪 80 年代末至今,有些学者研究了尼日利亚、加纳、南非等国家
的民族国家一体化的意义、措施及障碍。其中刘鸿武教授的重要研究颇有
代表性。

　　刘鸿武和方伟指出,"迄今,国家成长与民族融合这两大任务在许多非
洲国家都没有真正完成",其中"对非洲国家统一建构进程形成阻遏障碍、消
解国家存在基础的内外因素"主要有三个:一是"西方发达国家主导下的经
济全球化和政治自由化进程";二是被迫照搬的"西方竞争性多党制与选举
政治";三是"大量非政府组织及这些组织不断发出的对抗性政治诉求","引
发持续的族群冲突、宗教冲突、文化冲突"。这些因素从外部或内部侵蚀着
非洲国家的主权或政府权威,消解着非洲国家和政府的行动能力。因此,在
非洲一些国家和地区,政府能力严重缺失,基层政权形同虚设,看不到条块
分明、上下联通的功能化的政权网络与管理系统,呈现出"有社会而无政府"

---

　　①　罗建波.非洲一体化与中非关系[M].北京:社会科学文献出版社,2006:25-30.

的状态。虽然今日非洲国家拥有大量的年轻人口,但因缺乏组织和动员机制,"庞大的人口资源无法转化为服务国家建设的人力资源与生产要素,人们只能无所事事,四处游荡生存,巨大的人口红利没有得以利用"。①

这些真知灼见为我们分析非洲教育一体化发展战略的障碍,提供了非常好的视角。

不过,目前"非洲一体化关乎非洲的发展",非洲"不联合就灭亡"的观念在非洲已经深入人心。罗建波博士的系列著作②研究了非洲一体化的原因、历程、成效、影响因素、发展前景以及非洲一体化进程中中非关系的变革,指出近年来非洲国家以前所未有的热忱致力于非洲区域合作进程,推动了非洲一体化在内涵和外延上的进一步发展;同时,他也揭示了非洲一体化的理想预期与实际效果之间存在着巨大差距,政治热忱与现实困境之间有着强烈反差。

三、简·奈特区域教育一体化概念框架及分析模型

教育一体化理论研究最具代表性的学者当属加拿大多伦多大学安大略教育研究院简·奈特教授。她在这方面的研究虽然主要限于高等教育,但可贵的是既重视理论探讨,也有关于亚洲、非洲等地区的案例研究。她的理论探讨既包括高等教育国际化、区域化的概念及相互关系,也包括高等教育国际化、区域化路径及过程特征的分析模型。③ 她的区域化实际上就是区域教育一体化。她的区域一体化概念框架和分析模型对本书有重要借鉴意义。

（一）区域化的概念及其与国际化的关系

关于什么是区域化,简·奈特说它"可以理解为一种有意的过程,一种在该地区已经发生的事情的基础上加以建构、并把偶然的区域合作情况推

---

① 刘鸿武,方伟.国家主权、思想自立与发展权利——试论当代非洲国家建构的障碍及前景[J].西亚非洲,2012(1).

② 除了上文已引用著作外,还有《通向复兴之路:非盟与非洲一体化研究》一书(北京:中国社会科学出版社,2010年)。

③ Knight J. A Conceptual Framework for the Regionalization of Higher Education: Application to Asia[M]//Higher Education Regionalization in Asia Pacific. New York: Palgrave Macmillan US, 2012; Knight J. Towards African Higher Education Regionalization and Harmonization: Functional, Organizational and Political Approaches [M]//The Development of Higher Education in Africa: Prospects and Challenges. Published online: 20 Aug, 2014.

进到一个更有计划的区域合作路径的愿望。对于世界上几大地区来说,区域化被认为是朝着区域内合作正规化的方向迈出的合乎逻辑和必不可少的一步"。她似乎按距离远近来区分区域化与国际化。她认为,区域化通常始于人们相信:在保持与远邻关系的同时了解你的近邻并与他们互动很重要。就是说,本地区近邻之间的合作是区域化,而与远邻的合作是国际化。关于区域化与国际化的关系,她认为,"高等教育活动的区域化与国际化是同步进行、两相呼应的。国际合作,无论是区域内的还是区域间的,都不是零和的情况。历史很可能证明区域化和国际化是共生的关系。它们是共存的,可以互补,也可以是竞争性的"①。

（二）一体化的内涵

与教育一体化相关概念的内涵相一致,简·奈特对教育区域化进程的分析涉及多种术语。她认为这些术语有时可以互换使用,但承认它们有时有着非常不同的含义。她认为,最常见的与区域化联系起来的术语和概念包括:合作、一体化、协调、趋同、协作、共同体、一致性、伙伴关系和结盟。为了激发思考和提出问题,她将这些术语置于一个连续统一体中（见图 0.1）。各类术语包括类似活动强度的一组术语,连续统一体代表了预期的"聚合"程度,或者"区域性"（regionalness）的程度。

在简·奈特的这一概念体系中,第一组术语包括合作、协作（collaboration）和合伙（partnership）,指的是行为者之间的一种开放的、自愿的、也许是非正式的关系。实际上,它描述了大学和其他高等教育行为体开展的众多双边和多边合作活动。第二组术语——协调/配合（co-ordination）、一致/凝聚（coherence）和对标/结盟（alignment）——涉及组织要素及调适（adaptation）,以确保区域高等教育行为体之间的互动能够相辅相成、富有成效并带来附加效应。在实践中,它将包括高等教育机构和系统之间有组织的协作网络、联合教育项目或研究伙伴关系。第三组术语——和谐/统一（harmonization）和趋同（convergence）——涉及更强有力和更具战略性的联系,可以涉及院校和国家两个层次的系统性变革。这可以包括制定区域

---

① Knight J. A Conceptual Framework for the Regionalization of Higher Education: Application to Asia[M]//Higher Education Regionalization in Asia Pacific. New York: Palgrave Macmillan US, 2012: 17-35.

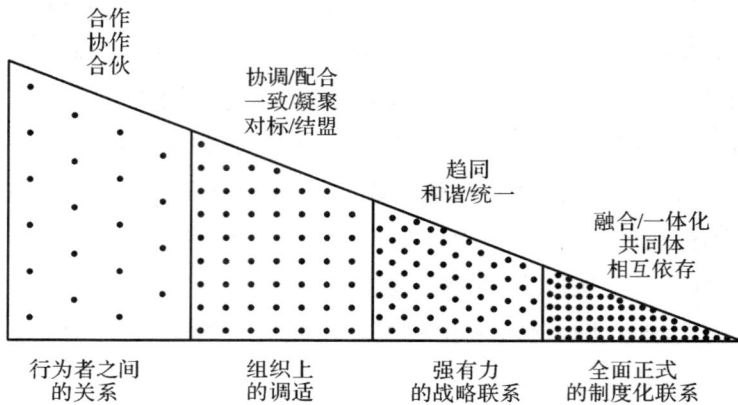

图 0.1　高等教育区域化术语示意

资料来源：Knight J. Towards African Higher Education Regionalization and Harmonization：Functional，Organizational and Political Approaches［M］//The Development of Higher Education in Africa：Prospects and Challenges. Published online：20 Aug，2014：352.

质量保证计划，以等价确定学分或工作量的学分制，对学士、硕士和博士等学位水平的类似解释，区域引文索引或兼容的学术日历。第四组术语——一体化、共同体或共同地区——代表着更正式、制度化和全面的联系和关系水平。在实践中，这将涉及区域一级的协定和机构，这些协定和机构旨在促进更有力和可持续的区域工作（例如"共同的高等教育和研究区"）。

她的这一概念图谱有意剔除了常被使用的某些概念，忽略了标准化（standardization）、相似性/相符合（conformity）、一致性（uniformity）、依从性/合规性（compliance）和同质化/统一性（homogenization）这些概念。她的理由是，这些概念不承认区域内教育系统和行为者之间的重要差异。她想突出高等教育区域化的一个基本价值或原则，即尊重和承认关键行为者、系统和利益攸关方之间的差异和多样性，以免忽略差异、扼杀创新，并导致同质化。[①]

这一原则是对的，但另一方面也说明，她承认教育区域化或一体化的内涵，在某种程度上涉及标准化、相似性/相符合、一致性、依从性/合规性和同

① Knight J. Towards African Higher Education Regionalization and Harmonization：Functional，Organizational and Political Approaches［M］//The Development of Higher Education in Africa：Prospects and Challenges. Published online：20 Aug，2014：351-353.

质化/统一性。

（三）教育一体化过程特征的分析框架

简·奈特认为有必要关注影响区域一体化演变过程并体现其特征的那些因素,并为此建立了如图 0.2 所示的分析框架。

```
非正式的 ……………………………………………………………………… 正式的
偶然的 ……………………………………………………………………… 有意的
自下而上的 ……………………………………………………………… 自上而下的
内部的 ………………………………………………………………………… 外部的
累进递增的 ……………………………………………………………… 大跃进的
被动的 ……………………………… 有前瞻性的 ………………………… 战略性的
```

图 0.2　体现教育区域化进程特征的因素

资料来源：Knight J. Towards African Higher Education Regionalization and Harmonization：Functional，Organizational and Political Approaches［M］//The Development of Higher Education in Africa：Prospects and Challenges. Published online：20 Aug，2014：347-373.

在她看来,这些因素体现了任何变革进程的发展和治理的特征,也是分析区域化进程各个阶段的核心要素。对于图中的 6 组要素,除了偶然和有意这一组外,她都进行了简要说明。

1.代表"非正式"一端的是由区域内高等教育机构和组织来发起和管理的双边和多边活动。代表另一端的是比较正式的途径,涉及使区域化进程更有组织性或更具协调性的政策制定或管理机构。

2.自下而上或自上而下是另一个关键变量。例如,来自高等教育机构的倡议最常被看作是一种自下而上的区域化途径,而区域和国家层次机构或具有法律约束力的监管协定,都体现出自上而下途径的特点。

3.另一个关键因素是推动区域化的力量来自教育部门本身还是教育外部的行动者(以自己的议程来推动和管理)。这一因素与区域化的关键理由(rationales)和预期结果直接相关。例如,如果高等教育区域化被用作政治或经济一体化的工具,其活动和结果可能有异于由教育部门来管理并为了改善教育项目、研究、知识和社会服务的质量和相关性。她特别指出"教育服务在区域贸易协定中的作用可以作为教育外部管控高等教育区域化进程的一个例子"。

4.教育一体化发展进程的路径特征是另一个需要考虑的重要维度。逐渐累积的发展路径是渐进式的,决定性的质量和变革是随着时间的推移而逐渐形成的。"大跃进"式的路径则不同,更多的是革命性的,涉及重大突破,往往由自上而下的干预或正式的宣言来推动发展。

5.高等教育行为体(如院校、组织、国家政府机构、区域或区域间机构)的特征分析维度:(1)是否对促进区域化的外部因素和任务做出反应;(2)是否前瞻性地看到日益增多的高等教育研究和教学的协作和联盟的好处;或(3)付出的努力是否为战略性的,是否基于通过区域化努力来加强高等教育及其对社会的贡献的愿景。①

这一分析框架丰富了我们分析非洲教育一体化进程的阶段和成效特征的视角。

(四)教育一体化路径的功能、组织和政治路径(FOPA)分析模型及非洲高教区域化路径分析

关于一般意义上的教育一体化路径,简·奈特提出了一个基于相互区别又相互补充的三种路径的分析模型,也就是功能、组织和政治路径的分析模型。涉及的关键词有:区域化、系统适配、课程趋同、学分制、资格框架、组织路径、功能路径和政治路径。

这些路径并不是相互排斥的。最好的情况是它们协同工作,相辅相成;但在实践中这种情况并不总是发生,因为与之冲突的优先项目或政治可能导致这三种路径之间的紧张关系。在任何时候,一种路径可能比另一种路径更占优势;但是,最终需要在这三种路径上都取得进展,以确保可持续性。当前的现实将决定把重点放在一种路径上,而不是另一种路径上。图 0.3 阐释了这三种路径的关系和交集。

第一种路径是从功能的观点进行区域化,侧重于高等教育机构和系统的实际活动。功能路径又分成两组不同的措施。第一组措施是促进国家/次区域高等教育制度之间更紧密协调或在某些情况下协调一致的战略。第二组措施包括学生流动计划、跨境合作教育方案、泛区域大学和卓越中心等

① Knight J. Towards African Higher Education Regionalization and Harmonization: Functional, Organizational and Political Approaches [M]//The Development of Higher Education in Africa: Prospects and Challenges. Published online: 20 Aug, 2014:354-355.

图 0.3　三种高等教育区域化路径的关系

资料来源：Knight J. A Conceptual Framework for the Regionalization of Higher Education in Asia［M］//Hawkins J N，Mok K H，Neubauer D E. Higher Education Regionalization in Asia Pacific：Implications for Governance，Citizenship and University Transformation. New York，NY：Palgrave Macmillan，2012.

项目和计划。这两组措施之间的关系很重要，因为要促进和加快第二组项目/计划方案就需要第一组制度/政策。例如，质量保证体系与学分制之间的兼容性将有助于区域内的学生流动方案落实。一般来说，与建立多边学术活动和项目相比，协调区域内各国的制度是一项更为复杂和严肃的工作。

　　第二种路径是以更系统的(尽管有些人可能称之为官僚政治的)方式发展和指导区域化措施的组织架构。它被称为组织路径，因为框架、结构和机构是帮助建立和监督区域一级和区域内区域化措施所必需的。正在出现的多样化的网络和组织，包括政府和非政府机构、专业组织、基金会和专业人员互助网络(networks)。这些实体承担着各种各样的责任——政策制定、出资、研究、能力建设、管理和宣传等等。

　　第三种路径涉及在决策机构的议程上提出高等教育倡议的政治意愿和战略。政治路径有助于发起重大方案或出资计划，有助于使倡议明确和规范起来。目标宣言与具有约束力的公约、条约、议定书、协定和首脑会议或政策对话等特别会议，都是产生政治支持和能见度(visibility)的工具，以使高等教育区域化成为一个优先事项。这种途径的特点是有更多的自上而下的、正式的和有意的取向。[①]

简·奈特通过表0.1的举例进一步说明了教育区域化的这三种路径。

表0.1 三种区域化路径的一般例子

路径	一般例子
政治的	政治意愿 　宣言 　协定/公约/条约 　首脑会议/任务小组/对话
组织的	组织架构 　专业人员互助网络和组织 　基金会 　政府/非政府机构 　层级:泛区域的、区域的和次区域的
功能的	高等教育系统的调整(alignment) 　质量保证和认证框架 　学分制度 　学位层次和结构 　资格和职称的互认 　学术日历——年份和学期 资格框架 　ITC[②]平台 　科研引文索引 　图书馆馆际借阅系统 　学术合作计划 　大学师生流动计划——学生、教授、学者 　研究人员网络、群体和项目 　跨境教育项目——双边、联合、姊妹或分校式项目 　区域卓越中心 　院校协议——双边和多边的协议 　开放教育资源(OER)和开放及远程学习(ODL) 　泛区域性大学

资料来源：Knight J. Towards African Higher Education Regionalization and Harmonization：Functional，Organizational and Political Approaches[M]//The Development of Higher Education in Africa：Prospects and Challenges. Published online：20 Aug，2014：347-373.

---

① Knight J. Towards African Higher Education Regionalization and Harmonization：Functional，Organizational and Political Approaches[M]//The Development of Higher Education in Africa：Prospects and Challenges. Published online：20 Aug，2014：356-358.

② 原文如此，未找到该缩略语的全文。疑是ICT的误用。——引者注。

在一般性例子基础上,简·奈特还用非洲高等教育区域化(一体化)的例子说明了这三种路径。

1.非洲高等教育区域化:功能的路径

(1)非洲高等教育系统的对标/结盟(alignment)

- 非洲区域认证和区域资格框架
- 非洲联盟高等教育一体化战略
- 非洲发展新伙伴关系—电子非洲项目(NEPAD-E Africa)
- 非洲质量评级机制
- 南部非洲资格框架
- 东部非洲资格框架

(2)协作项目

- 泛非大学
- 非洲发展新伙伴关系
- 非洲虚拟大学
- 非洲在线数字图书馆
- 非洲专业人员名录(Roster of African Professionals)
- 尼雷尔非洲奖学金计划[①]
- 非洲高等教育合作伙伴计划(Partnership for Higher Education in Africa)
- 泛非大学治理学会(Pan Africa Institute of University Governance)
- 非洲开放教育(OEA：Open Education Africa)
- 非洲图书集团(ABC：African Books Collective)
- 非洲论文数据库(DATAD：Database of African Theses and Dissertations)
- 非洲大学协会工作人员交流项目(AAU Staff Exchange Programmes)
- 调谐非洲项目(Tuning Africa)

2.非洲高等教育区域化:组织的路径

- 非洲联盟(AU：African Union)
- 非洲联盟教育部长会议(COMEDAF：Conference of Ministers of

_____

① 应为姆瓦利姆·尼雷尔非盟奖学金计划。——引者注。

Education of the African Union)

- 非洲教育发展协会（ADEA：Association for Development in Africa）
- 非洲大学协会（AAU）
- 非洲高等教育质量保障联盟（AfriQAN）
- 大学校长会议（CORVIP：The Conference of Rectors，Vice Chancellors and Presidents）
- 非洲社会科学研究发展理事会（CODESRIA：Council for the Development of Social Science Research in Africa）
- 非洲教育国际化协会（ANIE）①
- 非洲远程教育理事会（ACDE）
- 南部非洲②地区大学协会（SARUA）
- 东非大学校际理事会（IUCEA）
- 非洲及马达加斯加高等教育委员会（CAMES）
- 法语国家大学机构（The Agence Universitaire de la Francophonie）
- 阿拉伯大学协会（AARU）
- 非洲能力建设基金会（ACBF）
- 非洲科技机构协会（African Network of Scientific and Technological Institutions）
- 非洲高级研究培训联盟（CATA：Consortium for Advanced Research Training in Africa）
- 联合国教科文组织非洲局（ARB：African Regional Bureau）
- 非洲开发银行（AfDB：African Development Bank）

3. 非洲高等教育区域化：政治的路径

(1)声明,约定

- 有关非洲高等教育学历互认的《阿鲁沙协定》
- 南部非洲发展共同体——地区教育和培训协议

---

① 原文为"Association for the Internationalization of Education（ANIE）"。
② 原文为"South Africa"（南非），有误。

(2)峰会,任务小组(task forces),政策对话

- 非盟教育部长会议
- 欧—非高等教育政策对话
- 非洲信托(Trust Africa):非洲高等教育政策对话系列
- 非洲经济共同体和各区域经济共同体①

这一分析模型为本书提供了理论基础,也概括指出了三种路径下非洲高教一体化的主体、路径、措施、行动领域和活动内容。

简·奈特举例说明的非洲高等教育区域化发展的政治路径,目前来看颇有局限。但她关于教育区域化路径分析的总体框架以及对该框架下三种路径具体构成的阐释,都是值得肯定的。

本书将基于该框架下的政治路径论,阐述非洲教育一体化的政治和法律基础;基于该框架下的组织路径论和功能路径论,分别阐述非洲各级各类教育一体化的各类组织机构及其推出的各种战略、规划及其项目实施机制。

四、非洲教育一体化及其发展战略的概念

(一)非洲教育一体化

国外有关非洲教育一体化的研究,主要体现在这些战略的制定、执行和效果评估的过程之中。这些战略的文本涉及战略的背景、目的、原则、重点、实施举措等要素。非盟、非洲次区域组织和联合国有关机构的有关决议、报告或研究等,也多少涉及非洲教育一体化发展战略。非洲区域性教育专业组织有各自专业性的研究。

学者欧盖奇(O. Ogachi)研究了东非三国高等教育区域化发展战略的历史演变、现状和面临的问题。浙江师范大学非洲研究团队完成的教育部"非洲高等教育国别研究工程"系列科研成果,涉及非洲教育质量保障机制、师资培训等方面的一体化努力。

非洲教育一体化,也称为非洲教育的区域化与非洲化,与非洲教育的国际化既有重要区别也有紧密联系。与非洲政策和研究者语境中的"一体化"

---

① Knight J. Towards African Higher Education Regionalization and Harmonization: Functional, Organizational and Political Approaches [M]//The Development of Higher Education in Africa: Prospects and Challenges. Published online: 20 Aug, 2014: 359-360.

概念相关,非洲政策和研究者语境中的"教育一体化",是指确保教育项目和教育机构之间横向的和纵向的"联系",建立课程、项目以及相关活动的"标准",对高等教育和研究质量、鉴定、文凭认可的重要机制的"共同或协调的管理",在制度、标准、项目、注册、研究、语言、认证、质量保障、教育分级分段等方面"步调一致",以促进"可比性"和"一致性"。高等教育的一体化,则是使一国的高等教育制度和项目与其他国家的高教制度和项目"协调一致"——它意味着学习结构(如学士、硕士和博士)、学习项目(专业)和课程教学大纲、报考条件、学年日历、学习模块和学分、认证、教学语言、专业和职业培训等方面的协调。[①]

在本书中,非洲教育一体化就是非洲教育区域化(regionalization),是指非洲各类区域组织[②]在非洲主权国家的支持下,为了应对地区内外的各种教育挑战、促进区域内的教育改革和发展,而从本区域整体的角度设计和推行的教育领域的制度性合作的过程和趋势,包括加强利益相关者之间的联系,建立共同的标准,分享信息和经验,进行协调的管理。

非洲教育区域化在整个非洲的层次上也可称为非洲教育一体化。非盟的许多教育发展战略就是非洲一体化发展战略。非洲教育一体化是非洲教育区域化的重要组成部分和重要形式。

(二)非洲教育一体化发展战略

"发展战略"可分为两个层次:一是发展目标,是组织机构发展战略的核心和基本内容,是在重要领域使命的具体化,表明在未来一段时期内所要努力的方向和所要达到的水平;二是战略规划,是为了实现发展目标而制定的具体规划,表明在每个发展阶段的具体目标、工作任务和实施路径。

非洲教育一体化发展战略就是在国际发展组织影响甚至主导下,由非盟、非洲次区域政府间组织和非洲半官方性质的区域教育专业组织,从本区域整体的角度,设计和推行并得到非洲各国政府支持和认可并参与落实的、体现教育领域制度性合作过程和趋势的、有关非洲教育的发展目标和战略规划。

---

① African Union/ AQRM. Harmonization of Higher Education Programmes in Africa: Opportunities and Challenges[R]. Submitted to the Validation Meeting for African Quality Rating Mechanism and Harmonization Strategy and for Higher Education, 25th to 27th, March 2008. Accra, Ghana.

② 参见第一章第三节。

五、本书的目的与内容

本书拟揭示非洲教育一体化发展战略的历史背景、现状、成绩、问题及其原因,并在此基础上提出中国参与非洲教育一体化发展的建议。本书将丰富和加强我国关于非洲教育一体化理论和实践的了解,有助于我国外交与教育决策部门科学制定和有效实施对非教育交流与合作的政策,也有助于中国比较教育学科发展和中国有效参与全球教育治理。

此外,由于非洲教育的很多领域在中国还是空白,本书在完成主要目的的同时还将为汉语读者提供非洲教育改革和发展的一些基础知识和信息。

本书的主要内容包括:

1. 非洲教育一体化发展战略的缘起、政治和组织路径及其法制基础;

2. 非洲整个教育系统及各子系统各自的一体化发展战略:背景、规划及其实施;

3. 非洲高等教育质量保障一体化战略:政治、组织与功能的路径;

4. 非洲教育一体化发展战略的特点、成效、面临的障碍及其影响因素;

5. 中国在非洲教育一体化发展中的参与策略。

六、研究的思路与方法

(一)研究思路

首先,本书主要探讨非洲教育一体化发展战略的缘起、概念框架、理论分析模型以及法律基础,以此作为全书研究的立论依据。

其次,本书总体上按非洲各级各类教育一体化发展战略展开。分六章阐述非洲教育系统、非洲高等教育、非洲教师教育、非洲职业技术教育、非洲基础教育、非洲成人教育的一体化发展战略。

第三,对于非洲各级各类教育一体化发展战略,本书主要围绕其发生发展过程来展开,包括其目标、主题、举措、成效、局限及原因,并在此基础上探索非洲教育一体化的内在规律,最终提出中国如何参与非洲教育一体化。

第四,本书拟把非洲整个教育系统的一体化发展战略与各级各类教育的一体化发展战略研究结合,形成关于非洲教育一体化发展战略的整体格局。

第五,本书以非洲高等教育质量保障一体化为例,用简·奈特教授的FOPA模型来分析非洲教育一体化发展战略的制定和实施路径,加深对这些战略的发生发展过程和复杂影响因素的理解。

第六,把非盟、非洲次区域政府间组织、非洲区域教育专业组织的教育一体化发展战略,与联合国教科文组织和世界银行等全球教育组织的非洲教育一体化发展战略研究结合起来,形成对这些战略的制定者和实施者的立体、多维的研究格局。

第七,本书把非洲教育一体化发展战略同其他洲的教育一体化战略进行比较,试图更好地总结其特点、不足和背后原因。

最后,本书将结合中非教育合作的现状和问题,谈谈在非洲教育一体化发展战略制订和实施中,中国教育的作用空间和方式。

(二)研究方法

1.文献研究。文献搜集路径包括下列组织的网站:非盟,东非共同体等非洲各次区域政府间组织,非洲大学协会等非洲主要教育专业组织,世界银行、联合国教科文组织、联合国终身学习研究所等国际机构。还包括国外教育专业数据库,以及非洲教育相关的纸质图书、期刊。文献整理和分析的逻辑基础为:非洲教育一体化发展战略的相关概念、分析框架和法制基础 → 战略发生和发展过程 → 战略的政治、组织和功能路径 → 战略的成效、面临的挑战 → 中国的参与。

2.问卷与访谈。我们的问卷调查对象共90人,其中有效问卷80份,分别来自中国商务部、教育部在浙师大的援外基地举办的各类非洲教育管理培训班学员1期23份,中国商务部长期援外学历学位教育浙师大比较教育专业非洲硕士留学生1个年级29份,埃塞俄比亚的斯亚贝巴大学教育学院研究生28份。我们还对非盟、非洲次区域政府间组织、非洲教育专业组织及非洲国家大学和中小学校长(前三类组织的代表8人,大中小学校长代表6人,共14人)进行了访谈。问卷和访谈旨在了解他们对洲域、次区域、国内三个层次的教育一体化战略规划和政策内容及其实施情况的了解、认识、评价和期望。

3.个案研究。一是从非盟、三大次区域政府间组织、非洲教育专业组织的教育发展战略中,各选择1~2个重要战略进行重点个案研究;二是选择非洲高等教育质量保障战略作为非洲教育一体化发展战略重点主题的个案进行研究;三是选择世界银行的非洲高教卓越中心计划作为非洲之外国际发展组织的非洲教育一体化发展战略案例进行研究。这些个案研究旨在立体地、多维地增进对非洲教育一体化发展战略丰富内涵和特点的认识。

　　4.比较研究。把非洲教育一体化发展战略放到全球背景中,同欧盟的、拉美的区域教育一体化进行比较,以便更好地认识非洲教育一体化发展战略的性质和特点。

第一章　非洲教育一体化发展战略缘起、政治和组织路径及法制基础

　　世界各大地区内部都进行了区域教育一体化努力。其中欧洲教育(特别是高等教育)一体化进程最为突出,东南亚、拉美、非洲也有很多实践。就非洲而言,其教育一体化发展战略在缘起、组织路径及其法律基础几方面,都有其自身的特点。

　　一方面,非洲教育一体化发展战略和规划主要是由各级各类非洲区域组织和洲外全球性国际组织制定和实施的,因此必须研究非洲教育一体化发展战略的组织路径。同时,这些组织通过一些协定、公约、制度化会议等政治路径,来规定、实施和促进非洲教育一体化,因此,政治的路径又蕴含在组织路径之中。

　　另一方面,这些战略或规划能在多大程度上得到实施并产生影响,除了取决于这些战略规划本身的内容是否科学、是否贴近现实、是否具有前瞻性、是否可行等要素以外,还取决于一个非常重要的因素,即:提出这些战略规划的组织,在多大程度上被法律授权来制定和实施这些教育战略规划,因此,必须研究这些组织的法律权限问题,也就是教育一体化发展战略的法律基础问题。

第一节　非洲教育一体化发展战略的缘起

　　非洲教育一体化发展战略既起源于非洲政治、经济与文化的综合一体化进程,也起源于并融入了教育全球化进程。[①]

---

　　①　本节内容部分参见万秀兰.非洲教育区域化发展战略及其对中非教育合作的政策意义[J].比较教育研究,2013(6):1-7.

一、非洲教育一体化进程与非洲一体化进程密不可分

（一）非洲一体化与非洲历史和文化的渊源

如果非洲的团结与统一可视为非洲一体化的主要内容,那么,这种一体化有着"深远的历史和文化渊源,尽管历史上非洲大陆从未出现任何统摄整个非洲的统一帝国或王朝,但诸如马里、桑海等帝国或城邦国家的出现,却在相当大的区域内促进了非洲人的融合与统一";而且非洲黑人传统文化中"统一和谐的宇宙观和根深蒂固的集体主义思想则为非洲的统一提供了持续的精神给养"。[①]

（二）泛非主义与非洲一体化

在奴隶贸易和殖民统治的黑暗时期,"非洲统一与复兴的历史命题正式提上历史日程,成为非洲仁人志士和独立运动先驱们为之奋斗不息的政治理想"[②]。这一命题逐渐演变为泛非主义。早在最初的殖民地时期,泛非主义和非洲一体化已经在其发轫地美洲酝酿,出现于美洲黑人群体反抗种族歧视、种族隔离的斗争之中。它是黑人居民自我意识觉醒以及政治诉求不断增长的产物。1893 年芝加哥非洲大会的召开标志着泛非主义正式成为一种系统的政治思想,而 1900 年在伦敦召开的泛非主义会议则进一步将泛非主义推向了世界舞台。[③]

这一时期的泛非主义者大都认同"黑人民族性"或"非洲个性"(African Personality)等概念,认为存在一种由非洲黑人创造并且为世界黑人共有的黑人历史和文化,这种独特的历史和文化不仅不比西方文化低劣,而且还有独具的形态和价值,有过辉煌的历史并对世界文化做出过杰出的贡献。[④]

泛非主义争取非洲民族独立,并在斗争中加强非洲国家的团结合作,开启了非洲国家的一体化进程。非洲民族解放运动时期,泛非主义和非洲一体化得到了进一步发展。其中,1963 年 5 月非洲统一组织的成立标志着非

①　罗建波.非洲一体化与中非关系[M].北京:社会科学文献出版社,2006:11.

②　罗建波.非洲一体化与中非关系[M].北京:社会科学文献出版社,2006:11.

③　Esedebe P O. Pan-Africanism: The Idea and Movement 1776—1991[M]. Washington, D. C.: Howard University Press, 1994:39-41.

④　罗建波.泛非主义与非洲一体化[J].哈尔滨市委党校学报,2007(4):76-81.

洲一体化迈出了新的步伐。这一时期的"泛非主义"是非洲大陆的民族主义,对于推动非洲一体化进程有着深刻的理论指导作用;其政治思想的核心是"非洲共性",在一定程度上会影响非洲各国教育决策,同时也为各区域组织一体化提供了可能性。该思想认为非洲是属于全体非洲人的、不可分割的整体,非洲各国的终极目标是建立一个统一的非洲国家,非洲的一体化是实现非洲繁荣与发展的根本保证。①

（三）非洲联盟与非洲一体化

在 2001 年举行的第五届特别首脑会议中,非洲统一组织宣布非洲联盟成立并逐渐向非盟过渡。2002 年非洲联盟在第一届首脑会议上宣布非盟正式成立。其愿景是建立一个和平、繁荣和一体化(integrated)的非洲。②非盟的成立表明非洲国家在泛非层面加快了非洲一体化的步伐。

坦桑尼亚前总统尼雷尔曾说:那些世界强国富国"可能不需要我们中的某一个,却不能不与整个非洲打交道",非洲需要"联合起来"。③ 在全球化背景下,以非盟为代表的非洲区域组织,在推动非洲团结、自强与统一发展上发挥了重要作用。非盟提出的共建繁荣非洲的《2063 年议程》,是一项旨在 50 年内建成和平繁荣的区域一体化新非洲的议程。④ 按照《2063 年议程》的规划,建设一体化非洲为非盟的终极目标。

"近年来,非洲一体化进程明显加快,区域与次区域组织合作加强,正引起这块大陆政治生态与经济关系的积极变化。"2012 年非洲联盟第十八届国家元首和政府首脑会议主题之一为"加快一体化建设",力争在 2017 年建成非洲自由贸易区。⑤ "非洲一体化关乎非洲的发展",非洲"不联合就灭亡"的观念在非洲已经深入人心。如今,非洲各种类型、各种层次的区域一体化组织已有 200 多个。非洲人希望通过一体化来促进自主发展和联合自强意识,维护国家主权,提升国际地位和推进政治经济发展。

非洲一体化反映在政治、经济、文化、教育等领域。非洲教育领域的一

---

① 戚凯.如果非洲实现一体化,世界会变得怎样?[N].北京周报,2017-06-13.
② About the African Union[EB/OL].[2020-01-20].https://au.int/en/overview.
③ 刘鸿武.非洲一体化步履维艰[J].环球,2012(7).
④ 刘青建.非洲"2063 年愿景"与发展援助的利用——中国经验与欧盟角色[J].当代世界,2015(12).
⑤ 刘鸿武.非洲一体化步履维艰[J].环球,2012(7).

体化,是非洲一体化进程中的一个方面。

二、非洲教育一体化是教育全球化的重要表现和必然结果

当今教育服务贸易的剧增、教育标准的国际化等,都昭示着教育全球化如火如荼。非洲教育区域化或一体化,和欧洲、东盟和拉美教育一体化一样,都是教育全球化进程的一部分,也是这个进程的一种特殊形式的体现和化身。

在非洲南部,"全球化通过区域化得到了证明,区域化过程已经迎来了质量保障系统的标准化、高等教育机构管理中的新的管理主义、知识的市场化和商品化、国家—大学关系形式的变化,更注重效率、节省费用和创收等话语、大学—私人部门伙伴关系的打造以及增加师生在非洲地区的流动"[①]。

高等教育区域化和国际化研究著名专家简·奈特教授也曾以非洲大陆层次和次区域层次若干战略和行动为例,来说明"博洛尼亚进程推动了世界其他地区和次地区更认真地研究建立其高等教育系统的更紧密的合作和联盟的重要性和方式"[②]。也就是说包括非洲在内的全球各地区的教育一体化之间有重要的联系,共同构成教育的全球化,或者说是教育全球化的表现和结果。

第二节 非洲内部教育一体化的政治 与组织路径及其法制基础

非洲内部教育一体化发展战略是洲或次区域层面的教育发展战略,其制定主体是这两个层次上的政府间组织或半官方组织。这些组织按其性质大致可分为三类:非盟、非洲次区域政府间组织以及非洲区域性教育专业组织。

前两类组织都通过法定的区域共同体的组织构架,产生了区域一体化

---

① Mhlanga E. Regionalisation and Its Impact on Quality Assurance in Higher Education[J]. Creative Education,2012,3,Special Issue:1079-1086.

② Knight J. A Conceptual Framework for the Regionalization of Higher Education:Application to Asia[M]//Higher Education Regionalization in Asia Pacific. New York:Palgrave Macmillan US,2012.

的教育协调机制。后者大多由资深学者团队负责运营,其权威得到非洲各相关教育组织的认可,具有半官方性质。

虽然非洲的非政府组织比较活跃,但由于这些组织在经费上依赖非洲大陆以外的力量,他们只有取得官方的认可和支持,取得半官方的地位,才能发挥更大作用。

当然,所有这些组织的教育一体化发展战略,一般来说不能没有非洲各国政府的参与。

一、全洲性政治实体——从非洲统一组织到非洲联盟

(一)非统初步奠定了非洲一体化法制基础并开启了政治和经济一体化

随着第二次世界大战的结束,非洲进入民族解放时期。作为泛非主义最为重要的政治成果,1963 年 5 月非洲 30 个国家的代表在埃塞俄比亚首都亚的斯亚贝巴举行的会议上,通过《非洲统一组织宪章》,正式宣布成立非洲统一组织。

根据该宪章,非统的主要宗旨是促进非洲国家间的统一与团结;协调并加强他们之间的合作与努力,以改善非洲各国人民的生活;保卫非洲国家的主权领土完整与独立;根除在非洲一切形式的殖民主义。[①] 为此,该宪章要求成员国协调其政策,在政治与外交、经济与科技、教育与文化等方面加强合作,以确保向非洲统一的目标迈进。另一方面,成员国也庄严地确认和声明遵循以下原则:各成员国主权一律平等;不干涉各国内政;重申对一切集团的不结盟政策;等等。[②]

非统建立了较为完备的组织机制,主要包括国家元首和政府首脑会议,部长理事会,秘书处,以及调节、和解与仲裁委员会。其首脑会议是非统最高权力机构,每年至少开会一次,每个成员国都有一票表决权,除了会议程序问题仅需要简单多数决定外,其他决议均需获得成员国三分之二的多数票才能通过。部长理事会由成员国外长或其政府指派的其他部长组成,每年至少举行两次会议,职责是根据首脑会议的指示和精神协调非洲内部事务,执行首脑会议交给它的任何问题及相关决定。秘书处负责非统日常工

---

① OAU. OAU CHARTER[Z]. OAU,1963:3.
② 罗建波.非洲一体化与中非关系[M].北京:社会科学文献出版社,2006:74-76.

作,设行政秘书长1人和助理秘书长1人或多人。此外,非统还建立了三个专门委员会,即经济和社会委员会,教科文卫委员会,防务委员会。这些委员会由成员国有关部长或其政府指派的人员组成。

非洲统一组织具有稳定的经费来源。《非洲统一组织宪章》第二十三条(预算)规定:"预算由成员国依照其对联合国应缴会费的比例筹集,但任何成员国应缴的会费均不得超过本组织正常年度预算的20%。成员国同意按期交纳会费。"鉴于非统组织是非洲独立国家为追求共同的目标而建立的"共同的机构",也具备了相当的权威性,外界经常把非统组织比喻为"非洲的联合国"。[①]

这样,非统"为非洲一体化奠定了必要的组织基础和制度保障,在法理上对非洲国家的团结与合作予以了制度化和长期化"[②]。

不过,在实际行动中,非统各机构之间在议事范围和组织权限上还存在很多问题。这些机构往往缺乏开展工作所需要的实际权力和行动能力。首脑会议的决议经常不容易取得2/3票数,所以这些机构的会议常常形同虚设[③],沦落为清谈馆。至于少数成功获得通过的决议,又由于非统并没有强制性的条款来确保其执行,其是否得到执行、多大程度上得到执行,只能取决于成员国的意愿。这无形中削弱了非统的权威。

因此非洲统一组织是由政府间主义而非联邦主义主导的组织。

由于非洲历史进程特点,非洲统一组织时期,非洲一体化的主题集中在政治和经济领域。"在非统组织的前期(1963—1979年),泛非主义的目标是实现非洲的整体政治独立,即一方面推进非洲民族解放运动的深入发展,使非洲早日实现非殖民化;另一方面采取各种措施,巩固新生的非洲民族国家的政权。"

在非统组织的后期(1980—2001年),非洲国家在经济全球化的冲击下,泛非主义的目标除了继续推进非洲整体的政治独立之外,"开始把重心

---

①　舒运国.试析非洲统一组织时期泛非主义的走向——非洲统一组织国家和政府首脑会议文件剖析[J].世界历史,2006(4):6.

②　罗建波.非洲一体化与中非关系[M].北京:社会科学文献出版社,2006:74.

③　转引自:罗建波.非洲一体化与中非关系[M].北京:社会科学文献出版社,2006:77.

转到经济领域,积极推动非洲国家的经济合作和联合"①。非统为改变非洲经济的落后状况,开展了两方面的工作。一是"同第三世界国家一起积极开展经济领域的反帝反殖反霸的斗争,争取建立国际经济新秩序"。例如,在1974年4月联合国大会第6届特别会议上,非洲国家积极推动77国集团起草了《关于建立新的国际经济秩序的宣言》并推动联合国大会于同年5月1日正式通过该宣言。二是致力于实现非洲经济一体化。例如,1973年第10届非统首脑会议通过了《关于合作、发展和经济独立的非洲宣言》;1976年12月非统部长理事会通过《金沙萨宣言》建议建立非洲共同体,并设想在15～25年内分阶段实现非洲经济一体化;1991年6月在非统第27届首脑会议上通过了《非洲经济共同体条约》,并于1994年5月正式启动非洲经济共同体计划。在非统框架下,非洲国家在金融合作和经济开发等领域也展开了广泛合作,其中1966年7月正式开始运行的非洲开发银行是较为重要的地区性多边合作机构。② 截至2016年2月底,其成员包括54个非洲国家和美国、中国等27个非洲以外的国家。③

不过主要"作为政治性机构"的非洲统一组织,"在处理经济问题时表现出力不从心"的态势,不能适应时代发展的新要求。

至于教科文卫方面的非洲一体化,在非统组织时期,它基本上还未被真正提上议事日程,但的确有了理论上的组织和制度保障,而且非洲开发银行开展的项目涉及教育发展领域。

此外,非统还拓荒性地开展了与非洲各次地区的大量合作,为后来非洲联盟开展一体化工作打下了一定的基础。④

(二)非盟巩固了非洲一体化的法规制度基础并开启了教育一体化

随着经济全球化浪潮席卷全球、非洲日益面临进一步"边缘化"和"贫穷化"的威胁。在此情况下,"非洲必须建立一个统管非洲政治、经济、军事、文化和社会生活等各方面事务的全非性领导机构,它必须更有权力和权威,更能实质性推动泛非主义的前进"。这样,"非统组织解体和非洲联盟的诞生

①　舒运国.试析非洲统一组织时期泛非主义的走向——非洲统一组织国家和政府首脑会议文件剖析[J].世界历史,2006(4):8-15.

②　罗建波.非洲一体化与中非关系[M].北京:社会科学文献出版社,2006:89-94.

③　非洲开发银行集团.AfDB简介[EB/OL].[2019-10-08].http://afdb-org.cn.

④　详见罗建波.非洲一体化与中非关系[M].北京:社会科学文献出版社,2006:95-106.

顺理成章"。① 2002 年非盟取代非统而正式成立,"是非洲国家从政治合作走向全面联合的重大战略步骤,体现了非洲大陆从'民族解放'时代步入'和平与发展'时代的历史必然"②。

非洲联盟,是非洲统一组织的继承和发展,是集政治、经济、军事、文化、教育为一体的全洲性政治实体。根据 2000 年非统组织首脑会议通过的《非洲联盟基本法草案》(亦称《非盟章程草案》)和 2003 年非盟第一次特别首脑会议通过的《非洲联盟基本法修正议定书》,非盟目标包括:实现非洲国家和人民间更广泛的团结和统一,维护成员国主权、领土完整和独立,促进和平、安全和稳定,加快政治、社会和经济一体化进程,促进民主原则、大众参与和良政,促进和保护人权,推动非洲经济、社会、文化的可持续发展,推动在各领域的泛非合作,提高人民生活水平,协调和统一当前和未来的区域经济组织的政策以逐步实现非盟目标,维护非洲共同立场和利益,加强国际合作并创造条件使非洲在全球事务中发挥应有作用。目前成员国有 55 个(除了我国承认的 54 国外,还有西撒哈拉),总部在埃塞俄比亚首都亚的斯亚贝巴。

根据非盟基本法及其修正议定书,非盟的组织机构如图 1.1 所示,包括:(1)首脑会议:系非盟最高权力机构。(2)执行理事会:由成员国外长或成员国指定的其他部长组成;对首脑会议负责,执行其通过的有关政策并监督决议的实施情况;下设常驻代表委员会和特别技术委员会两个辅助机构。(3)非盟委员会:为非盟常设行政机构,负责处理非盟的日常行政事务;其领导机构由主席、副主席及 8 名③委员组成,任期 4 年,至多可连任一次。(4)泛非议会:非盟的立法与监督机构,原定 2009 年开始行使立法职能,但目前仍然只有咨询和建议职能;由非盟成员国各 5 名议员组成,设 1 位议长和 4 位副议长,根据地域平衡原则分别来自非洲的五个次区域。(5)和平与安全理事会:由 15 个成员国组成,其中 5 国任期 3 年,10 国任期 2 年,均可连选连任;主要权力有:制订非盟对成员国干预的形式和计划;制裁以违宪

---

① 舒运国.试析非洲统一组织时期泛非主义的走向——非洲统一组织国家和政府首脑会议文件剖析[J].世界历史,2006(4):15.

② 罗建波.通向复兴之路:非盟与非洲一体化研究[M].北京:中国社会科学出版社,2010:40.

③ 2018 年 11 月举行的非盟第 11 届特别峰会通过决议,非盟委员会委员的职数从 8 名减少为 6 名(安全委员与政治事务委员、贸工委员与经济事务委员将分别合二为一)。——中国驻卢旺达使馆经商处.非盟峰会通过非盟改革重大决议[EB/OL].[2019-12-28].http://www.mofcom.gov.cn/article/i/jyjl/k/201811/20181102809875.shtml.

手段更迭政权者;确保非盟反恐政策的实施;推动成员国实行民主、良政、法治和保障人权等。(6)非洲发展新伙伴计划:2002 年被确定为非盟经济社会发展纲领,2010 年正式并入非盟框架;下设国家元首和政府首脑指导委员会、执行委员会、规划和协调局等决策和执行机构;2017 年改为非盟发展署①。(7)经济、社会和文化理事会:咨询机构,由成员国社会团体、专业团体、文化组织和非政府组织等组成。(8)非洲法院:司法机构。(9)金融机构:包括非洲中央银行、非洲货币基金、非洲投资银行三个机构②。后两个机构已获得非盟首脑会议正式批准,但前者有待提交批准。(10)非盟基金会:根据非盟首脑会议决议[Assembly/AU/ Dec. 487(XXI)]于 2015 年 1 月正式成立。③

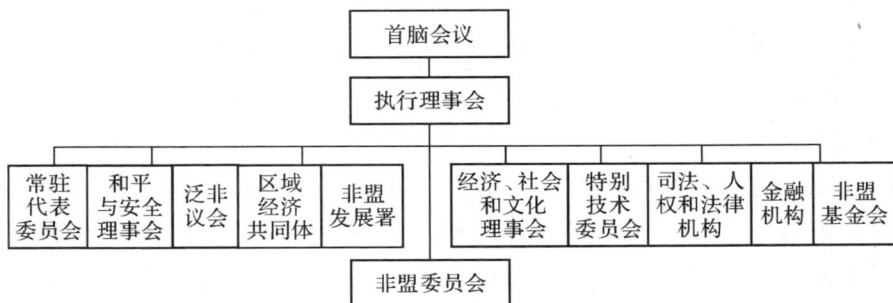

图 1.1　非盟组织机构

注:根据非盟网站中非盟组织结构(AU STRUCTURE & ORGANS)内容制作。https://au. int/en/assembly.

关于区域经济共同体(RECs),非盟网站正式将其置于非盟组织机构之列,还特别指出:它们"是构成非盟组织结构的关键机构"④,是"非盟支柱"。得到非盟承认的非洲区域经济共同体主要有八个:阿拉伯马格里布联盟

---

① 在上述非盟第 11 届特别峰会上,非盟通过了非洲发展署授权,决定其职能定位为:以推动一体化进程、加快实现非盟《2063 年议程》为目标,协调并实施非洲大陆及区域性重点项目;为非盟成员国及区域性机构能力建设提供相关智力支持,做好资源动员工作,发挥平台作用协调非洲发展攸关方和发展合作伙伴间关系。——来源同上。

② 详见中国外交部网站:非洲联盟[EB/OL]. [2019-10-04]. https://www. fmprc. gov. cn/web/gjhdq_676201/gjhdqzz_681964/lhg_683022/jbqk_683024.

③ Financial Institutions [EB/OL]. [2019-10-04]. https://au. int/en/financial-institutions; AU Foundation[EB/OL]. [2019-10-04]. https://au. int/en/auf.

④ About the African Union[EB/OL]. [2019-10-04]. https://au. int/en/overview.

（UMA），东部和南部非洲共同市场（COMESA），萨赫勒-撒哈拉国家共同
体（CEN-SAD），东非共同体（EAC），中非国家经济共同体（ECCAS），西非
国家经济共同体（ECOWAS），东非政府间发展组织（IGAD）①，以及南部非
洲发展共同体（SADC）。

　　《建立非洲经济共同体条约》（即《阿布贾条约》）和《非盟基本法》规定了
非盟与非洲各区域经济共同体的关系；《2008年区域经济共同体与非盟关
系议定书》，以及《非盟、区域经济共同体与"东非和北非区域待命旅协调机
制"和平与安全领域合作谅解备忘录》，也是两者关系的指导文件。《区域经
济共同体与非盟关系的议定书》为两者之间的协调提供了两个机制，一是协
调委员会；二是秘书处官员委员会（Committee of Secretariat Officials）。②

　　综上所述，与非统相比，非盟的组织架构有一些重要的改革和创新。

　　虽然由国家元首和政府首脑组成的"非盟首脑会议"、由各国外交部部
长参加的"执行理事会"、相当于常设行政机构的"非盟委员会"都是参照非
统组织机构设立的，但非盟的"和平与安全理事会"取代非统的"调节、和解
与仲裁委员会"，职能更多，更有权力；"泛非议会"、"各成员国常驻代表委员
会"、统一的金融机构等，都是非盟新设立的机构；还将非统三个专门委员会
进行调整与改革，设立了特别技术委员会，经济、社会和文化理事会。将各
区域经济共同体作为非盟支柱纳入非盟的组织框架，更是非盟组织建设的
有力举措。

　　至于非盟运作的经济后盾，《非盟基本法》授权建立的三大关键金融机
构，被视为"《2063年议程》的旗舰项目"，"将在调动资源和管理金融部门方
面发挥核心作用，被视为加速非洲区域一体化和社会经济发展的关键"。
"这些机构的作用就是执行1991年《阿布贾条约》所要求的经济一体化。"③

---

　　①　东非政府间发展组织，又名伊加特，是非洲八个国家组成的贸易集团。它包括来自非洲之角、
尼罗河流域和非洲五大湖的政府。其总部设在吉布提市。前身是由埃塞俄比亚等七个东非国家组成的
东非政府间抗旱发展组织。1996年的一次成员国领导人会议决定把该组织易名为东非政府间发展组
织，并把工作重点转移到防止地区冲突和扩大经济合作方面。2013年10月，在非盟特别峰会期间，该组
织和东非共同体外长决定探讨合并这两个区域经济共同体的可能性。

　　②　Regional Economic Communities (RECs)[EB/OL]. [2019-10-04]. https://au. int/en/organs/
recs.

　　③　AU Foundation[EB/OL]. [2019-10-04]. https://au. int/en/auf.

　　除了承袭非统组织资金来源①、新建金融机构外,非盟基金会是非盟经费的另一个来源。非盟基金会将根据《2063 年议程》重点资助以下领域的项目和创新行动:技能和人力资源开发;青年发展和创业;妇女赋权和性别平等;促进对多元化的整合和管理;宣传和支持非洲联盟。非盟基金会由一个理事会管理。理事会由非洲大陆各部门和各区域的非洲领导人以及非洲侨民代表组成。非盟委员会主席同时也是非盟基金会主席。②

　　改革和创新后的非盟组织机构变得更加完备,机构职能和权力更趋清晰,运行的规则和程序更加细致和具体。③ 这些改革和创新,至少理论上将在立法权限、与成员国沟通、融资渠道、次区域组织支持等方面,增强非盟的组织权威和行政能力。

　　不过,非盟的组织架构和运行机制还是存在一些问题。比如,议员活动经费需要各国政府补贴导致其不可避免代表本国政府立场,而成员国利益常常存在矛盾导致立场存在分歧,此外,非盟首脑会议决议只有取得 2/3 以上票数才能通过的规定,以及非洲国家对主权十分珍视,这些加起来,使得非盟的决议同非统的一样,往往难以通过。

　　如果说非统主要是非洲的政治组织,主要使命是民族解放、地区稳定和反帝反霸反殖民,那么非盟的主要使命更为广泛。在非统原有的政治职能基础上,非盟显著地加强了经济合作与一体化的职能,还涉及政治民主化、人力资源开发、科技合作、社会和文化的可持续发展以及人的健康保护等议题,以适应非洲面临的诸多挑战。④ 这样,教育一体化在非盟的议题里就有了正式的一席之地。

　　需要特别指出的是,在非盟委员会下,设有八大部门,各有专员(commissioner)负责。其中包括人力资源、科学和技术部门,现任专员为喀麦隆人萨拉·安阳女士(H. E. Sarah Mbi Enow Anyang),有 15 年从事学

　　① 在 2018 年 11 月举行的非盟第 11 届特别峰会上,非盟决定设立制裁机制,对不按规定缴纳会费的成员国予以处罚;此外非盟还宣布成立和平基金,力争到 2021 年从成员国募集总计 4 亿美元资金,以尽快结束非洲内部维和及安全事务过度依赖外部力量的局面。——中国驻卢旺达使馆经商处. 非盟峰会通过非盟改革重大决议[EB/OL]. [2019-12-28]. http://www. mofcom. gov. cn/article/i/jyjl/k/201811/20181102809875. shtml.

　　② AU Foundation[EB/OL]. [2019-10-04]. https://au. int/en/auf.

　　③ 罗建波. 通向复兴之路:非盟与非洲一体化研究[M]. 北京:中国社会科学出版社,2010:46-47.

　　④ 罗建波. 通向复兴之路:非盟与非洲一体化研究[M]. 北京:中国社会科学出版社,2010:45-49.

术工作的经历。该部门下设有三个处，其中包括教育处。

教育处的任务和核心职能是：面向非盟的愿景开展非洲大陆教育政策和项目的开发和协调。具体包括：领导振兴教育系统；开发和管理连接区域和国家层次的非洲教育管理信息系统，为当地和国际用户提供信息；组织与专业机构相关的会议。

该处根据《2063 年议程》以及以下战略开展工作：《非洲大陆教育战略（2016—2025 年）》《非洲职业技术教育与培训战略》以及《非盟高等教育一体化战略》。在以上战略框架下，该处正在举办或实施下列机构和项目：泛非大学（PAU）、泛非教育发展研究所（Pan African Institute for Education for Development，IPED）、非盟—国际非洲女子教育中心（African Union-International Center for Girls and Women's Education in Africa）、尼雷尔奖学金和学术交流项目。[①]

非盟基本法赋予了非盟对非洲各国推行区域政治、经济和文化科技教育一体化方面的权力和经费保障，也为非盟的组织架构和具体运作机构奠定了基础，从而使得非洲联盟制订和推行教育一体化战略有了一定的法律保障。

从绪论第三部分所述非洲高等教育区域化的路径中，我们可以看出，无论在非洲教育一体化发展战略的组织路径、功能路径还是政治路径中，非盟都发挥重要作用。《非洲发展新伙伴计划》[②]和《2063 年议程》[③]是其中政治路径的两个重要例子。《2063 年议程》在人力资源开发领域的主要内容包括：扩大早期幼儿教育和中小学的普及，重视严重的性别不平等问题；增加投资，在全非洲建立高质量的职业技术教育与培训中心，以适应当前的工业和劳动力市场需求；重视大学、科技、研究和创新的转型和投资，形成教育标准和学术及专业资格互认的一体化；建立非洲认证机构，以开发和监测整个非洲的教育质量标准。该议程还提出要积极响应非盟"高等教育一体化"的

---

① 参见非盟网站人力资源与科技部教育处网页：Education［2019-10-04］. https://au. int/en/directorates/education. 尼雷尔奖学金和学术交流项目是尼雷尔非盟奖学金计划的扩展项目，在 2007 年发起的原计划基础上，2009 年增加了欧洲委员会资助的非洲—加勒比—太平洋地区内部学术交流计划，2010 年增加了非—印奖学金计划。

② 可参见汪津生. "非洲发展新伙伴计划"十年回眸［J］. 国际资料信息，2012(2).

③ African Union. Agenda 2063：The Africa We Want. Second Edition，Popular Version［R］. Addis Ababa：African Union，2014：14-15.

号召,加强泛非大学的建设,成立泛非虚拟大学,提升非洲在全球研究、技术开发和转移、创新和知识生产中的作用。① 该议程中对教育领域的规划涉及非洲各级各类教育的发展,均有着具体的要求和目标。

(三)非盟推动非洲教育一体化发展的主要战略举例

非统和非盟为非洲教育一体化的协调发展和共同提高做出了很多努力,制订了系列发展战略或行动计划,这里以非盟主导的战略和倡议为例。

1. 三个非洲十年教育战略。迄今为止,非盟制定了三个为期十年的非洲教育发展战略。详见第二章。

2.《非洲职业技术教育与培训振兴战略》。职业技术教育在《非洲教育"二·十"行动计划(2006—2015)》中是七大优先发展领域之一。进入 21 世纪,非洲一体化进程加快,严峻的社会经济形势要求非洲加强职业技术教育;但现有的非洲职业技术教育和培训机构种类繁杂,分布不均衡,收费混乱,资金匮乏,难以保障教学质量。为此,2007 年 5 月,非盟继《非洲教育"二·十"行动计划(2006—2015)》之后,具体提出了《非洲职业技术教育与培训振兴战略》,以加强职业技术教育与培训项目的吸引力,推行高质量的"非洲职业教育和培训项目",整合现有资源、实行一体化管理,保障学员的就业。该战略的出台引领了非洲教育一体化改革和治理,所提倡的分权和多样化的职业技术教育和培训体系结合了非洲实际,体现了非洲特色。②

3.《非洲高等教育一体化战略》。针对西方主导的结构调整计划的偏差,《非洲教育"二·十"行动计划(2006—2015)》明确了高等教育在非洲发展中不可或缺的地位。在讨论非洲高等教育复兴的过程中,人们认识到需要整合非洲高等教育。作为上述行动计划的后续措施,2007 年 9 月,非盟出台了《非洲高等教育一体化战略》。该战略的目的是在非洲建立一体化的高等教育系统,同时加强非洲高等教育机构的能力,改善非洲高等教育的质量,促进非洲学生和教师的流动。该战略的重点是明确各方政治责任;加强信息交流;构建资格体系;制定最低资格标准;开发合作课程和交流项目。

---

① 　African Union. Agenda 2063: The Africa We Want. Second Edition,Popular version[R]. Addis Ababa: African Union, 2014: 14-15.

② 　详见第五章第一节,以及万秀兰,孙志远.《非洲职业技术教育与培训振兴战略》之评析[J]. 比较教育研究, 2009(11).

该战略文本中,下列话语频繁出现:"非洲人自己""整合""动员""磋商""合作""伙伴""区域经济共同体""政府""活动时间表",等等。这套话语体系强调了非洲高等教育一体化、本土化的价值,强调要对各种地区和次地区级组织的教育活动进行整合;还强调要对政府、高等院校、民间团体和私营部门等所有利益相关者进行动员;十分强调战略形成和执行中的政治民主,高度重视地区和次地区组织以及各国政府在一体化进程中的作用;强调非洲高等教育一体化首先要有各国高等教育制度的完善和区域、次区域高等教育的一体化;此外,还强调战略本身的操作性和具体指导意义。[①]

4."泛非大学"的设立。2003 年第一届非洲科技部长会议提出必须建立泛非大学来改善非洲科技教育质量,以提高非洲生产力。这些思想后来被写进泛非大学的宗旨。非盟在 2008 年同意建立泛非大学,2009 年任命了高级专家小组负责监督泛非大学。2011 年底,泛非大学在非盟总部亚的斯亚贝巴正式成立,并将主要目标聚焦于科研与研究生教育。它计划在北非、西非、南部非洲、中非和东非分散设立五个地区性的校区,分别专门从事某一个关键学科领域。它们分别是阿尔及利亚安纳巴大学——水资源、能源科学及气候研究;尼日利亚拉各斯大学——地球和生命科学;南非斯坦陵布什大学——空间科学;喀麦隆雅温得第二大学——人文、社科及管理;肯尼亚乔莫肯雅塔农业与技术大学——基础科学及东非技术创新。各区域学区教学资金将由非洲联盟、主校区所在国及国际教育合作伙伴共同承担,其中大部分将用于为学生提供助学金。非洲大学协会也资助泛非大学。今后,科研、学费收入以及来自成员国和私人方面的自愿捐款都将成为大学的收入来源。[②]

二、非洲次区域政府间组织

根据中国商务部网站转引的信息,非洲次区域政府间组织包括:阿拉伯马格里布联盟(西北非洲五国),西非国家经济共同体,西非经济货币联盟,萨赫勒-撒哈拉国家共同体,东南非共同市场,东非政府间发展组织,中部非

---

① 详见第三章第一节,以及万秀兰,孙志远.《非盟高等教育一体化战略》评析[J].比较教育研究,2011(4).

② 万秀兰.非洲教育区域化发展战略及其对中非教育合作的政策意义[J].比较教育研究,2013(6).

洲国家经济共同体,中部非洲国家经济与货币共同体,东部非洲共同体,南部非洲发展共同体,印度洋共同体(印度洋 5 岛国)。①

在此仅简要论述其中四个影响较大的非洲次区域政府间组织——区域共同体或区域联盟。从中可以看出,各共同体或联盟的组织架构大同小异,而且都在走向成熟。特别建立的区域性教育相关专业组织,在各共同体组织架构中,都获得了各成员国政府的确认,在促进各区域教育一体化进程方面,拥有法定的地位和权力。

(一)南部非洲发展共同体及其地区教育和培训协议

在撒哈拉以南非洲次区域组织中,南部非洲发展共同体是发展得比较好的一个组织,试图在平等互利的基础上寻求建设一个高度一体化的经济合作地区。其前身是 1980 年成立的南部非洲发展协调会议。1992 年 8 月 17 日,该会议成员国首脑在纳米比亚首都温得和克举行会议,签署了关于建立南部非洲发展共同体(简称南共体)的条约、宣言和议定书,决定改南部非洲发展协调会议为南部非洲发展共同体,朝着地区经济一体化方向前进。

南共体成员包括 16 个国家:南非、安哥拉、博茨瓦纳、津巴布韦、莱索托、马拉维、莫桑比克、纳米比亚、斯威士兰、坦桑尼亚、赞比亚、毛里求斯、刚果(金)、塞舌尔、马达加斯加、科摩罗。南共体的宗旨是在平等、互利和均衡的基础上建立开放型经济……最终实现地区经济一体化。

南共体涉及教育区域化治理和一体化教育内容方面的主要目标有以下几点:发展共同的政治价值观、体系和机构;基于联合自立和成员国的相互依托,促进自身的可持续发展;实现国家和地区在发展战略和规划上的互补;促进及优化生产力和本地区资源的利用;巩固本地区人民长久以来在历史、社会和文化上的密切联系。

南共体的组织机构包括:(1)首脑会议:最高决策机构,每年举行一次会议,主席、副主席经选举产生并由成员国首脑轮流担任,任期一年。(2)部长理事会:由各成员国经济计划或财政部长组成,对首脑会议负责。其主要职责是监督共同体运行及政策和计划的实施。每年至少举行一次会议。理事会主席和副主席分别由共同体主席国和副主席国任命。(3)部门技术委员

---

① 中国驻加蓬经商参赞处.非洲区域一体化组织盘点[EB/OL]. http://www.mofcom.gov.cn/article/i/dxfw/gzzd/201409/20140900731408.shtml.

会：对部长理事会负责，与常设秘书处密切配合。其主要职责是指导、协调专门技术部门的合作和一体化政策及计划。（4）官员常设委员会：由各成员国经济计划或财政部常秘或同级别官员组成，是部长理事会技术咨询机构，每年至少举行一次会议，其主席和副主席由理事会主席国和副主席国任命。（5）常设秘书处：主要执行机构，负责实施首脑会议和部长理事会的决议及共同体的计划，协调成员国政策和战略。执行秘书对部长理事会负责，由首脑会议根据理事会推荐任命，任期四年。（6）政治、防务和安全机构：1996年6月成立，直接对首脑会议负责，主席国由各成员国轮流担任。主要职责为促进各成员国之间的政治合作，发展地区集体防务能力，处理和预防地区冲突，调解地区争端，推动各成员国在利益相关的领域制定共同的外交政策。（7）法庭：确保遵守和正确解释条约及其辅助文件的条款，向首脑会议和部长理事会提供咨询意见。

南部非洲发展共同体有着详细的经济一体化规划，目前的进程有条不紊。2008年8月，南共体自由贸易区正式启动。目前，南部非洲发展共同体成员国正努力实现人员的自由流动。

2004年，南部非洲发展共同体当时12个成员国签署了《教育和培训协定》，规定了若干原则和目标、合作领域、制度安排、资源和培训经费等。该协定要求："区域内现有的教育和培训的人员、机构和其他资源发挥最大效用，以保证合作的长期性和持续性"；"建立并发展区域专业中心和卓越中心，用作高效的教育、培训及研究的主要平台"；"保障学术和研究机构的自由"。区域合作领域涉及教育和培训政策、基础教育、中等学历教育、高等教育和培训、研究和开发、终身教育和培训、出版和图书馆资源。[①]

南共体在落实《教育和培训协定》方面，取得了一些进展，比如出台了《南共体区域教育和培训实施计划2007—2015》。

（二）东非共同体及其教育一体化报告

东非共同体（简称东共体）最早成立于1967年，成员有坦桑尼亚、肯尼亚和乌干达三国，后因成员国间政治分歧和经济摩擦于1977年解体。由于形势的变化，1999年11月30日，三国签署《东非共同体条约》，决定恢复东

---

①　http://www.sadc.int/documents-publications/protocols.

非共同体。2001 年 11 月,东非议会和东非法院成立。目前东共体成员国有坦桑尼亚、肯尼亚、乌干达、卢旺达、布隆迪和南苏丹。秘书处设在坦桑尼亚阿鲁沙市(Arusha)。

2009 年 11 月 20 日,东共体成员国签署了《东非共同体共同市场协议》。2015 年 1 月,签署建立货币同盟协议,确定了建立货币同盟的路线图。同年 6 月,东共体、南部非洲发展共同体、东南非共同市场三个次区域组织签署协议,决定 2017 年共同建立一个新的单一自贸区。

东共体的组织机构包括:(1)首脑会议:由成员国国家元首或政府首脑组成,最高权力机构。(2)部长理事会:由成员国负责地区合作或指派的其他部长组成,是共同体政策机构;负责制定促进共同体有效、协调发展的政策;向东非议会提交法案;向首脑会议提交年度报告;建立处理不同事务的部门委员会等。(3)协调委员会:由成员国负责地区合作事务或指定政府部门的常秘组成,负责向部长委员会提交工作报告和建议、执行部长委员会决定。(4)部门委员会:负责向协调委员会提出项目实施计划,确定不同部门的优先发展项目并监督其实施。(5)东非法院:共同体司法机构,确保条约得到履行,负责相关条约的解释,并向首脑会议、部长委员会、成员国和共同体秘书处等提供法律咨询。(6)东非议会:共同体立法机构。(7)秘书处:共同体常设机构,负责处理日常事务,设秘书长、副秘书长、法律顾问等。①

可见,东非共同体的组织架构本身是比较成熟的。东共体对本地区的教育一体化的组织是合法的、有约束力的。

东非共同体促进区域教育一体化发展的行动,主要包括每年举行成员国的教育、文化、体育和科技理事会会议,并出版年度报告。它先后成立了东非"大学校际委员会"(Inter-University Committee)及替代该委员会的"东非大学校际理事会"(Inter-University Council for East Africa, IUCEA),旨在促进东非地区大学之间的交流与合作。东非共同体各国分管教育、科技、文化、体育和青年事务的部长们于 2011 年 7 月签署了《东非教育系统和培训课程一体化》的地区倡议。该倡议已经得到东非共同体最

① 东非共同体[EB/OL]. [2019-10-22]. https://www.fmprc.gov.cn/web/gjhdq_676201/gjhdqzz_681964/lhg_683046/jbqk_683048.我国外交部网站中把 The Council of Ministers 译为"部长委员会",本研究改称"部长理事会",而保留后面两个"委员会"(Committee)的译法。

高决策机构东非部长理事会批准生效。根据该倡议,东非共同体成员国在各级教育的教育年历、核心教学科目、学习年限、学习课时数、科目内容方面要实行一体化;教育评估和考试制度以及培训机构的认证标准与标准检查程序等,也要实现区域一体化,等等。该倡议一旦得到国家的批准,就将成为各成员国教育部门的发展战略。①

（三）西非经济货币联盟及《西非经济货币联盟条约》

西非经济货币联盟于 1994 年 1 月 10 日成立,其前身是"西非货币联盟"。《西非经济货币联盟条约》于同年 8 月 1 日起正式生效。其宗旨是促进成员国间人员、物资和资金流通,最终建立西非共同体。成员国有八个:贝宁、布基纳法索、科特迪瓦、马里、尼日尔、塞内加尔、多哥和几内亚比绍。总部设在布基纳法索首都瓦加杜古。该联盟的组织机构是:(1)国家元首和政府首脑会议:最高权力机构。(2)部长理事会:各成员国包括财长在内的两位部长参加,每年至少召开两次会议。(3)联盟委员会:联盟常设领导机构,由各成员国分别推举一名委员组成。委员不代表派出国,任期四年。(4)联盟法院:1995 年 1 月 27 日正式成立,由各成员国分别推举一名成员组成,任期六年。根据条约,该联盟还设有审计法院、商会等机构。

联盟还下设两家银行:(1)西非国家中央银行:发行非洲金融共同体法郎,总部设在塞内加尔首都达喀尔,在各成员国均设有分支机构。(2)西非开发银行:系区域性政府间开发金融机构,总部设在多哥首都洛美,旨在促进联盟成员国经济平衡发展和西非经济一体化。西非开发银行的资本金由其股东认缴,股东分为 A、B 两类,A 类为联盟八个成员国中央银行,B 类为法国、代表德国政府的德国投资与开发有限公司、代表欧盟的欧洲投资银行、非洲开发银行、比利时、代表印度政府的印度进出口银行、代表中国政府的中国人民银行。②

在非洲开发银行的资助下,西非经济货币联盟实施了高教复兴战略。

---

① East African Community. Ministers Endorse Plan for Harmonization of EAC Education Systems [EB/OL]. (2013-02-28). http://www. eac. int/education/index. php? option = com _ content & view = article & id = 77: ministers-endorse-plan-for-harmonization-ofeac-education-systems- & catid = 34: press-rleases & Itemid = 48.

② 中华人民共和国外交部网站. https://www. fmprc. gov. cn/web/gjhdq _ 676201/gjhdqzz _ 681964/xfgjjjgtt_690298/jbqk_690300/.

2001 年,非洲开发银行向西非经济货币联盟提供了 14 亿西非法郎的拨款,在其 8 个成员国中开展振兴高等教育的研究,并设立项目来运用其主要研究成果。2006 年 9 月,西非经济货币联盟获得非洲开发银行第二笔资金 2980 万美元,致力于扩大入学机会,加强学术研究能力,在教学活动中使用信息通信技术,加强高等教育管理,改革高等教育学位系统以增强法语国家和英语国家之间学位结构的可比性、促进学术流动。①

2007 年 7 月,西非经济货币联盟委员会正式通过高等教育"学士—硕士—博士"学位制度改革的提议。改革的目的在于调整法语国家高等教育学位结构,以便增强与英语国家学术项目的可比性,实现学历互认。这次改革主要是满足该联盟成员国促进学生、教学人员、科研工作者学术交流的需要。除了协调学位等级外,还将建立学分转换制度、国家质量保障机制、区域监督机制,以保证向新学位结构转变过程的有效性和连贯性。②

(四)西非国家经济共同体

西非国家经济共同体,简称西共体,1975 年 5 月 28 日成立,总部设在尼日利亚首都阿布贾。该共同体旨在促进成员国在政治、经济、社会和文化等方面的发展与合作,提高人民生活水平,加强相互关系,为非洲的进步与发展做出贡献。截至 2019 年 1 月,成员共有 15 个:贝宁、布基纳法索、多哥、佛得角、冈比亚、几内亚、几内亚比绍、加纳、科特迪瓦、利比里亚、马里、尼日尔、尼日利亚、塞拉利昂、塞内加尔。

该共同体是非洲最大的区域性经济合作组织。其组织机构有:首脑会议、部长理事会、西共体委员会、执行秘书处、西共体法院和西共体议会及 6 个技术和专业委员会、西共体投资和开发银行。③

根据西共体委员会网站,该委员会下设农业、环境和水资源,教育、科学和文化,能源和矿业,财政,人力资源管理,促进工业和私营部门,基础设施,政治事务、和平与安全,社会事务与性别,电信与信息技术等 14 个部门。

---

① 万秀兰.非洲高等教育国际化的特点分析[J].比较教育研究,2012(4).

② Teferra D, Knight J. Higher Education in Africa: The International Dimension[M]. Boston and Accra: Center for International Higher Education, Boston College, and the Association of African Universities, 2008:484.

③ 西非国家经济共同体[EB/OL]. [2020-02-10]. http://www.fmprc.gov.cn./web/gjhdq_676201/gjhdqzz_681964/xfgjjjgtt_682974/jbqk_682976.

下面简单论述西共体委员会教育、科学和文化部门的任务、职能、行动及其影响。

1. 任务

该部门的任务是协调各会员国在教育、科学和文化领域的人力资源发展政策和战略，以促进共同的经济和社会增长。近期，该部门正在围绕《西共体 2020 年愿景》，汇集现有资源，加强制度建设，以便通过教育和适当培训促进一体化进程。

2. 职能

为完成上述任务，该部门承担以下职能：确保国别教育、科学和文化政策的一致性；促进科学技术、信息和通信技术领域的研究和高等教育；加强基础教育、中等教育和职业培训领域的合作；促进科学研究，并确保科学报告和发现的传播；在西共体地区促进各种形式的文化发展，确保一体化教育体制、和平文化、宽容和民主。

3. 教育行动

西共体委员会的教育、科学和文化部门在其教育相关行动中，正在设法：提高西共体及其成员国的教育、科学和文化投资水平，以期在 2025 年达到占本地生产总值 1% 的水平；加强职业技术教育，促进技能开发，增强男女青年的能力；促进西非经济共同体内外大学师生的流动；在西非经济共同体区域内建立文凭和证书相互承认的优质教育保障机制；把科学和技术创新视为西非经济共同体经济增长和竞争力提升的动力；完善业已建立的开放远程学习的系统以及高等教育质量保障机制。

4. 对区域一体化和西共体公民的影响

鉴于教育、科学和文化部门成立的目的之一是把文化建设成为西非人民融合的基础，该部有一些旗舰方案，包括为西非经济共同体内的大学师生设立学术流动（Academic Mobility）奖学金制度。此外，还在共同体内建立了学位和文凭相互承认制度。该部设立了西非艺术和文化研究院（the West African Arts and Culture Academy），还试图通过设立一个"共同研究中心"（Common Research Centre）来促进卓越研究制度。①

① Education, Science and Culture [EB/OL]. [2019-10-22]. http://www. comm. ecowas. int/departments/education-science-culture.

总之,非洲这些次区域组织都有严密的组织机构,包括教育分管部门。这些部门依据其在此区域组织中的合法权利,推动着非洲教育的一体化发展。有关具体项目和行动,在本书相关章节还会有专门阐述。

三、非洲政府间或半官方的区域性教育专业组织

如前所述,非洲各种类型、各种层次的区域一体化组织已有 200 多个。其中非洲区域性教育专业组织也很多。这里着重论述作用和影响较大的六个组织。从中可以发现,这些组织大多有非洲政府的官方背景,要么由非洲若干国家的政府发起和成立,要么非洲国家的教育部成为其成员,要么非洲成员国教育部长会议成为其主要活动机制,体现出这些组织是区域性政府间或者半官方的教育专业组织。这些组织对非洲各国政府的法律约束力大小,取决于它们是政府间组织还是半官方的组织,取决于这些国家是否有决议或其他正式文件为其背书。

(一)非洲大学协会(AAU)

该协会是一个半官方的泛非教育专业组织,成立于 1967 年,总部设在加纳首都阿克拉。该协会成员数不断增加。2013 年有 370 余所,2020 年有近 400 所。它的使命是促进非洲高等院校之间的合作,为热点问题提供讨论平台,从而加强非洲高等教育的质量和适切性。AAU 的经费来源于成员大学的会员费,非盟和非洲国家政府的补助,出版物销售收入,服务费,外部捐赠,等。AAU 促进了非洲大学之间特别是在课程开发和科研等方面的交流与合作,加强了非洲高等教育与国际学术界的联系。

近年来,AAU 在推进非洲区域化发展战略方面的举措有:(1)制度性出台 5～8 年的战略规划,如《2003—2010 年战略规划》和《2011—2015 年战略规划》。(2)建立"非洲高等教育质量保障联盟",作为非洲质量保障组织合作的官方平台。[①] 该联盟已经发表多个报告。

(二)非洲教育发展协会

其前身是非洲教育捐助者联盟(Donors to African Education,DAE),成立于 1988 年,是一个致力于制定非洲教育援助政策和推动援助项目实施

---

① AfriQAN. About us[EB/OL]. [2013-02-20]. http://afriqan.aau.org/? q=aboutus.

的国际性教育专业组织,由国际援助机构、西方主要援助国家以及非洲国家教育部门官员和一些学者组成。目前,非洲教育发展协会总部设在突尼斯,是一个由非洲开发银行主办的泛非机构,其成员和合作伙伴由非洲各国教育部长、非洲组织、发展机构与其他合作伙伴构成,其中,非洲各国教育部长和发展机构是其主体成员。因此,该协会目前是半官方的非洲区域性教育专业组织。

目前它已发展成为关于教育政策的对话论坛。非洲教育部长、发展机构代表、教育专家和研究者们针对非洲教育领域的重大发展问题,各抒己见、集思广益,最终将讨论成果以战略方案和政策建议的形式呈现。例如,2015 年 3 月在题为"为了非洲未来复兴高等教育"的非洲高等教育峰会上,该协会提出了《非洲大学的质量、卓越和适切性保障政策》,此后陆续提出了《促进非洲高等教育科研和研究生教育政策》《提升高校毕业生就业能力政策》等建议。2014 年 7 月,该协会在科特迪瓦阿比让召开的关于促进非洲青年就业的部长会议上,提出了区域性《跨国合作行动计划(2014—2017)》,包含五大重点行动。[①]

这样,该协会利用其权威专业力量和具有号召性的政策思想,引领非洲政府部门和社会各界关注并参与到非洲教育改革与发展的事业中来,成为非洲教育一体化发展战略制定的重要主体。

(三)东非大学校际理事会

2000 年,肯尼亚、坦桑尼亚和乌干达三国正式签署建立东非大学校际理事会的协议书,宣告东非大学校际理事会正式成立。2007 年卢旺达和布隆迪也相继成为正式成员国。如今该理事会拥有六个成员国,成员大学已超过 130 所。[②]

该理事会的主要目标和功能是协调东非大学间的合作,促进成员大学的战略发展,促进符合国际可比性的高等教育标准和系统的可持续发展。该理事会的使命是协调和帮助利益相关者,以推进东非地区高等教育战略性地、可持续性地和具有竞争性地发展。它的具体工作包括:推进大学、政

---

① 详见第五章第二节"非洲教育发展协会对职业教育与培训一体化发展战略的参与"。

② IUCEA. General Information of IUCEA Membership[EB/OL]. [2020-12-15]. http://www.iucea.org/general-information/.

府与其他组织之间的合作,加强地区与国际交流,协调本地区的研究合作、师生交流;帮助大学改进管理、了解国际发展的最新情况、传递高等教育信息,为高等教育中具有战略意义的校际合作筹措资金;推进统一的高等教育质量保障框架的制定与应用,确保教学和研究达到和保持国际水平,提倡和协助政府及其他团体制定东非高等教育发展战略。

2007 年,东非大学校际理事会召集本区域国家高教管理部门,在德国学术交流中心等机构的指导与协助下,开发并试行了东非地区第一个共同的高等教育质量保障框架。同年,该理事会还会同荷兰顾问、东非专家组,编写出版了《质量路线图》,并进行了试点,组织了培训,控制、协调和管理了质量保障活动的有序开展。2009 年东非大学校际理事会向东非共同体提交了《东非教育系统一体化研究》的最终报告,建议成立一个地区教育一体化委员会(或机构),负责决定该地区各级教育所应该培养的能力素质,制定推进东非教育一体化的路线图。报告还建议实行课程一体化,使成员国之间的课程和考试系统日益网络化、相互关联、具有可比性,并相互影响。该报告后来成为东非共同体正式的教育一体化政策的基础。该理事会目前还明确要求成员国各大学执行统一的学生收费标准,对拒不执行的大学进行制裁。

总之,该理事会作为东非区域半官方的教育专业组织,随着东非一体化的发展,在增强东非高等教育一体化发展方面起着越来越重要的作用。特别值得指出的是,在东非区域高等教育质量保障体系的建立和实施过程中,它所起到的作用得到了非洲联盟的高度认可和肯定[1],所推动的高等教育质量保障框架试点的成功具有重要的示范作用。[2]

(四)南部非洲地区大学协会

南部非洲地区大学协会于 2005 年成立,是面向南部非洲发展共同体成员国大学开放的会员制协会,是南共体 15 国公立大学的非营利的领导协会,目前有成员大学 57 所;其使命是扩大该地区大学之间的合作和能力建

---

[1] Hoosen S, Butcher N, Njenga B K. Harmonization of Higher Education Programmes: A Strategy for the African Union[J]. African Intergration Review,2009(1):14.

[2] 郑崧,郭婧.非洲高等教育质量保障中的地区合作——以东非大学理事会为例[J].比较教育研究,2011(4).

设方案,旨在复兴和发展南部非洲高等教育机构及其领导力,协助高校体制和人力资源的发展,增强高等教育在应对区域发展挑战方面的反应力,进而促进高等教育的发展,推动研究和创新,从而促进国家和地区的社会、经济及文化发展以及减贫。该协会常年推出决策层、执行层、基层的管理类培训项目,定期出版本地区高等教育发展的年度报告。其中比较重要的是 2012年 3 月该协会出台了《构建 2025 年高等教育愿景:一项南共体发展的战略议程》。[①]

(五)南部与东部非洲教育质量监测联盟

该联盟(SACMEQ)是一个政府间区域性教育专业组织,目前其成员是14 个成员国的教育部。这些教育部在联合国教科文组织国际教育规划研究所(IIEP)的技术支持下,通过合作活动开展培训和调研,在监督、评估与比较教育质量的专业技能方面为各成员国提供培训,并为教育政策制定者提供重要参考信息。

该联盟的目标是运用科学的方法来监督、评估和改善成员国学校教育的条件和教育质量,最终推动非洲教育区域化的可持续发展,早日实现全民教育。

南部与东部非洲教育质量监测联盟在技术上接受联合国教科文组织国际教育规划研究所的指导,在经济上接受荷兰政府和世界银行的经费支持,同时各成员国也会提供本国参与活动时的经费。该联盟还有其他外部盟友:国际教育成绩评估协会(The International Association for the Evaluation of Educational Achievement,IEA)、设于肯尼亚的阿迦汗基金会、马拉维国家教育研究及培训中心以及澳大利亚的评估研究中心。[②]

关于该联盟在南部与东部非洲质量保障方面的举措和作用,已有较系统的专门研究,可供参考。[③]

(六)非洲及马达加斯加高等教育委员会

该委员会于 1968 年由非洲和马达加斯加共同组织(Organisation

① SARUA. Building Higher Education Scenarios 2025: A Strategic Agenda for Development in SADC[R]. Sarua Leadership Dialogue Series. No. 2,2012.
② 衣慧子,万秀兰.南非与东非教育质量监测联盟运行机制研究[J].基础教育,2012(5):119-128.
③ 衣慧子.南部与东部非洲教育质量监测联盟的实践研究[D].浙江师范大学,2013.

Commune Africaine et Malgache,OCAM)成立,总部设在布基纳法索首都
瓦加杜古,目的是协调非洲法语国家高等教育和研究系统的政策及其实施。
目前,其成员国有西非的贝宁、布基纳法索、科特迪瓦、几内亚、几内亚比绍、
马里、尼日尔、塞内加尔和多哥,中非的布隆迪、喀麦隆、乍得、中非共和国、
刚果共和国、加蓬、赤道几内亚、刚果民主共和国、卢旺达以及东非的马达加
斯加,共 19 国。各成员国负责高等教育的部长是该委员会的部长会议(the
Council of Ministers of CAMES)成员,在该会议上讨论和通过有关非洲法
语国家高等教育和研究政策的决议。①

　　该委员会开展的非洲法语国家高等教育一体化工作主要包括:

　　(1)认证成员国高等教育机构的学士、硕士和博士学位。高等教育学位
的认证项目始于 1972 年。在最初的 30 年间,CAMES 已组织 20 次专家会
议,审查 637 份学位和文凭认证的申请。其中 518 项获得认证。

　　(2)对成员国的教授和研究人员进行评估。1978 年,该理事会成立了
非洲国家间咨询委员会(Inter-African Consultative Committees),审核成员
国高等学校教职员及研究人员的晋升申请。有数据显示,截至 2002 年,各
种专门的咨询委员会已对 6188 份申请进行评估。其中 62.4% 的申请人获
得通过。不过在 CAMES 成员国中,布隆迪和喀麦隆等已经建立了自己的
教职工晋升机制。在医学、法律、经济和管理等学术领域,高校教职工晋升
的标准包括参加高度竞争的考试。截至 2002 年,CAMES 已经组织了 21
次这样的考试。

　　(3)寻求非洲法语国家高等学校之间的合作。非洲药典和传统药物项
目始于 1974 年,旨在促进该领域的区域合作。截至 2002 年,CAMES 已经
举办了 11 次相关研讨会,会上发表了 333 篇研究论文。②

第三节　外部参与非洲教育一体化的政治与组织路径及其合法性

　　"随着全球化时代的来临、全球性问题的增多和全球治理需求的出现,

---

① https://www.hauniversity.org/en/CAMES.shtml.

② Shabani J. Higher Education in French-Speaking Sub-Saharan Africa[M]//Forest J J F, Altbach P G. International Handbook of Higher Education. Dordrecht:Springer,2007:493.

国际组织已经悄然走进人类生活,并开始影响人类的政治、经济、社会和文化活动。"①在非洲教育一体化过程中,除了非洲内部的组织外,全球性的国际发展援助机构以及非洲之外的他国发展援助机构也发挥了重要作用。

一、外部参与非洲教育一体化的路径构成及其合法性来源

(一)路径构成

在全球教育治理中"最重要的多边机构是联合国教科文组织",但全球教育治理的主体"不断朝向多元化方向发展","世界银行、世贸组织、八国集团等都开始涉足","尝试采取了大量的教育多边主义措施"。② 另有国别的国际开发机构,如美国、加拿大、法国、英国、德国、瑞典、挪威、日本、中国等国的国际开发署、文化协会或协力机构等。

这些机构功能相似,对非洲教育一体化的参与是其全球教育治理的一部分。联合国教科文组织、世界银行等域外国际机构和组织,发达国家以及新兴国家的发展援助机构,或多或少都有非洲教育援助项目。这些项目的初衷都含有引领和促进非洲教育一体化发展的战略和规划层面的意义。

(二)合法性来源

一方面,域外国际组织和域外国别发展援助机构所推出的非洲教育援助或合作政策与规划(往往反映在各种教育项目中),在政治上对非洲各国政府并没有约束力。另一方面,它们可以凭借与非洲国家的具体教育计划、项目的"一事一议"性的协议或合同,获得参与非洲教育一体化进程的合法性,或者寻求非洲国家在联合国教科文组织等机构的一些宣言、倡议上签字,做出庄严承诺,来获得参与非洲国家和地区教育治理的合法性。无论签字各方在多大程度上出于自愿,正式签订的合同和协议本身是合法性的体现。当然,与其他组织相比,联合国教科文组织作为联合国的机构,其主持制定的协议、宣言、计划等,按教科文组织章程的条款,对成员国的合法性和约束力更强,有些具有当然的合法性。

非洲外部的双边援助机构或全球性组织的多边援助机构,之所以能通

---

① 张民选.国际组织与教育发展[M].上海:上海教育出版社,2010:1(总序).
② 阚阅,陶阳.向知识银行转型——从教育战略看世界银行的全球教育治理[J].比较教育研究,2013(4).

过与非洲国家的教育协议或合同参与非洲教育一体化,是因为它们的资金和教育专业人员的知识和能力。也就是说,这些组织参与非洲教育一体化进程的合法性,实际上来源于这些组织的资金供给和专业权威。

这些组织在非洲教育一体化过程中发挥重要甚至是主导的作用,往往成为引领者、推动者、合作者、监督者,乃至实践者。这些机构以教育(规划、实施、评估)技术援助的形式,成为非洲教育一体化发展战略的引领者、合作者;同时借助教育援助项目,成为非洲教育一体化发展战略的监督者和实践者。

非洲的域外组织之所以能对非洲教育一体化发展战略发挥主体和主导作用,还因为非洲不同于其他地区的一个重要特点:教育在资金和技术上的严重双重依附。非洲本土学者特夫拉·丹条教授曾略带愤懑地说:"外部势力仍然是影响非洲国际化的最大力量或最大力量之一。其手段是他们的财政和技术影响力、他们对特定政策的支持以及他们对话语的创造和操纵。"作为全球最薄弱的高教系统,非洲高教系统严重依赖他人确立的话语、范式和标准,使它容易受到全球的"奇谈怪论和一时癖好"的冲击。[①] 抛开其中情绪,无论这种"话语创造和操纵"的结果如何,无论这种"奇谈怪论和一时癖好"的初衷如何,这段话指出了一个事实,非洲域外势力对非洲教育战略、政策的影响都是无处不在的。

非洲往往是这些组织的国际发展援助的主要对象地区。

用更具批判性的话语来说,非洲域外组织参与非洲教育一体化进程的合法性来源,一是极易权力化的"资本",二是"与权力共谋的知识",或者是布迪厄所说的"声望"权力。资本的人格化就是资本阶层,而资本阶层的倾向之一,是"努力进入政治权力的外围或中心,积极参与公共决策,驱使政治权力按资本意图运作"[②]。而布迪厄认为,在知识场域中存在以下两种不同的资本及其权力形式:一种是"制度的或制度化的政治权力",这种权力与创造、传播、管理知识的机构或政府部门及其在社会组织结构中的位置密切相关,是通过政治(策略)来实现的。另外一种是建立在或多或少"独立于制度之外的个人'声望'的权力",这种权力的基础是同行认可,是通过对知识进

① 万秀兰.非洲高等教育国际化的特点分析[J].比较教育研究,2012(6).
② 靳凤林.资本的道德二重性与资本权力化[J].哲学研究,2014(12):86-89.

步的贡献而积累起来的。这两种权力在知识场域中的相互竞争构成了政治权力的知识干涉。[①]

浙江师范大学楼世洲教授的国家社科基金后期资助项目"国际社会对非教育援助"、浙江师范大学孙志远博士的浙江省哲学社会科学规划项目"美、英、日、印四国对非洲教育援助模式的比较研究",将在近期完成,都会具体涉及这些国际组织和国别发展援助机构在非洲的教育援助项目的目的、举措和作用,也会反映出这些项目在非洲教育一体化进程中的作用。

这里仅以世界银行和联合国教科文组织为例,简要探讨国际发展援助组织参与非洲教育一体化的基本情况特别是有关机制。至于他们在这方面的具体项目,将放到后续有关各章加以阐述。

二、世界银行与非洲教育一体化发展战略

在国际层面全球教育治理最重要的机构是联合国教科文组织,但世界银行在由金融机构向知识银行转型的过程中,也为全球教育发展做出了越来越独特而又重要的贡献,它越来越重视教育,认为教育是一种投资,作为一种手段在减贫、增收、促进经济增长和共享繁荣以及改善健康、性别公平、和平、安全和稳定中发挥重要作用。

世界银行是"二战"的产物,其最初的使命是帮助欧洲国家和日本的战后重建,而后演变为与各合作伙伴共同致力于消除贫困以及改善人们的生活质量。世界银行将扩大学生入学和改善教育质量作为消除贫困的一个手段,所以不断关注教育问题,并完善自己的教育治理模式,在由金融机构向知识银行转型的同时,也为全球教育发展做出了越来越重要的贡献。[②] 世界银行是世界上为非洲教育提供了最多发展援助的多边组织。

(一)世界银行参与全球教育治理的理论基础、优势和路径

世界银行的教育观是其教育援助的理论基础之一。该行发表过无数关于教育的报告,对教育的认识在不断变化,对世界银行的教育作用本身也在

————————

① 皮埃尔·布尔迪厄.科学的社会用途——写给科学场的临床社会学[M].刘成富,张艳,译.南京:南京大学出版社,2005:38.

② 阚阅,陶阳.向知识银行转型——从教育战略看世界银行的全球教育治理[J].比较教育研究,2013(4).

不断调整。不过世界银行于 2002 年发表的《打开大门：教育和世界银行》报告，比较好地反映了该行的教育观。

该报告的首页，先引用了哈比森（Harbison）和迈尔斯（Myers）的话"教育是发展的种子和花朵"，后简要指出"教育开启知识之门并赋予人们力量"。就个体层面而言，教育能为人们打开一个充满机遇的世界，减轻人们疾病和贫困的负担，并使他们能在社会上发出更大的声音；对各国来说，教育培养的充满活力的劳动力和见多识广的公民，能够在全球舞台上竞争与合作，因此教育能为经济和社会繁荣打开大门。

该报告指出教育是减贫和经济增长的有力杠杆。关于"为什么要投资教育"，该报告提出了下列六方面的理由：(1)教育赋权人们掌控自己生活并做出明智选择。(2)弱势群体可以通过教育而拥有发言权，从而夯实民主社会的基础。(3)教育通过向人们提供获得土地和资本等生产性资产的机会，通过增加劳动力的流动性和潜在的收入，而促进公平和社会凝聚力。每增加一年的传统的学校教育，平均能提高受教育者 10% 的收入（在低收入国家，这一数字还要高得多）。(4)教育能促进持续的、创造就业的经济增长，是实现千年发展目标的关键；没有哪个国家成人识字率低于 40% 而能实现经济增长。(5)教育通过帮助各国培养能创造、应用和传播新思想和新技术的、熟练的、有生产力的劳动力，建立具有全球竞争力的经济。(6)教育通过鼓励儿童采取健康的行动、避免危险的行为，让年轻人了解预防感染艾滋病毒/艾滋病的知识和价值观，赋权妇女少生孩子并更好地照顾自己和家人，从而促进人们的健康。[①]

1962 年，对突尼斯中等学校建设项目的贷款标志着世界银行教育议程的正式启动。

与其他多边机构相比，目前世界银行形成了对全球教育治理的若干优势：(1)有着强大的全球存在和全球发展经验，具有广泛的号召力，能发挥其倡导和共享知识的独特作用。(2)作为大部分发展中国家最大外部资金来源，便于鼓励其他合作者赞助其选定的优先项目，并在协调各捐助方和开展项目活动上发挥领导作用。(3)与经济和财政部门保持着密切联系，便于采

---

① The World Bank. Opening Doors：Education and the World Bank[R]. Washington，D. C.：The World Bank，2002.

取跨部门方式,影响关键决策者,帮助客户国把教育战略整合到国家政策和制度框架之中。(4)广泛的援助项目便于建立与多样化教育服务需求相适应的公私伙伴关系,促进受援国教育对劳动力市场的适切性。

世界银行依托上述优势,联合国际、区域和国别伙伴共同推动了系列教育项目。例如目前世界银行与英国国际开发署和儿童投资基金会(CIFF)合作设立了战略影响评估基金(Strategic Impact Evaluation Fund);与挪威、美国和德国合作设立了"全体儿童教育结果"(Results in Education for all Children,REACH)的多边信托基金;还与韩国、中国、俄罗斯、日本等国设立了多种双边信托基金。

世界银行发挥教育作用的路径主要是教育援助贷款和有关教育的知识技术援助。

世界银行的教育援助贷款包括低息、无息贷款和赠款,主要来自国际开发协会,该协会的资金渠道主要是捐赠国提供的捐助。世界银行人类发展网络(HDN)下设教育部门,负责世界银行的教育事务。自20世纪60年代以来,世界银行开始对发展中国家进行持续的教育援助,在2000—2017年,世界银行共为全球1434个项目提供了489.2亿美元的融资。世界银行成为当前世界上最大的外部教育资金提供者,每年对教育的新增贷款为40亿~50亿美元,对包括非洲在内的发展中国家的教育发展有着重要的影响。目前世界银行有152个项目167.6亿美元在77个国家的1848个地方实施。

世界银行也是一个具有强大知识生产能力的知识银行。它以政策建议、研究与分析报告,以及技术援助等形式,为包括非洲国家在内的发展中国家提供支持。这些研究与分析工作常常支撑了世界银行的融资,并指导发展中国家自身的投资。2018财年世界银行用于主动咨询和知识服务的预算高达6900万美元。世界银行教育专家推出的教育文献被分成四种类型:公开出版物、简报、影响评估和政策研究、教育系统评估。

世界银行开发了教育知识生产和分享的平台——教育知识管理系统(EKMS):该系统能够生产、获得、提取以及传播有关教育发展的知识,旨在构建一个知识库,将大学、基金会、非政府组织及其他双边和多边组织等合作伙伴开发的最佳发展知识纳入其中,提高教育部门职员的效率,更好地服务于客户国和合作伙伴。

世界银行重视生产和运用知识技术性工具影响受援国教育:(1)基准设定和系统评估工具。建立学业成绩和关键教育指标的可靠数据,评估一国教育系统提高学习成果的能力。(2)学习评价的工具。对学生学习过程和结果进行评价,涵盖阅读和计算的基本能力,以及批评思维、问题解决和团队合作等其他技能;在全球层面上开展学生学习评价和改善教育成果的政策研究。(3)政策影响的评估和分析工具。即为政策制定和干预提供服务。

世界银行重视客户国相关机构的能力建设。相对于财政或其他部门官员来说,更强调提升教育部门官员在推进教育发展中所发挥的重要作用;同时通过深化改革、改善治理、增强问责和激励机制加强客户国家教育机构的发展。

世界银行知识生产与传播的一个重要途径是召集学术的或项目的交流研讨或培训会议。

(二)世界银行对非教育援助政策的历史走向和特点

在世界几大地区中,非洲地区教育一直是世界银行的主要援助对象。世界银行对非教育援助政策总体呈现出几个明显的走势:从重视中等教育、职业教育和高等教育转向重视基础教育,再转向基础教育与高教和职业教育并重;从重视量的扩增转向质的提高;从硬件援助转向兼顾知识技术软援助;从单一项目援助转向综合性部门援助。

世界银行的教育援非项目绝大多数为国别项目。世界银行在非洲的"区域性"教育项目数量比较少,但数额比较大,而且往往透过国别机构来实施并发挥区域辐射功能,同时也依托区域性教育专业组织来协调。

世界银行作为知识银行通过四类政策建议和研究报告为发展中国家提供有关发展的知识和技术。涉非教育政策建议和研究报告表现出来的特点,一是数量多,其中大多数为国别建议或报告;二是初等教育和中等教育的文献比例较大,而学前教育、职业教育和高等教育文献比例相对较小;三是表现出实践而非理论问题导向的特点。

(三)世界银行促进非洲教育一体化发展的战略

世界银行促进非洲教育一体化发展的战略,直接或间接体现在世界银行面向非洲或非洲次区域提出的前瞻性的教育政策、规划、倡议、策略及其实施项目和行动上。这些政策、规划、倡议、策略的文件多是世界银行委托的本行工作人员甚至其他学者完成的研究成果,由世界银行出版或公布;世界银行资助和监督实施的项目和行动一般都是围绕这些政策、规划、倡议、策略来策划和实施的。两者都是世界银行影响的表现。

　　一方面,对其出版的每一项研究成果,世界银行都声明该成果"所表达的调查结果、解释和结论不一定反映世界银行、其执行董事会或它们所代表的各国政府的观点"。但另一方面,正如时任世界银行主席巴伯·B.科纳布尔在 1987 年为世界银行出版的著作《撒哈拉以南非洲教育:调整、复兴和扩充的政策》撰写的前言中所指出的:"在接下来的几年时间里,这项研究将指导世界银行对撒哈拉以南地区教育的贷款和技术援助。"①这些文本既是对前期世界银行支持的项目的研究总结,往往也有对未来非洲教育发展战略、政策制度走向的前瞻,构成世界银行下一步非洲教育援助政策的基础。因此,我们把这些文本视为世界银行的政策来源或者政策本身加以分析,在某种意义上是无可厚非的。

　　这些政策、规划、倡议、策略及其项目和活动构成非洲教育一体化发展战略的一部分,促进了非洲各级各类教育在全洲或非洲次区域层面的信息共享、行动协调和标准的统一,进而促进了非洲教育共同的发展。

　　这些政策、规划、倡议、策略分散在基础教育、职业技术教育、教师教育、高等教育、成人教育等领域的著作、报告之中。其中 1988 年发表的《撒哈拉以南非洲教育:调整、复兴和扩充的政策》②,1992 年发表的《非洲大学:稳定与复兴的战略》③,2010 年出版的《非洲高等教育融资》④,2011 年《世界银行教育战略 2020》及其行动纲要《全民学习:投资人的知识和技能以促进人的

---

　　①　世界银行.撒哈拉以南的非洲教育政策——调整、复兴和扩充[M].朱文武,皮维,张屹,译.杭州:浙江大学出版社,2008:Ⅵ.

　　②　Moock R, Harbison R W. Education in Sub-Saharan Africa: Policies for Adjustment, Revitalization, and Expansion[M]. Washington, D. C. : The World Bank, 1988.

　　③　Saint W S. Universities in Africa: Strategies for Stabilization and Revitalization [M]. Washington, D. C. : The World Bank, 1992.

　　④　The World Bank. Financing Higher Education in Africa. Directions in Development[M]. Washington, D. C. : The World Bank. 2010. https://openknowledge. worldbank. org/handle/10986/2448 License: CC BY 3.0 IGO.

发展》①,2012 年出版的《撒哈拉以南非洲教育：比较分析》②,2013 年出版的
《完善非正式部门技能开发：撒哈拉以南非洲战略》③,2014 年出版的《非洲
教育中的信息通信技术》④,2015 年出版的《撒哈拉以南非洲离校青年：政策
的观点》⑤、《为撒哈拉以南非洲的每个孩子提供教科书：解决高成本和低实
用性问题的战略》⑥以及《教材都去哪儿了——撒哈拉以南非洲可持续的教
材提供探索》⑦,2017 年出版的《分享撒哈拉以南非洲高等教育的希望：超越
少数人》⑧、《加强非洲大学应用科技与工程项目区域技能开发标杆管理倡
议》⑨,2019 年出版的《撒哈拉以南非洲的技能平衡行动：投资技能以提高生
产率、包容性和适应性》⑩等,都在非洲教育的当下信息分享、问题发现、原
因分析和问题解决方案等方面,有着或将有重大影响。

　　对于上述战略,下文有关章节将进一步加以论述。

三、联合国教科文组织与非洲教育一体化发展战略

　　如前所述,在全球教育治理中"最重要的多边机构是联合国教科文组

①　The World Bank. World Bank Group Education Strategy 2020[R]；"Learning for All：Investing in People's Knowledge and Skills to Promote Development",An Executive Summary of the Strategy 2020[R]. Washington，D. C. ：The World Bank,2011.

②　Majgaard K，Mingat A. Education in Sub-Saharan Africa：A Comparative Analysis[M]. Washington，D. C. ：The World Bank，2012.

③　Adams A V，De Silva S J，Razmara S. Improving Skills Development in the Informal Sector：Strategies for Sub－Saharan Africa[M]. Washington，D. C. ：The World Bank,2013.

④　Souter D,et al. ICTs for Education in Africa[R]. Washington，D. C. ：The World Bank ,2014.

⑤　Inoue K，di Gropello E ，Taylor Y S，et al. Out－of－school Youth in Sub－Saharan Africa ：A Policy Perspective[M]. Washington，D. C. ：The World Bank,2015.

⑥　Fredriksen B，Brar S，Trucano M. Getting Textbooks to Every Child in Sub－Saharan Africa：Strategies for Addressing the High Cost and Low Availability Problem[M]. Washington，D. C. ：The World Bank,2015.

⑦　Read T. Where Have All the Textbooks Gone? Toward Sustainable Provision of Teaching and Learning Materials in Sub－Saharan Africa[M]. Washington，D. C. ：The World Bank,2015.

⑧　Darvas P，Gao S，Shen Y，et al. Sharing Higher Education's Promise beyond the Few in Sub－Saharan Africa[M]. Washington，D. C. ：The World Bank,2017.

⑨　The World Bank. The PASET Regional Benchmarking Initiative to Strengthen African Universities：An Africa－led Initiative to Bridge the Skills Gap in Applied Sciences，Engineering，& Technology[R]. 2017.

⑩　Arias O，Evans D K，Santos I. The Skills Balancing Act in Sub-Saharan Africa：Investing in Skills for Productivity，Inclusivity，and Adaptability[M]. Washington，D. C. ：The World Bank and Agence Française de Développement，2019.

织",实施这种治理的政策工具,包括倡议、宣言、议程、目标、行动计划等。尽管这些政策工具的法律地位和作用性质不同,对会员国的约束力也不同,但最起码在观念上得到国际社会普遍认同,而且在许多国家得到了不折不扣的贯彻和实施。这些政策工具对全球的教育理念和行动都产生了重大影响,也是联合国教科文组织的全球教育一体化发展战略的核心组成部分。

仅就 20 世纪 90 年代以来的教科文组织的全球治理计划或行动而言,1990 年,联合国教科文组织在世界全民教育大会上,明确提出了"全民教育"的概念,包括扫除成人文盲、普及初等教育以及消除男女受教育之间的差别。2000 年 4 月,联合国教科文组织世界教育论坛通过了《达喀尔纲领》,使得全民教育的目标更为具体化并确定了时间表。为了响应《达喀尔纲领》的号召,世界各国采取了一系列实现全民教育目标的举措。这使得全民教育成为全球包括全非洲国家的统一的教育行动计划。从 1997 年的"学会生存"理念的提出、2008 年的"全纳教育"思想的出台,到 2000 年的"千年发展目标"的制定、2015 年的《2030 年议程》中的可持续发展目标 4(及后来的《教育 2030 行动框架》)的提出等,无论在理论还是在实践层面无不引起巨大的影响,带动全球教育观念和行动的一次又一次的改进。

(一)联合国教科文组织主持制定全球区域教育一体化标准文书

联合国教科文组织参与非洲教育一体化的重要机制之一,是通过该组织主持下通过的公约、建议或者宣言,帮助非洲确立教育一体化的观念、制度、平台或者法律基础。比如非洲高等教育一体化领域的《阿鲁沙协定》(Arusha Convention)及后来的《亚的斯亚贝巴协定》。

根据联合国教科文组织章程(第 1 条)的规定,该组织为实现本组织的总体目标而开展的一项重要活动是编制标准设置的文书(the preparation of standard-setting instruments),这些文书通常采取公约或建议的形式。虽然建议不具有约束力,但公约是具有法律约束力的国际协定。主持通过这种设置标准的文书,是为了使会员国有机会制定它们认为必要或有用的行为标准。

联合国教科文组织成立以来,已就一系列全球关注的问题制定了 37 项公约和 34 项建议。在这些设置标准的文书中,有 19 项是专门针对教育的,其中 9 项是涉及资格互认的公约(包括原来的公约和修订的公约)。[①] 这些公约/协定包括:《拉美和加勒比地区高等教育学习、文凭和学位区域互认协定》(1974)、《地中海沿岸阿拉伯和欧洲国家高等教育学习、文凭和学位互认协定》(1976)、《阿拉伯国家高等教育学习、文凭和学位互认协定》(1978)、《欧洲国家高等教育学习、文凭和学位互认协定》(1979)、《非洲国家高等教育学习、证书、文凭、学位和其他学术资格的区域互认协定》(1981)、《亚太高等教育学习、文凭和学位区域互认协定》(1983)及其后来的修订版。[②]

1989 年联合国教科文组织第 25 次大会决定,(1)要在国际层面规定学习、学位和文凭的互认;(2)所采用的方法应该是国际公约/协定,而且其最后一个草案应该提交给第 26 次大会(1991 年)。1991 年大会通过了一项决议,鼓励更多会员国批准和实施已有区域协议,并继续参与协议的修订。不过 1993 年大会通过的协议称为"建议"("关于高等教育学习和资格证书互认的建议")而不是原来打算的有法律约束力的公约/协议的形式。此后直到 2011 年,再无关于全球协议的讨论。

随着高等教育的迅速变化和新动态的出现,比如大众化、供求多样化、就业能力、质量保证以及资格框架的引入等,第一批高等教育资格互认的公约出现许多不能解决的新的问题。从学位作坊来的伪造学历,已经成为会员国日益严重和棘手的问题。所以已有公约最早从欧洲(1997 年)开始得到修订,此后在亚太(2011 年)和非洲(2014 年)也得到修订,称为第二代高等教育文凭资格互认公约。这些修订的关键影响,一是有一些转变维护了申请人权利,包括"尽量承认"(grating recognition)所申请承认的学历资格,只有该学历资格与要求达到的标准存在重大差异才不予承认。二是强化了法律构建。[③]

---

① Evaluation Office of UNESCO. Evaluation of UNESCO's Regional Conventions on the Recognition of Qualifications in Higher Education[Z]. Internal Oversight Service. IOS/EVS/PI/149. 2016:17.

② Evaluation Office of UNESCO. Evaluation of UNESCO's Regional Conventions on the Recognition of Qualifications in Higher Education[Z]. Internal Oversight Service. IOS/EVS/PI/149. 2016:20-21.

③ Evaluation Office of UNESCO. Evaluation of UNESCO's Regional Conventions on the Recognition of Qualifications in Higher Education[Z]. Internal Oversight Service. IOS/EVS/PI/149. 2016:24-25.

2019年11月,《全球高等教育学历学位互认公约》草案在联合国教科文组织第40届大会表决通过。该公约将成为第一个具有法律约束力的联合国高等教育条约。教科文组织将借助这份新公约在改革高等教育战略和政策方面加强对各缔约国的技术支持,促进优质高等教育机会公平,增强学生流动性和政府部门责任意识。为保障和监督该公约的执行,教科文组织将设立"政府间缔约国大会"秘书处,向那些愿意签署并承担《公约》规定义务的国家("缔约国")提供指导(包括意见建议、方针路线和良好做法的分享)。该公约将成为教科文组织现有的五个承认高等教育相关资历区域公约的补充。①

关于联合国教科文组织参与全球教育一体化战略的机制,《联合国教科文组织标准设置文书概述》②提到,根据该组织章程第4条第4款,大会提交给会员国的提案,既包括将提交会员国核可的"建议",也包括"国际公约"。在某些情况下,在该组织主持下通过的文书形式,既包括国际公约(条约、协定等)、向会员国提出的建议,也包括《联合国教科文组织章程》中没有提到的宣言和宪章。总干事通常被任命为此类文书的保管人。然而,这一责任也可能属于联合国秘书长。在联合国教科文组织和联合国其他一个或多个组织共同主持下通过该文书时尤其如此。

"国际公约须经各国批准、接受或加入。它们规定了各国承诺遵守的规则。大会通过的国际公约和提交给成员国的建议,是按照预先设定的程序,即联合国教科文组织章程第4条第4款所规定的关于致会员国的建议和国际公约的程序规则来制定的。"

根据上述议事规则提出的"建议","来自本组织的最高理事机构,因此具有很大的权威,其目的是影响国家法律和惯例的发展。建议以简单多数通过,而通过公约则需要三分之二多数"。"虽然大会的建议不需经批准,但仅仅是这些建议已获得通过这一事实,就意味着那些既不投票也不认可这

---

① 联合国教科文组织第40届大会表决通过《全球高等教育学历学位互认公约》[EB/OL]. http://www.chisa.edu.cn/v2/rmtnews1/ssyl/201912/t20191202_278614.html. 神州学人网引自:联合国教科文组织微信公众号。

② UNESCO. General Introduction to the Standard-setting Instruments of UNESCO[EB/OL]. [2019-10-13]. http://portal.unesco.org/en/ev.php-URL_ID=23772&URL_DO=DO_TOPIC&URL_SECTION=201.html.

些建议的会员国亦需承担的义务。大会通过的各项国际公约也是如此",
"这是联合国教科文组织章程第 8 条的含义",而第 4 条第 4 款规定:"每一
个会员国应在表决通过这些协定或建议的大会结束一年之内,将这些建议
或约定提交给本国主管部门。"后来,在其第十二届大会期间,该组织还特别
指出各会员国主管部门"批准这些协定以及接受这些建议的义务"的区别。
也就是说,各会员国无论是否批准这些国际公约、是否接受这些建议,其政
府都有义务把它们提交给"主管部门"讨论。

此外,该组织章程第 16 条还规定:会员国还要把这些协定、章程、建议
告知其涉及的"目标群体和其他实体"。第 17 条规定,"各会员国应在大会
规定的日期前,就它们业已生效的每一项公约和接受的每一项建议所采取
的措施提出报告";"大会可请秘书处协助会员国执行有关的公约或建议,并
协助这些报告的准备和后续行动"。第 18 条规定了如何组织对这些报告的
审查、分析、观察和评论,如何由总干事定期向大会和执行委员会提交大会
所通过的协定和建议在会员国的执行情况。

"宣言是另一种确定规范的形式。"宣言不必批准,但同建议一样,"宣言
提出了普遍原则,国际社会希望给予这些原则尽可能大的权威和提供尽可
能广泛的支持",《世界人权宣言》便是例子。"在联合国的实践中,一项建议
和一项宣言可能没有任何区别",但与公约和建议相比,"一项宣言更为庄严
和重要",有鉴于此,"可以认为它代表通过该宣言的机关对国际社会成员遵
守该宣言的强烈期望。因此,只要国家的实践逐渐证明这种期望是正确的,
一项宣言就可以按照惯例被承认为制定了对国家有约束力的规则"。不过,
相比而言,宣言更强调"道德的权威"。[①]

总之,联合国教科文组织主持通过这些协议、公约、建议、宣言,在功能
上相当于制定了全球教育标准,并在各会员国(特别是在签署了这些文书的
会员国)赋予了这些文书以专业标准地位或法律地位。通过这些标准的合
法性,联合国教科文组织发起或参与的促进非洲教育一体化的项目计划及
其行动,也就有了或多或少的合法性。

---

① UNESCO. General Introduction to the Standard-setting Instruments of UNESCO[EB/OL].
[2019-10-13]. http://portal. unesco. org/en/ev. php-URL_ID=23772&URL_DO=DO_TOPIC&URL_
SECTION=201. html.

（二）联合国教科文组织主持制定非洲高教一体化法律文书

主持签署全球范围内各区域性的高等教育资格认证协议，是联合国教科文组织推动教育全球化、国际化和区域一体化的一项重要工作。这些法律文书实际上也是这项工作的政策工具。非洲的区域协议只是其中一部分。非洲教育一体化无疑是国际组织全球教育治理中的一个重要抓手，自然有着联合国教科文组织的厚重身影或重要影响。

《阿鲁沙协定》是联合国教科文组织牵头（后来与非盟联合）制定的关于非洲高等教育学历学位资格框架认定的非洲区域高等教育协定。1981 年是第一版，后来有 2002 年修订版以及 2014 年修订版。2014 年版又称为《亚的斯亚贝巴协定》。1981 年协定的全称是《阿鲁沙非洲高等教育资格认证协定》①，在坦桑尼亚的阿鲁沙制定。2002 年修订版扉页为《非洲国家学习、证书、文凭、学位和其他高等教育学历的区域认证协定》②，在南非的开普敦修订。2014 年协定的全称是《非洲国家学习、证书、文凭、学位和其他高等教育学历认证协定（2014 年修订）》③，修订地点在埃塞俄比亚首都亚的斯亚贝巴。截至 2016 年 5 月，《阿鲁沙协定》正式签署国有 22 个，《亚的斯亚贝巴协定》正在走法律程序的国家已有 17 个。④ 其他一些非洲国家尚在国内评估或审定的过程之中。

《亚的斯亚贝巴协定》（以下简称《协定》）本身是促进非洲高等教育一体化的法律基础。这里摘要介绍其中某些内容。

1.《协定》的缘由

《协定》提到，各签署国之所以签署《协定》，是鉴于以下考虑或问题：

（1）"非洲高等教育系统的多样化、差异性和规模扩张，需要调整现有法

---

① Unesco. Arusha Convention on the recognition of qualifications in Higher Education in Africa [Z]. Conception Graphique; Gerald Sanspoux. Unesco/Breda, Dakar. Adopted at Arusha on 5 December 1981.

② Unesco. Regional Convention on the recognition of studies, certificates, diplomas, degrees and other academic qualifications in Higher Education in the African States[Z]. Revised at Cape Town on 12 June 2002.

③ Unesco, African Union. Revised Convention on the Recognition of Studies, Certificates, Diplomas, Degrees and Other Academic Qualifications in Higher Education in African States[Z]. 2014. 以下关于该协定具体条款的内容，均来自本文献。

④ Evaluation Office of UNESCO. Evaluation of UNESCO's Regional Conventions on the Recognition of Qualifications in Higher Education[R]. 2016.

律文书和做法","需要批准和采用规范性工具(normative instruments),用于证书、文凭和学位的认证,以及教育系统内的流动","以促进大学的学生、教师和研究人员在国家、大陆和国际层次上的流动";(2)联合国教科文组织通过促进区域公约的签署和采纳,在高等教育资格互认方面发挥了作用;(3)需要鼓励高等学校和国家认证机构开发内部和外部质量保证机制,并利用信息和通信技术,通过开放和远程学习、跨境教育以及开放教育资源的利用,提高教学和学习的质量;(4)缔约国有决心组织和加强对高等教育的学习、证书、文凭、学位和其他学历的认证,组织和加强已经存在或即将为此而设立的国家单边、双边、区域和大陆层次组织的对教学质量的管理;(5)缔约国深信对所有主管当局和机构所颁发的学习、文凭和学位的互认,是应对未获认可的教育提供者所颁发的资格证书的一个重要步骤;(6)缔约国相信本公约将作为一项广泛行动中的主要因素,一方面推动非洲高等教育和研究区建设,另一方面推动可能的全球性高等教育资格认证公约的产生。

2.《协定》的目的

《协定》第 2 条第 1 款指出其目的是:

加强和促进资格认可方面的跨区域及国际合作;在国家、区域和大陆各层次确定和实施有效的质量保障和认可机制;鼓励和促进尽可能广泛和有效地利用非洲现有的人力资源和非洲国家侨民,以加速非洲各国的发展,抑制人才外流;通过对非缔约方提供的资格的认证,促进非洲大陆和海外非裔学生、教师和研究人员的交流和更大的流动性,便利他们追求高等教育;推动高等教育机构之间建立高层次的联合培养和研究计划,并支持颁发联合学位;改进和加强信息的收集和交换,以便在整个非洲大陆执行本公约;考虑目前的全球趋势,致力于资格证书的一体化(harmonization)。

3.缔约方的义务

关于缔约方应尽的义务,《协定》第 2 条第 2 款规定:"缔约各方同意在国家、区域层次采取必要步骤,以实现本款第一项所确定的目标。"这一项是对缔约各方应尽义务的一项规定。此外,《协定》第 3 条还做了专门规定。其中第 3 条第 1 款是"总的规定":本公约的规定适用于在缔约国主管当局承认的公立或私立高等教育机构中取得的资格,这些高等教育机构位于其国界之内或之外,并符合现行的法律。缔约一方对提交的资格证书的承认,取决于对所有资格要求的满足。

第 3 条第 2 款则规定了"与资格证书认证相关的义务"：

（1）缔约每一方，在高校某一专业入学资格问题上，应承认其他方颁发的资格证书，如果这些证书满足该专业一般要求；除非能显示提供认证一方获得资格证书的一般要求与申请资格认证一方相关要求之间存在实质性差异。

（2）各方同意采取一切必要措施，促进符合本国高等教育专业入学条件的其他缔约方的资格证书持有者进入本国高等教育机构学习。

（3）各方同意确定资格证书认证的标准和程序，以确保预期的学习成果，最终促进和加强各方内部和之间的流动性。

（4）缔约方同意采取必要措施，确保经认证的一方高等教育机构所颁发的资格证书，在符合接收国劳工法的情况下在就业市场得到承认。

（5）通过负责认证的机构，缔约方同意建立适当程序，通过认证难民和国内流离失所者先前的学习和资格证书，评估他们是否满足有关要求获得高等教育入学机会，或获得就业及融入社会所需的资格证书。

《协定》第 3 条第 3 款规定了部分学习（Partial Studies）的承认和验证问题：缔约各方同意承认学习成果或学习能力达到的水平，只要该水平与要求承认的高等教育项目的同等学力相一致。

《协定》第 3 条第 4 款规定了对前期学习和所获得的相关经验的确认问题：为了促进成人教育和终身学习，各缔约方同意通过程序、准则和标准，使获得的有关经验和先前的学习得到验证，从而获得接受高等教育的机会。

4.资格认证的实施

（1）实施的过程

根据《协定》第 4 条第 1—6 款：缔约方应采取适当措施，及时接受其他缔约方高等教育机构颁发的资格证书的评估申请，确保这些证书的持有人根据有关机构的要求获得足够的机会。缔约方承诺做出适当安排，仅根据所取得的知识、技能和能力，对资格认证的申请进行评估。缔约方承诺采取措施，消除有关高等教育资格证书的一切形式的欺诈行为。每一缔约方应确保用于评估和承认资格的程序和标准的透明、连贯、可靠、公平和非歧视性，特别是通过公开这些程序和标准来达到这些要求。

根据以上条款，缔约方应确保以下列方式做出有关资格认证的决定：

在掌握资格认证申请的适当的信息基础上做出资格认证的决定，不过提供足够信息的责任首先在于资格持有人；缔约方应指示或酌情鼓励其教育系统内的所有教育机构遵守任何合理的信息要求，以便评估在这些教育机构获得的资格；各方应鼓励其教育系统所属的机构，根据要求，在合理的时间范围内，向资格证书持有者或要求获得承认的国家的高校或认证当局提供相关信息；证明某项申请不符合有关要求的责任在于评估机构。

另外，每一缔约方应确保提供关于其教育制度的充分和明确的资料，以促进资格证书的认证。对资格的认证，应当在认证主管机关事先规定的合理期限内做出，并自提供全部必要资料之日起计算。对不予承认的，应当说明理由，并说明资格证书持有者下一步可采取的措施，以便其以后获得承认。如果未获得承认或者未得到认定，资格证书持有人将有权在合理期限内提出申诉。

（2）认证实施的组织机构与合作

根据《协定》第4条第7款，缔约各方同意通过下列组织或者与这些组织合作来实施本《协定》：国别认证机构，《协定》委员会，泛非国别认证机构合作网，双边和区域认证组织。

根据第4条第8—11款的规定：

第一，关于国别认证的组织。

《协定》约定，缔约方同意：

一是建立本国的认证机构，并在必要的时间和地点对其进行更新，以便评价其高等教育制度的做法，并确保该制度、机构、学习项目和资格的透明度。二是建立和确保质量保障机制的正常运作，使其得到正式承认并有权对高等教育机构和学习项目进行定期评价。三是在认证过程中利用现有的国别和区域性资格框架。四是鼓励有关机构（政府或非政府组织），特别是高等教育机构、审验当局、专业组织及其他教育机构和协会之间的密切合作，以实现本公约的目标。五是为加强高等教育资格认证的信息交流，建立收集和传播关于资格认证信息和成功经验的制度，以及大专院校和学习项目的质量保障和认证机制。这可以采取国别信息服务的形式。六是向所有其他缔约方提供完整、可靠和定期更新的数据和信息，包括在其领土内注册的教育层次、获认可的高等教育机构、课程计划、科目、学位、资格，以及对高等教育资格和文凭的认可方面的信息。

如果缔约方中央机关有权决定资格证书的认证，那么该方签约后应立即遵守本《协定》的规定，采取必要的措施，确保在其领土内实施本《协定》的规定。如果资格认证权力属于缔约方中央机关的下辖机构，那么，该方应在签署时，或在交付批准书、认可书、核准书或登记造册时，或其后任何时候，向受托人提供关于其认证机构组成情况的简要说明。在这种情况下，缔约方各认证当局应当采取必要的措施，确保在该方领土范围内实施本《协定》的规定。如果资格证书认证权力在于各高等教育机构或其他实体，那么各缔约方应根据其认证机构组成情况，将本《协定》的文本送达这些机构或实体，并应当采取一切可能的措施，鼓励他们积极考虑和应用《协定》的规定。

第二，关于《协定》委员会。

《协定》规定：设立一个由每一缔约国一名代表组成的《协定》委员会，每两年举行一次例行会议。如果该委员会决定或应至少三分之一缔约国的请求，可举行特别会议。该委员会应协助和监测各缔约国执行《协定》的情况，并为此表决通过执行《协定》的准则，通过其本身的议事规则。《协定》委员会可根据完成任务的需要，设立附属机构和技术委员会，并确定其组成、权力和任务规定。《协定》委员会秘书处由教科文组织总干事任命。秘书处应起草《协定》委员会的文件，并协助执行《协定》委员会的决定。

第三，关于泛非国别认证机构合作网。

《协定》规定：应建立提供流动和认证资料的泛非国别认证机构合作网，以协助认证主管机构切实执行本《协定》，便利各缔约国之间就认证、流动以及反欺诈措施交换信息。缔约方应任命国家认证机构派往泛非国别认证机构合作网的代表。泛非国别认证机构合作网应每年举行会议，并向《协定》委员会提交报告。泛非国别认证机构合作网的秘书处应由教科文组织总干事任命。

第四，关于双边和地区的认证组织。

《协定》约定，鼓励缔约方就《协定》的执行情况进行双边协商和协调。

为确保协定得到广泛而和谐地实施,《协定》委员会应寻求从任何外部私人或公共实体或个人那里,咨询专家意见,探索和发现资格评估过程中非洲不同地区的高等教育系统差异所带来的问题的解决方案。《协定》委员会可与非洲联盟和其他有关机构合作,协助和监测缔约国执行协定的情况。

第五,关于不同区域协定之间的合作。

根据第4条第12款的特别规定:《协定》委员会应与联合国教科文组织各地区委员会保持联系,以更好应用教科文组织主持通过的高等教育学习、文凭和学位认证协定。

5.财政支持

《协定》第4条第13款规定:

缔约方承诺向第4条第7款所述机构的活动提供财政资助,以确保这些机构的正常运作。各方承诺从非洲大陆和次区域的合作与一体化机构调集更多资源。

(三)联合国教科文组织直接参与非洲教育一体化发展战略的平台

前文提到联合国教科文组织有一系列促进全球教育一体化发展的理念,而且主要任务是为成员国提供技术援助和技术顾问,也向各国政府提供政策咨询。这些理念在非洲同样产生了重要影响,也导致了非洲教育的一体化改革。在非洲教育一体化进程中,教科文组织的技术援助和技术顾问作用,体现在该组织在非洲所建立的机构或者相关平台对非洲教育进行的调研、组织的论坛、提供的信息、开展的项目、提出的报告、出版的文献等等。

需要指出的是,这些行动基本上与教科文组织的全球教育一体化发展战略相配合,或者说就是这些战略实施的重要组成部分。同时,在非洲国家的强烈要求下,在国际援助有效性原则的规范下,教科文组织同世界银行一样,也越来越注意把自己的议程与非洲当地的议程相结合。

1.联合国教科文组织达喀尔办事处与西非高等教育卓越合作网络

如前所述,根据联合国教科文组织网站的最新信息,截至2016年5月,《阿鲁沙协定》正式签署国有22个,《亚的斯亚贝巴协定》正在走法律程序的国家已有17个。这两个协定产生实际影响的较大事件之一,就是西非大学学士—硕士和博士(LMD)学位项目一体化(即高等教育的3—2—3学制)。

LMD 一体化有助于加强西非高等教育的人员流动和教育质量。

教科文组织达喀尔办事处通过西非高等教育卓越合作网络（Network for Excellence in Higher Education in West Africa，REESAO）能力建设项目为 LMD 一体化提供了支持。西非经济与货币联盟部长理事会于 2007 年同意联合实施 LMD 改革。虽然大多数高等教育机构采用了 LMD 制度，但为了促进学生和教师在西非经济与货币联盟区域内的流动性，大学各专业的培养方案还有待进一步协调和一体化。这样，2016 年西非高等教育卓越合作网络请教科文组织达喀尔办事处领导协调 LMD 七个学科领域的专业培养方案，即科学和技术，农业科学，法律、政策与行政管理，经济与管理，社会科学与社会，文学、语言与艺术，以及教育和培训科学。卫生科学领域的教育方案，由于西非卫生组织的技术和财政支持，已经在西非经济共同体内实现了一体化。

教科文组织达喀尔办事处对西非高等教育卓越合作网络的技术支持，始于科学和技术专业的培养方案一体化。2015 年 10 月，办事处组织了第一次技术研讨会，召集了西非经济与货币联盟成员国 7 所主要大学负责科学和技术学科 LMD 的人员参会。该研讨会讨论了如何建构科学和技术领域教育课程，如何确定教育计划一体化参考框架，如何起草本科和硕士课程的建构模式，如何修正文凭附录材料要求、学生评教表以及教学单位编码指南。教科文组织达喀尔办事处还派出一个小型技术委员会，出席了两次西非大学文凭学位认证的相关会议。一次是 2015 年 11 月在布基纳法索首都瓦加杜古举行，由西非经济与货币联盟资助，西非所有大学参加了会议；另一次于 2016 年 2 月在马里首都巴马科举行，由西非卫生组织资助。

通过这三次研讨会，西非高等教育卓越合作网络所领导的西非高等教育一体化工作取得了如下成果：（1）下列专题领域学士学位层次（从 1 级到 3 级）培养模式的一体化：精密科学，科学与工程，体育和运动的科学与技术，生命与地球科学等；（2）统一的文凭附录表；（3）统一的学生评教表；（4）统一的教学单位编码指南；（5）统一的课程教学大纲编写指南。

2016 年 4 月 25 日至 27 日，西非经济与货币联盟在瓦加杜古举行了成员国大会，大会期间，该联盟高等教育机构校长和董事长会议通过了科学技术领域教育一体化的一些重要文件。在本届大会结束时，在整个西非经济与货币联盟地区,接着要集中努力的是科学和技术领域以及其余六个学科领域的硕士学位教学计划的一体化。①

2.联合国教科文组织非洲能力建设国际研究所与非洲教师发展

联合国教科文组织非洲能力建设国际研究所(International Institute for Capacity Building in Africa,IICBA),是 1999 年联合国教科文组织大会设立的第一类机构,位于埃塞俄比亚首都亚的斯亚贝巴。

(1)IICBA 的宗旨和目标

IICBA 的宗旨是加强非洲教师政策的开发和教师的发展,加强非洲会员国在该领域的能力建设。其战略目的是支持增加合格教师的供应,加强对教师的支持和鼓励。为此,该研究所拟从三大领域采取行动并达成《2018—2021 年战略规划》提出的六大目标:一是在能力开发领域,支持制定全面的教师政策,强化教师教育机构,赋权教师专业发展和交流;二是在伙伴关系和宣传领域,促进区域和国别在教师相关问题上的合作,促进关于教师和教育的对话;三是在研究和开发领域,收集、分析和生成实证的优质信息。②

IICBA 注意把自己的任务与目前全球和非洲大陆的议程相结合。根据 IICBA 网站,目前 IICBA 最关注的全球议程,包括"教育 2030"计划和"可持续发展目标 4"中的优质教育。前者提出到 2030 年合格教师应有大幅度增长,其途径包括发展中国家(特别是最不发达国家和小岛发展中国家)的教师培训的国际合作。后者要求确保全纳、公平的优质教育,促进全民终身学习机会。

对 IICBA 而言,非洲大陆的议程中最重要的首先是《2063 年议程》。在该议程中,IICBA 最关注与教育相关的愿景:愿景 1 是基于包容性增长和可持续发展的繁荣的非洲;愿景 4 是和平与安全的非洲;愿景 6 是这样的非洲,其发展由人民驱动、依靠非洲人潜力特别是非洲妇女和青年潜力,在发展中关心儿童。受到 IICBA 重视的第二个非洲大陆议程是《非洲大陆教育

① UNESCO Office in Dakar. Harmonization of Bachelor-Master-Doctorate Programme in West Africa[EB/OL]. (2016-04-18)[2020-07-15]. http://www. unesco. org/new/en/media-services/single-view/news/harmonization_of_bachelor_master_doctorate_programme_in_west.

② UNESCO IICBA. UNESCO IICBA Strategic Plan 2018-2021 [R]. Addis Ababa: UNESCO-IICBA, 2019.

战略(2016—2025 年)》(也就是我们后文会分析的"非洲教育第三个十年发展计划")。其中的战略目标 1 是:振兴教师行业,确保各级教育优质而适当。谈到教师群体,该战略提出要研究非盟成员国教师的培训、工作和生活条件。[①]

(2)IICBA 的实践

围绕上述宗旨与目标,IICBA 在能力开发、伙伴关系和宣传、研究与开发等方面开展了大量实践,也产生、发表和出版了不少成果。

在能力开发领域,IICBA 承诺在政策、机构和教师三个层面开发会员国加强合格教师供应的能力。该所通过教师教育内容的开发和教师培训,提高当地解决跨领域关键问题、实现公平和包容性优质教育的能力。能力开发的路径包括技术援助、制定标准和研究。在国家一级,IICBA 通过量身定制的项目提供技术援助,以满足各国的具体需求。在区域层面,该所为区域经济共同体和非洲联盟委员会提供制定标准的培训,促进区域一体化和协调。在大陆层面,该所对教师问题的研究为政策制定者和教育工作者提供指导,这也为该所的技术援助和标准制定培训奠定了基础。

在伙伴关系和宣传领域,IICBA 与各国政府、国际和双边组织、非政府组织以及私营部门合作,结合专业知识,促进地方主事权和责任,增进可持续性、经验分享和影响。该所还声援某些教育讨论和干预措施,传播有关跨领域关键问题的信息和知识,以促进有关教师和教育的对话。

在研究和开发领域,IICBA 为决策者制定基于证据的政策提供高质量的研究和方法论支持。这些研究提高了教师政策和发展领域的前瞻性,有助于实现可持续发展目标 4 和"非洲大陆教育战略(2016—2025)"。IICBA还努力使其出版物以两种或两种以上的语言提供,并努力开发免费的在线学习平台以扩大教师的知识面。

在出版物方面,该所网站(截至 2019 年 10 月 31 日)公布有 52 种。其中比较重要的文献,参见表 1.1。

---

① IICBA. Who we are[EB/OL]. [2019-10-26]. http://www.iicba.unesco.org/? q=node/134.

表 1.1　IICBA 出版物

出版物名称	年份
游戏与顺应力:中—非共建和平与可持续未来合作项目报告	2019
游戏与顺应力:教师、监护者和其他利益相关者的工具包	2019
联合国教科文组织 IICBA 战略规划(2018—2021)	2019
"建设和平:非洲之角及周边国家教师培训与发展"项目外部评估报告	2019
布隆迪教师问题	2018
下一个爱因斯坦论坛——非洲科学周:埃塞俄比亚报告	2018
日本游学报告:通过教师发展赋权萨赫勒和周边国家青年——和平与恢复力建设及预防暴力极端主义	2018
非洲之角及周边国家"建设和平"的教师培训与发展项目结题报告	2018
学校安全手册:教师工具	2018
建设和平的转型教育学:教师指南	2017
非洲教师支持和激励框架:新兴模式	2017
"让埃塞俄比亚阿法尔州和本尚古勒-古马兹州初中女孩留在学校并提高成绩"项目的最终评估报告	2017
"建设和平:非洲之角及周边国家教师培训与发展"项目日本游学报告	2017
激励少女追求科学、技术、工程、艺术和数学(STEAM)生涯的非洲国家高级教师团培训——教她(2016—2017)	2016
提高非洲少女教育的质量和相关性:埃塞俄比亚和加纳(2016—2017 年活动)	2016
撒哈拉以南非洲的教师政策和学习成果:问题和选择(政策简报)	2016
2016 年世界教师节:教师的支持和动力(政策简报)	2016
非洲的信息和通信技术与教育:超越可及性(政策简报)	2016
全民教育能力开发:年度进展报告	2015
撒哈拉以南非洲在职教师教育:综合报告	2015
非洲土著儿童早期保健和教育(IECCE)课程框架:环境和内容	2013
非洲教师教育的质量保障	2013
通过参与调查确保质量:撒哈拉以南非洲以学习者为中心的教学法	2011
改善非洲教师工作条件及留住教师的战略	2011

出版物名称	年份
改善全体非洲国家农村学校的教师和教学条件	2011
把教师带回非洲学校	2010

注：根据 IICBA 网站资料整理。http://www.iicba.unesco.org/? q=node/140.［2019-10-31］.

3.联合国教科文组织统计研究所非洲教育门户网站及其数据服务

联合国教科文组织统计研究所是该组织的主要数据来源。对联合国《2030 年议程》中的可持续发展目标进展情况的监测是该研究所近期工作的重中之重。由于教科文组织的长期传统，加上在所有区域中撒哈拉以南非洲地区的教育排斥率（exclusion rate）最高，面临的挑战最多，非洲教育一直是教科文组织及其统计研究所工作的优先事项。在这种情况下，该所在 2017 年 3 月非洲教育发展协会三年一届的年会上，启动了"非洲教育"门户网站（Education in Africa Portal）。

该网站为用户提供数据和统计产品，从快速访问最新的跨国比较的指标数据，到选择分析性出版物，以及含全球教育目标每一目标中关键指标的一系列新的国别报告，内容非常丰富，旨在帮助各国政府、捐助者和联合国伙伴更好地应对非洲的挑战。可持续发展目标 4 本身，属于教育全球化范畴，就非洲而言，也是非洲教育一体化范畴。所以这些信息服务本身，无疑是非洲地区教育一体化发展战略的一环。

这些信息首先是可持续发展目标 4 的监测数据。对于在 2030 年之前实现让所有儿童和青少年入学的目标，撒哈拉以南非洲地区比其他地区面临更多挑战。统计研究所"非洲教育"门户网站提供一系列数据和数据产品，方便各国快速获得最新跨国比较指标，成为可持续发展目标 4 监测的官方数据来源。比如，该网站显示：在 6～11 岁的非洲儿童中，有 1/5 以上失学，12～14 岁的青少年中有 1/3 失学，在 15～17 岁的青少年中，几乎有 60％没有上学。网站还警告说，如果不采取紧急行动，情况可能会变得更糟，因为该地区的学龄人口仍在增长，对教育的需求也在增加。①

该网站还提供了一些调研报告，供读者了解可持续发展目标 4 的达成

---

① Education in Africa［EB/OL］.［2019-10-31］. http://uis.unesco.org/en/topic/education-africa.

情况。例如,联合国教科文组织统计研究所与全球教育检测报告团队联合推出的研究报告——《履行承诺:各国正在实现可持续发展目标 4 的轨道上吗?》。该报告是为 2019 年可持续发展高级别政治论坛(2019 High-level Political Forum on Sustainable Development)而推出的。

该报告用许多数据表明,可持续发展目标 4 的进展落后于一些国家的承诺,例如:到 2030 年,年轻人中将只有 60% 完成中等教育,而目标是 100%;参与调研的 10 个非洲法语国家中,目前 42% 的 6 年级学生达到了最低的阅读熟悉水平,但趋势是水平越来越低,照此趋势,到 2030 年达到最低水平的学生比例将只有 1/3;撒哈拉以南非洲的小学前一年的学前教育参与率,2019 年只有 42%,而可持续发展目标 4 的要求是到 2030 年达到 82%。[①]

其次是非洲教育基本条件和教学资源的数据。该门户网站提供了教科文组织统计研究所在这方面所做的调查报告。例如 2016 年 8 月公布的报告《非洲学校资源和学习环境:影响教育质量因素的区域调查的主要结果》。该报告指出:低劣的基础设施和低质量的教育是学校教育和学习活动的重要障碍。教育质量的具体影响因素包括班级规模、教材提供、教师流失、卫生设施、通电等方面。

(1)班级规模:马拉维、中非共和国和坦桑尼亚小学的班级规模平均在 70 人以上,在有数据的非洲国家中,1/3 国家的小学班级规模平均在 50 人以上,绝大多数国家的单一年级班级的规模平均在 40 人以上。(2)教材提供:大多数非洲国家的阅读和数学教材还不能做到让学生人手一册,在以下 3 国共用 1 本小学数学教材的学生数分别是:喀麦隆 14 名,乍得 5 名,赤道几内亚 4 名。在撒哈拉以南非洲,总体上,1 本小学阅读教材平均有 2 名或以上的学生共用,1 本小学数学教材平均 3 名学生共用。(3)教师流失:贝宁、刚果和加纳为高流失率国家,这一数字都大于 8.5%,后者甚至大于 13%。(4)卫生设施:没有厕所的学校占比,在毛里塔尼亚为 77%,尼日尔为 73%,乍得 88%,几内亚比绍为 80%,还有 5 个国家在 50%～69%,10 个国家在 30%～49%。10 国学

---

① UIS and Global Education Monitoring Report. Meeting Commitments:Are Countries On Track To Achieve SDG 4? [R]. UIS and Global Education Monitoring Report,2019.

校基本都有厕所(博茨瓦纳、津巴布韦、卢旺达、塞舌尔、毛里求斯、乌干达、吉布提、阿尔及利亚、突尼斯、埃塞俄比亚)。有少数几个国家没有数据。马里、马达加斯加和布隆迪等国家的厕所是男女混用。(5)通电：该地区多数小学和初中说它们没有通电,不过科特迪瓦、南非、摩洛哥和纳米比亚80%以上初中已经通电。小学仍没通电的学校比例高达95%以上的国家有：中非共和国、乌干达、几内亚、毛里塔尼亚、尼日尔、塞拉利昂；比例高达90%～94%的国家有马里、喀麦隆、马达加斯加、乍得、利比里亚、民主刚果；比例高达75%～89%的国家有8个。只有极少数国家实现完全通电。[①]

第三是联合国教科文组织重大教育政策主题相关的各区域教育比较数据。儿童青少年失学及学生性别公平等问题,是联合国教科文组织的重要政策主题。关于失学,该网站提供了全球青少年儿童2000—2018年各级学校辍学方面的数据变化轨迹,也提供了这期间全球的以及八大地区(欧洲和北美、拉美和加勒比海、中亚、南亚、东亚和东南亚、西亚和北非、撒哈拉以南非洲、大洋洲)各自的小学、初中和高中不同学段的学生辍学数据以及总数据。关于性别公平,该网站同样提供了2000—2018年全球以及八大地区儿童青少年学生性别平衡指数的数据。根据联合国教科文组织统计研究所的数据,2018年撒哈拉以南非洲地区小学、初中和高中的辍学率分别为19%、37%和58%(其中女孩辍学率分别为21.4%、38.1%和60.5%)；三学段辍学人数分别为3220万、2830万、3700万,总共9750万。[②]

结　语

非洲教育一体化发展战略源于非洲一体化进程,在发展过程中成为教育全球化的一部分,同时受到其他地区教育一体化理论和实践的影响。

---

① UIS. School resources and learning environment in Africa—Key results from a regional survey on factors affecting quality of education(August 2016)[R]. 参见 http://uis. unesco. org/sites/default/files/school-resources-and-learning-environment-in-africa-2016-en/school-resources-and-learning-environment-in-africa-2016-en. pdf.

② UIS. New Methodology Shows 258 Million Children, Adolescents and Youth Are Out of School [R]. Fact Sheet no. 56, September 2019. UIS/2019/ED/FS/56.

在非洲内部,非盟和非洲次区域政府间组织以及非洲区域性半官方教育专业组织,表决通过区域协议、宣言,签订公约、协定,同意并执行各级各类区域组织或机构讨论通过的区域教育决议,实施区域性质量保障机制和资格认证等,形成非洲教育一体化的组织路径、政治路径和功能路径。

在非洲外部,联合国教科文组织、世界银行等国际组织,以及国别的国际开发机构(国际开发署、文化协会或协力机构等)也构成非洲教育一体化的组织路径。它们通过各类教育援助项目协议、国际教育资格认证协议等政治路径,通过非洲区域认证和资格框架、非洲发展新伙伴关系—电子非洲项目、非洲质量评级机制、非洲教育研究和政策咨询、非洲教育信息服务等功能路径,促进了非洲教育一体化。

第二章　非洲教育系统每十年一期的
一体化发展战略研究

第二章到第七章将论述非洲教育系统及各子系统的一体化发展战略。本章论述非洲教育整个系统的综合性的一体化发展战略。第三、四、五、六、七章则分别论述非洲高等教育、教师教育、职业技术教育、基础教育、成人教育的一体化发展战略。

除了非盟以外，迄今还没有哪个组织或机构为整个非洲教育系统制定综合的一体化发展战略。非盟的这类战略迄今有三个，也就是从 1997 年开始的三个十年的非洲教育发展战略，即《非洲第一个十年教育计划（1997—2006）》《非洲教育"二·十"行动计划（2006—2015）》，以及《非洲大陆教育战略（2016—2025 年）》。当然，除此之外，非盟还制定了非洲不同级别和类型教育的发展战略。本章重点论述非洲第二个和第三个教育系统一体化发展战略。但在第二个战略的背景分析中会涉及第一个战略。

第一节　非洲第二个十年教育发展战略[①]

2006 年 9 月，非盟教育部长会议第二次特别会议通过了《非洲教育"二·十"行动计划（2006—2015）》（以下简称非洲教育"二·十"计划）。同年，非盟国家元首和政府首脑峰会正式发布了该计划。这里拟讨论这个"计划"的背景、目标、重点议题、影响及其进步性与局限性。

[①]　本节内容发表在：万秀兰，田甜.《非洲教育"二·十"行动计划（2006—2015）》评析[J]. 比较教育研究，2010(4)：1-6.

一、非洲教育"二·十"计划产生的背景分析

(一)非洲教育一体化进程

在经济全球化背景中,非洲一体化战略出台,由此非洲教育一体化进程[①]也不断向前推进。如果说由于时机的不成熟,第一个非洲"十年教育行动计划"(1997—2006)还是一个约束力较小的非洲教育行动计划,那么随着2001年"非洲发展新伙伴计划"(NEPAD)在非统组织首脑会议上的通过、2002年7月非盟的正式成立、2004年非盟《2004—2007战略框架》的通过以及非洲一体化步伐的加快,非洲教育一体化也越来越被提上议事日程,再加上适逢2006年第一个非洲"十年教育行动计划"到期,因此非洲强烈呼唤对非盟成员国有约束力和影响力的第二个非洲教育统一行动计划的出台。

(二)非盟构想的非洲发展愿景及其赋予教育的重要意义

正如非洲教育"二·十"计划所提到的:非盟设想的一体化的、和平的、富饶的非洲愿景之一,是在全球社会和知识经济中由非洲自己来取得非洲人民应有的地位,而其前提是对非洲人力资源进行开发。因此,教育成为培养非洲人民在实现这一愿景过程中发挥重要作用的主要手段。进入新千年,非洲各学段教育都面临着严峻挑战。为了应付这些挑战,非盟历次教育部长会议不断重申增加受教育机会、提高教育质量和适应性以及确保教育公平。这些会议认为:教育是关键,其成效直接影响甚至决定非洲发展的质量和规模;教育是非洲开发人力资源,传授适当技能、知识和态度的最主要的途径;在利用非洲现有的资源、实现工业化、参与全球知识经济、为非洲在全球社会取得应有地位等方面,教育构成了发展新观念和科学与技术的基础;非洲要巩固和平的文化、两性平等,形成积极的非洲价值观,也要通过教育这个途径。[②]

(三)国际组织相关计划的落实

在相当大的程度上,非洲教育政策和行动计划受国际组织有关行动计

---

① 详见万秀兰,孙志远.《非洲职业技术教育与培训振兴战略》之评析[J]. 比较教育研究,2009(11):26-31;徐辉,万秀兰. 全球化背景中的非洲高等教育本土化[J]. 比较教育研究,2007(12):40-44.

② African Union. The Second Decade of Education for Africa(2006—2015):Plan of Action[R]. 2006.

划的影响，是落实这些计划、获得国际资助、融入国际教育发展的需要。其中影响最大的无疑是"全民教育""千年发展目标"等行动计划。除此之外的例子也俯拾皆是，比如，联合国教科文组织 2005 年为"联合国十年可持续发展教育（2005—2014 年）"项目制定了《国际执行方案》。非洲教育"二·十"计划多处体现了可持续发展的原则。

（四）对第一个非洲"十年教育行动计划"的反思

第一个非洲"十年教育行动计划"主要集中在以下四个优先领域：（1）公平以及接受基础教育的机会；（2）教育的质量、适应性和效率；（3）辅助学习模式；（4）能力的建构。[①]　该计划的积极作用得到了非洲国家元首和政府首脑以及各界人士的肯定，在教育的"第一个十年"中，"非洲各成员国在改善教育质量、提高教育适应性和增加受教育机会方面取得了长足的进步"。[②]　然而，尽管各成员国都做出了艰巨的努力，但第一个非洲"十年教育行动计划"中的"大多数目标仍未能实现"。究其原因，一是该计划的执行时间延缓，在正式推出"十年教育行动计划"的两年后才被采纳；二是宣传力度不够，且效率不高；三是主要利益相关者缺乏对计划的支配权；四是与该计划目标相关的项目几乎得不到任何重要的国际机构和非洲发展合作伙伴的支持，并且在此期间，这些组织自己所制定的具体行动方案大多完全脱离了该计划；五是在国家一级，尽管成员国与发展合作伙伴就教育部门发展方案进行了协商，但这种协商并不是在实现"十年教育行动计划"目标的总体背景框架下进行的。[③]　这些反思对非洲教育"二·十"计划是前车之鉴，有警示意义。

（五）可资利用的客观基础

与第一个非洲"十年教育行动计划"的执行条件相比，非洲教育"二·十"计划有了较好的实施基础。其中主要有两点：一是可以依靠"非洲妇女论坛、非洲大学协会、非洲教育发展协会、非洲开发银行等非洲现有机构的能力"；二是"联合国教科文组织及其他主要合作伙伴"业已提供和将会提供

---

①　African Union. The Second Decade of Education for Africa(2006—2015)：Plan of Action[R]. 2006.

②　Phiri P. Africa Declares Second Decade of Education[EB/OL]. (2006-02-07)[2020-07-15]. http://allafrica.com/stories/200602070122.htm.

③　Science Key to Achieving Millennium Development Goals[N]. The Times Higher Education，10 August 2006.

的支持与合作。①

二、非洲教育"二·十"计划的总体目标与实施原则

(一)总体目标

非洲教育"二·十"计划总体上提出了如下目标:(1)开发实用的国家教育管理信息系统(Education Manage Information System,EMIS),使这种系统与非洲大陆和各次区域的教育信息系统的网络相互连接,从而扭转目前"信息空白"的现象,促进系统性的教育规划、监督和评估;(2)使教育完全成为非盟委员会和区域经济共同体的政策、项目活动和组织机构的主要议题;(3)显著提高教育绩效(包括入学机会、教育质量、效率和适切性);(4)在初等和中等教育阶段充分实现两性平等;(5)在高等教育阶段大力缩小数学、科学和技术学科中男女生比例的差距;(6)实现系统的经验交流和制度化的互助以促进教育的发展;(7)开发有效机制,确保教育对区域一体化的促进作用。该计划还分别按七大重点领域阐明了一些具体的目标。

(二)实施原则

为了保证该计划在执行过程中取得更大成效,非盟确定了以下几项原则:(1)确保政治支持,尤其是在国家一级,还包括地区、洲以及世界范围内的支持;(2)重点关注战略问题,战略的实施在成员国内以及在地区一级将会产生重要的影响;(3)提高非洲各国的相互协助能力;(4)通过提高区域经济共同体的能力以增强国家机制的执行力度;(5)建立强力、有效的各级监控机制;(6)尽量有效地利用现有机构,避免机构的重复设置;(7)提倡成员国之间分享积极的经验与充满希望的新措施,实现文件交换的制度化;(8)实现国家间的合作和相互支持的制度化。②

三、非洲教育"二·十"计划确定的重点发展领域

该计划确定了七大领域的发展规划,在每一领域提出了面临的问题或

---

① 　African Union. The Second Decade of Education for Africa(2006—2015):Plan of Action[R]. 2006.

② 　African Union. The Second Decade of Education for Africa(2006—2015):Plan of Action[R]. 2006.

改革的理由、要达到的目标及行动的重点。

1.性别和文化领域。(1)目标:在整个教育系统内消除性别差距,确保两性平等,保障女童和妇女的权利,同时运用非洲文化价值观的积极方面来丰富教育系统。(2)行动重点:提高基础教育和中等教育阶段的毛入学率,较大程度地减少失学儿童和青少年的数量,特别关注身体残障、环境冲突和边缘化群体的教育;改善文化产业,减少功能性文盲,赋予两性平等的经济权利;增强文化和教育的协同作用;鼓励女童和妇女参与各级教育中的科学和技术学习。

2.教育管理信息系统领域。(1)目标:扭转当前的"信息空白"现象,以便加强规划活动的信息基础,促进对教育系统绩效的严格监督和评估。为此,非洲整个大陆、各区域和国家各层面都必须拥有运作良好和可持续的教育管理信息系统。(2)理由:尽管在过去的十年里,非盟各成员国改善了各自的统计系统,但是大多数尚不能定时和定期地统计出高质量、精确的数据。非洲要提供自己的数据,拥有对不同国家具有可比性的综合数据库,就必须整合大陆层次的和地区层次的网络,建立一个统一的教育信息管理系统,制定适当的常用指标,监测每个国家落实非洲教育"二·十"计划的水平。(3)行动重点:建立一个非洲教育观测站(African Education Observatory),以此协调教育管理信息系统的活动。其职责包括:开发和维护互联网门户;更新和促进教育管理信息系统的评估和诊断报告;管理相关文件,包括培训材料、研究报告、进行中的教育管理信息系统项目、技术伙伴信息、区域及整个大陆的能力建设培训的汇编和议程,等等;开发和更新非洲指标数据库;促进教育经验和专门知识技能的网络建设;开发和维护大陆层次的教育管理信息系统;统筹在信息系统方面的评估和培训。

3.教师发展领域。(1)目标:确保提高教师数量和质量以满足教育系统的需要,确保所有的教师都具有进行有效教学所需的知识、技能和态度。同时,教师也应得到适当的支持和足够的报酬以确保他们保持较高水平的教学动机。(2)问题:主要是合格教师短缺、男女教师比例、教师安置和分配、教师待遇和工作条件、非洲大陆内的教师流动等方面存在许多问题。(3)行动重点:在教师培训方面通过远程教育、面授和混合模式下的教授等手段,提高教师的职业素质,实现教师终身发展。同时,要求教师拥有更高的资格条件,以鼓励教师在职业道路上继续前行,加强教学研究,全面扩大教学技能,包括信息与通信技术及其运用。在福利待遇方面,使教师能够获得稳定的岗位和较高的工作满意度,并获得较好的报酬。另外,鼓励教师参与更多的政策对话和行动研究,以提高他们的士气,使他们在职业中有归属感和专业领导精神。

4. 高等教育领域。(1)目标:在学术自由、院校自治的环境中,在公共责任的总体框架下,建立强大的和充满生机的高等教育机构,开展以发展为导向的研究、教学、社区推广活动,并给各级基础教育提供丰富多彩的服务,从而全面振兴非洲高等教育。(2)理由:非盟的新设想推动了重振高等教育的新兴趣,承认知识和创新在世界经济中的作用,将高等教育的作用视为实现新千年发展目标的核心资源的基础。高等教育有潜力本着非洲集体愿景的精神提供由非洲主导的解决非洲问题的办法。(3)行动重点:促进负责的学术自由、院校自治、公共责任感、入学机会的改善、利益相关者的参与及足够的资源供给;制定合适的政策来解决具有全球意义和影响的问题,包括跨境教育和私人办学;制定和批准"非洲区域及大陆的资格证书框架",如《阿鲁沙协定》,促进学生和教师的流动;确定和加强各"卓越研究中心"(Centres of Excellence)网络以提高非洲促进全球知识和创新的能力;加强高校对教育质量的努力,尤其是对教师教育和课程及教材的开发;提高"内生知识"(非洲本土知识)的生产;发展非洲高等教育与公众和企业之间的对话、合作和伙伴关系;在非洲内外的院校和组织之间建立起伙伴关系和网络;完善领导体制,包括院校的经营和管理;筹集资金用于基础设施、人力资源开发和教学及研究设施。

5. 职业技术教育和培训(TVET)领域。(1)目标:确保各成员国的教育系统能够更好地为年轻一代传授基本劳动、技能和态度,使他们树立终身学习的观念,具有创业精神,能够适应职业中的变化和挑战。(2)理由:首先,非洲国家的职业技术教育和培训是普遍落后的,而且缺乏足够的就业机会,因此,正式或非正式的职业技术教育和培训项目通过创业培训和职业指导与咨询,能够帮助人们成为独立的社会经济活动者,还能够帮助那些在非正式经济领域工作的人进一步拓展他们的业务。其次,因为大量的年轻人被排除在正规教育系统之外,所以由扫盲和职业技术教育培训项目组成的综合性非正式学习能增进整个非洲地区的就业机会。最后,职业技术教育和培训也能为维护和增加本土知识、技能和文化艺术形式提供一个途径。

（3）行动重点：建立下列三种职业技术教育和培训项目：一是普通教育；二是普通/入门性技术教育，包括交流能力、创业精神和生活技能项目；三是专门化的技术培训。这些职业技术教育和培训项目将优先强调全民公平参与的机会、项目的质量和适应性、私人部门的参与、现代化的设备和设施等；将职业技术教育和培训整合进弱势群体的扫盲和非正式教育项目中去；对冲突地区进行重建；注重能力建设，包括职业技术教育和培训教师的动员和利用。

　　6.课程开发及教材的相关问题。（1）目标：各成员国在各种形式和阶段的教育中，确保开发和提供平衡的、适切的、灵活的且极具文化敏感性的课程，并通过适当教材给予充分支持。（2）理由和行动重点：第一，非洲课程中面临的挑战是科学和技术领域。为巩固非洲人民自己的科学、技术、研究和创新文化，必须改革各级科学和技术的教学，应特别强调信息和交流技术的运用。同时，还应提高女童和妇女在科学和技术方面的参与度。第二，语言也是非洲教育系统中令人关切的课程领域。将"外国"语言作为教学语言不利于学习者的学习，容易在学校和社区间形成障碍。但运用非洲语言作为教学媒介有时又会遇到一些障碍。比如：特定环境中人们所讲语言数量众多，而许多语言没有教材；城市化导致交流过程中必须使用欧洲语言；一些父母认为非洲语言低人一等而不予以支持，熟练运用欧洲语言会明显地带来经济上的利益。正因为语言是传播民族文化的重要工具，故当务之急是促进和发展非洲语言在教育中的使用，使之成为教学的媒介及学习的科目。因此，必须努力加强、发展非洲语言教育，以便通过语言教育来支持区域一体化。第三，也应将基本生活技能系统地融入学校课程中。这些技能包括：重要领域的人际技巧、批判性思维、创业、自主学习、公民技能、领导技能、预防性健康教育（包括艾滋病病毒和艾滋病、疟疾的预防教育）的能力等。在培养这些技能的过程中应特别注意"非洲知识系统"（African Knowledge Systems）。

　　7.质量管理。（1）目标：通过在国家、地区和大陆各层级发展和维持健全的质量管理体系，来巩固非洲教育的入学机会、切实性、公平和效率。（2）理由：为所有儿童提供切实的优质教育是根植于《非洲人权宪章》的，学习者获得优质教育可以促进他们自我、社会、环境及经济进一步朝可持续的方向发展。但可悲的是，非洲国家的大多数学习者离开学校时都还没有掌握基本的识字、算术能力和生活技能。（3）行动重点：优质教育的核心是教和学的过程，同时还涉及学习环境的硬件设施和基础资源、学习者的特点、教师的资格和能力、教学资料的实用性、对教师的专业扶持以及在国家教育系统和院校层面上的"善治"，等等。为此，促进非洲教育"二·十"计划教育质量方面的干预措施将集中在以下几点：非洲教育质量管理标准的建立；教育质量管理的能力建设；学习者的成绩及教学质量的系统监控和评价。[①]

四、对非洲教育"二·十"计划的评析

第一，非洲教育"二·十"计划是非洲教育一体化过程中的重要里程碑，推动了非洲各级各类教育后续行动计划的产生。该计划自 2006 年出台以来就得到来自联合国教科文组织、非盟委员会、区域经济共同体、各成员国及其他国际组织的高度关注。有的看重其综合意义，指出"非洲人自己为了整个非洲的利益而提出了这一计划，这一点很重要"[②]。有的特别看重其某方面的意义。比如，埃及国家研究中心的穆阿瓦德（H. Aal Moawad）就认为，"该计划有助于非洲国家培养出建立知识社会所需要的科学家和有科学素养的公民"[③]。在该计划的指导下，非盟教育部长会议先后通过了《非洲职业技术教育与培训振兴战略》[④]、《非洲高等教育一体化战略》[⑤]等政策性、指导性文件；非盟人力资源和科技部的教育处提出了《首次泛非课程、读写能力和图书部门发展：重建非洲教育会议报告》[⑥]。这些战略、规划或报告都是在非洲教育"二·十"计划基础上的细化和发展。以《非洲高等教

---

① African Union. The Second Decade of Education for Africa(2006—2015)：Plan of Action[R]. 2006.

② Pityana N B. Decade of Development and Education in Africa：The Promise of Open and Distance Learning[EB/OL]. [2020-02-20]. https://my. unisa. ac. za/portal/tool/f23111a5-f20f-492c-80f3-a777e11d801do-ntents/ about/principle/docs/PCF_5Speech_NBP_editedFinal. pdf.

③ Sawahel W. African Ministers Agree Reform of Science Education[EB/OL]. [2020-02-20]. http://www. scidev. net /en/news/african-ministers-agree-reform-of-science-educatio. html.

④ 详见万秀兰，孙志远.《非洲职业技术教育与培训振兴战略》之评析[J]. 比较教育研究，2009(11)：26-31.

⑤ African Union. Harmonization of Higher Education Programmes in Africa：A Strategy for the African Union[R]. COMEDAF Ⅲ,6th to 10th August 2007,Johannesburg,South Africa.

⑥ African Union. Report of First Pan African Conference on Curriculum, Literacy and Book Sector Development：Re-building Education in Africa[R]. Steering Committee Meeting, 24th-25th September 2009. Addis Ababa,Ethiopia.

育一体化战略》为例,该战略将非洲教育"二·十"计划中"高等教育"领域涉及一体化的内容进行细化,具体地提出了 2006—2015 年这十年非洲高等教育要实现的五大领域的一体化目标,包括:建立和保持政治参与;开展信息交流与合作;建立和维护非洲大陆资格证书体系;建立资格证书的最低标准;设立联合课程开发和学生流动的计划。

第二,非洲教育"二·十"计划体现了当今国际上很多先进的教育理念和诉求。受历史和现实多种因素的影响,非洲教育特别是高等教育的国际化程度是比较高的,虽然这种国际化对非洲教育影响并不全然是积极的,但值得肯定的是,随着非洲教育的决策者越来越多地接受欧美现代教育的熏陶,他们在决策中越来越多地体现出国际先进的教育理念和诉求。比如:对教育公平与效率的双重强调;对非洲和次区域两级教育协调管理的高度重视;对建构教育信息管理系统的重点关切;对教师专业化和终身教育的强调;对"善治"的呼唤;对可持续发展理念的贯彻,等等。

第三,非洲教育"二·十"计划对非洲本土化教育的强调及相关设想在方向上是正确的。该计划虽然没有从理论上以较大篇幅专门论述非洲教育本土化问题,但这一观念体现在该计划的许多方面。比如,在"活动矩阵"中"加强文化和教育的协作"这一领域,该计划主张将文化纳入教育体系,以此促进非洲的"文化认同和价值观",并保护非洲的"文化遗产";该计划为此提出要开展"在学校课程中纳入民族语言、民俗文化和传递信息的其他文化方式"的活动。为了落实这些活动,该计划要求在非洲大陆层次上促进和保存非洲的文化价值观、医疗和科学知识、作为教学媒介的语言及传统等;在区域经济共同体层次上促进跨境语言教学教材开发的地区合作。这方面相应的绩效评估指标包括:教育政策中的民族语言政策;用本土语言进行教学的课程指南和教材;用民族语言进行的教师教育;地方行政中当地语言的使用;课程中的文化丰富性;公共考试中的文化主题,等等。[①]

第四,非洲教育"二·十"计划对于非洲教育实践无疑产生了影响,但目前影响还不够深入。以非洲教育出版业为例,非洲教育"二·十"计划要求教材内容必须符合"二·十"教育计划中七大重要领域的各项要求。比

---

① African Union. The Second Decade of Education for Africa(2006—2015):Plan of Action[R]. 2006.

如,生物学课程中进行生态保护的教学时,就需要把它与非洲视野下的生态观点联系起来,包括基于环保观念的各种实践和信念。[①] 但目前,这一方面工作还很欠缺。再以高等教育为例,关于非洲教育"二·十"计划中高等教育领域的执行情况,非盟委员会人力资源和科技部主任恩戈西(V. B. Ngosi)提到了正在采取的五点措施:一是确立非洲高等教育质量保障文化的"非洲质量排名机制";二是设立促进非洲内部流动和合作的"尼雷尔非盟奖学金计划";三是设立鼓励卓越的科技和创新研究补助金;四是建设泛非大学:在非洲大学各卓越研究中心建立专题网络;五是人才回流:与非洲侨民建立适当联系以保障质量。[②] 但我们对浙江师范大学承办的"非洲英语国家中学校长研修班"26位校长和政府教育官员的调查发现,他们总体来说对非洲教育一体化和非洲教育"二·十"计划所知甚少,有的根本没有听说过这方面的信息。只有乌干达、肯尼亚和南非的三位校长提到东部非洲和南部非洲两个次区域级的教育合作。这也说明该计划的影响目前还没有普遍深入到中学校长这个层面。另外,非洲教育"二·十"计划没有关于总体执行情况的官方报告,只有部门层面的少量报告有所涉及。这也说明该计划的落实还有待加强。

第五,非洲教育"二·十"计划本身处在动态发展过程之中。非洲教育"二·十"计划是一个全非洲范围的行动计划,涉及的内容众多,实践中需要一个不断明确和深化的过程。实际情况也是如此。比如2007年9月和12月分别在津巴布韦和南非召开了"教育管理信息系统"的专家会议,分别制定了该系统的落实战略,商讨了非洲教育"二·十"计划的评估手段和监控指标。2008年8月,这方面的指标和实际数据已正式提交给非盟。[③] 2016年通过的非洲第三个十年教育发展战略则代替非洲教育"二·十"计划,成为非洲新的发展指南。

---

① African Union. Concept Paper for the First AU Pan-African Conference on Educational Publishing[R]. African Union,2009.

② Ngosi V B. Higher Education in the Second Decade of Education for Africa(2006—2015)[R]. African Union Commission,August 2009.

③ Olubusoye O E. Indicators and Data for Monitoring:The Plan of Action for the Second Decade of Education for Africa[R]. A Consultancy Report Submitted to the Directorate of Human Resources, Science and Technology of the African Union Commission,Addis Ababa,Ethiopia. 2008.

第二节　非洲第三个十年教育发展战略

随着 2015 年非洲教育"二·十"计划的结束,非洲需要制定一些新的教育战略或政策框架以解决教育一体化进程中存在的老问题和可能出现的新问题。适逢 2015 年 9 月联合国通过可持续发展目标,包括提供包容和公平的优质教育、让全民享有终身学习的机会的目标 4。为此,2016 年 1 月 31 日,非盟各成员国政府首脑第 26 届年会通过了《非洲大陆教育战略(2016—2025 年)》(以下简称《非洲"三·十"教育战略》)。这可以视为非洲第三个综合性十年教育发展计划。该战略旨在调整非洲教育和培训系统,培养有知识素养、技能、创造力以及非洲核心价值观的新非洲公民[①],开发人力资源,推动非洲可持续发展,实现非盟愿景。

一、战略的背景

该战略的背景既有宏观政治经济背景,也有教育自身的背景。

首先是宏观背景。《非洲"三·十"教育战略》,和前两个十年非洲教育发展战略和计划一样,也是非洲政治经济一体化背景下非洲教育一体化进程和教育全球化的产物。[②] 非洲政治经济一体化的最突出表现是非盟《2063 年议程》在整个非洲大陆发展中的纲领性地位。同时非洲教育日益成为全球教育治理的重要一环,受全球教育思潮和行动[比如联合国《可持续发展教育十年(2005—2014)计划》和《2030 年可持续发展议程》]的重大影响。

其次是教育自身的现状和问题。每一个十年教育战略或计划都基于对前一个十年教育战略执行情况的总结,以及对当前的现状和存在的问题的梳理。

1.关于非洲教育近 20 年取得的成就,《非洲"三·十"教育战略》指出:在过去 20 年中,非洲教育发展的总的特点是,接受各级学校教育的儿童和

---

① African Union. Continental Education Strategies for Africa(2016—2025)[Z]. Addis Ababa, 2016.

② 详见万秀兰.非洲教育区域化发展战略及其对中非教育合作的政策意义[J].比较教育研究,2013(6).

青年人数有了显著的增加。虽然幼儿入园率还很低,但相比以前有改善,提高到了 20%。初等教育入学率则有显著改善,从 1999 年到 2012 年,调整后的净入学率从 59% 跃升至 79%,1.44 亿学龄儿童接受了小学教育。"这得益于非洲各国政府和其他利益攸关方在全民教育、千年发展目标框架下做出的努力,也得益于越来越多的非洲国家制定的免费初等教育政策所调动的资源。"虽然《非洲"三·十"教育战略》文本未肯定过去非洲职业技术教育的发展,但指出非洲普通中等教育在过去的十余年中有较大的发展:1999—2012 年,非洲大陆中等教育毛入学率从 24% 上升到 50%。该战略文本提到非洲高等教育的毛入学率大约为 7%,入学人数有了大幅提升;特别指出私立教育机构在其中持续发挥了重要作用,录取了约 25% 的大学生。[①]

2. 关于当下非洲面临的教育问题,《非洲"三·十"教育战略》主要指出了以下方面:

(1)整个教育系统:虽然近 20 年非洲儿童和青少年入学率增长显著,但由于基数较低,这一增幅仍然不够。据估计,非洲大约有 3000 万儿童未受教育,由于人口的迅速增长,这一数字还在增加。目前非洲教育的总体金字塔呈底层粗大(小学阶段毛入学率 79%),中间非常狭窄(中学阶段毛入学率 50%),而顶层极其尖细(高等教育毛入学率仅 7%)。而且不同教育阶段和不同教育类型之间有巨大差异,结构失调,缺乏衔接和互补性,效率低下;各子系统发展的连贯性有待加强,未能将它们整合到一个整体的系统,不利于向学生全面传授 21 世纪社会经济发展所需要的知识、技能和价值观。学前教育、职业技术教育以及非正规教育虽然很重要,但发展严重不足。各级教育的教学质量低,存在严重的不平等和排斥(非全纳)。[②]

(2)学前教育:规划不足,资源配置有限,管理水平较低,教师质量较低,缺少与初等教育的衔接和相关教材,教育质量地区差异较大。

(3)初等教育:性别不平等,学校管理效率较低,地区发展不平衡,教育质量有待提高。

(4)职业技术教育:地位低,不受重视;教育理念有待更新;课程内容和

---

① African Union. Continental Education Strategies for Africa(2016—2025)[Z]. Addis Ababa, 2016:15-20.

② African Union. Continental Education Strategies for Africa(2016—2025)[Z]. Addis Ababa, 2016:13.

学校设施比较陈旧，与学生就业脱节；性别不平等现象普遍。①

（5）普通中等教育：严重供不应求。在非洲低收入国家，中等教育入学率都很低，初中平均为44.7%，高中平均为23.2%。中等教育完成率也很低，初中平均为29.5%，高中平均为13.9%。财政投资有限，与就业、职业教育和高等教育的联系不密切，中等教育毕业生的升学率也很低，完成高中学业的学生中仅有6.1%进入高等学校。②

（6）高等教育：入学率低，教育成本不断攀升，教育不公平问题仍然存在，师生学习和生活环境较差，科研经费投入较少，低于非洲各国国内生产总值的0.5%；研究生教育欠发达，高校科研创新贡献率十分有限，整个非洲大陆对全球知识的贡献率仅占约1%，高等教育质量令人担忧。

（7）非正式教育：大多数非洲国家政府不重视非正规教育培训，政府未认识到其在非洲扫盲运动中的作用，大多是由当地和国际非政府组织承担非正规教育培训工作，文盲率一直居高不下。③

二、战略的目标和行动领域

非洲教育"二·十"计划的宗旨是"促进非洲人力资源开发，推动非洲可持续发展，以实现非盟愿景"④。与之相比，《非洲"三·十"教育战略》关于战略使命的认识更清晰："调整非洲教育和培训体系的方向，以满足培育非洲核心价值观和促进国家、次区域和大陆各级可持续发展所需的知识、能力、技能、创新和创造力。"⑤

为此，该战略为非洲的决策者和战略的实施者提出了六条指导原则：（1）《2063年议程》呼吁建设由技能型人力资本驱动的知识社会；（2）全面的、全纳的和公平的教育以及终身学习的环境是可持续发展的必要条件；（3）在教育管理领域完善的治理、良好的领导力和问责制至关重要；（4）一体

---

① 钱斌，万秀兰.《非洲大陆教育战略（2016—2025年）》评析[J].世界教育信息，2018（23）.

② African Union. Continental Education Strategies for Africa（2016—2025）[Z]. Addis Ababa，2016：17.

③ 钱斌，万秀兰.《非洲大陆教育战略（2016—2025年）》评析[J].世界教育信息，2018（23）.

④ 万秀兰，田甜.《非洲教育"二·十"行动计划（2006—2015）》评析[J].比较教育研究，2010（4）：1-6.

⑤ African Union. Continental Education Strategies for Africa（2016—2025）[Z]. Addis Ababa，2016.

化的教育和培训体系对于通过区域合作实现非洲学术人员内部流动和整合非常重要;(5)高质量的适切的教育、培训和研究是科技创新、创造力和创业的核心因素;(6)健康的思想寓于健康的身体之中,身体的和社会心理的需求都应该得到满足。①

在上述宗旨和原则下,该战略提出了 12 大目标,并在每个目标下都列出了若干行动领域。② 这些领域将成为制定具体的战略实施计划的基础。

目标 1:在各级教育中激发教师的积极性,以保证教育质量和相关性。行动领域包括:招聘、培训有资质的教师;为教师提供良好的工作和生活环境;开发高质量的适切的教学材料;强化学习结果的质量保障和评估机制;将关于生活技能和其他关键素养的教学内容纳入课程;奖励有奉献精神和创新精神的教师。

目标 2:建设、恢复和保护教育基础设施,制定政策确保在各级各类教育中为全民提供固定的、有利于健康的、有助于学习的环境,以扩大接受优质教育的机会,包括非正式和非正规的教育。行动领域包括:扩大和加强基础设施以及学习与培训设施,特别是在乡村和其他服务水平低下的地区;建立行政和立法机制以保护学校基础设施;保证学生身体健康发展,重视自愿摄食(voluntary feeding)和学校卫生政策;保证师生能免费获得课本和教学用具;制定政策促进教育规模的扩大,特别关注幼儿保育和教育、职业技术教育培训和中等教育、高等教育;降低由贫困、生活方式、文化、地域等制约因素引起的负面影响;将教育基础设施和设备相关计划纳入城市和农村发展规划。

目标 3:利用信息与通信技术保障受教育权利,促进教育和培训系统质量和管理水平的提升。行动领域包括:制定政策促进信息与通信技术在教育中的整合;建构学习者和教师充分利用技术的能力;建构教育管理者在战略和项目中规划、实施、监测和利用信息技术的能力;推动在线教育资源建设,并体现非洲和地方特色;利用现有信息技术驱动的成功扩大受教育机会的方案,包括泛非网络大学(Pan African E-

① 张力玮.非洲大陆教育战略(2016—2025 年)[J].世界教育信息,2016(12).
② African Union. Continental Education Strategies for Africa(2016—2025)[Z]. Addis Ababa, 2016.

University);提供适当而充足的设施设备(例如网联和电力)和服务;建立移动在线教育和培训平台,为各种背景的学生提供学习机会。

目标4:通过协调各级教育的发展,促进国家和区域教育的一体化,保障人们获得必要的知识和技能,提高面向各群体的各级教育的完成率。行动领域包括:在各级学校建立课堂学习结果评估制度;建构教师形成性评价并将评价结果用于学生补习和提高学习成绩的能力;建立国家资格框架(NQFs)和区域资格框架(RQFs),建立多重路径帮助学生获得技能和综合能力以及在各级各类学校之间转学或升学;建立与NQFs和RQFs相联通的非洲大陆资格框架,以促进区域一体化和毕业生流动;建立并强化质量保障机制以及监管和评价体系。

目标5:促进性别平等和公平的进程。行动领域包括:在高危性别群体(女孩和某些男孩)的服务中推广成功保留的经验,并提高其学业成绩;确保整个教育系统内部的成功升学;动员社区成为合作伙伴,确保女童(以及某些情况下的男童)入学、持续就学并在学校达成学习目标;实施相关干预措施,解决制约各阶段适龄人口无法入学和无法成功的问题。

目标6:在非洲大陆发起全面有效的扫盲运动以消灭文盲。行动领域包括:重审和扩大现有的扫盲运动;开发课程和适应性别特征的教学法,以满足所有学习者教育和培训的具体需求;在扫盲中促进语言、社会科学、数学和科学的教学以及信息技术的运用;通过激发书市、学校、社区和国家图书馆的活力并扩大他们的规模,通过嘉奖用民族语言写作的最佳作家,来推动阅读和写作活动;资助已有的并建设更多的公共和国家图书馆;将非正式教育的预算经费在整个教育经费中的比例提高到至少10%;动员学生在不上课的时候去成人扫盲班授课,指导小学生学习;在每一个非洲国家建立和加强全国青年服务队。

目标7:加强科学和数学课程,在非洲社会普及科学知识和文化。行动领域包括:在早期教育中引入科学课程,开展有吸引力的课外活动,如科学园和科学俱乐部;鼓励实践训练,奖励创新和创新者;推动孵化项目、学徒项目的开展;通过非正式非正规教育的途径传播科学知识和文化;在课程教学和其他教学模式中,融入情景化的科学知识;发展本土的科学知识和文化。

目标8:在中等和高等教育阶段扩大职业技术教育和培训规模,加强劳动力市场与教育和培训系统的联系。行动领域包括:建立和加强劳动力市场信息系统,以了解综合技能和能力需求;扩张和升级职业技术教育与培训以及多科技术学院,吸引优质受训者,为职业机会提供激励措施;在高等教育机构、职业培训机构与企业之间建立合作双赢关系,联合开发和实施相关课程和项目;使实习制度化为就业准备的一部分;嘉奖那些运用创新性解决方案、培养年轻企业家的培训机构和私立部门;通过孵化和研发推进创业创新。

目标9:激发和提升高等教育、科研和创新的活力,以帮助非洲应对挑战,提升全球竞争力。行动领域包括:履行国家承诺,将国内生产总值的1‰投入科研和创新;通过提供充足的基础设施和资源,为研究和创新创造有利环境;将科研与优先发展领域相结合,提高全球竞争力;促进对教育及职业技术教育与培训的研究;巩固和扩大各"卓越中心"的建设,强化非洲高等院校之间的联系;基于非洲利益和非洲主事权推进国际研发合作;扩大竞争性拨款、奖励及其他支持机制,以培育年轻学者和有成就的研究者;加强高质量的研究生和博士后教育,以满足高等教育规模扩张及高水平人力资源建设的需求。

目标10:在各级教育中面向所有年龄群体促进和平教育以及冲突的预防和解决。行动领域包括:以非洲价值观念和冲突预防及解决机制为基础,制定国家教育行政机关以及社会和团体代表参与和平教育的政策;培训教师、社会工作者、安保人员、宗教机构和民间组织代表,使之成为和平行动者和协调者;开发和传播和平教育教学材料,定期在中小学、培训机构、大学和成人学习中心组织培训;利用非洲各国及网络组织中现行创新性的和平建设经验,并传播所认识到的经验教训;加强跨国和平教育质量中心的措施和行动(该中心是和平教育实践共同体,也是和平教育政策对话和经验交流的平台)。

目标11:通过数据收集、管理、分析、交流和利用的能力建设,改善教育系统的管理和统计手段。行动领域包括:建立非洲区域性的和整个大陆层面的"教育管理信息系统"与教育监测站;定期推出和传播文摘和展望之类的出版物;认定和支持教育智库的发展;支持教育研究、成果传播和交流。

目标 12：建立利益相关者联盟，以促进和支持《非洲"三·十"教育战略》实施中产生的创新举措。行动领域包括：基于比较优势确定关键的利益相关者；利益相关者共同确立和制定战略规划；确定和动员那些推动该战略优先领域发展的优胜者；确认优胜者并宣传他们的成就。①

三、战略的实施机制

根据以上目标和行动领域，该战略提出了实施环节的若干规定，包括战略的传播和倡导、战略的任务分工与责任分担、战略的实施原则以及战略的筹资机制。这些共同构成战略的实施机制。

（一）战略的传播和倡导

该战略要求在国家、次区域、非洲大陆和全球层面广泛传播其内容、精神和方针，助其建立知名度和信誉度，并调动一切可能的资源助其实施。战略传播的具体行动如下。

1. 推动相关组织之间的政策对话：非洲各国国会、内阁会议、区域部长会议（教育专业技术委员会），次区域组织（如东非大学校际理事会、非洲及马达加斯加高等教育委员会、南部非洲发展共同体、南部非洲地区大学协会以及西非国家经济共同体），非洲大陆层次的组织（如非洲大学协会、非洲教育发展协会、非洲开发银行、非洲女教育家论坛），全球性组织（如联合国教科文组织、联合国儿童基金会）等。

2. 围绕该战略开展部际互动合作。

3. 促进代际对话，保证规划的包容性、传承性以及理念和行动的可持续性。

4. 为全国性咨询研讨会和专业性会议提供持续支持。

5. 支持、建设、维护和推广《非洲"三·十"教育战略》门户网站。

6. 制作和广泛传播宣传册、时事通讯，并采用其他传播途径。②

---

①　这是最新的非洲大陆教育发展战略，体现了非洲近年教育改革和发展的方向，表达了非洲教育的主要关切，可为中国对非教育合作重点领域的选择和具体项目的设置提供参考。因此这里对该战略12项目标及其行动领域文本的描述基本上未做删减，只有极少数重复或无关紧要的内容例外。

②　African Union. Continental Education Strategies for Africa（2016—2025）［Z］. Addis Ababa, 2016.

（二）战略的任务分工与责任分担

1.非洲大陆层次

非盟委员会和非盟人力资源与科技部门在非盟制订的任何教育战略核计划中都会承担一定责任。就本战略而言，它们所承担的责任有：与非洲和平建设网络（APN）合作开展活动；建立知识管理信息系统，为区域经济共同体和各国提供最佳实践，分享在《非洲"三·十"教育战略》实施过程中的经验教训；建立监测和评价机制，以评价非盟委员会人力资源与科技司的影响。

在本战略的实施环节有一个顶层监管领导小组，由10位国家元首和政府首脑组成（五大次区域各两名）。他们是教育、培训和科技领域的领军人物，职责是保障和推动非洲大陆在这些领域的发展。

教育和科技专业技术委员会（the Specialized Technical Committee of Education and Science and Technology）邀请来自全球的公私部门的领导人、民间团体负责人和慈善家参与非洲这些领域的发展，负责起草并提交一份专门报告，介绍非洲科技教育和创新情况以及该战略的实施情况。①

2.非洲次区域经济共同体层次

区域经济共同体应承担的职责包括：提高区域经济共同体的能力；将《非洲"三·十"教育战略》的目标纳入区域综合发展计划；建设更多区域卓越中心，促进流动；鼓励区域专项合作以促进经验分享和相互学习；支持成员国为实现该战略的目标而制定各自的发展战略；使各国、民间组织和私立部门了解该战略的各项目标，促进《非洲"三·十"教育战略》的实施和监测。②

各区域经济共同体教育部长会议要协调该战略的实施、监测和评估。这些会议应该促进现有专项工作小组和教育机构的经验交流与多方合作。

3.非洲国家层次

成员国应承担的职责有：加强国家层面利益相关者的对话，建立包含政府各部门的专门机构来实施《非洲"三·十"教育战略》，将该战略相关

---

① African Union. Continental Education Strategies for Africa（2016—2025）[Z]. Addis Ababa, 2016.

② 张力玮.非洲大陆教育战略（2016—2025 年）[J].世界教育信息,2016(12).

指导方针融入国家政策和战略以促进战略实施；通过立法、制定有效政策、保障利益相关方对话机制的制度化，鼓励私立部门投资教育和培训；为公私合作建立良好的环境，促进教育培训质量的提高，服务社会经济变革。

另外，该战略还规定了非洲各国中央教育行政部门负责人的任务：让人们接受和实施《非洲"三·十"教育战略》，同时使其他各部委根据国家战略参与其中。至于其他部门，该战略要求其与双边和多边发展机构密切合作。各国应建立由发展机构专家和代表参与的工作小组，负责评估和监管《非洲"三·十"教育战略》实施情况。

该战略要求各国将入学情况、教育预算情况等信息汇总，以便非盟形成非洲大陆年度教育活动报告。该报告将包含非盟委员会人力资源与科技部门报告，成员国报告，非洲区域经济体（REC）报告，合作伙伴和其他利益相关者的报告，综述等。

（三）战略的实施原则

该战略规定了以下实施原则：

第一，赋予利益相关者主事权。该战略赋予所有利益相关者和行为人在教育、培训和科技创新联盟框架内的自主权，让他们可以自由行动、自由发挥主观能动性。

第二，强调数据收集和分析的基础作用。为了促进高水平的监管，该战略要求其提出的每一个专题领域或问题都有一个具体的组织来收集和分析数据，从而形成一个有效的决策系统。

第三，安排参与性合作而非单边行动。为了让不同利益相关者积极参与，该战略在实施过程中安排参与式合作而非单边行动，以便与非盟委员会签订备忘录的所有机构的参与都被纳入考虑。《非洲"三·十"教育战略》呼吁积极参与现有和新建合作网络，如非洲女教育家论坛、非洲及马达加斯加高等教育委员会、非洲大学协会等，因为这种参与性的合作而非单边行动，有助于各利益相关者放心了解国家、区域和全洲层面联盟内部的下列问题：是谁？在做什么？在哪里做？如何做？与谁做？什么做法效果好，为什么？如何在全国、本地区和非洲大陆分享这些经验？

第四，规定若干干预原则。确保利益相关者的高层次承诺，有明确的制度性约定；建立透明度和诚信，在利益相关者之间建立信心；进行跨部门合作；建立独立的监管和评价机制。

（四）战略的筹资机制

1.战略的投资规划。该战略呼吁各国、各区域和非洲大陆层面制定各自的十年教育部门投资规划。该战略认为在非洲大陆层面，需要估算实施本规划的成本，包括管理、实施、监测、评价所需的成本；在区域层面，也需要估算本区域内实施本规划的成本，除了类似大陆层面上述成本外，还特别要估算卓越中心、工作网络互联和人员流动的成本；在国家层面，需要估算与国家优先发展领域相一致的本规划相关目标所需成本。

2.国家资源的调用。该战略呼吁：通过新的伙伴关系、南南合作、私人投资、外国直接投资、散居侨民和基金会等，达成该战略所需资金的来源多样化和数量的增加；与不同利益相关者进行成本分担，包括各级学校的学费；加强公立学校资源有效管理的制度建设；鼓励更多人提供私立教育与培训。

3.鼓励公私合作。该战略拟采取措施激励私人部门参与下列工作：为公立学校提供直接财政支持，为学校提供直接的支持；提供奖学金；提供指导和实习机会；支持通过税收管理和调节手段来资助教育和培训；为教育和培训捐献专项资金。

4.技术伙伴与出资伙伴的贡献。该战略动员技术伙伴和出资伙伴的策略，包括寻求非洲大陆层面和非洲以外的伙伴，基于非洲大陆自身过去的经验和其他国家的成功经验，为该战略雄心勃勃的项目的实施提供有意义的和持续的支持。该战略鼓励双边和多边的合作伙伴参与国家、区域和非洲大陆层面的协商，促进人力资源的开发。①

---

① African Union. Continental Education Strategies for Africa（2016—2025）[Z]. Addis Ababa，2016.

四、对该战略的评论[①]

(一)顺应非洲发展的时代要求

21世纪以来,非洲的时代主题已由20世纪的"求独立、求解放"转变成"求和平、求发展"[②],各成员国的发展合作意识更为强烈。为顺应这一时代要求,2002年正式成立的非洲联盟通过召开首脑会议、设立各类组织机构、颁布各项政策战略等活动,努力实现非洲大陆的政治稳定与经济振兴,促进非洲发展与变革,加快非洲政治、经济和社会一体化进程,建立一个"由非洲公民领导的、在全球社会和知识经济占据应有地位的、一体化的、和平而又繁荣的非洲"[③]。

随着时间的推移,非洲一体化内容不断丰富,已扩展至教育和文化领域。非洲教育一体化作为非洲一体化中的重要一环,在1997—2015年,非盟先后推出了两个十年教育行动计划,推动了非洲各级各类教育后续行动计划的产生,例如非洲高等教育一体化战略、非洲职业技术教育和培训振兴战略等,加快了非洲教育一体化的进程。《非洲"三·十"教育战略》正是在这样的时代背景下应运而生,是继非盟两个非洲十年教育行动计划后,在非洲具有重要意义的又一教育发展战略,它将和以往颁布实施的重大教育政策或战略一样,对推进非洲教育一体化进程发挥重要作用。在《非洲"三·十"教育战略》中,不管是指导原则、总体目标还是实施原则,都是从非洲共同立场(CAP)和维护非洲共同发展利益的角度出发,不仅在内容上注重解决非洲各级各类教育共同面临的各种问题,建立统一的教育和培训体系,而且在行动上十分强调非洲各层面的所有利益相关者加强合作,协调推动战略顺利实施,确保非洲在思想和行动上达成一致,促进非洲教育一体化迈向新高度。

(二)兼顾国际和非洲本土两个大局

就国际社会而言,2015年,联合国通过了下一个15年世界发展的"可

---

①　详见钱斌,万秀兰.《非洲大陆教育战略(2016—2025年)》评析[J].世界教育信息,2018(23):11-16.

②　罗建波.非洲一体化进程中的非盟:历史使命与发展前景[J].当代世界,2014(7):54-57.

③　张力玮.非洲大陆教育战略(2016—2025年)[J].世界教育信息,2016(12):18-27.

持续发展目标",其中第四项目标提出"确保包容和公平的优质教育,让全民享有终身学习机会"。① 就非洲本土而言,2015 年 1 月 31 日,第 24 届非盟峰会通过了旨在将非洲建设成和谐繁荣、和平安全、民主又充满活力的新非洲的议程——《2063 年议程》,以规划非洲大陆未来 50 年的发展路线图。《2063 年议程》提出要加强对青年特别是青年妇女的职业技能培训,培养非洲大陆实现可持续发展的变革推动者和新非洲公民。

《非洲"三·十"教育战略》紧跟国际社会教育发展步伐,结合非洲本土教育因素,兼顾国际和非洲本土两个大局,力求所制定的教育战略"不仅要考虑联合国'可持续发展目标'的要求,同时也要使其适应并符合非洲的愿景"。而要实现这个愿景,就需要人力资源的开发,人力资源的潜力在于非洲拥有规模庞大的青年人口——约 2 亿 15～24 岁的青年人②。到 2050 年,非洲的青年人口预计将超过 8.3 亿。③ 教育和培训对于发掘非洲青年潜力,开发青年人力资源,促进包容性经济发展,从而使非洲成为最具活力和生产力的经济体具有重要意义。

在非洲,青年就业人口约占整体就业人口的 40％,然而,青年人口中 60％为失业人员④,降低青年人口失业率可使非洲国内生产总值增长 10％～20％⑤。教育和培训可以有效提升非洲青年应聘者的素质,使其获得一份稳定工作,拥有一份稳定收入,这对于促使非洲人民逐渐摆脱贫困和维护地区稳定具有积极作用。另外,非洲的文盲率为 41％⑥,居于世界首位,扫盲进程十分缓慢,扫盲的成功必须依赖教育和培训。

非盟委员会主席祖马(N. C. Dlamini-Zuma)在第 26 届非盟峰会期间

---

① 张力玮.非洲大陆教育战略(2016—2025 年)[J].世界教育信息,2016(12):18-27.

② The Africa-America Institute. State of Education in Africa Report 2015 [EB/OL]. (2015-09-28). https://www. chet. org. za/news/au-education-plan-lamentslack-data-0.

③ African Development Bank. AfDB Group Strategy for Jobs for Youth in Africa,2016—2025 [EB/OL]. (2016-06-07). https://www. tralac. org/news/article/9843-afdb-group-strategy-for-jobs-for-youth-in-africa2016—2025. html.

④ The Africa-America Institute. State of Education in Africa Report 2015 [EB/OL]. (2015-09-28). https://www. chet. org. za/news/au-education-plan-lamentslack-data-0.

⑤ African Development Bank. AfDB Group Strategy for Jobs for Youth in Africa,2016—2025 [EB/OL]. (2016-06-07). https://www. tralac. org/news/article/9843-afdb-group-strategy-for-jobs-for-youth-in-africa2016—2025. html.

⑥ African Union. Continental Education Strategies for Africa(2016—2025)[Z]. Addis Ababa,2016.

强调,《非洲"三·十"教育战略》通过教育培养青年,帮助他们成为非洲变革发展的领军人;只有受过良好教育和具备熟练技能的青年,才能成为非洲复兴与转型的引擎和驱动力。[①] 教育通过培养人才发挥其对社会发展的作用,这不仅体现在非洲大陆整体的政治稳定、经济繁荣和社会进步方面,还体现在青年个体发展方面,如非盟人力资源与科技司专员艾昆戈(M. D. Ikounga)所说:"《非洲'三·十'教育战略》致力于通过建立强有力的部门间联系与合作提高教育与培训质量,促使青年获得良好的工作以便更好地生活,同时培养青年的创业精神和创新能力。"[②]这两方面的意义一旦实现,将会使非洲不断提高参与知识经济和全球化竞争的整体实力。

(三)注意汲取非洲教育"二·十"计划执行的经验教训

总体而言,非洲教育"二·十"计划取得了一定成绩。例如,基础教育入学率有所提升;建立了一些新的泛非教育教学或研究中心,以保证高等教育质量,如泛非大学的发起和建立;从事女童和妇女教育的非盟国际教育中心的建立,推动了针对弱势群体政策执行情况的监测和跟踪;教育管理信息系统的数据得到了广泛的应用,建立了泛非教师发展会议(PACTED)和其他利益相关者网络,以促进教师专业发展;至少有三个区域经济共同体投入了大量的精力和资源来推行职业技术教育与培训计划等。

但是,在非洲教育"二·十"计划实施中发现了一些问题。例如,没有建立一个协调一致的区域机构网络(如秘书处和委员会以及发展伙伴)来确保行动计划的全方位执行;没有加强信息在非洲大陆、区域和国家层面流动,缺乏有效的沟通传播战略来改善区域和非洲大陆的协同和问责;没有将该计划的优先发展事项纳入区域和国家教育战略规划;没有充分调动合作伙伴、地区和国家的资源。[③]

因此,《非洲"三·十"教育战略》非常重视执行过程中的五大问题——政策的宣传、政策的执行、政策实施的条件或环境、政策实施过程中的监测、政策实施效果的评估。在汲取非洲教育"二·十"计划教训的基础上,《非洲

---

①　ECLT Foundation. AU Spotlight on Rights, Education & Gender Equality [EB/OL]. (2016-03-17). http://www. eclt. org/examining-education-skills-for-youth -and-empowering-women-at-au/.

②　Allafrica. Africa's Education Strategy to Unleash Continent's Potential[EB/OL]. (2016-01-29). http://allafrica. com/stories/201601291593. html.

③　African Union. AU Outlook on Education Report[R]. Addis Ababa, 2014.

"三·十"教育战略》高度重视政策的传播和公众理解力、影响力,重视营造良好的政策实施环境,强调非洲大陆、区域及国家所有利益相关者的治理责任意识和合作协调网络建设:在非洲大陆层面,非盟成立一个由十位国家元首和政府首脑组成的负责战略实施与监测的委员会,定期颁布《非洲大陆年度教育活动报告》(RACA)①;在区域层面,区域经济共同体围绕战略目标加强教育相关部门协调合作,并定期进行经验交流;在国家层面,各国加强宣传,将战略原则和目标融入国家政策,建立由专家代表组成的工作组参与战略实施的评估和监测,鼓励私立部门和个人投资教育培训等;通过干预措施来保证战略的实施、监测与评估,同时采取各种渠道和方式努力解决政策实施所需的资金和资源问题。

(四)为未来非洲各国教育发展提出了新的一体化发展目标

《非洲"三·十"教育战略》的目标和意图雄心勃勃,寻求比以前的教育战略框架取得更好的成果②。它在一定程度上是非洲教育"二·十"计划的继续和发展,体现了政策的延续性,它提出了未来非洲教育要实现的宗旨、总体目标和实施原则,无疑为未来非洲各国解决各级各类教育和培训存在的问题提供了方向上的指引。

(五)受到来自国际社会和非洲各界的广泛关注和支持

在非盟及其相关利益者的努力下,《非洲"三·十"教育战略》受到来自国际社会和非洲大陆、区域以及国家的广泛关注和支持,他们围绕战略的12项总体目标采取了一系列具体行动。例如,联合国教科文组织将通过协调教育伙伴关系和支持非洲各国调整教育和培训体系来为战略的实施发挥作用③;欧盟将在未来三年内支持泛非高等教育"质量保障和认证框架"的发展,在非洲大陆各层面展开合作,克服学生在非洲和欧洲内部流动和认证

---

① African Union. Continental Education Strategies for Africa(2016—2025)[Z]. Addis Ababa, 2016.

② African Union. Continental Education Strategies for Africa(2016—2025)[Z]. Addis Ababa, 2016.

③ UNESCO. Better Education for Africa's Rise II: Promoting and Transforming TVET in Eastern Africa[R]. Paris, 2017.

资格的障碍①；非盟委员会专门召开了非洲大陆教育战略执行会议，主张建立战略专题集群，一些专题集群如妇女和女童教育、职业技术教育与培训、教育管理信息系统等已形成②，2017 年 6 月 8 日，高等教育集群在加纳阿克拉正式成立③；非洲开发银行实施《非洲青年工作战略（2016—2025 年）》，致力于解决非洲 5000 万青年的就业，并支持青年创业行动④；非洲大学协会今后更加重视妇女和青年发展、包容性和公平教育、使用通信技术促进教育发展、建立教育管理问责制，协会已将非盟《2063 年议程》和《非洲"三·十"教育战略》纳入其新的《五年战略规划（2016—2020 年）》⑤等。

五、《非洲"三·十"教育战略》存在的问题与挑战

《非洲"三·十"教育战略》自身的内容、特点及地位决定了它将对非洲未来的教育一体化、政治稳定、经济繁荣、社会进步、青年自我发展、各级各类教育的改革与实践来说具有重要意义，受到来自国际社会和非洲各层面利益相关者的关注和行动支持。至于它对未来非洲大陆将产生什么样的实际效果还有待于时间的检验，与战略相关的问题和面临的挑战也有待进一步探索和解决。

第一，从战略宗旨来看，该战略强调培养"有非洲核心价值观的新非洲公民"，但是在文本中没有看到核心价值观的具体内容，没有具体内容作为指引，在决策中就容易忽视甚至根本无法对这种价值观培养方案进行考量。核心价值观的培养需要重视对学习者的思想引导，使他们能够产生内心认同从而愿意践行，长此以往才能"形成一种民族意识和民族归属感"⑥，才会

①　Citifmonline. EU to Strengthen Educational Collaboration with AU [EB/OL]. (2016-10-25). http://citifmonline.com/2016/10/25/eu-to-strengthen-educational-collaboration-with-au/.

②　African Union. Implementation of the Continental Education Strategy for Africa [EB/OL]. (2016-06-27). https://african-union.africa newsroom.com/ press/ implementation-of-the-continental-education-strategyfor-africa? lang=en.

③　INHEA. INHEA and AAU to Implement CESA 2016—2025 [EB/OL]. (2017-06-08). http://www.inhea.org/inhea-and-aau-to-implement-cesa-2016-2025/.

④　African Development Bank. AfDB Group Strategy for Jobs for Youth in Africa, 2016—2025 [EB/OL]. (2016-06-07). https://www.tralac.org/news/article/9843-afdb-group-strategy-for-jobs-for-youth-in-africa2016—2025.html.

⑤　Association of African Universities. AAU Supports the CESA 2016—2025 Initiative [EB/OL]. (2016-02-18). https://blog.aau.org/aau-supports-the-cesa-2016-2025-initiative/.

⑥　徐辉，万秀兰. 全球化背景中的非洲高等教育本土化[J]. 比较教育研究,2007(12):40-44.

为非洲注入源源不断的发展动力。

第二,该战略在指导原则中提到"问责制",但在实施原则中只有各利益相关方要承担的治理责任,并没有看到如何对其进行有效的"问责",且实施"问责"的主体不清。没有健全的问责制,如何保证各方的责任切实得以履行和落实?雄心勃勃的目标又如何保证如期实现?这都容易引发人们的质疑。

第三,战略实施原则中提到对战略实施过程和结果的监测和评估机制,但是监测和评估的工具和指标没有具体明示。

第四,战略的总体实施目标依然关注扩大各级各类教育的横向规模,而未对各级各类教育与培训之间如何纵向衔接成完整的教育体系做出应有的回答。

第五,战略提出建立由十位国家元首和政府首脑组成的负责实施和监测的委员会,定期发布《非洲大陆年度教育活动报告》,但是目前距离战略出台已近两年,还没有发布此类报告。

第六,该战略采取行动的主体,目前大都是非洲大陆层面的组织,例如非盟、非洲开发银行等,国家和区域性经济共同体层面比较少,而战略执行需要"国家和区域承担起教育发展的责任"[①]。

第七,从非洲社会目前的发展情况来看,仍存在诸多不利因素带来的挑战:"经济基础薄弱,经济结构单一,经济发展受外部因素影响过多;政府治理能力严重不足导致其融资能力、执行和评估重大规划和战略的能力、财富的再分配能力都十分低下,贫富两极分化较为严重;由于长期受殖民统治影响,多数非洲国家仍旧没有改变殖民时期的认知体系,民众普遍缺乏思想上的独立性,因而很难地去决定非洲自己的发展命运"[②]等。教育作为社会发展的领域之一,难以摆脱其所赖以生存的社会经济、政治、思想等因素的作用和影响,因此作为改变非洲各级各类教育发展问题的《非洲"三·十"教育战略》能否取得实质性成果仍然是个疑问。在第26届非盟大会新闻发布会上,有记者提到"战略似乎只是一个过高的梦想",因此对战略执行效果持怀

---

① African Union. Continental Education Strategies for Africa(2016—2025)[Z]. Addis Ababa, 2016.

② 卢凌宇,刘鸿武.非洲的可持续发展:挑战与应对[J].国际问题研究,2016(4):50-65.

疑态度。[①]

　　不可否认,非洲在未来实施《非洲"三·十"教育战略》促进教育发展的道路上存在各种各样的问题和挑战,但是随着"非洲国家逐步找到适合自身发展的道路,本土也逐渐实现了和平稳定,以及非洲经济发展受到来自发达国家和新兴发展国家的共同助力"[②],我们仍有理由相信非洲人民会通过自己的不懈奋斗和利用有利资源战胜艰难险阻,实现属于他们自己的"非洲梦"。

---

①　Allafrica. Africa's Education Strategy to Unleash Continent's Potential[EB/OL]. [2016-01-29]. http://allafrica. com/stories/201601291593. html.

②　卢凌宇,刘鸿武. 非洲的可持续发展:挑战与应对[J]. 国际问题研究,2016(4):50-65.

第三章　非洲高等教育一体化发展战略研究

　　同其他地区一样,非洲高等教育的一体化也是非洲教育一体化的领头羊。本章将分别研究非洲高等教育一体化的发展历程,非盟、非洲大学协会、东非大学校际理事会各自的高等教育一体化发展战略,并加以评论。

第一节　非洲高等教育一体化的发展历程[①]

一、独立前至独立初期非洲高等教育一体化的萌芽

　　非洲殖民地最早的高等教育机构创建于 19 世纪,主要由传教士为神学培训而开办。第二次世界大战结束后,英国、法国、葡萄牙等宗主国才开始关注非洲殖民地的高等教育。独立前夕,殖民地已经存在一些高等教育机构,次区域层面上的高等教育一体化尝试也由此开始。

　　南部非洲的三个英属殖民地——贝专纳(当今的博茨瓦纳)、巴苏陀兰(当今的莱索托)、斯威士兰的高等教育以合作办学为特点。1964 年,在英国政府的支持下,巴苏陀兰、贝专纳与斯威士兰联合大学成立,作为一所三地共有的大学。在博茨瓦纳(1966 年)、莱索托(1966 年)、斯威士兰(1968年)相继独立后的相当长一段时期内,基于各国教育水平低下、无条件独立办学的客观因素以及政府支持高等教育发展的主观意愿,三国仍然延续了联合办学的合作方式,直到 1982 年才彻底分离。[②]

　　东部非洲独立前至独立初也有过一体化试验。1963 年,肯尼亚内罗毕

---

　　①　本节内容发表在:陶俊浪,万秀兰.非洲高等教育一体化进程研究[J].比较教育研究,2016(4):9-17.

　　②　万秀兰,李薇,等.博茨瓦纳高等教育研究[M].杭州:浙江人民出版社,2014:33-42.

皇家技术学院、坦桑尼亚达累斯萨拉姆学院和乌干达马克雷尔学院合并成为"东非大学"，仍由伦敦的大学校际委员会监管，三所学院专攻各自所长学科。东非还成立了区域教育组织，由"东非国家考试委员会"制定统一的教育评估标准，保障区域内教育的质量。① 独立后，各国发展本国高等教育的需求致使东非大学解散，三所国立大学于 1970 年分别独立。

类似的情况还发生在比利时殖民地建立的卢旺达-布隆迪大学、葡萄牙殖民地建立的罗安达大学和洛伦索-马贵斯大学、法国殖民地建立的诸多法国大学的海外分校。这些院校都在区域内招收学生，与宗主国的高等教育联系紧密。②

这一时期非洲高教一体化特点是处于萌芽阶段，仅限于次区域层面，依赖宗主国建立，随着国家独立且过渡一段时期后逐步解散。这些一体化使区域内高教资源得到了共享，满足了非洲一部分人进入高等教育的需求，为独立后建国初期输送了人才和劳动力。

二、20 世纪 80—90 年代非洲高教一体化的兴起

20 世纪 80 年代，非洲同其他地区一样，出台了地区内高等教育一体化协定。以 1981 年《阿鲁沙协定》为标志，非洲拉开了全大陆层面上高等教育一体化的序幕。该公约明确了非洲依靠民族国家、联合国教科文组织驻非洲委员会、双边或次区域组织的力量，通过学历资格互认和跨国合作的方式，促进非洲高等教育一体化的方针。具体目标为：(1)加强非洲的统一和团结；(2)摒除殖民地时期所遗留下的割裂非洲地区历史传统和文化关联的障碍；(3)促进和强化非洲及非洲各国间的文化认同。③ 然而，一些独立国家从 20 世纪 70 年代开始就日益转移重心到国内建设，非洲大陆层面的高等教育合作意识逐渐淡化，《阿鲁沙协定》仅有 21 个非洲国家签署。

20 世纪 90 年代后，随着冷战的结束及全球化的到来，各地区政治经济

① ADEA. Policy Brief：Harmonization of Higher Education in Africa or Why We Need to Hang in Together[R]. Dakar，Senegal，2015：1.

② 达姆图·塔费拉，菲利普·G.阿尔特巴赫.非洲高等教育：国际参考手册[M].郑崧，王琳璞，张屹，等，译.杭州：浙江大学出版社，2014：19-24.

③ UNESCO. The Arusha Convention：Regional Convention on the Recognition of Studies，Certificates，Diplomas，Degrees and other Academic Qualifications in Higher Education in the African States[Z]. Arusha，Tanzania，1981：5-6.

形势也发生着巨大变化,非洲地区合作意识再度复苏,各区域的高教合作不断兴起。1992 年,南部非洲发展协调会议更改为南部非洲发展共同体,共同致力于区域政治经济文化和教育的发展。1993 年,东非共同体坦、肯、乌三国开始恢复合作,教育领域也重新朝区域高教一体化方向前进。1994年,西非经济货币联盟成立,随即出台了促进成员国学术人员合作与交流的政策。

20 世纪 80 年代至 90 年代,非洲高等教育一体化经历了由衰至兴的转变,全大陆层面和区域层面的一体化发展齐头并进。但是,《阿鲁沙协定》并没有实现预期的效果,目标设置过于笼统,行动领域尚不明确;实践中也有诸多问题,如监管效果甚微,各国间教育体制差异大而难以"协调一致"。

这一时期区域内的高等教育合作刚刚恢复或兴起,发展速度也并不快。

三、新世纪初的蓬勃发展

21 世纪以来,经济全球化加速发展,各地区间发展差距进一步拉大,非洲面临着被进一步"边缘化"的危险,以"非洲复兴"为使命的非洲一体化的呼声在非洲大陆上此起彼伏。在此背景下,非洲高等教育一体化的意识也空前高涨,在国际组织、全非洲性政治实体、全非洲性教育专业组织、区域性政府组织及区域性教育专业组织的推动下,其理论与实践、政策与行动均得以迅猛发展(见表 3.1)。

表 3.1   各类组织参与非洲高等教育一体化的主要政策与行动

性质	主体	主要政策与行动
主要国际组织	联合国教科文组织	提供政策咨询和技术援助 启动《撒哈拉以南非洲师资培训计划(2006—2015 年)》 2010 年与非盟合作完成《阿鲁沙协定》的重新修订
	世界银行	发布了一系列对非援助的报告,提供资金援助 2013 年发起非洲卓越中心项目
	国际货币基金组织	持续投入援助资金,开发了多种援助项目
	全球大学创新网络非洲区委员会	与联合国教科文组织合办"非洲高等教育质量保障国际会议",监管非洲国家和区域有关教育质量保障、学历互认和学生流动的行动计划的实施

续表

性质	主体	主要政策与行动
全非洲性政治实体	非盟	2006 年启动《非洲教育"二·十"行动计划（2006—2015）》 2007 年启动《非洲高等教育一体化战略》 2011 年启动建立"泛非大学"、非洲高等教育空间、非洲质量等级机制 2011 年与欧盟合作启动"调适非洲"项目
泛非教育专业组织	非洲大学协会	启动《2003—2010 年战略规划》 启动《2011—2015 年战略规划》 2009 年建立"非洲教育质量保障联盟"
泛非教育专业组织	非洲教育发展协会	2013 年发出迈向"非洲高等教育与研究区"的倡议
泛非教育专业组织	非洲远程教育理事会	致力于非洲远程教育的一体化，建立了非洲远程教育认证委员会
区域性政府间组织	南部非洲发展共同体	2004 年通过《教育和培训协定》 2011 年提出区域学历资格框架（RQF）
区域性政府间组织	东非共同体	2009 年建立共同市场的协议，促进商品、人才、劳动力和服务的自由流动 2011 年启动《东非教育系统和培训课程一体化》
区域性政府间组织	西非经济共同体	2003 年出台学历资格互认和等值公约，规定：在原国籍认可的学历，在其他成员国也认可
区域性政府间组织	西非经济货币联盟	2007 年正式通过高等教育"学士—硕士—博士"（LMD）学位制度改革的提议
区域性教育专业组织	东非大学校际理事会	2006 年启动《五年滚动性战略规划》 2007 年开发并试行了东非区域第一个共同的高等教育质量保障框架 2009 年提交了《东非教育系统一体化研究》的最终报告
区域性教育专业组织	南部非洲地区大学协会	2012 年出台《构建 2025 年高等教育愿景：一项南共体发展的战略议程》
区域性教育专业组织	南部与东部非洲教育质量监测联盟	运用科学的方法来监督、评估和改善成员国学校教育的质量，推动非洲教育区域化的可持续发展
区域性教育专业组织	非洲及马达加斯加高等教育委员会	致力于加强成员国家间资格证书的互认，提高专业人员在法语国家的流动
区域性教育专业组织	阿拉伯大学协会（其中 8 个成员国是非洲国家）	建立和巩固促进高等教育质量保障的区域机制

转引自：陶俊浪，万秀兰.非洲高等教育一体化进程研究[J].比较教育研究，2016(4).

以上各组织机构所做的努力,都十分鼓舞人心,特别是非盟 2007 年出台的纲领性文件《非洲高等教育一体化战略》,对一体化进程产生了重要影响。该战略明确提出了非洲高等教育一体化目的,包括:(1)建立一体化的高等教育系统;(2)加强非洲高等教育机构的能力;(3)改善非洲高等教育质量;(4)促进非洲学生和教师的流动。该战略还强调了非洲本土化价值、伙伴关系、资金支持、多方动员、加强国内建设的五项原则。① 该战略的出台为非洲高等教育一体化的发展指明了方向。非洲高等教育一体化在蓬勃发展中具备了不同于以往的显著特点:更加强调"各国—区域—全非洲"层面的多位一体;更加重视政府组织、教育组织、社会团体等多方主体的作用;更加推动学历互认工具、质量保障框架、LMD 学位制度改革、人员流动协议等手段的实际应用。

四、非洲高等教育一体化的新动向

(一)协定的修订

非盟高等教育一体化战略出台后,联合国教科文组织和非盟为了适应新的发展需求,着手重新修订《阿鲁沙协定》。2010 年修订后的协定目标是:(1)促进区域间和国家间的学历资格互认和学分累计;(2)促进国家、区域和全非洲层面的质量保障;(3)发挥人力资源的最大效用,限制人才流失;(4)促进人员更多的交流;(5)促进高校间设立联合培养课程、联合学位;(6)促进信息交流;(7)考虑采用适应全球趋势的"学士—硕士—博士"(BMD)学位制度。此外,修订后的公约还重点关注了这些领域:(1)确保高等教育系统、机构、项目和学历资格的透明度,将周期性评估落到实处;(2)促进部分学习(相当于高校一年的专业学习)的互认;(3)促进成人教育和终身教育,确保对专业经验和先前学习经历的认证。② 与原协定相比,修订后的协定目标更加具体明确,强调操作性,关注到了之前忽视的重点领域。

2014 年,非洲国家代表在亚的斯亚贝巴签署了修订后的协定,并将其改名为《2014 亚的斯亚贝巴协定》。当时,仅对第 7 条目标做了修改:"顺应

① 万秀兰,孙志远.《非盟高等教育一体化战略》评析[J]. 比较教育研究,2011(4):30.
② 陶俊浪,万秀兰.非洲高等教育一体化进程研究[J]. 比较教育研究,2016(4):11.

全球化的趋势,致力于学历资格的一体化。"①2015 年 6 月,非盟成立了促进《2014 亚的斯亚贝巴协定》履行的非正式工作组,承担促进人员流动、设立学历资格框架、防止学历证书伪造等职责。②

(二)建立非洲资格和学分框架(AQCF)

南非最早建立国家资格框架(NQF)。学生将先前学习、培训、实习获得的知识与技能证书予以认证,转化为 NQF 的相应等级,据此申请其他院校高一级的课程。2011 年,南部非洲开始尝试建立区域资格框架(RQF),并希望在 NQF 和 RQF 的基础上建立一个非洲资格框架(AQF)。

2015 年 3 月,非洲教育发展协会在高等教育峰会上提出了建立"非洲资格和学分框架"的路径:第一步,非洲国家首先建立各自的国家资格框架;第二步,建立与本国学制相适应的学分累积和转换系统(CATS);第三步,把学分累积和转换系统结合到国家资格框架中,并重塑国家资格和学分框架(NQCF),在此基础上建立区域资格和学分框架(RQCF);最后,整合协调各国的资格和学分框架,创建一个全非洲性的"非洲资格和学分框架"。③

非洲教育发展协会提出的非洲资格和学分框架,参考了欧洲博洛尼亚进程中学分转换的经验。欧洲学分转换系统不只用课堂学习计算学时,而且把实习、研讨会、实验、考试、在图书馆或家中的自学时间都记录在内。每个培养阶段包括一定数量的学分,文凭被划分为学期,每学期都有 30 个学分,学士相当于 180 个学分,硕士 300 个学分,博士学位在通过答辩后授予。④ 这样的学分转化系统为文凭认证提供了便利,有效地促进了学生的流动。

此外,非盟与欧盟合作的"调适非洲"项目于 2011 年启动,2013 年完成试点,2015 年启动了第二阶段。该项目主要通过学科层面的合作与协商,从雇主和利益相关者的角度调整和丰富大学课程,提高学位课程的透明度、

---

① UNESCO, African Union. Revised Convention on the Recognition of Studies, Certificates, Diplomas, Degrees and Other Academic Qualifications in Higher Education in African States[Z]. 2014.

② AU. Meeting to Set Up an Informal Working Group on the Implementation of the 2014 Addis Convention[R]. 2015:2.

③ ADEA. Policy Brief: Harmonization of Higher Education in Africa or Why We Need to Hang in Together[R]. Dakar, Senegal, 2015:4-5.

④ 鲁京明,等.欧盟的高等教育[M].厦门:鹭江出版社,2006:13-14.

可比性和相容性,进而促进大学间课程学习的衔接、文凭证书资格的互认。"调适非洲"项目已经在五个学科领域启动,未来将向更多的学科扩展。①

（三）构建非洲教育质量保障框架（ACQAF）

2009 年,"非洲教育质量保障联盟"在非洲大学协会的倡导下正式成立。2011 年,非盟启动了非洲大学质量等级评定机制（Quality Rating Mechanism）。该机制是一个大学分类制度,而不是大学排名制度,由非盟委员会对自愿参评的大学进行类别评定,对其发展现状评估,并提出改进措施。②

如今非洲大陆上重要的区域教育质量保障机构有非洲及马达加斯加高等教育委员会、东非大学校际理事会。由于财政与人力资源的不足,非洲还没有全大陆性的教育质量保障机构。尽管各界对成立全非洲质量保障新组织的必要性争议颇多,但是发展一个非洲教育质量保障框架似乎是共识,其构建思路如下:（1）在组织建设上,巩固并扩大非洲及马达加斯加高等教育委员会、东非大学校际理事会、非洲教育质量保障联盟在保障教育质量上的作用,由三者构成一个共同体,合力服务于全非洲的教育质量保障框架。（2）在经费筹集上,由非盟和区域经济组织共同出资,设立专门基金资助非洲教育质量保障框架的建设。（3）在框架落实上,各国的教育质量保障部门按照"非洲教育质量保障框架"的标准,将对学校和专业的教育评估落到实处,包括学校自评、学生评估、外部审查,等等。③

（四）推进非洲 ICT 建设

非洲意识到 ICT 在促进高等教育一体化资源"分享"上的工具性作用,在次区域层面和大陆层面,正在采取一些促进措施,包括出台非洲高校 ICT 发展战略、建设非洲"国家研究与教育网络"（National Research and Education Networks，NRENs）、推动非洲远程教育一体化发展等。在国家层面,一些非洲国家已经陆续出台了一系列国家 ICT 发展政策、信息基础

---

① Jongsma A. Europe Expands African Harmonization Quality Support[EB/OL]. [2015-10-20]. http://www. universityworldnews. com/article. php? story=20140327180227442.

② 焦阳. 非洲发展高等教育将有"大手笔"三大行动启动[N]. 中国教育报,2011-02-15.

③ Mohamedbhai G. Towards an African Higher Education and Research Space：A Summary Report[R]. ADEA,2013:19-20.

设施建设计划及 ICT 教育发展政策。在高校层面,一些非洲高校正在逐步将 ICT 运用于研究、教学和管理,逐步推广搜索引擎、网络电话(Skype)、脸书(Facebook)等工具的使用,以帮助学生和研究者获得有效的学习及研究资源。[①]

(五)培养优秀研究人员促进非洲科研发展

这些措施主要有以下几种。(1)非盟于 2011 年正式设立了泛非大学。这是一所面向整个非洲、由 5 个区域研究院组成的高等教育与科研机构,创立的目的是提升非洲科研和研究生教育。[②] (2)国际组织在非洲建立了多个卓越中心,以加强非洲大学的研究能力。2009 年,德国学术交流总署建立了 5 个卓越中心。2013 年,世界银行启动非洲卓越中心项目。2015 年 9 月,世界银行批准向西非的高等教育卓越中心项目提供 3000 万美元资助。[③] 这些卓越中心都由高水平的学者领导,公共或私营部门捐赠资金,为区域教育与科研资源的有效流动提供了平台,促进了区域共同问题的解决。非洲未来还将持续巩固和扩展卓越中心。(3)非洲高校正在加大对学术人员的支持,提供科研经费,赞助其参加学术会议,为青年学者提供科研启动经费,增大对高质量研究成果的奖励。

非洲高校间也在尝试通过研究生项目、研究合作、设备支持和图书资源共享等形式建立联系,推进科研合作。[④]

(六)探索成立非洲高等教育一体化委员会

促进非洲高等教育一体化的努力需要联合国教科文组织、非盟、非洲教育发展协会、非洲大学协会、区域组织等利益相关者的"联合",而这些组织都不是专门负责推进高等教育一体化的机构,组织力量有限。鉴于非洲高等教育一体化的战略性地位,2015 年非洲教育发展协会提出了成立"非洲高等教育一体化委员会"的构想。

---

① Mohamedbhai G. Towards an African Higher Education and Research Space:A Summary Report[R]. ADEA,2013:21-24.

② 焦阳.非洲发展高等教育将有"大手笔"三大行动启动[N]. 中国教育报,2011-02-15.

③ The World Bank. Africa Higher Education Centers of Excellence Project Add. Fin[EB/OL]. [2015-10-20]. http://www. worldbank. org/projects/P153111? lang=en.

④ Mohamedbhai G. Towards an African Higher Education and Research Space:A Summary Report[R]. ADEA,2013:35-37.

　　非洲高等教育一体化委员会可分为区域委员会和常务委员会。区域委员会由教育部长、一位或两位当地有资历的教育专家组成。常务委员会由区域委员会的成员组成,对联合国教科文组织、非盟和非洲区域教育署的领导人直接负责。[①] 非洲高等教育一体化委员会的职能包括:促进各界对非洲高等教育一体化地位的一致认同;推动非洲资格和学分框架、非洲教育质量保障框架的建设;争取更多的财力和人力支持;统筹协调各区域高等教育一体化的行动,兼顾一体化程度较低的区域或国家,提高项目效率;加强能力建设,寻求非洲高等教育的本土价值,以缓冲全球化带来的不利因素。

　　(七)将终身教育融入非洲高等教育一体化进程

　　一体化的非洲高等教育系统认可全非洲成人学生接受的终身教育。

　　一是将非洲终身教育纳入非洲资格和学分框架。非洲资格和学分框架涵盖各种类型的教育(正规 / 非正规 / 非正式教育),认可各种方式的学习(完整 / 部分学习)。在此框架下,成人学生任何时期、任何阶段接受的远程高等教育、高等职业技术培训、在职教师教育及科研成果等都将得到各国、区域甚至是全非洲范围内高校的认可。这也与《2014 亚的斯亚贝巴公约》的重点领域"促进对部分学习、成人教育和终身教育认证"的初衷相一致。

　　二是加强对从事终身教育教师的"标准化"培训。高等教育领域的终身教育需要不同于一般教育的教学方法,但在非洲现有的终身教育项目中,大部分教师对终身教育的教学方法并不熟悉,教学水平参差不齐。因此,有必要对非洲从事终身教育的教师进行培训,使非洲的终身教育达到一定的标准。培训内容可包括如何培养学生的终身学习能力、运用 ICT 的能力、获取开放学习资源的能力等。[②]

第二节　非盟的非洲高教一体化发展战略

　　2007 年,非盟提出了《非洲高等教育一体化战略》。由于非盟的地位和

　　① ADEA. Policy Brief: Harmonization of Higher Education in Africa or Why We Need to Hang in Together[R]. Dakar,Senegal, 2015:5-6.

　　② Mohamedbhai G. Towards an African Higher Education and Research Space: A Summary Report[R]. ADEA,2013:30-31.

性质,该战略对非洲高等教育产生了很大的影响。这里评析该战略的背景、目的与原则、重点领域、特点、执行中面临的问题等。[①]

一、非盟高等教育一体化战略的背景

(一)非洲高等教育复兴的愿景

曼德拉认为,非洲有光辉的历史,也一定会有"复兴"的一天。南非总统姆贝基(Mbeki)则在 1997 年首次明确提出了"非洲复兴"(African Renaissance)思想。他认为,"非洲复兴"应包含增强社会凝聚力、促进政治民主化进程、重建和发展经济等方面的目标和任务,最终使新世纪成为非洲的新世纪。他批驳了"非洲人低人一等"的种族主义观念,坚信"我们(非洲人)是自己的解放者",力图激励和团结非洲人民充满信心地迎接未来。一些非洲国家建立了非洲复兴协会。非洲还多次举办"非洲复兴节"。在"非洲复兴"思想影响下,非洲已经树立了非洲良治形象,推进了非洲经济一体化进程,还为实现社会转型和进步做了多方面努力。[②]

这些努力包括为教育复兴而付出的努力。《非洲高等教育一体化战略》的提出正"是非洲教育复兴的广泛进程的一部分"。在讨论非洲高等教育复兴的过程中,人们认识到需要整合非洲高等教育,使其一体化地共同致力于下列优先领域:(1)促进高等教育领域内的研究和原创知识的生产;(2)从各个方面提高和保障非洲高等教育的质量,包括建立和批准非洲区域性的以及整个大陆的学历资格系统;(3)大学更多地参与到包括初等和中等教育发展在内的非洲发展之中;(4)保证对高等教育的拨款处于适当的水平。[③]

非洲高等教育复兴的话语固然与非洲复兴有关,但更直接地与 20 世纪 80 年代以后非洲高等教育面临的困难有关。那时在世界银行的结构调整政策和西方国家新自由主义的经济政策主导下,主要捐助国家和国际机构对非洲高等教育的捐赠和投资越来越少,非洲一些政府对高教机构的公共投入也越来越少;而从 80 年代中后期开始的 20 年时间中,非洲高等学校的

　　[①] 本节内容来源于:万秀兰,孙志远.《非盟高等教育一体化战略》评析[J].比较教育研究,2011(4):28-33.

　　[②] 张瑾.姆贝基"非洲复兴"思想剖析[J].改革与开放,2009(8):50-52.

　　[③] African Union. Harmonization of Higher Education Programmes in Africa:A Strategy for the African Union[Z]. Addis Ababa,Ethiopia,August,2007:1-2.

学生人数却迅速增加,紧接着是因工作环境恶化导致的高校教师流失。这些变化导致了高等教育的质量问题。在全球的知识创造和生产的市场竞争中,非洲大多数高等教育机构都面临着困难。这也引发了非洲对高等教育复兴越来越多的关注。

因此,包括非洲高等教育在内的非洲复兴的使命构成了推动非盟高等教育一体化战略的根本动因。

（二）非洲高等教育一体化的初步实践

非洲高等教育复兴的途径多种多样。众所周知,能力建设是非洲大学的迫切任务,而提高教师的科研能力和教学水平是能力建设的根本内容,国际化①、一体化（区域化）和本土化（非洲化）②等都是非洲高等教育能力建设的必由之路。就整个非洲大陆而言,高等教育的国际化更多的是指与非洲之外的世界发生联系;而非洲内部的高等教育国际合作与交流（包括学生的流动）则属于高等教育区域化或一体化的范畴。

其中,非洲在教育一体化方面已经有较多的努力——无论在教育总体发展还是在各级各类教育发展中,都有非盟和次区域组织进行一体化规划的身影。《非洲教育"二·十"行动计划（2006—2015）》是在总体上一体化发展、《非洲职业技术教育与培训振兴战略》是在职业技术教育上谋求非洲教育一体化发展③,这份《非洲高等教育一体化战略》则是非洲高等教育一体化发展的战略,而且是《非洲教育"二·十"行动计划（2006—2015）》在高等教育领域的具体化。

《非洲高等教育一体化战略》顺应了已经持续多年的非洲高等教育一体化进程的需要。这一进程主要体现在以下三个方面。

第一,区域组织在规划和管理层面的高教一体化实践。在非洲高等教育一体化的活动中,已经有不少机构参与。这些机构包括:非洲远程教育理事会（ACDE）、非洲开发银行、非洲教育发展协会高等教育工作组、非洲大学协会、阿拉伯大学协会、东部非洲和南部非洲共同市场、中部非洲国家经济共同体、东非政府间发展组织（IGAD）、西部非洲国家经济共同体、东非大

---

① 万秀兰.非洲高等教育国际化的特点分析[J].比较教育研究,2012(6)：19-23.
② 徐辉,万秀兰.全球化背景中的非洲高等教育本土化[J].比较教育研究,2007(11)：40-44.
③ 详见本书第二章和第五章。

学校际理事会、南部非洲发展共同体、联合国教科文组织非洲地区教育办事处（UNESCO-BREDA）与哈拉雷办事处（UNESCO Harare Cluster Office），等等。① 其中非洲大学协会致力于区域内大学的合作，在成立后的短短50余年里，开发了许多学术交流和学者交换项目，在客观上加强了大学间的融合。东非大学校际理事会也做了大量有效的工作。② 在这些组织推动的一体化政策和行动中，其成员大学在资金、管理、学术等方面的交流与合作日益紧密，形成了明显的区域化优势。这些实践产生了对更大范围的和更高强度的高教一体化的诉求，同时也迫切需要一体化战略来"使这些机构的行动发挥联合、高效、整合的效应"。

　　第二，非洲大学生在洲内的跨国流动。撒哈拉以南非洲是世界上学生流动率最高的地区。联合国教科文组织统计中心的数据显示，该地区每16名大学生中就有1人在国外求学，因为一些非洲国家几乎没有什么像样的大学。西方发达国家的大学是学生们最为青睐的选择。然而，最近几年选择在非洲大陆内高教水平较高的国家深造的学生数量不断增加，原因主要是发达国家高校的学费过高。2005年，南非的黑人留学生数量已经达到3.57万人③，占南非高校留学生的2/3。④ 南非留学生的三个主要来源国是津巴布韦、博茨瓦纳和纳米比亚，均为南非的邻国。来自这三个国家的留学生占南非留学生总数的64.3%。⑤ 地理位置接近固然是留学地选择的一个原因，但殖民主义历史形成的共同语言文化（大多以英语或法语为官方语言之一）和相似的生活方式是另两个重要原因。这些原因决定了非洲内部的学生跨国流动将进一步增加。随之而来的是非洲各国大学学术信息的交流问题、学历和学位互认的问题、高等教育质量保障和标准的统一问题等。

　　第三，全洲范围的高等教育奖励计划的实施。以"姆瓦利姆·尼雷尔非

---

　　①　African Union. Harmonization of Higher Education Programmes in Africa：A Strategy for the African Union[Z]. Addis Ababa, Ethiopia，August, 2007：8.

　　②　详见本章第四节。

　　③　Council on Higher Education. Higher Education in South Africa [EB/OL]. (2011-01-01). http://www. che. ac. za/heinsa.

　　④　Ayliff D，Wang G. Experiences of Chinese International Students Learning English at South African Tertiary Institutions[J]. SAJHE, 2006, 20(3)：25-37.

　　⑤　Teferra D，Knight J. African Higher Education—The International Dimension[M]. Boston and Accra：Center for International Higher Education，Boston College and the Association of African Universities, 2009：435.

盟奖学金计划"（Mwalimu Nyerere African Union Scholarship Scheme）为例，该计划要求把奖学金发放到最有资格获得的学生手里。这需要确定非洲哪些高等院校有资格加入该奖学金计划。[①] 这同样涉及非洲高等学校统一的教育质量评估标准问题。

这些都说明非洲高等教育的各种改革和发展需要全洲范围内的统一规划和协调管理，呼唤着非洲高等教育一体化战略的推行。

二、非盟高等教育一体化战略的目标与原则

在上述背景下，2007 年 8 月，非盟在埃塞俄比亚首都亚的斯亚贝巴召开教育部长会议。与会成员就非洲高等教育存在的问题和未来发展方向进行了积极的讨论，最终形成了总结性报告——《非洲高等教育一体化战略》。

该战略的目的是：在非洲建立一体化的高等教育系统；同时通过创新的合作形式加强高等教育机构的能力，满足非洲国家高等教育的多种需求；保证高等教育质量按一致同意的卓越标准进行系统的改善，并促进非洲大陆毕业生和学者的流动。

该战略的核心目标包括：（1）倡导和提升关于高等教育一体化潜力和价值的意识；（2）通过国家和地区性认证组织共同讨论不同教育系统的成功之处，同时共同解决它们面临的挑战，以搭建这些教育系统之间的桥梁；（3）搭建对话和行动的一体化平台，以开展与非洲一体化进程相一致的强大的区域一体化创新行动；（4）促进非洲本科生、研究生和学者在区域内的流动；（5）促进高效的质量保障体系的发展；（6）确保非洲高等教育机构成为国际高等教育界富有活力的一股力量。

非盟还为战略的执行制定了六项原则：（1）一体化应该是一个由非洲人自己驱动的过程；（2）一体化应该是所有核心成员间的一种真正的伙伴关系；（3）一体化的增强和促进应该有适当的基础设施建设和资金支持；（4）一体化需要对政府、机构、民间团体和私营部门等所有利益相关者进行动员；（5）一体化进程不是瓦解，而是加强国家的教育体系和项目，而且应通过各国提供的适当资金和基础设施来提高质量；（6）一体化进程应力求为实现非

---

① African Union. Harmonization of Higher Education Programmes in Africa：A Strategy for the African Union[R]. Addis Ababa，Ethiopia，August，2007：16.

洲高等教育的性别公平做出具体和可衡量的贡献。[①]

三、非盟高等教育一体化战略的重点领域

为实现上述目标,非盟在《非洲高等教育一体化战略》中进一步提出,在"非洲教育第二个十年(2006—2015 年)"中应在以下五大领域取得关键成果。

(一)建立和保持非洲多方力量对一体化进程的政治承诺和参与

《非洲高等教育一体化战略》的实施"第一步和最关键的一步是寻求强大的政治承诺"。其中,主要包括六个层次的政治参与。一是各国教育部部长(以及他们所代表的部门)。如果"离开了国家对洲和区域进程的参与,离开了国家对自己高等教育系统的准备……高等教育一体化将难以实现"。二是各国教育质量保障机构。"一体化的成功有赖于各国负责提供高等教育项目标准化信息,并为这些项目建立和完善质量保障机制的可靠的机构。"三是高等教育机构。因为"高等教育机构的合作是一体化进程的核心"。四是学生。非盟高教一体化战略指出这是"博洛尼亚进程的一条经验",虽然非洲学生联盟的力量还较弱,但"在参与高教一体化战略的过程中将大大加强其影响力"。五是参与一体化活动的非洲次区域级和洲一级的机构。六是雇主协会和专业协会。这些协会的参与"能保证一体化战略的成果为各行各业专业人士所认可"。《非洲高等教育一体化战略》要求这些机构和人员与 UNESCO 合作完成《阿鲁沙协定》的修订。该协定是非洲高等教育一体化进程中发展最好且最著名的代表性成果,涉及一体化过程中多方面的具体问题,需要这些机构和人员慎重地处理、磋商和谈判。《非洲高等教育一体化战略》要求,到 2015 年 12 月,至少要有 80％的非盟成员国批准通过修订后的《阿鲁沙协定》,[②]以便该协定为非洲高教一体化战略建立一个综合性平台。[③]

[①]　African Union. Harmonization of Higher Education Programmes in Africa:A Strategy for the African Union[R]. Addis Ababa,Ethiopia, August,2007:3-5.

[②]　African Union. Harmonization of Higher Education Programmes in Africa:A Strategy for the African Union[R]. Addis Ababa,Ethiopia, August,2007:6.

[③]　不过,该目标并未达到。到 2016 年只有 38％的非盟成员国批准了修订后的协定,参见表 9.2。

（二）加强信息交流与合作

第一，是要建立并维护非洲高等教育机构及其项目的中央数据库。"一个有效的一体化战略最重要和最先要做的就是保证在中央数据库中有参与国高等教育的重要信息，人们能用简单、透明的方式取得这些信息，还能通过互联网留下这些信息，并且能比较这些信息，并大范围地搜索。"这种数据库的目的就是"在全洲的范围内提供公认的高等教育机构及其专业课程的精确完整的最新信息"。该数据库包括非洲各国的下列信息：国家高等教育系统；质量保障及认证系统；质量保障及认证机构；高等教育机构；高等教育项目。这种信息工具对学生、政府、高等教育机构、质量保障机构、认证机构、专业机构以及雇主都有重要的参考价值。非盟《非洲高等教育一体化战略》指出，为了建立这样的数据库，需要建立规范、可靠的认证及质量保障机构，每一个参与国都有责任保证数据的准确、透明；需要确立各国数据的标准化格式，保证数据的可比性；所有国家级的合作伙伴都要向非盟委员会提供使用权。非盟《非洲高等教育一体化战略》要求到 2015 年 12 月至少有 80％的成员国为数据库提供可信的资料。①

第二，是要建立非洲高等教育机构的绩效评估系统。其目的是建立一系列标准来比较和衡量高等教育机构的绩效，并改进教育质量。

第三，是推动非洲参与高等教育国际化。非盟要"保证非洲参与到相关的全球高等教育一体化和排名系统中，包括与亚洲、欧洲、拉美等其他区域的一体化进程建立持续对话和合作"；还要"鼓励非洲的高等教育机构参与到全球教育机构的排名系统中"。其目的是"了解这些系统的运作方式"，分享国际经验；并确保这些系统"考虑非洲高等教育的特殊环境"，让非洲高等教育机构的进步和成就更好地得到世界的认可。

（三）建立统一的高等教育资格证书体系

非盟《非洲高等教育一体化战略》提出分三个层面开展非洲高等教育资格证书体系建设的工作。

一是国家层面的高等教育认证和质量保障机构的建立和运作。该战略

---

①　African Union. Harmonization of Higher Education Programmes in Africa：A Strategy for the African Union[R]. Addis Ababa,Ethiopia，August,2007：12-18.

认为"这些机构是非洲一体化战略的基石"。非盟各成员国目前并不具备建立统一高等教育资格证书体系的条件,因为许多国家还没有整顿好自己的高等教育市场。比如坦桑尼亚,该国大量的学位都是从一些网络大学获得的,缺乏可信性。[①] 因而《非洲高等教育一体化战略》强调,各国首先应该建立自己的高等教育资格认证部门,同时非盟会开发一系列的工具和资源,以指导、支持各国高等教育资格体系的发展。

二是区域层面的高等教育资格认证系统的建立。《非洲高等教育一体化战略》指出,"为了促进经济一体化,大多数区域经济共同体已经建立了高等教育的区域性认证,应继续支持这些努力,也要特别重视那些还没有开始这项工作的区域"。

三是非盟委员会的协调和服务工作。该战略指出了支持各国发展高等教育资格证书体系的具体策略:对现有系统进行评估;支持资格证书体系方面的能力建设;为认证部门的人员提供短期课程等。该战略还指出要做好下列方面的研究,以更好地支持非洲高等教育资格证书体系的发展:贸易与服务总协定对高等教育质量的影响;跨境高等教育对非洲国家高等教育系统的支持和破坏作用;与世界其他地区一体化进程的比较;有效的高等教育质量保障;影响大学毕业生流动的非教育因素;鼓励非洲以外的学生来非洲高校学习的战略。《非洲高等教育一体化战略》指出,通过全洲各区域经济共同体的努力,到 2015 年要建立一个全洲统一的高等教育资格证书体系。[②]

（四）制定高等教育资格证书的最低标准

非洲大陆的高校鱼龙混杂,缺乏有效的监控。这在一定程度上造成了高等教育市场的混乱。《非洲高等教育一体化战略》指出,资格证书最低标准的建立有助于"学分转移",也有助于公司放心聘用得到相关认证的毕业生。

该战略还指出,建立高等教育资格证书的最低标准,需要高等教育部门

---

① Teferra D, Knight J. Higher Education in Africa—The International Dimension[M]. Boston and Accra: Center for International Higher Education, Boston College and the Association of African Universities, 2008: 429.

② African Union. Harmonization of Higher Education Programmes in Africa: A Strategy for the African Union[R]. Addis Ababa, Ethiopia, August, 2007: 18-39.

和私营部门协会的磋商;非盟委员会将为磋商会议提供场所。这些磋商会议需要讨论如下问题:(1)攻读某一文凭的学生的入学标准;(2)一定学程所需的学分数量;(3)一定学程毕业生满足雇主需要的最低程度的学习成绩、学习科目等;(4)一定学程结束后获得的资格证书;(5)教员的最低资格;(6)最低限度的教学设备和设施。

该战略决定,通过适当的协商,到2015年至少制定出15种相关资格证书的最低标准,至少有30个机构为学生提供符合这些标准的学术项目。①

(五)开发合作课程和人员流动计划

殖民主义历史使非洲高等教育基础薄弱。一些高等教育机构不能为国家、社会和经济发展所需要的专业提供高质量的教育。很多国家没有能力让所有学生都接受高等教育。这就使得联合课程开发和学生国际流动计划成为非洲高教一体化战略的一个重点领域。

这些计划拟采取多种形式:(1)学术交流,包括学生交换项目、教师交换以及特邀讲座(guest lecturing)等;(2)联合学程(joint study programmes)和联合学位(joint degrees),指学生在两个不同的高等教育机构学习,并取得学位;(3)"三明治计划",指学生轮流在自己国家和东道国研究和学习,但学历证书由自己国家的高校颁发;(4)联合课程开发,指两个或两个以上高等教育机构进行课程和内容的合作开发;(5)利用并增加开放教育资源,以较少的成本提供较多的教育机会,并促进分享知识产权的文化。

《非洲高等教育一体化战略》提出在几年时间内制定一个指导联合课程开发和人员流动计划的战略,整合现存的资源,鼓励有兴趣的机构参与合作,并进一步拓展资金来源。到2015年至少要成功开发30个区域合作项目,逐步深化各国高等教育的交流与融合。②

四、《非洲高等教育一体化战略》的特点、困境及视野局限

(一)《非洲高等教育一体化战略》的鲜明特点

1.它强调非洲高等教育一体化的价值,强调要对各种地区和次区域级

---

①　African Union. Harmonization of Higher Education Programmes in Africa：A Strategy for the African Union[R]. Addis Ababa,Ethiopia, August,2007：24-39.

②　African Union. Harmonization of Higher Education Programmes in Africa：A Strategy for the African Union[R]. Addis Ababa,Ethiopia, August,2007：10-18.

组织的教育活动进行整合。这无疑是正确的。

2.它在观念上强调要对政府、高等院校、民间团体和私营部门等所有利益相关者进行动员。关于各种地区和次区域级组织参与一体化活动的作用,该战略指出,它们"能将政府、大学、工业、非政府组织和其他成员联合起来","能参与多学科、多部门的活动,比如游说相关部门,进行市场推广,对社会经济挑战进行研究、分析和反馈,并通过合作分享智力资源"。为了高等教育资格证书最低标准的制定,一体化战略还提出要"游说各种各样的高等教育机构、雇主代表以及专业协会",以便它们能参与进来,制定、运用或接受这些最低标准。①

3.它的话语体系强调"非洲人自己""动员""磋商""合作""伙伴""区域经济共同体""政府""活动时间表"等。这套话语体系说明,该战略十分强调非洲高等教育的本土化,强调战略形成和执行中的政治民主,高度重视区域和次区域组织以及各国政府在一体化进程中的作用,强调非洲高等教育一体化首先要有各国高等教育制度的完善和区域、次区域高等教育的一体化,还强调战略本身的操作性和具体指导意义。

(二)《非洲高等教育一体化战略》面临的问题与挑战

1.国家间教育体制的较大差异是区域融合的最大障碍。非洲的英语国家和法语国家之间的这种差异非常明显。一体化战略不仅要求促进政治互信,而且更需要成员国在社会文化、经济体制等方面相互适应。高等教育一体化不是简单的资源分配,某种程度上是不同利益主体之间复杂的博弈过程。区域整合的过程中,强国与弱国、大国与小国、发达国家与发展中国家的权利分配往往是不平衡的。如果没有完善的机制,一体化迟早会沦为少数国家主导的游戏。因此必须加强制度建设,需要制度来加以规范。

2.资金短缺仍是非洲最突出的问题。许多非洲大学不得不通过捐赠维持日常工作,这种情形显然影响它们对一体化的参与。

3.非洲高教一体化进程受到全球化的严重冲击。"非洲是在毫无准备的情况下被卷入全球化的。"②它不仅输入西方的资本和技术,还在知识生

---

① African Union. Harmonization of Higher Education Programmes in Africa: A Strategy for the African Union[R]. Addis Ababa,Ethiopia,August,2007:8-23.

② 徐辉,万秀兰.全球化背景中的非洲高等教育本土化[J].比较教育研究,2007(11):40-44.

产与人才培养的模式上深受西方的影响。非洲"在有关教学语言、课程内容和重点专业等方面的高等教育国际化和本土化之间总是存在着矛盾"①。这里的"国际化"指的是全球化,这里的"本土化"指的是非洲化,既包括非洲的一体化,也包括非洲各国的本土化。非洲高等教育全球化对一体化的冲击,主要体现在非洲高等教育在资金、教学和高教政策话语权等方面对西方的高度依附性,非洲本土人才向西方的严重流失,非洲高校教职员的本土意识和情感受到严重削弱等方面。②

（三）《非洲高等教育一体化战略》回避的重要问题

比如,它只是在大学国际排名等有限问题上提到国际化,未能阐明非洲高教一体化与国际化的关系。国际化确实对一体化进程有很多冲击,但非洲在高等教育发展中仍需要大量的教育援助,还特别需要与国际学术界的合作与交流,因为它们自己的知识生产能力十分有限。这些不是短时间能够解决的问题。虽然该战略所倡导的"非洲化"在思路上是正确的,但不能因此认为一体化仅仅是非洲自己的事情。因而,战略仍需要在一个广阔的"全球化"背景下去思考本土化的问题,尤其需要思考一体化过程中如何尽可能消解国际化的危害,如何充分收获国际化的好处。

第三节　非洲大学协会的非洲高教一体化发展战略③

一、非洲大学协会的发展历程

（一）非洲大学协会的成立

成立非洲大学协会的设想,最早始于 1962 年联合国教科文组织在马达加斯加召开的会议。联合国教科文组织建议非洲成立一个顶层的大学联盟

---

① Teferra D,Knight J. Higher Education in Africa—The International Dimension[M]. Boston and Accra:Center for International Higher Education,Boston College and the Association of African Universities,2008:555.

② 万秀兰.非洲高等教育国际化的特点分析[J].比较教育研究,2012(6):19-23.

③ 本节的核心内容主要来源:陶俊浪.非洲大学协会高等教育一体化战略研究[D].浙江师范大学,2016.该作者是本书所依托的国家社会科学基金项目课题组成员,该论文是本项目成果的组成部分。

组织,随后非统采纳了此建议。1963 年 9 月,非洲大学协会临时委员会与国际大学协会一同起草了非洲大学协会的章程。1967 年 11 月 12 日,由 34 个非洲大学校长或高级代表出席的创始大会在摩洛哥举行,标志着非洲大学协会的正式成立。首次大会通过了非洲大学协会的章程,选举产生了第一届执行委员会。1970 年,非洲大学协会将其总部永久设在加纳,并规定英语、法语和阿拉伯语为协会的通用语言。非洲大学协会为有关高等教育问题的研讨、咨询、合作和解决提供了一个平台,为成员提供了一系列服务,并以各种方式为非洲高等教育服务。①

(二)非洲大学协会的组织机构及其运行

非洲大学协会的组织机构由大会,校长、副校长及校董事长会议(The Conference of Rectors, Vice-Chancellors and Presidents of African Universities,COREVIP),理事会,执行委员会和秘书处五部分构成。大会是协会的最高权力机构,负责制定协会的总体政策,负责选举理事会成员。由正式成员大学、准成员和观察员大学的代表出席,每四年举行一次。校长、副校长及校董事长会议是常设机构,负责讨论并采取一致的行动,以加强大学间的合作。它由正式成员大学和准成员大学的校长、副校长及校董事长组成。每两年举行一次。理事会包括 1 名主席,3 名副主席,1 名秘书长,11 名当选为非洲五个次区域成员机构代表的大学执行长。区域代表由大会选举产生。理事会每年举行一次会议,执行大会的决定。执行委员会包括主席、副主席和秘书长。执行委员会负责处理在大会召开的间隔期间出现的紧急问题,所采取的行动按理事会的批准执行。秘书处是协会的常设执行机构,在理事会监督和秘书长指导下开展工作。②

非洲大学协会的运行经费来源主要是:(1)成员缴纳的会费;(2)出版物的销售收入,提供服务的收入;(3)非洲联盟和非洲政府给予的补助;(4)发展伙伴机构的拨款;(5)资本投资基金。③

(三)非洲大学协会的使命与职能

长期以来,非洲大学协会坚守这样的使命——支持非洲大学核心职能

① AAU. Our History[EB/OL]. [2018-06-20]. https://www.aau.org/about/.
② AAU. Our Governance Structure [EB/OL]. [2015-11-26]. http://www.aau.org/page/governance-structure.
③ AAU. How AAU is funded[EB/OL].[2020-07-13]. https://aau.org/about/.

建设,促进非洲大学间合作,为新兴问题提供讨论平台,以提高非洲高等教育的质量和适应性。非洲大学协会的座右铭是"非洲大学协会的今天:非洲高等教育的声音!"其核心职能包括:促进非洲大学机构的内部交流和合作;收集、整理和传播有关高等教育与研究的信息,特别是非洲的信息;促进高校在课程开发和学位互认上的协调和合作;鼓励成员与国际学术界加强接触;研究并使人们了解非洲大学的教育需求和相关需求,并通过切实可行的方法,促使这些需求尽可能满足;鼓励广泛地使用非洲语言;鼓励和支持高等教育利益相关者召开研讨会。[①]

(四)非洲大学协会的发展

该协会克服多种障碍获得了较好发展,主要体现在以下几点。

1. 成员数量逐年增多。成立之时,非洲大学协会的初始成员只有 34 所公立大学,到 2018 年 6 月已达 389 所公私立大学。[②]

2. 制定了协会的系列战略规划,包括:《战略规划 2003—2010》(2003年)、《战略规划 2011—2015》(2010 年)、《战略规划 2016—2020》(2015 年)。

3. 定期发布核心项目规划。非洲大学协会每四年举行一次大会,讨论并出台接下去四年将开展的核心项目。第 8—13 次大会,都出台了各自的核心项目。第 13 次大会出台了当前的《核心项目 2017—2020》。

4. 持续开展各方面行动。例如,自 1998 年以来,该协会便开展信息化建设的可行性研究和试点;2000 年,倡导通过非洲学位论文数据库项目(Database of African Theses & Dissertations,DATAD)创建高校论文的数据库;召集非洲高等教育机构领导人和决策者到加纳参加 WTO/GATS 论坛,讨论非洲高等教育发展相关的关键问题;2006 年,以研究和教育网络为非洲大学信息和通信技术的交流中心,协助大学运用信息通信技术;2007年,在英国国际发展部(DFID)资助下启动区域能力建设项目;2009 年,着手建立"非洲高等教育质量保障联盟";2010 年,开发了西部和中部非洲大学科研治理项目。

---

① AAU. Strategic Plan 2011—2015[R]. Accra,Ghana, 2011:5-9.

② AAU. Member Universities [EB/OL]. [2018-06-20]. http://www.aau.org/membership.

二、非洲大学协会一体化教育发展战略的愿景与规划

非洲大学协会虽未能像非盟一样直接出台它的高等教育一体化战略，但它的政策文本都体现着该协会的一体化教育发展战略。下面以《战略规划 2011—2015》和《核心项目 2013—2017》为例。

(一)《战略规划 2011—2015》

从表 3.2 可以看出，《战略规划 2011—2015》是由三大主题目标、七个关键领域、一系列具体执行项目与活动组成的完整框架体系。

表 3.2　《战略规划 2011—2015》框架体系

主题目标	关键领域	项目与活动
促进组织建设	1. 增强秘书处提供服务的能力	增强秘书处的通信服务能力 加强财务管理 改善对项目的规划、设计和管理 加强管理和行政系统建设 提高理事会的参与程度，促进 AAU 活动 完善 AAU 秘书处的基础设施 提高 AAU 财政的可持续性
	2. 会员规模、资格、承诺	增加会员数量 提升会员资质 提高现有成员对 AAU 活动的承担和责任
服务成员大学	3. 加强非洲高校能力建设	提高非洲高等教育机构的质量保障 促进非洲高等教育机构员工的公开聘任和在职发展 改善信息和通信技术能力，促进高校间联结与协作 加强高校领导和管理能力 加强非洲大学与产业之间的联系 通过开放远程教育，使更多的人接受高等教育 提高非洲高等教育的国际化水平
	4. 知识的生产、管理和传播	提高知识生产和管理能力 提升高校所生产的知识的可获取性 增加 ICT 基础设施以加强知识管理 加强高校标准化的数据收集 增加高校的相关研究报告和出版物
	5. 社团和高校学生	增强高校学生对社团活动的参与 改善现有的社团活动 加强 AAU 和学生团体之间的合作

续表

主题目标	关键领域	项目与活动
满足社会需要	6. 增强与非洲国际合作伙伴的合作	增强与国际发展伙伴的合作 加强与非洲次区域高等教育协会的合作 加强与 AAU 所在地政府(加纳)的战略关系
	7. 支持高校应对地方和地区挑战	加强实现千年发展目标的能力 加快促进非洲教育可持续发展 致力于实现全民教育目标,重视教师培训 加大对高校冲突管理项目的支持

资料来源：AAU. Strategic Plan 2011—2015[R]. Accra,Ghana, 2011:5.

AAU 战略规划对目标、活动、预期成效的规划周详细致,十分注重活动的效益。为了达到战略规划的发展目标,AAU 依据考核指标对战略规划的执行情况,进行定期监督与评估。AAU 也从多个方面加强了战略规划的保障措施。一是资金保障,通过非盟争取国际组织与发达国家对非洲高等教育的援助。二是资源保障,发挥非洲大学协会的协调作用,促进学术人员流动,促进非洲高等教育机构合作与资源共享。三是能力保障,支持会员机构提高自身能力,增强基础设施建设,提升教学与科研的质量。四是技术保障,包括应用系统文件、在关键成果领域的分析报告、管理信息系统(MIS)等技术辅助措施。[1]

《战略规划 2011—2015》虽没有直接谈及一体化,但是"促进非洲高等教育区域化与一体化"是它的重点方向之一。协助非盟建立泛非大学,提升非洲高校的科研能力,通过现代信息技术增强非洲高等教育的人才培养能力,形成高层次人才的区域性合作机制,建立高等教育机构的资源共享机制,加强非洲高等教育机构和国际之间的合作关系,全面提高高等教育机构的社会竞争力和适应能力等措施,都是其推动非洲高等教育一体化的重要举措[2]。

(二)《核心项目 2013—2017》

战略规划对非洲大学协会的发展起着纲领性的作用,而战略规划主要是由核心项目来实施。《核心项目 2013—2017》就是以《战略规划 2011—

---

① AAU. Strategic Plan 2011—2015[R]. Accra,Ghana, 2011:25.
② 楼世洲,彭自力.非洲大学协会战略计划(2011—2015)评析[J].比较教育研究,2012(12).

2015》为依据而出台的,主题是"以高等教育促进非洲人力资源的发展",还有 4 个分主题,1 个辅助性主题。每一领域都由具体项目来实施,每一活动领域都有相应的项目活动规划,见表 3.3。

《核心项目 2013—2017》突出了战略规划中"协助和服务成员大学""满足更广泛的社会需求"两主题。整个核心项目着力点,落在"能力建设"上,特别是区域能力建设上。可见,现阶段加强非洲高校能力建设、满足非洲本土发展的现实需求仍是非洲高等教育一体化进程中的重中之重。

表 3.3 《核心项目 2013—2017》的框架

分主题	对应 AAU 的目标	活动领域
1. 加强非洲高等教育机构的能力建设	考察、宣传和支持非洲高等教育机构的教育需求和相关需求	• 加强非洲高校领导和管理能力; • 改善信息通信技术基础设施,增强知识管理的能力; • 提高非洲高校质量保障; • 促进非洲卓越中心的发展
2. 促进知识生产与管理	促进学术团体成员之间信息和经验的交流,并推广最佳实践	• 改善非洲高校科研治理; • 支持政策相关性研究; • 促进学术人员流动(结对非洲高校); • 为高校教师专业发展提供博士研究奖学金; • 提升非洲学术成果的可获取性
3. 促进非洲大学与社会经济的关联性	收集、整理和传播有关高等教育与研究的信息,特别是非洲的信息	• 加强大学与产业的联系; • 促进非洲研究生就业; • 促进人类健康:预防高校和非洲社区艾滋病和其他性传播疾病; • 促进非洲可持续发展; • 以非洲大学为平台,倡导和平与建设和平
4. 联结成网络与战略联盟,解决资金问题	促进成员和国际学术界之间的合作	• 促进非洲高校间的合作与交流,促进 AAU 与非洲次区域高等教育组织之间的合作; • 联络侨民和校友关系
5. 特殊问题和新兴机会	/	(这个分主题将容纳无法归于上述四个分主题的新举措)

资料来源:AAU. Core Programme(2013—2017)[R]. Accra,Ghana,2013:6.

（三）协会本身的愿景、目标与重点

作为推动非洲高等教育一体化的先锋组织,非洲大学协会本身的发展愿景、目标与重点,也是其推动非洲高等教育一体化发展战略的愿景、目标与重点。

《战略规划 2011—2015》中指出非洲大学协会的愿景,是"发展成为非洲高等教育的倡导者、先驱者,有能力去协助成员机构满足国家、非洲大陆和全球的需求"①。其发展目标包括:(1)促进非洲高等教育机构之间的合作与思想的交流;(2)收集、整理和传播有关高等教育与研究的信息,特别是非洲的信息;(3)促进其成员和国际学术界之间的合作;(4)考察、宣传和拥护非洲高等教育机构的教育需求和相关需求;(5)促进学术团体成员之间信息和经验的交流,并推广最佳实践。②

根据《战略规划 2011—2015》和《核心项目 2013—2017》,非洲大学协会启动的主要项目有:区域能力动员计划(Mobilization for Regional Capacity Initiative,MRCI)、领导力发展项目(LEDEV)、管理能力发展项目(MADEV)、学术人员交流项目、研究和教育网联单位项目(Research and Education Networking Unit)、非洲大学应对艾滋病项目、非洲学位论文数据库项目、非洲高等教育性别问题研究项目(Mainstreaming Gender in Higher Education in Africa)、非洲高等教育质量保障支持项目、非洲专家名单项目(ROAP)、学术论文小额资助项目(Small Grants for Dissertations and Theses Programe)、强化非洲高等教育利益相关者联系项目、非洲大学协会非洲高等教育卓越贡献奖(African Higher Education Excellence Award,AHEEA)项目。③

非洲大学协会开发的与一体化相关的这些项目,都可以归纳到"能力建设""质量保障""信息化建设""合作交流"四个主题。这些主题不仅是非洲高等教育一体化的重点领域,也是非洲大学协会高等教育一体化战略的重点方向。以区域能力建设战略为核心,以质量保障网络战略为基础,以信息化建设战略为技术支持,以学术交流与合作战略为依托。

---

① AAU. Strategic Plan 2011—2015[R]. Accra,Ghana:2011:5.

② AAU. Vision,Mission,Objectives and Goals [EB/OL]. [2015-06-20]. http://www.aau.org/page/vision-mission-goals.

③ AAU. programs-services [EB/OL]. [2015-06-25]. http://www.aau.org/page/programs-services.

三、非洲大学协会一体化教育发展战略的实施项目与行动

(一)区域能力建设战略

非盟在《2004—2007 年行动计划》中,把复兴非洲高等教育作为规划中一个主要的议题。非洲国家领导和大陆层面的政治领导,包括非盟和非洲发展新伙伴计划都已经认识到,复兴非洲高等教育,作为发展非洲知识经济一个重要的驱动力,首要任务就是促进非洲高等教育的能力建设。

1. 战略内容与项目

非洲大学协会一体化教育发展战略中的区域能力建设战略是指,为提高区域内或次区域内非洲高校的能力,出台的有关行政能力建设、教学能力建设、科研能力建设以及社会服务能力建设的一系列战略规划、项目与活动。战略内容如下。

(1)行政能力建设

行政能力建设由三个独立的项目组成,即领导力发展项目、管理能力发展项目和高校领导人体验式学习项目,见表 3.4。

表 3.4　非洲大学协会行政能力建设项目、计划活动及其预期成果

项目	计划活动	预期成果
领导力发展项目	(1)为高校领导人组织 2 次双边培训研讨会;(2)组织 5 次大学内部职员的领导与管理能力培训;(3)制作宣传个别高校领导力提升优秀实践的小册子	(1)提升高校领导人对领导力问题的认知,在高校领导人之间分享经验;(2)增强高校领导者之间的合作与交流;(3)促成非洲高等教育机构有效的、富有创新性的领导力;(4)高校领导人能有更好的战略规划能力,为高校发展设定明确的方向
管理能力发展项目	(1)在撒哈拉以南地区每年组织 2 次为期 10 天的管理能力培训会;(2)更新管理能力培训教材,改进现存的 14 个培训模式,以应对新问题;(3)制作小册子,作为培训后巩固和继续学习的资源	(1)高效的管理能力,能为非洲高等教育机构提供更好的服务;(2)加强非洲高校中层管理人员之间合作和联结;(3)高等教育机构面对挑战,有相应的有效解决方法;(4)有良好的高校管理实践,可被高等教育机构借鉴和采纳

续表

项目	计划活动	预期成果
高校领导人体验式学习项目	(1)每年选取20位高校领导人,让他们到声誉较好的高校,进行为期2周的领导力实践;(2)把实践报告发展成学习案例,在研讨会和其他媒介中广泛传播	(1)参加者对高校的入学与公平、教职工与学生事务、资源流动、私立与公立合作关系、创新的教学技术、课程设计与发展的创新等问题,有亲身实践的处理经验;(2)高等教育管理有良好实践得以共享,非洲高等教育机构管理能力有所提升

资料整理自:AAU. Core Programme(2013—2017)[R]. Accra,Ghana:2013.

(2)科研能力建设

科研能力建设包括了区域能力动员计划、非洲高等教育卓越中心项目、西非和中非大学科研治理项目。

区域能力动员计划,主要在于增强高校的科研能力,也涉及了教学、社会服务等各方面的能力建设,由英国国际发展部支持、AAU 负责实施。该项目致力于发展非洲区域内高等教育机构的能力,增强 AAU 与次区域高等教育组织和成员高校的联系,是 AAU 促进非洲高等教育一体化的重要项目。

非洲高等教育卓越中心项目(ACE),致力于提高非洲大学的专业能力,解决区域发展的共同问题,满足非洲产业发展所需的科学技术、工程、健康科学和农业科学等技能。卓越中心项目由世界银行于 2013 年启动,主要面向中非和西非的大学,AAU 作为区域合作的关键伙伴,负责协调各卓越中心之间的资源共享。项目第一阶段,每个卓越中心都收到 800 万美元的资助,AAU 也收到了 500 万美元运行资金。[①] 2015 年 9 月,世界银行又批准向西非的高等教育卓越中心项目提供 3000 万美元资助。

西部和中部非洲大学科研治理项目,是 2010 年 AAU 在国际开发研究中心的资助下开发的,意在提升非洲大学科研与国家创新系统相关性的项目。项目主要开展以下活动:开展非洲其他次区域的大学科研治理情况调查;每年组织 4 场次区域的有关科研治理的培训研讨会;创建一个有关大学科研治理讨论和信息交流的论坛;资助大学科研管理者参加本地的和国际的科研治理会议;资助 20 位非洲和加拿大高校管理者建立伙伴关系,开发

---

① AAU. About-ACE [EB/OL]. [2015-06-27]. http://www.aau.org/ace/content/about-ace.

科研管理工具。

(3)教学能力建设

教学能力建设包括了远程学习项目、提升非洲大学毕业生就业能力的活动。

远程学习项目由 AAU 与非洲远程教育理事会、联合国教科文组织、亚洲开放大学协会、非洲开发银行共同开发,目的在于通过开放远程教育使更多的人接受高等教育。项目计划召开 10 次相关研讨会,在高校建立远程教育的部门、由政府建立 5 所新的开放大学。

提升非洲大学毕业生就业能力的活动,不仅要使毕业生做好充足的求职就业准备,也要激励他们创新创业。计划的活动包括每年开展 4 次就业指导培训会,提倡终身学习的理念,进行相关创业项目研究等。

(4)社会服务能力建设

社会服务能力建设,包括开发的为期三年的加强高等教育利益相关者关联项目。该项目开展以下活动:组织区域论坛,解决课程设计、技能培养、毕业生就业等共同的问题;研究产业与非洲大学的联系案例,思考由此产生的利益和挑战;强化同产业联系的战略规划能力;组织为期一周的宣传研讨会;宣传推广大学同产业联系的最佳实践。[①]

2.战略实施:以区域能力动员计划为例

区域能力建设战略是通过各领域的系列项目来实施的,而区域能力动员计划(MRCI)是一个典型项目。MRCI 是非洲大学协会于 2007 年在英国国际发展部 350 万英镑资助下启动的一个项目,为期 4 年,旨在支持非洲高等教育机构建设区域能力,促进非洲高等教育的可持续发展,实现千年发展目标,以及消除非洲大陆的贫困。[②]

(1)项目目标

MRCI 的总目标是要增强非洲高等教育机构的能力,消除贫困,促进非洲可持续发展。MRCI 的重点是加强非洲高等教育机构能力建设。MRCI 预期达到这些成果:显著提升非洲高等教育机构的信息共享、创新和变革的

① AAU. Core Programme(2013—2017)[R]. Accra,Ghana,2013.
② AAU. MRCI M & E Guidelines. [EB/OL]. [2015-06-26]. http://www.aau.org/sites/default/files/mrci/ MRCI%20 Monitoring%20and%20Evaluation%20Guidelines%20Sept%202009.pdf.

能力;高等教育机构能出台创新的政策简报,为国家发展项目和实现千年发展目标做贡献;能出台解决关键问题(如提高入学率、改进教学质量)的政策框架。①

(2)项目申请与批准

申请加入区域能力动员计划的项目,必须具有以下条件之一:①申请方是区域或次区域高等教育机构;②申请内容涉及高等教育区域网络,包括非洲大陆上任何高等教育机构间建立的研究网络,只要是项目具有区域性(涉及两个以上国家)。MRCI项目的申请内容可涉及各种不同的主题和议题,但是它们都有共同的重点,即关注对高等教育机构的变革,特别是在项目所属国家的减贫、应对实现千年发展目标所面临的挑战等方面的作用。② 符合以上申请条件的机构需要向 AAU 提交 MRCI 申请书。AAU 对接收到的项目申请书进行筛选和评估,并择优批准。

在这个计划中,AAU 总共批准了 22 个项目申请书,参见表 3.5。AAU 将英国国际发展部资助的 350 万英镑,用于支援 AAU 合作的次区域教育组织或各成员大学的区域能力建设。次区域大学协会、教育中介组织、成员大学、合作伙伴机构等多方主体,在 AAU 领导下承担着区域能力动员计划项目的具体实施,这些项目涉及高等教育促进科技发展、农业、工业、食品、卫生、信息化网络、性别平等等各种领域。③

表 3.5　区域能力动员计划项目一览

编号	名称	承担者/实施者
1	南部非洲高等教育在国家和区域层面发展的主流趋势	南部非洲区域大学协会
2	非洲高等教育和减贫之间的复杂关系调查	马克雷雷大学
3	通过增加与高教机构和研究组织的互动,以科学技术促进企业发展	马克雷雷大学

① AAU. Introduction[EB/OL].[2015-06-30]. http://www.aau.org/page/mobilisation-regional-capacity-initiative.

② AAU. MRCI-Monitoring [EB/OL].[2015-07-12]. http://www.aau.org/page/monitoring.

③ AAU. MRCI-Project List [EB/OL]. [2015-07-12]. http://www.aau.org/page/mrci-projects.

续表

编号	名称	承担者/实施者
4	加强东部非洲大学的能力,利用信息通信技术促进可持续区域发展	东非大学校际理事会
5	改善非洲农业学习资源的可用性和相关性	非洲农业、农林和自然资源网络
6	对农业操作规范和技术在改善莫桑比克和津巴布韦半干旱地区农村生活和农业生产水平可持续发展的评价	莫桑比克天主教大学
7	伙伴关系区域食品开发计划——西非减贫能力建设、食品与有机农业网络开发	UNAAB,尼日利亚
8	南部非洲大学信息与通信技术的研究、传播和利用	博茨瓦纳大学、博茨瓦纳
9	改进肯尼亚与卢旺达孤儿和弱势学生获得高等教育的最佳实践	肯雅塔大学
10	非洲虚拟高等教育课堂	夸祖鲁-纳塔尔大学
11	落实非洲高校的第三个使命:实现千年发展目标	尼日利亚卡拉巴尔大学、博茨瓦纳大学
12	高等学府千年发展目标的能力建设	博茨瓦纳大学
13	加强大学在东部和南部非洲发展进程的贡献	马克雷雷大学、马拉维大学
14	转变农业院系的教与学,并通过电子教学内容的学习,支持区域研究生课程发展	埃格顿大学、马拉维大学
15	东非高校对8项千年发展目标中的目标5即"改善产妇保健"的贡献	乌干达马克雷雷大学
16	为西非减贫和可持续农村民生,建立食品科学与营养网络	尼日利亚食品科学与技术学院、西非食品科技协会、贝宁阿波美卡拉维大学
17	扩大西非高等农业教育规模的最佳实践:体验式学习案例	西非9个国家机构
18	在提供环境卫生教育的非洲机构,促进性别平等	肯尼亚肯雅塔大学、津巴布韦科学与技术国立大学
19	发展非洲高等教育的国际化研发资源共享的框架	东非大学校际理事会
20	建立农村学校,促进农业社区的可持续利用	尼日利亚、博茨瓦纳
21	向小农户普及向日葵与耕地作物的生产技术	尼日利亚、博茨瓦纳
22	通过赋予石油和天然气地区传统领导人权力,加强自然资源管理,实现减贫	加纳专业研究所

资料来源：AAU. MRCI-Project List[EB/OL]. [2016-03-20]. http://www.aau.org/page/mrci-projects.

3.战略实施的成效与问题

AAU 区域能力建设战略明显增强了 AAU 同次区域组织、同国家高等教育机构之间的伙伴关系。从表 3.5 可见,MRCI 既有南部非洲区域大学协会、东非大学校际理事会、西非食品科技协会等 10 多个次区域组织的协调,又有马克雷雷大学、博茨瓦纳大学、埃格顿大学等来自 10 多个国家的高等教育机构的积极参与。在项目实施中,AAU 同次区域组织、成员大学增强了合作,增进了友谊。

但值得一提的是,区域能力建设的项目在实施中还存在一些问题,如项目活动拖延、报告发布拖延。2007 年启动的 MRCI,理应在 2011 年全部完成。但截至 2016 年 5 月,MRCI 的 22 个子项目中仅有 1/3 的子项目发布了最终报告。

东非大学校际理事会承担的 MRCI 的最终报告中也提到这个问题,认为项目财务制度的不完善是导致项目拖延的主要原因。东非大学校际理事会项目的活动由其成员大学团队同时进行,但是按照项目管理的规定,AAU 必须严格分 4 期发放项目经费,每期支持仅 6 个月的项目活动。这使得项目团队在花完前一期的经费时,不得不停滞活动,等待下一期经费的发放。此外,项目实施中还受大学内部财务制度的制约,IUCEA 将资金转移给各大学研究团队,但大学的研究团队需要等待很长时间,通过很多手续流程,才能使用这部分资金。这些都导致了项目团队拖延项目活动,难以及时发布成果报告。[①]

(二)质量保障联盟战略

对于非洲许多国家来说,高等教育在很长一段时间里都处于被忽视和发展停滞的状态。当高等教育需求不断增加、高校资源减少、学术人才流失的时候,非洲高等教育质量已经开始下滑。一方面许多非洲国家面临着财政紧缩,对高等教育投入减少;另一方面高校入学人数猛增导致了过度拥挤、基础设施恶化、教科书和实验室设备资源匮乏的问题,最终致使高校教学和科研活动质量的下降。近年来,非洲许多高等教育机构的质量仍受着

---

① IUCEA. Enhancing the Capacity of East African Universities to Utilize ICT for Sustainable Regional Development[EB/OL].[2015-07-20]. http://www.aau.org/sites/default/files/mrci/iucea_final_report_no_55_june2011.pdf.

经济、社会、政治严峻形势乃至冲突局势的影响。①

当前非洲复兴高等教育的努力,首要任务就是阻止高等教育质量的进一步恶化。"质量"意味着被认可的"卓越标准",意味着"适用性"。高等教育质量保障,是指对高等教育机构进行系统的审查时,确保其教育教学、科研、管理和基础设施建设水平都达到可接受的公认的标准。AAU 将质量保障机制置于重要地位,能使非洲高等教育机构检视项目的实施,审视高校自身建设,进而有助于非洲高等教育一体化。

1. 战略内容与项目

质量保障联盟战略的目标是为高等教育机构、国家质量保障和认证机构建立制度化的质量保障机制,并最终形成一个协调跨境合作和建设专业能力的质量保障区域网络。战略内容如下。

(1)建立内部质量评估体系

该战略首先支持为非洲高等教育机构,尤其是 AAU 的成员大学,建立内部质量评估体系,即采取一套特定的考核指标,评估高校行政、教学、科研等方面的质量水平。

该套内部质量评估体系,类似于非盟的非洲大学质量等级评定机制(Quality Rating Mechanism,QRM)。2011 年,非盟启动了 QRM,该机制是一个大学分类制度,而不是大学排名制度,由非盟委员会对自愿参评的大学进行类别评定,对其发展现状评估并提出改进措施②。

AAU 的内部质量评估体系对高校教育质量的评估范围,包括高校发展中的这些方面:

- 教学、学习和科研的质量;
- 管理和行政职能/过程的质量;
- 制度性政策和战略规划的质量;
- 国际化制度方法的质量;
- 应对不断变化的社会需求的制度质量。

---

① AAU. Introduction [EB/OL]. [2015-07-28]. http://www. aau. org/page/quality-assurance-support-programme-african-higher-education.

② 焦阳.非洲发展高等教育将有"大手笔"三大行动启动[N].中国教育报,2011-02-15.

（2）发展外部质量监测系统

AAU还对国家质量保障和认证机构的工作做质量评估，支持为质量保障机构建立制度化的质量保障机制，发展外部评价和监测系统的专业能力。评估标准见表3.6，评估的列项还可增加。

表 3.6　国家质量保障机构工作质量的评估标准

区域	建有质量保障机构的国家	有无保障的最低标准	有无对专业课程的认证	有无对机构的质量排名	有无财政预算	有无审查部门

资料来源：AfriQAN. Quality Assurance Agencies/Departments in Africa. ［2016-03-20］. http：//afriqan. aau. org/applications/results. php？ set＝region&countryid＝&yearid＝&regionid＝all.

（3）构建全洲性的质量保障网络

在发展了高校内部质量评估体系和质量保障机构外部监测系统之后，AAU最终希望形成一个协调跨境合作和建设专业能力的全洲性的质量保障网络。这个网络与高等教育领域学习、证书、学位及其他学历资格互认的区域框架也可以相互对接。[①] 有质量保障的资格框架，将更利于学生将先前学习、培训、实习获得的知识与技能证书在统一标准下予以认证，开展交流学习。

AAU非洲高等教育质量保障联盟的战略思想，与非洲教育发展协会构建一个非洲教育质量保障框架不谋而合。非洲教育质量保障框架的构建思路为：在组织建设上，巩固并扩大非洲及马达加斯加高等教育委员会、东非大学校际理事会、非洲高等教育质量保障网络在保障教育质量上的作用，由三者构成一个共同体，合力服务于全非洲的教育质量保障框架；在经费筹集上，由非盟和区域经济组织共同出资，设立专门基金资助非洲教育质量保障框架的建设；在框架落实上，各国的教育质量保障部门按照"非洲教育质量保障框架"的标准，将对学校和专业的教育评估落到实处，包括学校自评、学生评、外部审查等。[②]

AAU在连通高校内部质量评估体系、国家质量保障机构外部监测系

---

① AAU. Objectives and Expected Outcomes［EB/OL］. ［2015-08-02］. http：//www. aau. org/page/objectives-and-expected-outcomes, quality-assurance-support-programme-african-higher-education.

② Mohamedbhai G. Towards an African Higher Education and Research Space：A Summary Report［R］. ADEA, 2013.

统基础上,通过"国家—区域—全洲"的扩展方式,逐步形成参与度越来越广的全洲性质量保障网络。

2.战略实施:以非洲高等教育质量保障支持项目为例

非洲高等教育质量保障支持项目(Quality Assurance Support Programme for African Higher Education)是 AAU 高等教育质量保障网络战略的重要项目。该项目与福特基金会、联合国教科文组织、世界银行和欧洲大学协会都建立了伙伴关系。在此项目的助推下,AAU 还成立了"非洲教育质量保障联盟"这一专门组织机构。

(1)项目目标

非洲高等教育质量保障支持项目的主要目标与内容是:

• 通过培训、研讨会和学习活动,促进成员大学内部的质量保障体系的建立;

• 支持非洲国家高等教育系统建立质量保障与认证机构,发展强有力的外部评价和监测体系;

• 发展质量保障数据库,以促进知识共享;

• 根据《阿鲁沙协定》,与合作伙伴重新协商谈判,以建立高等教育领域学习、证书、学位及其他学历资格互认的区域框架。[①]

(2)项目实施

• 内部质量评估的实施

AAU 曾对六所成员大学内部建立的教育质量保障体系做了评估,并发布了分析报告。AAU 的评估方式是从每个方面细分出质量指标,制成各个方面的评估表,对成员大学教育质量保障情况进行评估。以教学部分的质量保障实施评估为例,AAU 制定了教学部分—质量保障实施情况的评估表,AAU 对照具体的质量指标,评估高校在各项指标上符合的情况,据此生成完整的评估结果报告,见表 3.7。

---

① AAU. Objectives and Expected Outcomes[EB/OL]. [2015-08-02]. http://www.aau.org/page/objectives-and-expected-outcomes,quality-assurance-support-programme-african-higher-education.

表 3.7 AAU 评估成员大学教育质量保障实施情况的评估表：教学部分示例

编号	质量指标	符合(√)	不符合(√)
1	每堂课都有明确的目标和希望达成的学习结果		
2	目标和希望达成的学习结果是合适的		
3	设计和组织了课程标准，促进了学生的学习		
4	学生的负荷量不妨碍学习		
5	存在学生与教师的互动		
6	有学生成长或退步的记录信息		
7	有对学生的学术指导和提供咨询的过程		
8	教师把研究发现和专业发展用于教学		

资料来源：AAU. General Principles and Lessons Deduced from Various Reports of the AAU Audit Panels on the Self-evaluation of Institutions[R]. 2004.

• 非洲高等教育质量保障联盟的活动

2009 年，在联合国教科文组织全球质量保障能力行动计划（Global Initiative on Quality Assurance Capacity, GIQAC）的资助下，AAU 正式成立了非洲高等教育质量保障联盟（AfriQAN）。AAU 通过 AfriQAN 支持非洲高等教育质量保障机构的发展，致力于提高非洲高等教育的质量。

AfriQAN 的成立是非洲高等教育质量保障支持项目的重要举措之一。AfriQAN 不仅是区域高等教育质量保障联合的一个理念，同时也是一个组织实体。2009 年 11 月 25 日至 27 日，在加纳首都阿克拉，AfriQAN 的创始成员召开了第一次成员大会，批准了非洲高等教育质量保障联盟的章程，将总部设在阿克拉。AfriQAN 设有组织大会、执行委员会和秘书处，与其他大陆类似的质量保障组织、国际教育质量保障组织开展合作。

AfriQAN 的使命是通过改善质量保障机构和其他相关组织的工作，致力于保证和提高非洲高等教育质量。AfriQAN 的目标是：促进非洲高等教育质量保障文化，推进提高和维持非洲高等教育质量的良好实践，促进非洲质量保障机构之间的合作和联系，在能力建设方面与非洲质量保障机构合作，促进非洲高等教育质量保障的实践研究，为新的国家和区域质量保障机构的发展提供建议，协助联盟成员阐明在成员国中机构运作的标准，促进非洲国家之间质量保障标准的一体化，促进资历的国际互认，以加强非洲大学师生的流动性，在其他相关网络和国际组织促进非洲的利益。

　　AfriQAN 主要开展以下活动:通过研讨会、讲习班和召开会议等能力建设,支持质量保障机构的发展;通过通讯稿、杂志、书籍和其他纸质或电子的文件,传播高等教育质量保障的资讯;参与合作研究项目;筹集资源;建立高等教育质量保障机构和专家的数据库;创建和维护官方网站。①

　　3.战略实施的成效与问题

　　非洲质量保障调查和评估报告得以发布。非洲高等教育的质量保障联盟在非洲大学协会的网站上公布了该协会对非洲教育质量保障机构发展状况初步调查的研究结果。此外,在 2010 年还正式推出了非洲高等教育质量保障评估报告。这个报告由 AAU 委托研究团队,对南部非洲、西部英语非洲、东部非洲、法语非洲等区域的高等教育质量保障状况进行了评估。

　　质量保障机构数量有所增加。AfriQAN 致力于建立和发展非洲各国各区域的质量保障机构,协调了机构间的合作与联系,联结了非洲高等教育质量保障实践者的行动。该网络吸纳了来自不同区域的高等教育机构的质量保障成员。在非洲大学协会和其他区域组织的共同助推下,非洲已经有21 个国家成立了高等教育质量保障部门或专业组织,其余的 34 个国家中也有一半正在积极地筹备中。②

　　质量保障机制得以改进。非洲高等教育质量保障联盟于 2007 年启动,2009 年正式形成。相比非盟的"非洲大学质量等级机制"、非洲教育发展协会的"非洲质量保障框架",AAU 的质量保障战略有独特之处:注重质量保障机构发展外部评价和监测系统的专业能力,即不仅评估高校工作的质量和效率,还对国家质量保障和认证机构的工作做质量评估。这种对质量保障机构的质量评估,使得质量保障工作更有制度保障,使得"高校质量保障—国家高等教育质量—区域高等教育质量—全洲高等教育质量"的这一机制更完善。

　　然而,非洲大学协会的质量保障支持项目覆盖范围仍然有限。截至2016 年 5 月,参与 AfriQAN 的非洲区域或非洲国家情况不容乐观。五个区域中,只有三个区域参与,而且区域内参与的国家数量仍然不多,质量保

---

　　①　AfriQAN. Constitutional Amendments_2013[R]. Libreville,Gabon,June 2013.

　　②　Mohamedbhai G. Towards an African Higher Education and Research Space:A Summary Report[R]. ADEA,2013.

障机制的发展仍不完善,具体见表3.8。

表 3.8　非洲高等教育质量保障联盟发展情况

区域	建有质量保障机构的国家	有无保障的最低标准	有无对专业课程的认证	有无对机构的质量排名	有无审查部门
中非	/	/	/	/	/
东非	肯尼亚	√	√	×	√
	乌干达	√	√	×	√
西非	塞内加尔	√	√	×	√
	加纳	√	√	×	√
	利比亚	√	√	√	√
	尼日利亚	√	√	√	√
南非	博茨瓦纳	√	√	√	√
	纳米比亚	√	√	×	√
北非	/	/	/	/	/

资料来源:AfriQAN. Quality Assurance Agencies/Departments in Africa[EB/OL]. [2016-03-20]. http://afriqan. aau. org/applications/results. php? set = region&countryid = &yearid = &regionid=all.

(三)信息化建设战略

非洲大陆的信息化建设一直处于落后水平,应用于高等教育领域的信息通信技术也十分不完备。非洲信息化起步晚,基础薄弱,发展水平低。非洲科研产出本身不多,加上信息通信技术落后的原因,非洲的研究成果很少收录在主要的国际数据库上,非洲的出版物只占世界出版物的1.1%。[1]

在非洲本土完成的学位论文,包含了许多本地经验和数据,无论是对非洲大陆还是非洲以外的研究者来说,都是宝贵的研究资源。但是,非洲没有分享这些论文的有效途径,学术资源难获取的状况不仅令非洲本土学者从事科研存在困难,也使海外从事非洲研究的学者受挫。多年来,已经有一些组织讨论了建立学位论文数据库,但除个别大学和一些计算机数据库编制了印刷书目外,几乎没有组织关注到区域层面论文数据库的建设。信息化

---

[1]　Mohamedbhai G. Towards an African Higher Education and Research Space: A Summary Report[R]. ADEA, January, 2013.

建设战略在一体化发展战略中的意义凸显。

1.战略内容与项目

非洲大学协会的信息化建设战略包括开发非洲学位论文数据库、建设研究和教育网联单位。

(1)开发非洲学位论文数据库

为了促进非洲高等教育信息资源共享,AAU 自 1998 年以来,开展了可行性研究和试点,于 2000 年正式提出了非洲学位论文数据库倡议,2003 年正式推出了高校论文摘要数据库,将非洲高校的研究成果数字化。

通过实地考察、培训、研讨会和会议等方式,该项目出台了建设非洲学位论文数据库的相关政策,简化了论文录入的操作,建立了论文入库的标准。目前,100 多所大学已经连接到数据库,在线记录了 10 万多篇论文。

未来阶段,AAU 在新资金的资助下计划继续扩展非洲学位论文数据库项目,具体而言:①通过提供硬件(服务器、重型扫描仪)和上传论文的软件,争取每年设立 10 所机构和 5 个国家的数据库;②每年组织 3 场使用论文上传设备和软件的培训研讨会;③在非洲内外,传递全文文献;④为 DATAD 项目成员机构、数据库终端使用者、政策制定者和捐助伙伴每年召开交流会;⑤管理和更新在线 DATAD 数据库。[①]

(2)建设研究和教育网联单位

2006 年,AAU 启动了该建设项目,以研究和教育网联单位为非洲大学信息和通信技术的交流中心,协助大学在教学、科研和管理活动中更好地利用信息通信技术(ICT)。

RENU 项目在 2013—2017 年开展了以下活动:

①每年组织 4 次非洲高校和宽带供应者之间的轮转研讨会,谈判出价格实惠且供应充足的宽带;

②协助 AAU 成员大学校园能力建设,协助研究和教育网联单位的工作人员;

③为非洲高校的决策者和管理者提供 ICT 政策手册;

④更新 AAU 有关 ICT、RENU 的信息库。

该项目预期要取得的成果是:

---

① 　AAU. Core Programme(2013—2017)[R]. Accra,Ghana,2013.

①AAU 成员大学获得价格实惠且足够的宽带、高速的网络连接；

②提升 ICT 领导者管理广域网和局域网的技能；

③及时地告知政策制定者和网络管理者获取在线的相关资源；

④AAU 成员大学更好地使用 ICT 资源来履行核心职能。①

2.战略实施：以非洲学位论文数据库项目为例

此处以 DATAD 为例，分析 AAU 信息化建设战略的实施。该项目旨在促进非洲高等教育信息资源共享，也是 AAU 推动非洲高校科研能力建设的重要举措。

（1）项目目标

非洲大学协会发起了 DATAD，旨在利用信息技术，推动非洲的研究成果走进世界知识的主流。

DATAD 项目的长期目标是：与参与机构合作，建立学位论文的区域数据库；促进创造有利于非洲大学、区域研究和出版的环境；增强非洲大学对学位论文电子稿收集、管理和传播的能力；提高非洲学者资源的可获取性，无论是非洲内部还是外部；促进制定有关版权的规章，这将促进对非洲大学的研究人员和学者的知识产权的保护；对 AAU 促进成员大学能力建设和研究机构网络之间的合作的项目提供支持。

DATAD 项目的直接目标是领导和协调以下三方面任务：在制度层面的能力建设上，建立基础设施和管理结构，支持 DATAD 项目的政策、活动和培训的开展；建立和维护可进入 DATAD 的互联网；开放在线数据库的访问，提供可替代的传播载体，例如 CD 刻盘或打印文本。②

（2）项目实施

AAU 已经和 11 个成员大学合作，建立了学位论文入库的标准。这 11 个大学共同为 DATAD 充实了论文的基础数据。这些大学实际上也成为 DATAD 的培训中心，为非洲高等教育培训信息化人才，也为高校师生的文献检索、文献传递服务。详见表 3.9。

---

① AAU. Core Programme(2013—2017)[R]. AAU. Accra,Ghana,2013.

② AAU. Database of African Theses and Dissertations (DATAD)[EB/OL]. [2015-08-20]. http://www.aau.org/page/database-african-theses-and-dissertations-datad.

表 3.9 DATAD 项目合作大学和机构的实施情况

序号	区域	国家	合作大学	DATAD 建设情况
1	中非	喀麦隆	雅温得大学	（无法访问）
2	东非	埃塞俄比亚	亚的斯亚贝巴大学	成立 ICT 部门
3		坦桑尼亚	达累斯萨拉姆大学	在线图书馆
4		乌干达	马克雷雷大学	（无法访问）
5		肯尼亚	肯雅塔大学	在线图书馆
6	西非	加纳	加纳大学	在线图书馆
7		塞内加尔	切克·安塔·迪奥普大学	（无法访问）
8		塞内加尔	非洲社会科学研究发展理事会	无网站
9	南部非洲	莫桑比克	蒙德拉内大学	电子资源库
10		津巴布韦	津巴布韦大学	一系列信息技术服务
11	北非	埃及	艾因·夏姆斯大学	（无法访问）

资料来源：陶俊浪.非洲大学协会高等教育一体化战略研究［D］.浙江师范大学,2016：49-50.

除了以上合作大学或其他机构组织，近年 DATAD 项目又吸纳了新的合作伙伴。新的合作伙伴来自贝宁、喀麦隆、莱索托、马拉维、尼日利亚、多哥、科特迪瓦等各个国家。

3.战略实施的成效与问题

研究资料增加显著。100 多所大学已经连接到非洲学位论文数据库，在线记录了 10 万多篇论文。自信息化建设战略实施起，互联网上非洲的研究成果产量明显增加。非洲产出的科研成果在 1996—2014 年，逐年递增，产量翻了两番。特别是 21 世纪以来，非洲研究资料迅猛增长，参见图 3.1。

研究方式发生变革。信息通信技术提供的便捷条件下，研究者现在可以方便地进行文献检索。在这之前，非洲研究者必须通过传真或邮件，提交一个文献检索服务，这不仅要承担成本，还可能耽误时间。国际研究人员可以使用视频会议，进行实时沟通交流。特别是对医学研究中心而言，国际专家的参与对解决关键难题有突破性意义。许多包括非洲本地经验和数据的研究得以分享，推动了非洲的研究成果走进世界。非洲以外的学者也更能获取原始资料。加强了合作伙伴之间的协作研究，促进了区域比较的研究。

信息化人才明显增多。非洲学位论文数据库项目，已经给 30 个非洲数

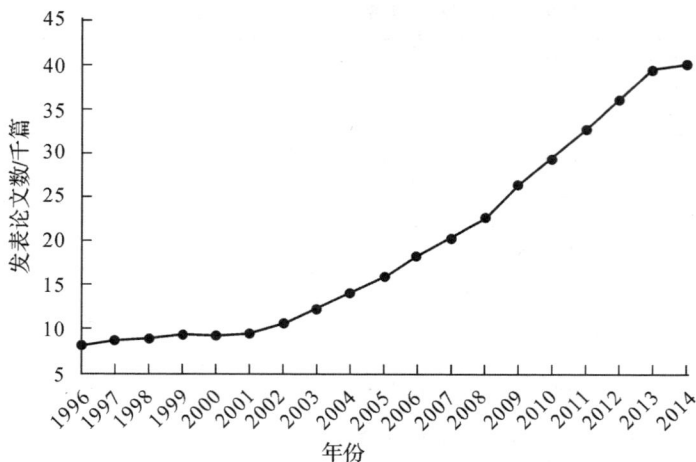

图 3.1　非洲科研成果增长趋势

资料来源:陶俊浪.非洲大学协会高等教育一体化战略研究[D].浙江师范大学, 2016:51.

据库中心提供了 IT 设备,并培训了 300 多名信息技术工作人员,教授他们如何使用数据软件上传论文到服务器,以供 AAU 和订阅了数据库服务的其他研究机构访问。

　　信息化建设战略为非洲高校培训了一支信息化人才队伍,这些信息化人才也成为非洲信息化建设的重要力量。[①]

　　但是,信息化建设战略的实施仍存在不少纰漏。据 AAU 官方的公告,DATAD 项目已经有 11 所高校加入,这些高校或建立了数字图书馆,或成立了专门的 ICT 部门,提供一系列信息技术服务。但是,已建的数据库的稳定性欠佳。

　　从 2003 年 4 月 30 日上线至今,DATAD 已经从一个具体项目过渡到一个开放扩展的计划。DATAD 的试点项目接受了福特基金会和洛克菲勒基金会的资助[②]。之后,近年来,DATAD 与越来越多的高校合作,不断邀请

---

　　① AAU. Research and Education Networking Unit[EB/OL]. [2015-08-22]. http://www. aau. org/page/research-and-education-networking-unit.

　　② AAU. Database of African Theses and Dissertations-Research (DATAD-R)[EB/OL]. [2020-08-01]. http://www. aau. org/current-projects/database-of-african-theses-and-dissertations-research-datad-r/.

新的高校将研究成果加入到学位论文数据库，重点关注数据库规模扩张、数据存储和知识产权保护上。相信 AAU 在未来发展 DATAD 时，会改善网站建设的漏洞，不断提高论文数据库的可用性。

（四）学术合作与交流战略

2007 年，由非盟启动的尼雷尔奖学金计划是非洲较具有全洲代表性的高等教育交流合作项目。在该计划的支持下，非洲大学教师和研究人员流动显著增多。[①] 非洲高校也正在加大对学术人员学术交流的支持，提供科研经费，赞助他们参加国际学术会议，为青年学者提供科研经费，增大对有国际影响的高质量研究成果的奖励。非洲高校间也在尝试通过研究生项目、研究合作、设备支持和图书资源共享等形式建立联系，推进科研合作。

非洲大学协会作为非洲高等教育机构的代表，作为非洲大学间沟通与交流的平台，一直致力于推动高校间的合作与交流。它的战略目标之一就是促进成员大学间教学、学习与研究的联结、合作和经验分享。

1. 战略内容与项目

非洲大学协会的学术合作与交流战略是为非洲高校学术人员的流动提供便利，鼓励 AAU 成员大学间的联结与合作，提高非洲大学教学与科研的质量。战略内容主要包括以下方面。

（1）学术人员流动

2005 年，AAU 在《核心项目 2005—2009》中已经发起了人员交流的相关项目，那时的项目名称是"教师交流项目"（Staff Exchanges），但在《核心项目 2013—2017》中被改为"学术人员交流项目"（Academic Staff Exchange，ASE）。该项目每年都发布申请公告，支持非洲大学间学术人员的流动，鼓励 AAU 成员大学间的合作，提高非洲大学教学与科研的质量。在 2013—2017 年的阶段，该项目每年支持 10 次成员大学间的人员交流任务；管理受资助的人员交流项目；宣传和展示有成效的学术交流。

（2）高校学术合作

高校间学术合作，不仅包括合作开展科研、共同教授联合学位课程，还包括联合培养研究生。小额捐赠项目是 AAU 长期开展的为资助成员大学

---

① Woldetensa Y. African Union Initiatives in Higher Education[EB/OL]. [2015-08-10]. http://eacea. ec. europa. eu/intra_acp_mobility/events/docs/ghana/presentations/african_union_initiatives. pdf.

的博士和硕士交流研究生完成论文的项目。近年来,项目重点放在资助博士研究生的论文写作上。项目每年将资助 100 位学术交流人员的学习,包括修读学位。具体活动计划是:

①成立项目领导委员会,确定博士生资助项目的主题;

②每年筛选和公布 100 个获奖者;

③在每个次区域每年组织奖学金评审会;

④为奖学金获得者争取进入著名非洲高校的机会;

⑤管理奖学金的捐赠过程,评估学生取得的成就;

⑥将研究成果收录到非洲学位论文数据库中。

(3)与非洲高等教育组织间的协作

AAU 作为大学协作组织,高度重视非洲大学间的合作、次区域的合作及同国际发展伙伴的合作,不仅包括资金合作,还包括人才和技术的合作。AAU 寻求各方面合作,复兴非洲高等教育的努力,是有目共睹的。《战略计划 2011—2015》的每一项具体活动,都注明了项目的合作伙伴。2005 年,AAU 还与非洲教育发展协会、东部和南部非洲社会科学研究组织一同针对非洲大学教学中出现的性别问题,开发了性别培训手册。AAU 资助这些手册译成法文、阿拉伯文、葡萄牙文,开展对应培训,在非洲大学中已取得了一定的效果。

2.战略实施:以学术人员交流项目为例

ASE 是非洲大学协会长期开展的项目。每年都发布项目申请公告,支持非洲大学间学术人员的流动。

(1)项目目标

ASE 项目的总目标是:"通过学术人员的交流,支持非洲高等教育机构履行教学、学习、研究和服务社区的核心职能。"[①]

申请 ASE 项目的学术人员,可在访问交流中承担以下任务之一:①作为教学职员,承担教学任务;②作为外部考官、专家,监督毕业考试或参加论文答辩;③参加研讨会、讲习班和学术会议;④开展合作研究任务。这些活动不仅可以提高学术人员假期的利用率,而且可以促进非洲大学间的合作,

---

① AAU. Introduction [EB/OL]. [2015-08-20]. http://www. aau. org/page/academic staff exchange/content.

解决师资匮乏的问题,提高非洲大学教学和科研的质量。

(2)项目实施

ASE 项目的申请条件并不高。只要按时缴纳会费的 AAU 成员大学,都可以申请 ASE 项目。AAU 将优先考虑学术人员跨国的交流申请,因为跨国的交流申请更利于促进高校的区域合作。此外,AAU 还重视性别平等,特别鼓励女性学者参与 ASE 项目,优先批准女性学术人员的交流申请。但是,ASE 项目申请者必须要有 AAU 成员大学的邀请信和提名。每所成员大学可提名的候选人数,不能超过三名。另外,项目主办大学可以邀请心仪的学者来访问交流。客座教授或讲师以书面形式,向访问大学或相关部门的主管提交两页的服务工作计划,明确工作的范围和时间。

AAU 每年支持大约 10 次人员交流任务。对学术人员交流的经费支持包括交通费(至多 2500 美元)、劳务酬金(3500 美元的酬金)、每周 150 美元的生活杂费补贴等。

顺利申请到 ASE 项目的学术人员,需要在访问大学完成一系列任务,包括教学、专题讲座、科研等。邀请学术人员流动的主办大学,应当按时支付访问学者因本次交流任务而未获得的工资或其他收益,并且为交流学者提供在当地生活的日常食宿开支,包括逗留期间的住宿、机票、当地交通费和医疗保健费用。[①]

3.战略实施的成效与问题

非洲大学协会的学术合作与交流战略不仅促进了高校间合作开展项目、高校学术人员的流动、学生的交流和访学,还促进非洲高等教育组织间的联合与协作,加强了非洲大学协会同次区域组织及国际发展伙伴的密切关系。

交流人员得到专业发展。一直以来,AAU 每年都在开展 ASE 项目,为每位交流学者提供 6000～7000 美元的经费。每年支持大约 10 个交流任务,从 2005 年至今已经赞助了 100 多位学者的交流活动。这些活动使交流学者得以体验不同的文化和科研环境,或指导年轻的学者或研究人员,或与同一研究领域的学者深入交流,促进了教职人员的专业发展,提升了学术人员的科研业务水平。

---

① AAU. Application Guidelines—AAU Staff Exchange Programme[R]. Accra,Ghana,2014.

师资匮乏问题有所缓解。解决师资匮乏问题是学术合作与交流战略的直接出发点。在学术合作与交流的战略实施中,参加交流访学的人员,能作为教师,承担教学任务;能作为专家,培训校内教职人员;能作为外聘教授,举办讲座,讲授知识,指导毕业生的论文。对主办大学来说,学术人员的访学也是引进人才的一种形式。在这种引进形式下,优秀学术人员的假期得到更充分而有效的利用,资深教师的丰富教学经验得以推广。虽然没有如国际援助行动(聘请来自非洲之外的优秀人才)一样,直接引入优秀教师资源,弥补教师岗位的空缺,但是,非洲大学协会的学术合作与交流战略促进了非洲大学内部的交流与互助,促进了它们的联合自强。在一定程度上,该战略的确缓解了非洲高校师资匮乏的问题。

非洲大学教学和科研质量提高。学术合作与交流战略,为 AAU 成员大学间的合作与交流提供了便利,在交流学者的推动下,其任职大学与访问大学建立了长期合作的关系,显著提高了非洲高等教育机构教学与科研的质量。此外,学术交流与合作项目的开发,还加强了 AAU 联结非洲学术机构的作用,提升了 AAU 领导和协调非洲高等教育机构的能力。

但是学术合作与交流战略的项目实施也存在不少问题。第一,项目的存档记录资料太少,在项目官方网页上,只有背景介绍、项目公告,缺乏项目实施、受助人员名单等记录材料,缺乏优秀学者学术交流经验的展示。第二,缺乏项目评估,ASE 项目已经开展多年,但是 AAU 至今没有对项目的实施情况做统计,也没有反思项目的经验和教训,而这些反思是十分必要的。第三,缺乏合作的伙伴关系,经费来源有限,受助学者的数量并不多。AAU 的成员大学已经有 300 多所,但是每年 ASE 项目只能支持 10 个访问任务,每年的覆盖率不到 1/30。

四、非洲大学协会一体化教育发展战略的特点、经验及挑战

(一)非洲大学协会高等教育一体化战略的特点

1. 战略制定体现科学性

AAU 战略的形成过程有以下特点。

第一,程序规范。AAU 的第一个战略规划是《战略规划 2003—2010》,最早由 AAU 理事会提出,再由秘书处修订,最终提交给理事会和"校长、副

校长及校董事长会议"批准。《战略规划 2003—2010》的末期,AAU 着手准备下一个规划《战略规划 2011—2015》。AAU 秘书处召开了为期 3 天的会议,审查了正在进行的战略规划,确定了未完结的项目活动,再讨论商定了新战略规划的核心。会后,秘书处于 2010 年 7 月提交了草案,理事会成立了专门的审查小组,加拿大大学协会委派的国际顾问与 AAU 人员一同更新和修改了战略规划,最终于 2011 年 5 月提交给了"校长、副校长及校董事长会议"并获批准。这样的制定过程,通过自下而上的参与式方式,不仅评估和延续了前一个战略规划的成果,也在此基础上提出了应对新问题、新挑战的措施。

第二,综合考量多方面背景因素。AAU 综合分析了战略形成的内部和外部环境。内因上,AAU 分析了高等教育成员机构具有多样性、利益相关者期望的差异性、组织发展的优劣势、机遇和挑战等。外因上,AAU 分析了非洲高等教育的地位、全球化的趋势以及非洲社会面临的发展危机。在此基础上,它的战略确定了"促进组织建设""服务成员大学""满足社会需要"这三大主题目标。

2.战略规划具备完整性

两个战略文本对非洲大学协会的高等教育一体化主张都做了完整的规划与阐述。

第一,战略目标框架的完整性。《战略规划 2011—2015》设有明确的战略主题、战略目标与重点,形成了由三大主题模块、七个关键领域、一系列具体执行项目与活动组成的完整框架体系。《核心项目 2013—2017》也有明确的目标,形成了目标与活动相对应的框架结构,还对各领域的项目做了细致深入的介绍和分析。这些内容完整地、系统地构成了非洲大学协会高等教育一体化战略的目标、重点、方向和行动领域。

第二,战略实施评估和问责的完整性。战略实施的评估依据是预期成果。《战略计划 2011—2015》带有附件,专门完整地阐述项目活动的预期成果,每项活动对应的部门和发展合作伙伴分工明确、职责清晰。《核心项目 2013—2017》每一分主题、每一领域也都有相应的活动、措施及其预期成果的规划。另外,战略实施的评估内容,包括评估项目运行的计划性、每个项目的具体效果、项目执行的效力、项目的成本效益、领导机构的作用、财务管理的有效性等方方面面,也是具体而完整的。

3.战略重点凸显适切性

非洲大学协会高等教育一体化的战略重点是区域能力建设、质量保障联盟建设、信息技术建设、学术合作与交流。这些战略重点具有较强的适应性,体现在两方面。

第一,适应非洲国家和社会发展的需要。非洲大学协会针对非洲国家和社会发展的政治经济危机、信息鸿沟和人才流失危机等,突出了一体化战略的重点,相应地从促进非洲高校区域能力建设、促成非洲高等教育质量保障网络、促进信息技术建设以及促进合作交流与人员流动这四个领域着手,出台了解决这些问题的政策与项目,以满足非洲国家和社会发展的需求。

第二,适应改造非洲高等教育发展环境的需要。非洲大学协会的高等教育一体化战略的适应性,不仅仅在于"以变应变",适应非洲国家和社会发展的需要,更重要的是"以变促变",积极主动地改造和优化非洲高等教育的发展环境。AAU 高等教育一体化战略重点领域的项目,增强了非洲高校的能力建设,提升了非洲高等教育的整体质量,提高了非洲高等教育的信息化水平,促进了非洲高等教育不同组织在国家、区域、地区间的合作与交流。这些活动给非洲高等教育提供了人才、资源和信息技术上的支持,极大地优化了非洲高等教育的发展环境,进而能动地适应非洲国家和地区的复兴。

4.战略实施具有延续性

第一,从战略实施的纵向不同阶段看,许多新项目也是之前 AAU 项目的延续和扩展。例如,之前阶段的领导力发展项目中,AAU 的活动是在撒哈拉以南非洲的四个区域(东部、西部、中部、南部非洲)每年举办一次领导力发展研讨会;而在新的阶段里,AAU 不仅扩展了经费来源,还总结了前阶段的经验,扩大了项目的覆盖范围(东部、西部、中部、南部非洲及北非),开展了新颖的培训形式。

第二,从几个重点战略间的横向关联看,这四个重点战略并不是完全独立的,有些战略的内容也是其他战略的延续。例如,建设质量保障联盟的目的就是提升非洲高校的教学和科研质量,也就是促进教学和科研能力建设。质量保障本身也是对非洲高校的能力建设,得不到质量保障的能力建设也是"空谈"。因而,区域能力建设是一体化战略的核心,质量保障联盟建设是基础,两者相互联系,相互作用。

5.战略调整显示创新性

非洲大学协会的高等教育一体化战略不是一成不变、故步自封的教条，而是适应性很强的灵活性战略。

第一,战略主题的创新。在之前的《核心项目 2009—2013》中,AAU 只设定了四个实质性主题。但在之后的《核心项目 2013—2017》的规划中,AAU 预留了一个辅助性的新兴主题(即分主题 5"特殊问题和新兴机会"),以适应不能归于前四类的特殊问题。这是战略制定中的创新之举。

第二,项目活动的创新。例如,在加强大学与产业联系的项目中,AAU 将由原来从大学角度出发设计开展的活动,改为从社会产业角度出发设计项目活动,这种调整和改进使得大学培养的人才更加适应产业需要,项目也能达到更好的效果。

(二)非洲大学协会高等教育一体化战略的经验

非洲大学协会的高等教育一体化战略,在区域能力建设上,提升了非洲高校的核心能力,出台了创新性的政策简报,增强了同其他组织的伙伴关系;在质量保障网络上,发布了非洲质量保障发展状况报告,增加了质量保障机构数量,改进了质量保障机制;在信息化建设上,研究资料显著增加,研究方式进一步变革,信息化人才明显增多;在学术合作与交流上,促进了教职人员的专业发展,缓解了师资匮乏问题,提高了非洲大学教学和科研质量。这些成就的取得,离不开非洲大学协会在一体化进程中内部建设和外部互动的成功经验。

1.组织自身建设的经验

众所周知,美国大学协会是世界上发展较完善、富有成效的精英型大学协作组织。欧洲大学协会与非洲大学协会一样,是洲际范围的大学协会。非盟和非洲教育发展协会也是非洲区域组织,由于成员代表是国家首脑或教育部官员,因而组织更具政治性。与以上三类组织相比,非洲大学协会并不是发展最完善的大学协会组织或区域组织,却是具备了这些组织难共有的优点。

AAU 在组织建设上注重塑造自身的独特价值,这些价值如下。

(1)组织的大众性:与美国大学协会的比较

美国大学协会是精英型大学协会,成员数量只占美国大学数量的

1.1%。但它服务于美国研究型重点大学,一直处于高等教育体系的上层,它的成员大学每年授予的博士学位占全美的50%,承担全美55%的研究任务,获得58%的联邦学术经费,美国大学协会在美国高等教育界具有重要的一席之位。[①]

而非洲大学协会是大众型的大学协会,准入门槛不高,在区域内只要是正式认可的高等教育院校,无论其类型、实力、声望、层次差异多大,都可以申请加入。非洲大学协会与美国大学协会差异较大,在协会的类型、使命、职能等方面都不相同,见表3.10。

表3.10　非洲大学协会与美国大学协会的比较

名称	美国大学协会	非洲大学协会
所属范围	国家内	跨国的、区域范围
成立时间	1900年	1967年
类型	精英型	大众型
准入	邀请制	申请制
使命	建设一流的研究生教育,推进大学研究事业	促进大学间的合作与交流,为高等教育的热点问题提供讨论的平台,提高非洲高等教育的质量和适应性
职能	为成员大学提供一个交流平台;协调成员大学与政府的关系;协调大学与社会产业的联系	促进成员大学核心职能的建设;促进大学间的合作与交流;为国际热点问题提供交流的平台
影响	美国一流大学的集体代言人	非洲高等教育的声音

资料整理自:胡娟,李立国.大学协会组织研究[M].北京:中国人民大学出版社,2007.

非洲大学协会与美国大学协会这种本质属性的差异,决定了两者不同的角色定位,决定了两者在促进高等教育发展上不同的侧重。美国大学协会视自身为精英大学之间、大学与政府、大学与社会间的"缓冲器",促进美国高等教育发展的行动包括:①指向大学,通过质量认证,促进高等教育行业自律;②指向政府,通过游说,影响政府对高等教育的决策;③指向社会,通过社会宣传,加强大学与社会产业的联系。而非洲大学协会的角色定位是:面向非洲大学的"服务器",促进高等教育机构的能力建设、质量保障网

---

①　胡娟,李立国.大学协会组织研究[M].北京:中国人民大学出版社,2007.

络联结、合作交流以及信息化建设这些大部分指向高校层面的内容。

显然,非洲大学协会没有如美国大学协会一般,视自身为少数精英分子的代表,而是发挥着大众型大学协会组织的优势,努力成为非洲高等教育的声音。非洲大学协会的会员分为正式会员和准会员两类。正式会员包括非洲大学、在所处国家具有大学地位的非洲高等教育机构。准会员是指暂时未被接纳为正式会员的高等教育机构。准会员的范围十分广,那些致力于促进大学发展的高等教育机构、区域组织或联结网络,不管是不是处在非洲,都具有成为 AAU 准会员的资格。这种包容很强的会员制度,不仅促使非洲大学协会吸纳了非洲近 1/3 的大学,还为一体化战略的实施增加了责任主体,吸引了更多高校参与一体化进程。

(2)强调发展性:与欧洲大学协会的比较(详见本书第九章第一节)

(3)凸显教育专业性:与非盟和非洲教育发展协会的比较

将非洲大学协会与非洲其他区域组织相较,如非盟(全洲性的区域政治组织)、非洲教育发展协会(全洲性的区域教育组织),我们发现了一个值得思考的问题。

非洲大学协会虽然在努力完成自身的使命,推动非洲高等教育一体化,但是它的政策文本似乎很少直接谈及"一体化""高等教育一体化"这些概念,没有在全局高度直接勾画出一体化的蓝图。而非盟却直接出台了《高等教育一体化战略》,非洲教育发展协会组织也出台了以"高等教育一体化"为主题的一系列政策简报。

比较非洲大学协会与非盟、非洲教育发展协会这三者性质的差异,会发现 AAU 组织更具有教育专业性。

第一,AAU 的话语体系不同于非盟、非洲教育发展协会。非盟的决策者是非洲国家领导人的代表,非洲教育发展协会的成员是非洲国家教育部的官员,而 AAU 决策者主要是成员大学的校长、副校长及校董事长代表,由大学校长直接构成。非盟、非洲教育发展协会的话语更受非洲政治经济一体化话语的渗透,我们知道非洲一体化被非洲领导人提及的频率更高,在政治经济领域更热门。

第二,AAU 的权威来源和发挥效力的机制不同于非盟、非洲教育发展协会。组织人员构成的不同,决定了组织权威和效力机制的不同。非盟和非洲教育发展协会的发展战略直接由政府官员决策产生,体现着非洲国家和政府的意志,由各国家的决策者由上至下发挥效用,组织发展的理念可以直接向政府官员灌输。而 AAU 的发展战略由大学校长讨论并出台,依靠着成员大学在本国的威望,依靠各个大学校长起的带头作用,推行战略的政策,实施着战略的项目,相比前两者,发挥效用的机制更倾向于高校层面的推广。

第三,AAU 对高教一体化更具有深层次的专业理解和政策执行力。非盟、非洲教育发展协会都着眼于全局高度倡导全洲层面一体化战略,而 AAU 着眼于倡导高等教育领域的具体措施,还不能在全局高度明确出台它对非洲高等教育一体化的战略主张。这也是非洲大学协会推动高等教育一体化过程中的短板。然而,不得不提的是,AAU 更像是默默付出的执行派,AAU 的行动毫不犹豫响应着非盟和非洲教育发展协会的政策倡议。如非盟《高等教育一体化战略》倡议了加强信息交流与合作,AAU 的非洲学位论文数据库、教育与研究中心都是倡议的具体落实。又如非洲教育发展协会倡议建立区域层面的高等教育资格认证系统,AAU 相应地建设了"非洲高等教育质量保障联盟"。毫无疑问,AAU 在高教一体化上的教育专业性,使得它走在了一体化的区域组织队伍的前列。

2. 与利益相关者联系和互动的经验

(1)了解利益相关者的需求和期望

非洲大学协会曾开展调研,了解成员大学、捐赠者、政府、社会企业等利益相关者对组织及其战略的要求和期望,并据此不断强化自身的责任范围,调整战略目标,改进战略文本的内容。

由表 3.11 可知,这些利益相关者对 AAU 及其战略都有各自的要求与期望。AAU 在发展中,尽可能地回应和满足它们的不同需求,据此调整组织发展的使命,调整一体化战略的重点。这些努力不仅仅完善了 AAU 的组织建设,增强了组织的威望,更重要的是,确保了一体化教育发展战略立足于利益相关者的需求之上,成为一个人心所向、众望所归的可持续发展战略。

表 3.11 AAU 的利益相关者及其对 AUU 战略的期望

AAU 利益相关者	对 AAU 战略的发展期望
AAU 职员	得到有竞争力的薪酬; 得到职业保障; 具备升职与职业发展的机会
AAU 管理人员	能从管理委员会得到明确的政策指导; AAU 能提供吸引力的服务工作条件
成员大学	AAU 协助对大学教育目标的实现; AAU 支持发展大学职工领导能力和管理能力项目; AAU 支持成员大学发展信息通信技术(ICT)、建设科研能力,包括对财政拨款提案的写作建议
成员大学所在的 国家/政府	AAU 的运行与它的宗旨相一致; AAU 履行它应尽的义务; 财政自足; 高效的管理能力; 为非洲高等教育机构提供更好的服务; 促进非洲大学跨区域的合作和联结; 应对高等教育机构面临的挑战,并采取有效的措施; 致力于国家发展
捐赠者/ 资助者	对提供的设施和赠款的使用过程进行问责制; 遵守合同条款; 可持续发展
资金合作伙伴/ 受益人	投资有价值; 有效利用资源,以实现计划的成果; 提供可用的产品和服务; 提交安排表,明确项目完成的最后期限
高校学生	对大学机构有效的领导和管理; 有效支持学生申请奖学金、补助和奖励; 准许学生参与 AAU 活动
高校教职人员	对大学机构有效的领导和管理; 有效地资助教职人员,如教师奖学金; 提供交流项目和其他发展自身能力的项目
其他合作组织	提供协作、相互支持和建立伙伴关系的机会
更广的共同体: 家长/监护人/ 其他利益相关者	对毕业生就业能力的培养; 培养优秀公民的知识、识字能力、技能; 提高研究和知识转移的可适用性; 为了非洲的繁荣,激励创新

资料来源:AAU. Strategic Plan 2011—2015[R]. Accra,Ghana,2011:16-17.

（2）发挥利益相关者的作用

另一方面，AAU 也尽可能地调动利益相关者对一体化战略项目的参与度，提高对战略领域各种活动的积极性。在战略制定与实施中，AAU 发挥利益相关者的最大作用，表现如下。

• 依靠成员大学的效力

与非盟受众广泛不同，非洲大学协会区域能力建设、质量保障网络建设、合作交流以及信息化建设战略的出发点和落脚点都是指向高校。AAU 作为大学协作组织，尤其注重依靠成员大学的效力，让成员大学参与，让成员大学相互学习。

在区域能力建设战略上，如在高校领导人体验学习项目中，每年择取 20 位高校领导人，让他们到声誉较好的成员高校进行为期两周的实践，一流的成员大学成为项目的实践基地。

在质量保障网络战略上，发展内部质量保障能力就是在高校建立科学的质量保障评估体系。成员大学内部的质量保障体系是"非洲高等教育质量保障联盟"的基石。内部质量保障能力发展得好，才能保障整个质量保障网络的有效运行。

在信息化建设战略上，非洲学术论文数据库项目、研究和教育网联单位项目都以成员大学为基地，逐步向非洲其他大学扩展。成员大学是信息技术的培训中心。

在学术合作与交流战略上，非洲大学协会倡导的高校间学术人员流动、联合学位课程、合作研究等都依靠成员大学组织和参与。成员大学能否在 AAU 领导和协调下发挥有效作用，是 AAU 战略规划和项目行动成败的关键。

• 依靠政府的权威

《战略计划 2011—2015》关键领域 6 突出强调了，非洲大学协会应当建立与所在国加纳政府（尤其是教育和外交事务部门）的战略关系。AAU 在战略制定和实施中确实注重发挥政府的权威，表现在：积极地参与加纳政府的事务，如 MRCI 项目通过调研分析，对国家教育决策和发展战略提供政策建议；邀请加纳政府参与到 AAU 事务中，邀请政府官员出席组织开展的主要事件，尽可能地请加纳的官员在 AAU 机构担任职务；AAU 把通讯和其他出版物定期寄送给加纳政府和其他地方组织；将战略文本报送给政府审核,征询意见或建议。

- 依靠发展伙伴的物质与技术支持

非洲大学协会的发展伙伴不仅包括非洲次区域高等教育组织、区域性教育组织、区域性政治或经济组织,还包括联合国教科文组织、卡耐基基金会、欧洲大学协会、福特基金会等国际发展合作伙伴。

AAU 注重依靠发展伙伴的物质与技术支持,与很多发展伙伴签订了正式的协议,并与其官方网站建立了链接。在发展伙伴的支持下,AAU 与它们合作启动了很多项目。区域能力动员计划的挑战基金就是英国国际发展部出资的。非洲卓越中心项目中,AAU 作为负责协调各卓越中心区域伙伴,也收到了世界银行资助的 500 万美元运行资金。在远程教育项目中,非洲远程教育理事会给 AAU 提供了很大的技术支持。

（三）非洲大学协会高等教育一体化战略面临的挑战

尽管非洲大学协会的高等教育一体化战略,到目前已经取得了一定的成就,有可取的经验,但是它仍然面临着许多挑战。这些挑战来自组织建设、政策执行、项目实施以及外部环境。

1.组织权威面临的挑战

虽然非洲大学协会是由非盟建立的非政府组织,在全洲层面具有一定的影响力,但是它的权威有限。并非所有非洲高校都能认可和支持非洲大学协会的发展。相当尴尬的事件是,根据非洲大学协会 2012 年的官方数据显示,当时的成员大学数量是 270 所,但只有 163 所按时缴纳了会费[①]。许多成员大学长期拖欠着会费,不履行职责,导致非洲大学协会不得不对外公布那些按时缴纳了会费的"优秀会员名单",以作提醒,并规定 AAU 独资的一些项目（如学术交流项目）只能由这些按时缴费的大学申请。组织经费收缴不足、权威有限,难以保障非洲大学协会高教一体化战略的物质基础。

2.政策执行面临的挑战

非洲大学协会高等教育一体化战略的政策执行面临挑战。表现在:

一是宣传工作不到位。有研究者搜索并统计了非洲大学协会成员大学的官方网站,发现大部分网站都没有转载《战略规划 2011—2015》《核心项

① 楼世洲,彭自力.非洲大学协会战略计划(2011—2015)评析[J].比较教育研究,2012(12):8.

目 2013—2017》两个战略文本,更没有政策执行和战略实施的最新进展报道,只有尼日利亚的几所大学有小篇幅涉及。

二是成员大学对政策的理解不到位。AAU 的成员大学有来自英语、法语、阿拉伯语和葡萄牙语等语言区域,AAU 的战略文本应出台多个语言的版本。但是,由于条件的限制或欠缺考虑,《战略计划 2011—2015》和《核心项目 2013—2017》的文本都只有英语和阿拉伯语两种语言。尽管 AAU 的通用语言有英语、法语和阿拉伯语,但是很多会议还只用英语交流,这导致许多成员大学和所在国家不能完整地理解 AAU 政策的内容。

3. 项目实施面临的挑战

在项目实施上,非洲大学协会高等教育一体化战略面临的挑战更多。

一是非洲大学协会对一体化项目的评估不够,有些项目(如学术人员交流项目)没有进行评估和反思。而有些项目(如区域能力动员计划)虽然进行了中期评估、年度评估,但项目监管和评估部门的工作还不够有效,对出现的问题并没有及时反馈,出台切实有效的解决方案。经费制度不完善、报告发布延迟、项目覆盖不够广,都是项目实施中的普遍挑战。

二是项目实施的经费仍然严重依赖国际援助,使得项目的实施不得不顺应国际组织的意愿,而并非是非洲大学协会的本意,也不一定能满足非洲本土发展的需要。如在 2008—2009 学年,非洲大学协会的活动经费总额为 770 多万美元,而其中援助金额就高达 380 多万美元,将近占了总经费的 50%。[①] 非洲本土经济发展水平的落后,使得这种依赖援助的情况短期来看难以改观,项目成果对本土情况的适应性不得不打了折扣。而且,各种的国际组织、其他国家的援助理念和方式不一致,往往导致了一体化的项目难有持续性和关联性,某些活动或一而再地重复开展,或无人问津,被忽视遗漏。

4. 外部环境面临的挑战

除了以上与自身相关的挑战,非洲大学协会的高等教育一体化战略实施还受到外部环境的冲击。非洲大陆恶劣的政治经济环境、信息的巨大鸿沟、人才的严重流失等社会危机也在很大程度上影响一体化战略的成效。非洲的种族冲突、种族歧视、局部武装战争、政治民主遥远、经济发展滞后,

---

① 楼世洲,彭自力.非洲大学协会战略计划(2011—2015)评析[J].比较教育研究,2012(12):9.

也是潜在的威胁因素。

另外,非洲在全球化背景下是越来越"一体化发展"还是"一体化边缘",国际组织援助经费能否持续,其他国家能否一直在物质、技术、人才上支持非洲国家发展和地区复兴等等也都是不稳定的因素。

第四节　东非大学校际理事会的非洲高教一体化发展战略

如前所述,东非大学校际理事会在东非地区高教一体化进程中发挥的作用受到本地区成员大学和非盟的高度称赞。关于东非大学校际理事会,前文第一章第二节已有所提及。关于该理事会的发展历程、组织架构、发展目标、愿景、功能定位等,已有一篇硕士学位论文[①]进行了比较详细的论述。该篇论文源于本书所依托的课题,是该课题的成果之一。这里在此论文基础上系统梳理该理事会制定的东非地区高教一体化发展战略,包括这些战略的背景、内容、行动、结果及其特点等。

一、东非高教一体化发展战略的制定

(一)总体规划

东非地区高等教育一体化的发展源远流长。从历史上来看,东非地区高等教育的互动与合作起源于东非地区独立前,当时的马克雷雷大学(Makerere University)与内罗毕大学和达累斯萨拉姆大学成立了东非地区大学联盟,并以三校的合作和联系为使命展开了一系列活动。从实践上看,东非大学校际理事会自 2000 年成立以来,就将东非地区高等教育一体化的发展作为其使命,制定、通过和实施了一系列一体化发展的总体规划或相关法案,主要包括:东非大学校际理事会《滚动战略规划(2006—2010)》(Rolling Strategic Plan)、《滚动战略规划(2011/12—2015/16)》以及《战略规划(2016/17—2020/21)》。

为了使东非大学校际理事会更好融入东部非洲共同体,东非立法会于

---

① 姚菲.东非大学校际理事会教育一体化战略研究[D].浙江师范大学,2017.

2009 年颁布了《东非大学校际理事会法（2009）》作为其合法的运行框架规定了该理事会的目标、作用和机构设置。其中，该理事会的作用包括通过网络加强地区合作，连接东非地区和全球地区间大学和机构；开创、协助和鼓舞东非高等教育组织的发展；鼓励地区性合作性研究，以此提高高等教育卓越研究中心的发展。

在区域发展的整体规划中，《滚动战略规划（2011/12—2015/16）》作为东非大学校际理事会近几年最重要的整体指导方针，对整个区域高等教育的发展的指导性作用尤为关键，它以 2006—2010 年五年滚动战略规划和2009 年法案的经验总结为基础，以东非一体化为背景，在东非大学校际理事会的教育一体化发展战略中占据着核心地位，是其他具体领域的教育一体化发展战略的总体方针和行动指南。该规划作为东非大学校际理事会实施其十年远景规划（2006—2015 年）和协调《东非大学校际理事会法（2009）》的一部分，为东部非洲的整体发展提供了指导性方针。

《滚动战略规划（2011/12—2015/16）》的目标主要包括六大方面：院校治理结构改革和能力提升；资源的协调和可持续发展；对大学科研的支持；对 ICT 的支持；课程的协调；高等教育质量保障和一体化的发展。该战略围绕"高等教育质量保障""高等教育信息化"和"高等教育国际合作"三大重点主题，提出了具体的实施文件和战略。这三大主题不仅是东非高等教育一体化发展的重点领域，也是其一体化战略的重点发展方向，在东非发展中占据着关键性位置。

以高等教育质量保障为基础，以高等教育国际信息化为支撑，以高等教育国际合作为拓展。本书将在下文对这三大重点领域分别进行论述。

（二）高等教育质量保障战略

高等教育质量保障战略是东非大学校际理事会一体化总体规划中的三大战略重点之一。其主要内容如下。

1. 合作开发《东非高等教育质量保障框架》

为了实现高等教育地区协调发展，东非大学校际理事会与高水平的伙伴，如德国学术交流中心（DAAD）和德国大学校长联席会议（HRK），合作制定高等教育管理框架。2007 年，在德国合作伙伴组织的协同下，由肯尼亚高等教育委员会（CHE）、乌干达高等教育全国委员会（NCHE）与坦桑尼亚大学委员会(TCU)共同开发和实行了东非区域首个共同的高等教育质量保障框架。

东非高等教育质量保障框架的目标是"制定和维持东非地区高等教育可比性的高水平学术标准。特别是将重点放在增强东非高校的国际竞争力上,完善高等教育质量的地区性认可,积极致力于高等教育质量国际标准的认可"①。

框架包含了22项指标,内容广泛,包括评估方法、学生和教师资格认证、技术设备要求和学习成绩要求。

2.推动实施《东非高等教育质量保障框架》

为了更好实施高等教育质量保障体系,东非大学校际理事会和德国学术交流中心、德国大学校长联席会议共同组织了一系列活动,包括:组织东非大学、政府和监管机构的领导人就国内和国际高等教育质量保障体系问题的对话活动;集中培训东非大学校际理事会成员大学的质量保证协调和监管机构人员;开展50处自我评价和同行评价的研究试点;开发具体区域的基础标准的研究。这个项目由德国发展经济合作部门的基金资助。另外,也由德国和欧洲的其他几个研究所提供技术支持。

3.制定《质量路线图》并组织相关试点

为了更好地实施《东非高等教育质量保障框架》,各方代表讨论协商,制定了一部高等教育质量保障手册,即《质量路线图》(*A Roadmap to Quality*)。这本手册由东非和德国专家,参与的大学、监管机构的专家和利益相关者讨论协商,听取各方意见,在实践的基础上调整,由东非大学校际理事会的管理委员会审阅批准。这本指导手册共分为5卷,作为具体的高等教育质量保障方案实施。它们分别是:第1卷:关于课程方面的自我评估指南(旨在使教师/教学部门深入了解通过有效地自我评估方式来课程质量);第2卷:关于课程的外部评估程序和流程(通过专家团队对教师和课程进行外部评估);第3卷:制度层面的自我评估指南(旨在通过大学的集中管理和某些工具的使用来提高高等教育质量);第4卷:各机构的质量保障体系的实施;第5卷:东非地区的外部质量保障(旨在使读者了解非洲质量保

---

① IUCEA. Regional Quality Assurance Framework[EB/OL].(2010-12-04). http://www.iucea. org/? jc=qal.

障体系的背景知识和讨论全球化下的监管机构的作用)。[1] 为了保障高等教育质量外部评估的客观性,该《质量路线图》详细全面规定了专家团队的准备、团队初步会议和实地考察等方面。

为了保证和改进《质量路线图》,东非开展了自我评估试点。整合自我评估和外部质量评估,旨在更好达到评价手册的效果,并使成员大学获取使用手册的经验。共计 22 所大学参加了 26 项自我评估试点项目。通过培训和讨论,自我评估试点计划取得了一定的成效,为东非地区高等教育质量保障的进一步实施奠定了经验和基础。

质量路线图手册作为高等教育质量保障战略的指导性文件,是东非高等教育质量发展的基础。质量路线图的作用主要包括以下几方面:提供质量保障实施的最优方案;提供多组织制定的质量标准;对符合国际发展标准的东非高等教育质量保障体系的开发;通过对高等教育质量保障的自我评估探寻本土的质量标准、教学流程和工具。[2]

在质量路线图中,东非大学校际理事会就质量、高等教育质量、高等教育质量评估的标准展开讨论并界定了概念。

东非大学校际理事会将高等教育的利益相关者分为六类,主要有政府、学校、学术界、学生、家长和社会,认为每一类利益相关者对质量都有不同的理解,高等教育质量是学术机构和利益相关者之间的协商过程。[3] 而关于高等教育质量测量的标准,东非大学校际理事会综合考虑乌干达、坦桑尼亚和肯尼亚高等教育部门对其的标准,主要是从教学、研究和社会推广三方面来考量。

(三)高等教育信息化战略

随着互联网对人类生活的改变,教育也应跟随和适应信息化社会的特征,加快教育信息化已经成为全球教育的热点,是事关教育全局发展的战略

---

① IUCEA. Milestones[EB/OL]. [2014-11-10]. http://www. iucea. org/index. php? option＝com _content&view＝article&id＝107&Itemid＝446.

② IUCEA. Handbook for Quality Assurance in Higher Education：Volume 1[EB/OL]. [2014-12-15]. http://www. iucea. org/index. php? option ＝ com_phocadownload&view ＝ categories&Itemid ＝ 613.

③ IUCEA. Handbook for Quality Assurance in Higher Education：Volume 1[EB/OL]. [2014-12-15]. http://www. iucea. org/index. php? option ＝ com_phocadownload&view ＝ categories&Itemid ＝ 613.

抉择。而作为教育系统极其重要一环的高等教育,高等教育信息化的发展也成为教育发展的新方向和新前沿,高等教育信息化成为教育治理的重要手段和工具。在这样的背景下,东非大学校际理事会将高等教育信息化战略作为其区域教育发展的重要动力和"催化剂"。随着多种高等教育信息化发展政策的制定和颁布,东非地区高等教育信息化水平得到了质的提升。

东非大学校际理事会的高等教育信息化战略的制定是个长期而持续性的工作,其政策主要表现为两大方面:一是作为东非高等教育整体发展政策重要领域的高等教育信息化政策,如《滚动战略规划(2011/12—2015/16)》中13个重点领域的发展,其中包括 ICT 的应用和网络建设的能力提升;二是作为专门化高等教育发展政策的信息化政策,如东非大学校际理事会2009年制定的《ICT 总体规划》。

《ICT 总体规划》是在 2006—2010 年滚动战略目标的基础上形成的,是项目实施的详细而专业的指南,能够为东非大学校际理事会的成员大学在教学、研究和公共服务方面提供行之有效的战略支持,全面地提升东非地区高等教育的信息化水平。

该规划主要分为五大部分:项目和目标的总体介绍,实施方案的整体纲要以及本地区 ICT 需求,子项目和项目管理的具体描述,具体的实施要求,参考文献和附录。

《ICT 总体规划》根据总体目标和领域又划分为 11 个子项目[①]:信息通信技术部门的建立;数据通信设施和服务的提升;ICT 在教育领域的应用;东非大学校际理事会和成员大学的宣传和市场推广;综合管理信息系统的开发和维护;安全管理计划的建立、实施和维护;东非地区文件记录和信息传播的加强;东非大学校际理事会成员组织全球竞争性的加强;成员大学职员 ICT 技能的加强和提升;成员大学质量保障框架中 ICT 评估的发展;当地社区开发创新能力的加强。

从中可以看出,东非大学校际理事会的高等教育信息化战略,以数据通信技术系统的建立、开发、实施和维护为中心,以成员大学和东非区域社会

---

① IUCEA. Information and Communication Technology Masterplan(2009/10-2014/15)[EB/OL]. [2014-11-23]. http://www.iucea.org/index.php? option＝com_phocadownload&view＝categories&Itemid＝613.

为主要建设对象，以此来开展实施这一战略，为东非地区信息化的发展起到支撑作用。

为了加强项目实施，东非大学校际理事会从组织、可持续性和时间三方面的维度来加强管理。

在组织管理方面，为了保证总体规划实施的可持续发展，东非大学校际理事会建立了专门的信息通信技术指导委员会和政策部门。信息通信技术政策委员会由东非大学的专家组成，这些专家的任务主要是指引和监管总体规划和计划的实施。这个委员会作为促进各子项目团队实施和协调发展的部门，并邀请了技术专家的参与。信息通信技术指导委员会（简称DICT）是东非大学校际理事会的执行委员会下成立的部门，代表东非大学校际理事会秘书处和各利益相关者的利益，负责监管总体规划的实施。而在每个子项目实施的过程中，又会成立各子项目团队和咨询理事会，这些人员的构成主要来自于信息通信技术指导委员会的行政和技术人员。

在可持续性管理方面，总体规划主要从三个维度予以加强。一是组织维度的可持续发展，主要是指 ICT 部门的成立，它是各子项目实施的前提条件，明确了部门在总体规划实施中的职责范围。二是技术能力的可持续发展，主要表现为开放资源软件、网络管理、数据库管理、技术开发、硬件维修、网站设计和维护、信息通信服务和安全管理。这些需要相关熟练技术人才的引进、培养。三是财政维度，在东非大学校际理事会中开展信息通信支出预算，建立信息通信技术基金。

在时间管理方面，总体规划为每个子项目都做出详细的时间规划。总体规划开始于 2009 年 7 月，为期长达五年。表 3.12 是各子项目实施的时间表。

从该表可以看出，东非大学校际理事会是以建立相关信息化战略部门为基础展开的，其中按时间的先后顺序来看，任务一是部门的建立，最先展开，这是整个活动开展的准备，是前提条件；按实施的时间长短来看，任务十一创新能力的增强为时最长，并且最晚实施，创新能力的增强是在信息化建设完成并发展充分的情况下的结果，也是整个计划的最终目标。

《ICT 总体规划》旨在为 ICT 的建立、实施和监管提供指导性纲领，其目标主要包括四大方面：对总体规划各项子项目的目标、范围、活动和预期成果的确定和介绍；为各子项目的开展提供实施方案和指南；在发展目标的基础上提出综合性的发展方案,提供信息通信技术发展的专业知识;为各子项目提供发展的精准资源分配信息。

表 3.12　ICT 项目实施时间

	任务名称	起始时间	截止时间
1	部门建立	2009 年 7 月 1 日	2013 年 1 月 1 日
2	设施维护	2009 年 9 月 1 日	2014 年 1 月 31 日
3	教育应用	2009 年 7 月 1 日	2012 年 1 月 2 日
4	成员推广	2010 年 1 月 1 日	2010 年 12 月 31 日
5	系统开发	2009 年 8 月 20 日	2013 年 6 月 28 日
6	安全管理	2009 年 7 月 1 日	2013 年 6 月 28 日
7	文件记录和传播	2009 年 7 月 1 日	2013 年 6 月 28 日
8	竞争力增强	2009 年 7 月 1 日	2010 年 1 月 29 日
9	职员技能提升	2009 年 8 月 3 日	2013 年 6 月 28 日
10	质量保障 ICT 评估	2009 年 7 月 1 日	2009 年 12 月 24 日
11	创新能力增强	2010 年 7 月 1 日	2015 年 1 月 1 日

资料来源:IUCEA. Information and Communication Technology Masterplan(2009/10—2014/15)[EB/OL].[2014-11-23]. http://www. iucea. org/index. php? option = com _ phocadownload&view=categories&Itemid=613.

(四)高等教育国际合作战略

高等教育国际合作不仅有利于整合高等教育的资源,提高高等教育人才培养的素质和质量,加强战略竞争的优势,加速知识的集聚、溢出与扩散,并且对区域经济发展和科技的创新也发挥着重要的辐射作用,是高等教育发展的必然选择。[①] 因此,在全球化和经济一体化时代背景之下,加强高等教育的国际交流与合作是增强国家、区域和全球高等教育质量的必由之路。

东非地区的高等教育国际合作主要是以东非大学校际理事会为媒介来进行的。而东非大学校际理事会的高等教育国际合作方式主要分为两种。一种为国际支持,主要表现为国际组织或者其他专业性组织的技术、资金、人员等方面的支持和指导。如德国学术交流中心、德国大学校长联席会议在东非高等教育质量保障体系中发挥了重要作用。它们组织了东非地区大

---

① 张海英.高等教育合作与经济发展互动关系研究[M].天津:天津大学出版社,2014:4.

学高级领导、监管机构的高等教育质量保障体系的对话活动;为东非地区高等教育质量保障培训活动提供技术和人员支持等。另一种主要表现为项目合作,即作为国际合作主体与其他的国际组织、国家、学校等开展合作,互利共赢。如人才交流和交换项目、东部和南部非洲卓越中心计划的制定和实施等。

东非大学校际理事会为东非地区高等教育国际合作开辟了很多新领域。而东非大学校际理事会促进东非国际合作的高等教育战略,主要体现在东部与南部非洲高等教育卓越中心计划的制定和实施。①

二、东非高教一体化发展战略的实施

(一)战略规划的实施项目与行动

三大五年战略规划的实施项目与行动,主要体现在以下六大领域。

1. 促进院校治理结构改革和能力提升。(1)修订 2009 年颁布的《东非大学校际理事会法》:建立法案制定和修订的框架;向理事会提交经修订的法案;制定实施法案的规范。(2)提高理事会的市场推广能力:修订和实施市场推广战略;重新设计能代表所有伙伴国合作的标志;提高市场推广能力,开展与企业的合作。(3)审查东非大学校际理事会的体制结构:建立审查工作组;提出结构优化的相关建议;体制结构的修订和实施。(4)改善员工工作环境和条件:修订职员和财务管理规范;制定并实施人力资源政策;制定员工福利政策和实施方案;增强人力资源管理能力。(5)建设东非大学校际理事会总部:为总部建设制定和实施筹资战略;选择承包商;实施施工计划;建设现代基础设施和设备。(6)改善秘书处的通信技术环境:修订信息通信技术政策和实施框架;建设数据通信基础设施;开发集成管理信息系统。

2. 促进可持续发展的资源协调和优化。(1)拓宽活动资金的多样化来源:制定和实施资源协调政策和实施方案;建立资源协调部门;制定和实施资金支持方案;制定利益相关者和发展伙伴的咨询框架;制定关于成员资格和会费的动态政策;制定和实施直接预算战略;制定和实施合作伙伴国家支

---

① 万秀兰,李佳宇.非洲高等教育卓越中心建设及中国参与——以世界银行"非洲高等教育卓越中心计划"为例[J].比较教育研究,2019(4).

持战略。(2)优化运营成本:优化财政资源的分配和使用;定期准备和提交财务业绩报告;合理使用办公服务和设施。(3)增强对高校的资金支持:为政府和私营机构制定财政战略提出建议,增强对高校的财政支持;促进高校资助项目共同开发;促进和支持区域大学与国外大学的合作伙伴关系。(4)增强东非大学校际理事会的透明度:扩大传播和宣传活动;制定和整合战略;提高利益相关者活动的参与度;开展东非高等教育论坛和年度展览。(5)提高组织国际竞争力和员工的工作效率:培养创造力和创新精神;促进工作人员参与决策过程;促进终身学习体系的建设。

　　3.强化对高校学术和网络系统的支持,提升高校学术能力。(1)扩大成员大学学生及教师交流项目:建立学生交流奖学金项目;成员大学课程、资信证书和学费一体化结构的发展;开发和实施教师和学生交换政策。(2)将东非共同体的理念纳入高校课程和研究计划中:制定将东非共同体的理念纳入高校课程的指南;支持各专题领域的研究;为学者和利益相关者建立一体化发展论坛。(3)提高高校教育公平和性别平等:制定并共享教育公平指南;促进和提高成员大学对性别问题的认识;制定促进女性教育发展的战略;制定和分享高校实施性别平等的战略和经验。(4)建立大学领导力培训计划:制定不同水平大学领导和未来领导的培训计划;为领导力培训动员和协调资源;制定和分享初级讲师培训计划和经验;建立学生领导力发展和经验分享论坛。(5)开发不同学科的联合研究生课程:建立多学科的卓越中心;建立联合研究生监管机制;调动研究生资源,建立奖学金项目;促进科学技术和工程相关学科的联合开发。(6)制定高等教育国际化战略:促进东非学生区域外实习计划的发展,建立东非大学与区域内外大学的教师学生交流项目和课程;与其他组织(如 ANIE)合作,共同促进高等教育国际化的发展;促进区域内外大学联合教学、监督和考试。(7)开展学术群体合作活动和学术论坛:为区域重点发展领域制定主题活动;制定专题宣传战略;促进建立各领域专家的合作网络联合开发各领域的课程;促进教科书等学术资源的共享。

　　4.增强社区研发、协调和支持系统。(1)建立东非大学校际理事会研究协调部门:评估建立其研究协调部门的需求;制定和开发研究协调部门结构和职能;聘任部门工作人员;在高校建立研究小组;组织工作人员能力建设讲习班;管理和协调高校研究工作。(2)制定高校研究需求发展计划:增强和促进大学、政府和私营部门的合作和研究;开发和支持大学研究员和私营部门的协作网络;确定区域研究重点领域或主题;建立区域研究人员和研究项目的数据库统;确定特定学科实力突出的机构。(3)增强创造力、创新和科研支持能力:制定和分享支持和促进员工创造力和创新的政策;开发和实施高校创新基金;记录和分享区域创新发展;开发研究和创新部门;促进高校创新研究部门的建立;支持大学对优先发展领域的研究;协调和促进合作伙伴国家知识产权制度的建立;促进私营和其他利益相关者开发课程和创新研究的活动。(4)提高研究能力:促进和支持高等教育卓越中心的研究;开展高校研究管理培训;建立研究人员和研究项目数据库;促进高校研究基础设施改进;建立促进高校高质量研究成果的激励机制;征求政府和其他方面对高校研究的资源支持;促进区域研究伙伴关系网络的建立。(5)建立高等教育研究数据库:开发区域高等教育研究数据库;制定高校数据库计划;确定并支持高层次学术人员教育研究项目;开发高等教育研究计划;协调本地区教育研究的资源;建立高等教育研究数据库。

5.增强 ICT 对高校学术研究的支持能力。(1)改进信息通信技术政策框架:修订和分享支持成员大学信息通信技术发展的政策;修订和分享信息通信政策和总体规划;支持大学制定信息通信政策。(2)建立数据和通信基础设施,支持高校网络建设:支持大学改善当地的信息通信基础设施;建立大学联盟,降低网络成本;促进大学间的经验分享。(3)改进高等学校的综合管理信息系统:评估高校当前的管理信息系统需求和对应的解决方案;制定和分享执行信息系统的准则;大学采用综合管理信息系统。(4)提高高校教学、学习和研究中信息和通信技术的应用能力:促进信息通信技术在教学中应用模式的改进;提高教师的教学技能;促进电子资源的开发和共享;促进教学用具的联合开发和使用。(5)开发获取和分享高校学术资源的学术研究信息系统:建立最先进的信息资源中心;更新网络系统;为大学建立虚拟图书馆;增强全球电子资源的获取和共享能力。(6)制定大学信息通信技术应用指南:开展信息通信技能差异评估;促进信息和通信技术培训方案的发展;促进技术和行政人员的信息通信技能增强;支持信息通信人力资源能力发展。(7)信息通信技术在开放和远程教育中的多样化应用:制定高校远程教育信息通信技术应用方案;建立远程教育和开放性系统部门;促进大学间电子学习教育资源的分享。(8)建立多种区域高等教育数据库:识别和记录教育信息和数据；开发和操作数据库系统；推广东非高等教育的信息教育；完善东非大学年鉴。

6.促进质量保障和高等教育一体化发展。（1）为东非大学制定区域质量保障框架：制定和实施区域质量保证系统；制定具体的保障标准；发展东非学分积累和转换系统；开发东非高等教育质量标志。（2）增强高校质量保障能力：制定高校建立质量保障的框架；促进和支持高校质量综合管理（TQM）；培养高校质量保障技能和能力；开发、颁布和不断改进质量保障培训模块；建立区域质量保障网络。（3）建立区域高校学历互认制度：记录合作伙伴国家学历和资格证书；开发和实施东非资格认证框架；向利益相关者推广东非的资格框架。（4）建立区域高层教育认证系统：识别合作伙伴国家的现有认证制度；制定协调区域大学和机构认证的方案；与 IUCEA 各国家委员会和伙伴国合作建立统一系统。（5）开发创新高等教育课程框架：记录东非大学课程开发方案；制定课程开发和审查指南；培养成员大学工作人员的创新和课程开发能力。

东非大学理事会对这些项目和行动进行了监控与评估。这里以《滚动战略规划（2011/12—2015/16）》的监控与评估为例。

为了《滚动战略规划（2011/12—2015/16）》更好地开展，东非大学校际理事会建立了独有的监控机构，即东非大学校际理事会项目管理部门（Programmes and Projects，简称 P&P）。项目管理部门就执行情况定期提交报告，供管理委员会审查。部门基于战略规划和年度预算制定年度工作计划，用以指导战略的实施。战略的顺利实施需要定期监测滚动战略规划的执行活动，以便确保按时完成预期目标，并确定计划偏差的措施干预，以及评估干预措施的结果。

东非大学校际理事会制定了监测和评估指南及相关文件用于指导战略计划的实施。项目管理部门的业绩报告用于评估滚动战略年度工作计划目标的实现水平。评估的方法包括实地考察、协商会议、电子监测和由工作人员填写的评估问卷。[①]

各部门以监测和评价指南为行动纲领，提交每月、每季、每半年的监测成果，由东非大学校际理事会的项目管理部门审查。

---

① IUCEA. Rolling Strategic Plan (2011/12—2015/16)[Z]. Kampala, Uganda, 2011:43.

滚动战略规划在实施期间和结束时进行中期评估,以审查达成目标的水平,偏差和偏差原因,计划实施期间资源的利用率。《滚动战略规划(2011/12—2015/16)》的中期评估结论是,该规划"在相当大程度上取得了成功,反映出所用资源适得其所,规划得到了有效的实施"①。

(二)高等教育质量保障战略的外部质量评估

外部评估(课程层面)是《质量路线图》手册的一部分,是支撑东非区域质量保障活动工作组研究结果的一部分,主要是外部专家团队对评估流程和过程的描述。通常,外部评估是由高等教育的外部组织或者团体进行的。专家委员会以国际质量标准为参考,同时结合东非地区的本土情况进行质量评估。同时,专家团队也不能忽略不同地区和不同国家的发展差异。

在外部专家团队开始去大学实地考察之前,和课程相关的职员或者部门应该对自己的课程进行自我评估。自我评估是大学监测自己课程质量的重要工具。一项好的自我评估,仔细、客观和分析性强,能够使职员和课程部门对其质量和专业性有更充分的认识。但是,自我评估远远不够。我们都有盲区和理所当然。所以,局外人的视角是很需要的,局外者可以更加客观并且能够更容易看到我们的优劣。外部评估相对于自我评估更权威。

外部评估的实施是由专家团队承担的严密而计划有序的过程,主要包括评估准备、评估的实施和评估成果展示三个步骤。②

1.评估准备

评估准备主要包括人员准备、专家准备和会议准备。

(1)人员准备

外部评估专业人员主要包括专家团队和团队秘书。有效的专家评估团队可能至少需要5名成员。其中包括一名团队负责人——负责人并不需要是领域中的专家,但是要在教育界具有权威性,具有高等教育组织的管理经验,熟知国内外教育发展趋势;两位课程领域的专家;一位人力资源领域的专家,熟知劳动力市场;一位教学领域的专家。专家团队的成员需要遵循以

① IUCEA. Strategic Plan 2016—2021[Z]. Kampala,Uganda,2016:15.

② IUCEA. Handbook for Quality Assurance in Higher Education:Volume 2[EB/OL]. [2015-04-20]. http://www.iucea.org/index.php? option＝com_phocadownload&view＝categories&Itemid＝613.

下原则:独立性原则;无利益冲突;保密性原则。为了确保成员能够遵守此原则,要求所有成员签署独立宣言书。东非大学校际理事会为每一个项目团队配备一名秘书。主要负责监督评估框架制定过程;审核自我评估报告的完成度和要求;联系、沟通课程教师或者部门;评估流程的归档工作。

(2)专家准备

专家准备包括专家对任务的认知、专家培训、材料准备工作三方面内容。

在评估之前,专家团队必须要对评估的任务和评估流程等形成统一的意见。专家团队的任务主要是两方面。第一,形成对课程水平和质量的相关意见。包括职员所提供和实地考察讨论后的教育的组织情况和毕业生的质量。在评估中,团队必须调查学生对教育的要求和期望。第二,对质量提升提出意见。团队成员都是某一领域的专家,但是在评估或者质量评估方面经验很少。因此,在评估之前需要培训。所有的成员需要对质量和质量评估有一个认识。培训最基本的方面包括:什么是质量;质量如何测量;如何运用评估模型;如何认识其他权威机构制定的标准;如何形成评估参考框架;如何检阅自我评估报告;如何形成问题;如何组织访谈;在评估中如何表现;如何撰写外部评估报告。

材料准备主要包括两项。

第一项材料是专家团队对评估报告进行研究并讨论后形成的相关建议。在教师将自我评估报告递送给评估小组后,在团队开展准备会议之前,成员需要对报告进行仔细的研究。每一个成员都需要对自我评估报告的以下问题做出思考:这份报告是否充分体现了分析性和批判性;教师所面临的问题是否很清晰地得到呈现;教师对问题的解决方案是否呈现得清晰;根据报告的描述,能否形成关于课程的观点;实施的结果是否达到了预期的学习目标;学习的目标在课程中能否充分展现;课程能否反映足够的学术内容;课程的设置是否平衡;报告中描述的课程是否在预定时间完成;通过这些课程能否教授出优质的毕业生。成员将问题的答案交给团队负责人,负责人将通过这些信息判断报告信息的充足性并决定是否进行实地考察。

第二项材料是涉及学生课程或者论文的工作。最终的课程表现是重要的评估工具,因为它可以帮助团队成员对课程的内容和水平形成深入的认识。最终的论文能够更好地反映学生在独立学习中如何应用知识、技能和呈现学习态度的。通过查看毕业设计的内容以及老师对学生作品的评论和分数,团队对教师队伍的水平也有了深入的认识。在评估之前,教师需要将毕业设计合格的评估列表递交过来。负责人将清单分发给每位成员,成员必须要审阅至少两年的作品,然后对这些论文形成自己的观点:论文的研究目的或者假设的形成是否合适;论点是否具有逻辑性和一致性;结论是否和呈现的材料一致;研究方法的运用是否正确;论文的材料是否可查阅;基本内容是否清晰和具有操作性;所选的方法和技术的应用是否正确;标注和注释是否清晰以及内容编辑前后是否一致。在材料准备好以后,专家团队就可以就这些材料在准备会议中讨论了。

（3）会议准备

通常专家团队在进行实地考察之前都会会面,为评估做准备。会议在实地考察的前一天举办。会议的主题是:制定具体的评估框架并提出意见;就自我评估报告进行讨论,并形成实地考察的问题;对学生毕业论文的讨论;就实地考察计划进行讨论。团队准备会议的目的是将松散的团队统一化,在评估之前形成统一的思想和意见。

2.评估的实施

在准备会议之后,团队就需要开始实地考察。实地考察的内容主要包括以下几方面:项目的目标或者预期的学习成果是否清晰地呈现;在课程中如何展现;考试的内容能否反映课程的内容;毕业生是否真实地获取了知识、技能和学习的能力。团队的任务就是寻找高校质量的事实证据,通过自我评估报告、访谈、学生毕业论文、考试试卷和评价、课程等方面来呈现。[①]

实地考察方式的挑选主要围绕实地考察的内容来进行,方式主要为访谈和考察。访谈对象主要包括学生和教职工。对学生的访谈,主要涉及教师教学与课程的相关性和一致性、学习目标或者成果、课程的组织等方面。对学生的访谈需要在教师不在的情况下进行,每一组访谈的理想人数是 10 位。每一组学生就不同年级的学习情况进行阐述。学生的抽选最好是采取随机和匿名的形式。对教职工的访谈,主要针对课程内容、课程的目标和预

---

① 　IUCEA. Handbook for Quality Assurance in Higher Education: Volume 2[EB/OL].[2015-04-20]. http://www. iucea. org/index. php? option = com _ phocadownload&view = categories&Itemid = 613.

期结果,包括考试、试卷、毕业生的研究报告等。以每 10 位一组的形式开展。对教职工的访谈包括对课程委员会和考试委员会的访谈,涉及课程内容的更新和课程的改革。

考察主要是对学校的设施进行考察,分为几组同时进行。考察的范围主要是报告厅、讨论室、生物实验室、实践室、图书馆等,同时包括对学生学习氛围的考察。

从表 3.13 实地考察的方案我们可以看出,东非大学校际理事会外部评估时长一般为三天,计划严密而周详,对每一步骤的时间点和内容都有着详细的规定。

表 3.13　实地考察的方案

时间	活动内容
实地考察前一天 15:00	成员在宾馆汇合,就以下问题展开讨论:自我评估报告;具体的问题;课程
18:00	签到;晚餐
第一天 9:00—17:00	访谈:自我评估报告的撰写者,学生,教职工,课程/考试委员会,助教
19:00—20:00	晚餐
20:00	第二天的计划、第一天的成果讨论
第二天 9:00—11:00	教职工的访谈; 如果需要,展开第二次访谈
11:00—12:00	管理部门的会面
12:00—13:00	午餐
13:00—16:00	研究成果的提交
16:00—16:30	学校教职工部门的反馈

资料来源:IUCEA. Handbook for Quality Assurance in Higher Education:Volume 2 [EB/OL].[2015-04-20]. http://www. iucea. org/index. php? option = com _ phocadownload&view=categories&Itemid=613.

3.评估成果展示

评估成果的形成是一个烦琐的过程。评估成果书写主要是在评估考察之后的第二天下午开始,首先成员需要完成各自的考察清单,在讨论之后,由负责人和秘书共同完成评估报告。在评估报告初稿完成后,团队成员就初稿进行讨论。在修改后递交至东非大学校际理事会。东非大学校际理事会形成意见并向学校教师反馈,之后评估负责人撰写最终的评估报告。

从表 3.14 的评估报告内容中我们可以看出,外部评估报告的内容主要包括三部分八大章节,包括评估团队结构、评估内容(学习效果、课程、人员、质量、成果、满意度)和评估结果(优劣势分析),内容全面详细,制定科学。

表 3.14　评估报告的内容

简介 外部评估的背景;团队的组成;大学和课程委员会的简介;课程简介
第一章:利益相关者的需求和预期学习效果
第二章:课程 课程专业性、课程内容、课程组织方式、教学内容、学生评价
第三章:人员 学术人员的素养、行政人员的素养、学生、学生建议、基础教学设施
第四章:质量评估 学生评估、课程设计、教职工发展课程、标准线、利益相关者的反馈
第五章:成果 学生、毕业生、合格率和辍学率、学习平均时间、就业率
第六章:利益相关者满意度 学生意见、毕业生意见、劳动力市场意见、社会意见
第七章:优劣势分析 优势、劣势、建议

资料来源: IUCEA. Handbook for Quality Assurance in Higher Education: Volume 2 [EB/OL]. [2015-04-20]. http://www.iucea.org/index.php? option = com_phocadownload&view=categories&Itemid=613.

(三)高等教育信息化战略的实施

总体规划的具体实施主要是通过 11 个子项目来展开的,下面主要就这 11 个子项目的实施范围与效果进行介绍。[①]

ICT 部门的建设。这主要包括建立 ICT 部门;任用、调遣、培训重要职员,包括新成立的 DICT 部门的负责人、成员大学的 ICT 项目负责人;招聘和培训信息通信技术技术和项目职员(系统管理员、网站管理员、项目助教、技术人员)。此项目的经费为 2382064 美元,主要用于软硬件资源的购置、DICT 部门的人力资源培训和咨询服务方面。

---

① IUCEA. Information and Communication Technology Masterplan (2009/10—2014/15)[EB/OL]. [2014-11-23]. http://www.iucea.org/index.php? option = com_phocadownload&view = categories&Itemid=613.

　　数据通信设施和服务的提升和维护。此项目重要的是建设东非大学校际理事会数据通信基础设施。其中包括：东非大学校际理事会所有部门局域网的连接；为成员大学和其他合作伙伴提供地区内电子资源；秘书处数据中心的建立；东非地区的"国家研究与教育网络"的建立，用以促进成员大学间资源共享。本项目的总花费为454200美元。主要用于设备的购置（如空调、电话、备用电源、警报系统的购置、硬件设施、软件设施、日常开支和资源共享平台购入）和人力资源的开发。

　　集成管理信息系统开发和维护的加强。此项目的实施主要包含两大方面：一是东非大学校际理事会秘书处集成管理信息系统的开发；二是提高成员大学对此系统的运用率，包括大学组织对此系统的研讨和相关研究。集成管理信息系统主要包括五大方面：财政、人力资源、项目处理、文件记录处理和资产跟踪。集成管理信息系统的建立主要包括以下方面：集成管理信息系统方案的设计和操作的评估；对成员组织现存的集成管理信息系统的调查和应用。通过开发和维护集成管理信息系统，东非大学校际理事会为东非信息化的推广提供了技术支撑，包括设计秘书处集成管理信息系统安全的解决方案，促进成员组织对集成管理信息系统的采纳。集成管理信息系统项目经费总计为656600美元，主要包括硬件、软件的购置和人力资源的培训工作。

　　安全管理计划的建立、实施和维护。此项目的开展包括制定全面的信息通信安全管理方案和安全应对政策和措施。其中信息通信技术安全管理包括制定风险评估，依据风险评估报告制定、出版和实施信息安全政策，就安全问题对东非大学校际理事会职员进行培训，加强安全意识。安全管理政策实施包括：评估信息安全风险，保持可接受范围内的风险存在，通过运用信息安全风险评估来选择更高效率的安全控制手段，平衡应对潜在损失的费用，颁布突发性应对文件等。通过安全管理项目的实施，员工熟知了信息通信技术相关风险，因此降低了网络安全风险，并且制定和颁布了信息通信技术安全原则和方案。

　　ICT在教育中的应用。此项目主要开展了以下活动：分享东非地区内外网络学习的现存经验；提升成员组织在网络学习、远程教育和虚拟大学系统方面的学习经验；增强网络学习的技能；开发电子知识库。项目的实施提高了大学入学率，增加了具有高技术技能的劳动力，这是信息化战略发展的人员和劳动力准备。

东非地区文件记录和信息传播能力的加强。信息资源的传播活动主要包括信息资源中心的建立、职员聘任和培训、购置信息资源设备等方面。项目活动主要包括:信息需求评估,信息资源中心的建立,重要员工的聘任,软件开发的整理,电子数据库的建立,成员大学电子目录,成员大学资源共享的知识管理基地的建立,资源共享和合作的一体化框架的制定,ICT 设备的购置,网站创建等。

东非大学校际理事会成员大学国际竞争力的提升。此项目的实施活动主要包括订阅全球电子资源,满足成员大学对科研、教学的信息需求,提升成员对资源的利用率。

东非大学校际理事会和成员大学的宣传和市场推广。此项目的实施主要包括东非大学校际理事会综合动态网站的建立,电子宣传和市场推广研讨会及工作室的组织,促进成员大学的合作,技术人员网站设计研讨会及工作组的成立,成员大学的电子目录的建立(包括信息、资质、课程、规范)等。通过网络的建设,本项目实施的效果主要涉及信息管理框架得到调整、操作程序得到优化,基本建立了崭新的综合性的网站,成员基本具备了更新网络的技能。

东非大学校际理事会和成员大学员工 ICT 的加强和提升。东非大学校际理事会开展了以下活动:提高信息和通信技术培训项目的实施和开发;在相关组织的咨询帮助下,制定出初步技能评估并安排相关培训课程;组织为期五年的培训工作室和研讨会。

当地社区开发、创新能力的增强。组织系列活动,促进社区对多方面政策和应用管理的认识(比如学术、电子学习、人力资源、财政、预算、资产、支付、文件、图书馆),对当地或者区域资源的认识,对专业知识的掌握。组织重要领域技术人员和开发者的研讨会,合作开发和实施一系列重点项目,并与其他社区和网站建立了基本合作关系。

东非大学校际理事会和成员大学质量保障框架中 ICT 评估的发展。包括促进 ICT 质量保障指导方针的正常运转,制定质量保障能力建设和框架开发的最优方案,以及对最优方案的研究和掌握。通过项目的实施,该理事会和成员大学中质量保障框架的 ICT 能力得到很大的提升,比如对信息资源和服务的认知,安全维护、风险评估和政策实施的能力;ICT 的质量保障审计系统也得到开发和运用。

三、东非大学校际理事会教育一体化发展战略的特点、挑战及建议

东非大学校际理事会教育一体化战略的制定和实施主要包括四大方面:高等教育一体化发展战略的总体规划;高等教育质量保障战略;高等教育信息化战略与高等教育国际合作战略。此处分析和总结东非大学校际理事会教育一体化发展战略的特点、成功的经验和面临的挑战,并思考中非合作的路径,对深化中非合作的启示。

(一)东非大学校际理事会教育一体化战略的特点

东非大学校际理事会一体化发展战略的经验,可以从东非大学校际理事会的内外两方面来总结。一是该理事会对外依靠政府的权威,重视国际、区域与地方利益相关者的合作,依靠合作伙伴的技术、资金和经验的支持以及重视本土化特色;二是对内强调组织架构的完备性、组织人员的区域性和专业性。

1.依靠政府

作为官方区域性教育组织,东非大学校际理事会在教育政策制定、实施和监管方面都得到政府官方部门的支持,政策制定更加科学化,政府对其政策的推动力、政策的权威性以及官方资金的支持都是其一体化发展战略成功的原因。例如,东非区域高等教育质量保障框架的建立,就是在德国合作伙伴的协同帮助下,由肯尼亚高等教育委员会、乌干达高等教育全国委员会与坦桑尼亚大学委员会开发并实行的,这种由官方部门参与制定并实施的项目和活动,能够保障项目更顺利地进行和实施,更具有权威性。

2.重视合作

东非大学校际理事会高等教育一体化战略重视与利益相关者的合作,主要体现在三大方面。

一是国际合作。得益于世界组织及英国、德国等发达国家的技术、资金、经验和人员的支持,该理事会战略的制定和实施有了更好的保障。例如,东部与南部非洲高等教育卓越中心项目方案是由世界银行和坦桑尼亚教育和职业培训委员会联络 70 余名东部和南部非洲国家代表、6 个区域组织和 5 个伙伴机构(万事达基金会、德国学术交流中心、英国海外志愿者服

务社等)代表共同研讨出来的。该理事会是世界银行非洲高等教育卓越中心第二期的主要合作伙伴,也与德国学术交流中心、德国大学校长联席会议等国际组织开展密切合作。

二是区域合作。东非教育一体化的实施主体包括东非地区高校及教育组织,整个发展战略的成功来自于区域内各国、各成员大学、各教育组织的合作和协调。东非教育一体化战略的实施包含着东非区域的大学、组织、政府,也包含着区域合作项目的制定和实施,更好地调动、协调和共享区域内的教育资源,促进一体化的发展。

三是相关利益主体的合作和互动。东非大学校际理事会在战略制定上综合考虑多方相关者利益,包含高校、企业、社会和政府;注意开发多方资源,调动多方作用。在政策实施上,依靠多方力量。在《质量路线图》高等教育质量评估的内容方面,一是区别不同利益相关者的质量需求,充分考虑学生、学术界、劳动力市场和政府对质量的理解;二是吸纳每一个角色对质量的界定,使其包含更多利益相关者的期望。

这些合作伙伴为东非大学校际理事会提供了技术、资金和经验的支持,帮助该理事会在战略制定、实施和监管多方面得到很大提升,也帮其建设和开发国际网络、共享网络资源。

3. 重视本土化

东非大学校际理事会高等教育一体化战略的制定和实施都极其重视本土化,根据区域发展的特殊性来调整其发展的重点和差异性。

一方面,东非大学校际理事会政策制定上体现本土化特色和自身独特性。虽然东非高等教育一体化发展的战略是在外部合作伙伴关系的支持下形成的,但是,东非也根据其自身发展需求和情况进行调整。《信息通信技术总体规划》实施的主要内容包括信息通信技术部门的建立、数据通信设施和服务的提升、综合管理通信系统的开发等 11 个方面,但从其内容的重点可以看出,针对东非地区信息通信系统薄弱的情况,其信息化战略主要侧重于基本设备的购入、信息化系统的设立,更注重基础性。

另一方面,东非大学校际理事会也针对其政策实施的区域差异性进行一些调整,尽可能地使战略能满足不同国家的发展需求。

4. 体现专业性

非洲教育专业组织,无论组织的架构,人员的配备,还是组织运作的模式,都深受发达国家影响,表现出组织的成熟性和专业性。

就东非大学校际理事会所制定的发展战略而言,该组织所体现的专业性,表现在战略内容的完整性和战略评估与监管的科学性方面。

该理事会的教育一体化战略分为四大部分,有四个重要文本对其一体化发展战略都有着完整的阐述,它们是《滚动战略规划(2011/12—2015/16)》《质量路线图》《信息通信技术总体规划》《东部与南部非洲高等教育卓越中心计划》。这些战略框架都有很强的整体性。这四大战略设有明确的战略目标、战略实施方案和监督评估机制。以《质量路线图》为例,东非大学校际理事会高等教育质量体系的内容包括五卷,既包括内部质量评估,也包括外部质量评估;既包括评估的人员、专家和会议的准备情况,也列有评估时实地考察的内容和成果展示;既包含质量评估的框架的建立,也包含质量评估实施的具体清单。

在战略评估和监管上,东非大学校际理事会每一战略文本的实施和评估都设有专门的机构来监管,并对其实施的效果和经费都有着详细的规定。以《滚动战略规划(2011/12—2015/16)》为例,为了更好地监管和实施此规划,东非大学校际理事会设立了专门的项目管理部门,并就项目的执行情况定期提交报告,供管理委员会审查,制定了监测和评估指南,用于指导战略计划的实施。

(二)东非大学校际理事会教育一体化战略面临的挑战

虽然东非大学校际理事会教育一体化发展战略取得了不错的成绩,但是在战略制定和实施的过程中也面临着不少的挑战,比如,整体社会经济发展水平有限,带来一体化所需要的治理能力和客观条件的限制,区域内部各国情况有差异性,缺乏技术、人员、资金与经验。再比如,教育管理的主权让渡有困难,与官方教育政策和文件相比,东非大学校际理事会政策和活动的权威性和影响力有着很大的差距。

不过,这些与其他教育专业组织面临的问题都比较接近,属于共性问题。将在本书的第九章进行专门论述。

这里需要强调的是,虽然东非大学校际理事会作为区域性的半官方组织,有官方组织的参与和介入,但是其权威性有着很大的局限。该理事会的成员大学虽然已有90多所,但是私立大学占多数,并非所有的高校对东非大学校际理事会的政策都认可和接纳。

（三）我国参与路径建议

中非教育合作与交流已经有了一个坚实的发展基础。着眼于未来，在经济全球化和一体化的背景下，在国际政治多极化的世界格局中，非洲需要中国，中国更需要非洲。进一步地增强中非合作的力度，拓宽中非合作的领域和途径，是中非合作的发展趋势和方向。

通过对东非大学校际理事会概况及其教育一体化发展战略的研究，我们可以看到东非大学校际理事会作为非洲区域组织在东非发展的重要地位和突出性贡献，研究东非大学校际理事会，对我国拓宽和优化中非合作路径有着一定的借鉴作用。

1. 重视并研究非洲区域组织

随着经济的一体化发展，非洲区域组织在非洲发展方面的贡献和作用不容小觑。非洲教育区域组织在非洲教育发展方面有着不可替代的作用，其在教育战略制定、实施方面，在对非洲发展的问题方面最有发言权，所以我们必须要重视并研究非洲区域组织，必须要认真听取和充分尊重非洲区域组织的意见，进一步加强和非洲区域组织的合作，总结和吸取与非洲区域组织合作的经验，这是我国进一步加强与非洲合作的应有之举。

2. 扩宽中国与东非高等教育合作的路径

东非大学校际理事会在非洲区域发展中的重要作用和地位，为我们的非洲研究和中非合作提供了新视角。研究非洲区域组织具有重要意义，在认识的基础上对其区域组织的发展重点和发展方向进行深入研究和把握，以此为切入点将拓宽中非合作的路径。

一直以来中非合作和援助的有效性问题困扰着我国的教育决策者，而加强对非洲区域组织的研究和了解，能够更全面更直接地把握非洲发展的重点、难点，能更有效地把握非洲发展的当前需要，使得中非合作更加切合非洲发展的实际，更加对症下药，从根本上提供帮助。通过对东非大学校际理事会教育一体化发展战略的研究，建议中非合作，中国教育决策者要把合作的重点放在非洲区域组织发展战略中的重点和难点，以此为切入点，拓宽中非合作的路径。

结合东非大学校际理事会教育一体化发展战略的重点，我国与东非高等教育的合作,可以从以下几方面来考虑。

(1)合作参与东非高等教育质量保障体系建设

东非大学校际理事会将高等教育质量的保障作为全区发展的重点,所以建议中国与东非的合作将东非区域性高等教育质量保障作为重点,我国可以在技术、资金和经验等方面,开展东部非洲高等教育质量保障体系的援助,帮助其建立高等教育质量保障框架,实施全区范围的高等教育质量保障评估,加快质量保障框架的覆盖,不仅可以由中国官方教育组织对其开展援助,还可以拓宽援助主体,积极吸纳技术公司的参与。

(2)加强与东非机构在高校信息化领域的合作

我国可以帮助东非高校信息化的发展,考虑到东部非洲高等教育信息化发展薄弱的情况,应将重点放在信息化发展的基础水平上,购置相应的硬件和软件设施,购置信息化设备,在此基础上帮助其培训信息化技术人员,帮助其建立信息化网络,随后帮助东非开发和维护信息化软件,培训高校员工和学生对信息化技术的掌握和提升,使其更好地应用于教学中。

(3)加强与东非高等教育卓越中心项目的合作

东非大学校际理事会重视高等教育卓越中心项目的实施,我国可以帮助东非高等教育卓越中心项目的发展,将重点放在对卓越中心项目员工的培训上,帮助其掌握高等教育卓越中心选择的相关流程和原则,针对其专业技术和研究缺乏的情况,援助其科研项目的发展,购置研究设备和培训研究人员。

(4)加强与东非人才交流项目

拓宽中国与东非留学生互换项目的领域,设置合理的奖学金项目,吸引东非留学生来华。通过与东非大学校际理事会的合作沟通,更好地了解东部非洲大学的教育质量,依据各大学的具体情况,分层次设置合理的东部非洲学生来华留学的奖学金政策。同时也应设立合理的中国学生前往非洲留学的奖励制度,吸引更多的中国学生自愿走向非洲高校,实地了解和研究东部非洲。派遣援助东非教师,为对东非援助和东非研究提供一线教师力量。

(5)借助东非大学校际理事会的平台,实现中国高等教育"走出去"战略

中国高等教育"走出去"战略是顺应时代发展的要求,中国高等教育"走出去"不仅具备了一定的实力,也积累了相应的经验。而中国高等教育"走出去"战略在东非的实现,可以借助东非大学校际理事会这样的平台。首

先,作为东非区域性教育组织,东非大学校际理事会专业性强,会员广泛,覆盖面广。再者,东非大学校际理事会在推动东部非洲高等教育一体化发展的作用突出,经验丰富。中国高等教育"走出去"战略的实现,借助东非大学校际理事会这样的平台,能够更具有效性更具针对性。而中国高等教育"走出去"战略在东部非洲的实现可以通过以下几方面进行。

①理念的走出去:参与东非大学校际理事会定期举办的研讨会与报告会。通过参与其研讨会,更直接更全面了解东非高等教育发展的方向和主题,结合中国高等教育发展的经验,对其政策制定与实施提供经验、技术与方法上的指导。

②技术的走出去:与东非大学校际理事会合作建立东非大学校际理事会及其成员大学的网络。针对东非大学校际理事会及其成员大学网络建设不完备的问题,帮助其建设全面与动态的网络,提供网站设计和更新的技术,培训网站技术人员,增强中国与东非大学的互动。

③教学的走出去:与东非大学校际理事会合作建构东非远程教育网络。不仅为东部非洲远程教育网络的建设提供技术、设备、经验及资金方面的援助,并且共享中国远程教育的网络资源,使得东非高校学生能更便利地接受中国高等教育。

(6)与其他国家建立合作伙伴关系,共同援助东部非洲

德国学术交流中心、德国大学校长联席会议等教育组织作为东非大学校际理事会的合作伙伴,在东非高等教育一体化发展的政策制定、实施,理念、技术和经验的培训,资金的支持上发挥了重要的作用。我国可以与这些组织或者国家建立合作伙伴的关系,通过多方协作的方式,合作开展中非合作和交流,不仅能交流和吸取其他国家或者组织对东非援助的经验和理念,也能展示中国对东非援助的理念和经验,提升中国的国际影响力。

第五节　关于非洲高等教育一体化进程的总结与思考[①]

非洲高等教育一体化作为非洲一体化历史使命的一部分、作为解决非

---

①　本节内容发表在:陶俊浪,万秀兰.非洲高等教育一体化进程研究[J].比较教育研究,2016(4):9-17.该文为本书所依托的国家社科基金项目成果之一。

洲高等教育系统困境的关键出路、作为非洲跟进其他地区一体化步伐的路径,是非洲高等教育发展的当务之急。建立非洲高等教育一体化的过程,将增强各国各区域学历资格的"协调",促成非洲教育质量保障的"标准",促进信息与资源的"分享",提升非洲科研能力,促进利益相关者行动的"联合"。非洲高等教育一体化对非洲高等教育与科研的发展、非洲政治经济社会的发展、非洲地区复兴和民族繁荣都具有深远影响。

一、成效与问题

(一)成效

非洲高等教育一体化经过多阶段发展已经初见成效,团结合作的观念深入人心。非洲大陆 5 个地理区域中已有 3 个区域(南部非洲、西非、东非)出台了有关区域内学历资格认证的约定或协议。具体来说:(1)南部非洲的 15 个国家中已经有 4 个国家(博茨瓦纳,毛里求斯,纳米比亚,南非)完全建立了国家资格框架,其他国家正处于不同的发展阶段;(2)西非国家虽然还没有发展学历资格框架,但英语国家已经有了 BMD 学历制度模式,法语国家正在进行 LMD 学位制度改革,目标在于促进各国的入学标准、毕业要求及升学系统相协调,避免文凭换算的麻烦;(3)东非共同体的 5 个国家中,卢旺达已经建立了专门针对高等教育的学历资格框架,肯尼亚正在建立过程中,相关的草案已经拟定;(4)北非的 8 个国家中有 3 个国家(埃及、摩洛哥、突尼斯)正在建立学历资格框架;(5)中部非洲大部分国家正在转换到 LMD 学位系统。

除了学历资格认证上的进展,非洲高等教育一体化在质量保障上也有一定的成效。非洲高等教育质量保障联盟于 2007 年启动,2009 年正式形成,致力于建立和发展非洲各国各区域的质量保障机构,协调机构间的合作与联系。在其努力下,非洲已经有 21 个国家成立了高等教育质量保障部门或专业组织,其余的 34 个国家中有一半正在积极地筹备中。[①]

还有一个显而易见的成就是教师和研究人员流动的显著增多。2007年,非盟启动了尼雷尔计划,在欧共体的支持下,尼雷尔计划扩展成为非洲、

---

① Mohamedbhai G. Towards an African Higher Education and Research Space: A Summary Report[R]. ADEA,2013:13-18.

加勒比和太平洋地区学术人员交流项目(Intra-ACP Academic Mobility)的一部分。该项目在非洲地区的实施情况见表 3.15。

表 3.15　Intra-ACP 项目非洲地区人员交流统计

年份	伙伴关系协议数(个)	参与的高等教育机构数(个)	参与的国家数/学术交流总人数/不同类型人员数量
2011	3	25	3 国/ 380 人/234 位硕士生,102 位博士生,44 位教职工
2012	5	41	5 国/ 618 人/370 位硕士生,148 位博士生,100 位教职工
2013	7	66	29 国/总人数和不同类型人数暂无数据

资料来源：Woldetensa Y. African Union Initiatives in Higher Education[EB/OL]. [2013-03-18]. http://eacea. ec. europa. eu/intra _ acp _ mobility/events/docs/ghana/presentations/african_union_initiatives. pdf.

（二）问题

从统计结果可见,非洲地区大学间合作不断增加,不同类型人员的跨国流动逐年递增。

然而,非洲高等教育一体化在"协调""标准""分享""联合"等方面仍然存在着复杂问题,面临诸多挑战。

1."协调"不同语言文化国家的教育体制存在困难。受殖民历史的影响,非洲大陆上的英语国家、法语国家、葡萄牙语国家、北非的阿拉伯国家都有自己特定的高等教育系统,高等教育体制的差异给不同语言文化区域学生的跨国流动设置了障碍。虽然一体化不是要取消高校的特色和自治,使其"千篇一律",但是如何把高校的课程、学位协调起来,使学生的学历资格或学习经历得到其他国家的承认是重要而艰难的工作。

2.高等教育资金短缺,质量保障一体化的"标准"所发挥的作用甚微。非洲一些国家无力支持高等教育的发展,许多大学不得不通过捐赠维持正常工作。基础设施的不完善、师资队伍的缩减更难以保障大学教育的质量。在此情况下,大学的课程项目在执行中往往达不到高等教育质量框架设定的"标准"。

3.信息资源"分享"不畅,优秀人才匮乏,非洲科研产出依旧贫乏。网络覆盖不广,计算机普及率不高,期刊资源更新不及时,造成了非洲学者从事科研的困难。另外,非洲大学缺乏高水平研究学者。非洲研究者少有发表在国际知名期刊上的论文,非洲的出版物只占世界出版物的 1.1％。非洲也是拥有研究专利数量最少的大陆之一,只占全球专利的 0.1％。[①]

4.利益相关者"联合"力度不强。非洲内部发展不均,非洲不同国家的社会经济发展水平不一,各区域组织促进高等教育一体化又往往独自行动,"联合"不强。2008 年 10 月 23 日,新华社驻乌干达坎帕拉记者的报道就曾指出:"非洲尽管是拥有地区一体化组织最多的大陆,但却难以形成合力,共同推进一体化进程。"[②]

此外,非洲高等教育一体化还受到当前全球化的冲击,知识生产与人才培养规格受西方影响,国际组织推出的改革不适合非洲本土情况,资金严重依赖外部援助,非洲本土人才流失。因而,如何整合一体化的努力以应对全球化的冲击,是非洲特别是"一体化委员会"必须直接面对的问题。

二、特点分析

欧洲的博洛尼亚进程取得了举世瞩目的成效。我们将非洲高等教育一体化与欧洲高等教育一体化进行地域性的横向比较,可以发现非洲的进程具有显著的几个特征。

一是非洲有些区域之前经历过一体化,语言和教育传统是一致的。这是欧洲高等教育一体化的进程中未出现的,欧洲高等教育一体化从 20 世纪 70 年代欧共体把高等教育合作与交流纳入议程起步。随着《欧共体促进大学生流动行动计划》《欧共体技术教育培训计划》《欧洲青年计划》等计划的相继出台,到 1999 年欧洲正式启动了博洛尼亚进程。而非洲高等教育一体化萌芽更早,有些区域在独立前就有过一体化的尝试。非洲可以将这一独特性化为一体化的助推力。殖民历史统治在非洲形成的几大语言区,往往具有相同的教育体制。使用同一语言的国家可以基于此优先采纳区域资格和学分框架、区域质量保障框架。另外,同处一个区域内而且独立前就有过一体化发展的国家,其高教一体化程度更高,或者更容易走向一体化。东非高教一体化走在前列就是例证。

---

① Mohamedbhai G. Towards an African Higher Education and Research Space: A Summary Report[R]. ADEA,2013:7.

② 刘颖,谢美华,凌馨. 新闻分析:非洲地区一体化之路仍很漫长[EB/OL]. (2008-10-23). http://www.ce.cn/xwzx/gjss/200810/23/t20081023_17159728.shtml.

二是非洲促进地区一体化和区域化的组织"数量"更多。欧洲高等教育一体化进程主要由博洛尼亚后续工作组和秘书处负责推动,与欧盟委员会、高校联合会、学生联合会等组织合作。[①] 相比较之下,参与非洲高等教育一体化、区域化的组织在类型和数量上都更多,包括国际双边或多边组织、全非洲性政治实体、全非洲性教育专业组织、区域性政府组织及区域性教育专业组织、各国高等教育相关组织等。但是,如何发挥众多组织的合力,将其组织"数量"上的优势转化为一体化谋划和落实"质量"上的保证,是非洲高等教育一体化下一步亟待解决的问题。

三是非洲高等教育一体化的目的、发展程度、面对的挑战都异于欧洲。非洲推动高等教育一体化在于复兴非洲,在于解决高等教育与科研的困境,而欧洲推动高等教育一体化在于促使欧洲成为最具竞争力、最有活力的知识经济体,争夺优秀人才和国际高等教育市场。非洲着眼于跟进,而欧洲着眼于竞争,这反映了两个地区一体化发展水平的差距,也决定了两者行动侧重点的差异。非洲的高等教育一体化面临源于自身发展落后的挑战,行动侧重于能力建设。而欧洲的进程却是成效显著,影响最大、参与国家最多,面对的挑战主要是与美国等其他非欧盟国家的竞争,行动侧重于协调矛盾。[②]

最后,非洲高等教育一体化的目标随着时代的发展而不断改进,越来越有针对性、可操作性,行动领域也不断扩展和深化。20 世纪 80 年代《阿鲁沙协定》的目标在于消除殖民时期遗留下来的障碍,促进文化认同,依靠学历资格互认和跨国合作两大行动。2006 年《非洲高等教育一体化战略》的目标明确聚焦在一体化系统、能力建设、质量保障、人员流动这四大领域。《2014 年亚的斯亚贝巴协定》的目标则顺应全球化的趋势,涉及范围更广,更多体现操作层面,有 7 个目标、多个重点领域。非洲高等教育一体化进程在下一步发展中还会调整目标,顺应时势的变化。

---

① 王超,王秀彦.动力机制与阻力因素:欧洲高等教育一体化改革的启示[J].教育研究,2012(1):149.

② 鲁京明,等.欧盟的高等教育[M].厦门:鹭江出版社,2006:13-15.

第四章　非洲教师教育一体化发展战略研究

非洲教师教育既包含高等教师教育也包含中等教师教育,所以与高等教育和基础教育既有联系也有区别。另外,非洲教师异常短缺,教师质量也存在重大问题,教师教育在非洲异常重要,也将是中非教育合作的重要领域。因此本书把非洲教师教育的一体化发展战略独立出来,单独作为一章进行论述。[①]

第一节　非洲教师教育一体化发展战略提出的背景

非洲教师教育一体化发展战略的产生和发展既与非洲各国教师教育发展的历史和现状分不开,也与非洲教师教育一体化发展的现实基础息息相关。

一、非洲教师教育发展的历史与现状

非洲国家教师教育发展的历史和现状是非洲教师教育一体化战略产生和发展的土壤。

(一)非洲教师教育发展的历史

关于非洲教师教育发展史,现有文献不多,但从事非洲教育发展工作近50年的尼日利亚教授派·欧班亚(Pai Obanya)博士[②] 2010年为联合国教科文组织撰写的一份报告《把教师带回到非洲学校》颇有价值,一些观点颇

[①]　详见任云慧.非洲教师教育一体化发展战略研究[D].浙江师范大学,2018.该论文是本书所依托的科研项目的成果之一。

[②]　先后担任尼日利亚伊巴丹大学教育学教授、世界教师职业组织联合会(WCOTP)项目协调人、联合国教科文组织秘书处副主任、联合国教科文组织非洲地区教育局主任,2014年被聘为伊巴丹大学荣誉教授。

为中肯。虽然时间过去了近10年,但该报告所述非洲教师教育发展史至今仍然可作为最重要的参考文献之一。该报告把非洲教师教育发展历程分为前殖民时期、殖民时期、后殖民时代国家建设时期、全球化知识经济时期。

1. 前殖民时期

虽然前殖民时期非洲教育并没有正规的系统,但也并不是完全非正式的,如表4.1所示,有一些不成文的规定和清晰可辨的模式。

表4.1　非洲传统教育的组织

生命阶段	教育目标	教育地点	教育机构
童年	初步社会化	家庭、大家族、社区	父母、家族中年长的亲戚和邻居;基于年龄组的社区组织
青少年	生活技能习得	社区所有工作和娱乐场所、社区活动和宗教仪式场所等;启蒙地	父母、社区长者、年龄组、行会、熟练的工匠、社团组织
成年	社会和组织技能发展	社区	社区统治者和长者、社区特别服务团体、特别兴趣小组、行会

资料来源:Obanya P. Bringing back the Teacher to the African School[M]. Addis Ababa:UNESCO-IICBA,2010:28.

由此可见,该时期非洲社会的教师主要是由知识渊博、有熟练的技能和受社会认可的长者担任,他们将积累的社会知识、技能传授给年轻人,并因此受到了人们的尊重。此种传统教育模式也有其未经编纂但被社会接受的教学法,这与原始社会口头文化和社会所接受的人际交往模式密切相关。广义而言,非洲传统教育的教学法包含以下七个要素:(1)口头交流:由祖父母围炉而坐讲述传统故事或由说唱艺人进行公开表演等;(2)指导:通过口头交流分配任务并用社会接受的规则来组织实施这些任务;(3)演示:身体力行地展示产品一步一步的生产过程(如在手工作业中)、完成任务的过程(如播种和收获,食品加工和烹饪等),鼓励在实践过程中"学习";(4)鼓励和告诫:强化社会认可的行为或动作;谴责任何不被社会认可的行为;(5)重复:在掌握规则、技能和过程之后,反复地陈述、说明和演示;(6)团队教学和协作学习:成人合作将技能传授给儿童;年龄稍大的儿童再一起教会年幼的儿童;(7)实习和学徒:长期接触熟练的有知识的从业人员(手工作业、传统医学、音乐和舞蹈等领域),以便掌握专门技能。

此外,伊斯兰教一直很重视教育和教师,在很大程度上影响了传统非洲社会。就教育而言,它在非洲地区引进了宗教教育、扫盲、正式教学、特殊教育。在伊斯兰社会,教师的地位一直是至高无上的。此外,教师(Mallamu)一词是指有学问的人,即受过严格训练的人,是伊斯兰美德的典范,在社会上受到尊敬。因此,教师这一职业在伊斯兰社会中是人人渴望的职业。[①]

2.殖民时期

殖民时期,在英国、法国、葡萄牙和西班牙等不同殖民者的影响下,非洲教育呈现出多种不同的形式。例如,西非和东非沿岸国家主要有三种教育类型:本土教育、伊斯兰教育和西式教育,有学者称它为"三重遗产"(the triple heritage)[②]。殖民者试图通过推行西式教育同化非洲人,导致非洲国家传统教育渐渐消失。

虽然教育类型不同,但是这一时期的教师的地位和入职条件存在一些共同点:首先,教师是从最优秀的学生中挑选出来的,以严格、自律和勤奋自称;其次,教师往往是当地社区西方知识文明的镜子,人们将他们作为榜样,他(当时大多是男性)在社会上扮演了多重角色,包括福音传教士、公文撰稿人、公共启蒙代理人、变革促进者等等;第三,对教师专业支持的监督比较严格,因此,教师必须保持最佳的行为标准和课堂表现。出于这些原因,也因为工作机会有限,大多数年轻人渴望成为教师。

但是,从 20 世纪 50 年代开始这一状况发生了改变。随着非洲国家逐步走上政治独立,公共服务扩大,教育机会增多,教师与政府和私营部门雇员之间的薪酬差异变大,其他白领行业的出现也使教师失去了唯一精英的地位。再加上接受中等教育机会的扩大,教师教育项目不再具有竞争力,特别是在英国殖民地,教师教育课程也有所缩减,狭义的"教师培训"支配着"教师教育"这一更广泛的概念,教师地位大不如前。[③]

3.后殖民时代国家建设时期和全球化知识经济时期

虽然派·欧班亚教授提到后殖民时代和全球化知识经济时期时,似乎指的是两个阶段,但在陈述时,对国家建设时期一带而过,重点讲了全球化

①　Obanya P. Bringing back the Teacher to the African School[M]. Addis Ababa：UNESCO-IICBA，2010:28-31.

②　Mazrui A A. The Africans：A Triple Heritage[M]. Boston：Little Brown，1986.

③　Obanya P. Bringing back the Teacher to the African School[M]. Addis Ababa：UNESCO-IICBA，2010:31-33.

知识经济时期,也就是重点论述全球教育治理模式对非洲教师教育的影响。

他明确指出后殖民时期是从 1957 年加纳独立开始的。但继而笼统指出这一时期,非洲教育发展呈现出以下五大特点,即非洲地区的教育大会、教育系列改革、外部援助的强力参与、无计划的教育扩张和教育供不应求,都以各种方式对教师教育产生了影响。这里所说的时期,显然涵盖全球化知识经济时期。

(1)非洲区域教育大会及其对教师教育的影响

联合国教科文组织、非统组织和非洲经济委员会共同促成了多次非洲教育大会。1961 年在亚的斯亚贝巴举行的联合国非洲成员国教育和经济规划部长会议(MINEDAF)是这些大会的一个开端。截至 2010 年,该会议在非洲不同国家举办了八次。1961 年 MINEDAF 的首届会议提出"到 1980 年普及初等教育、扩大普通中等教育和技术教育、加强教师的培训和再培训"的设想,教师议题在后续历届会议中都有反映。

此后,在联合国开发计划署和教科文组织的协助下,非洲各地建立了中学教师培训机构。这些高等师范院校在成立初期培养了一批高素质的教师队伍;但是由于教师教育的师资、经费、基础设施和设备的投入下降,以及教师教育项目数和入学人数的盲目扩张,教师教育的质量有所下降。2003 年的一份报告举例说,喀麦隆雅温得高等师范学校的教师们"没有充分接触到其学科的新知识,因为该校没有连接到互联网络,事实上,电信设施完全没有。图书馆处于一种可悲的状态,因为大约 20 年来没有更新它的藏书"。[①]

在 20 世纪的最后 10 年间,世界全民教育会议、世界特殊教育会议、世界高等教育会议、世界社会发展峰会、国际人口和发展会议、第四届世界妇女大会、第五届国际成人教育会议、第二届国际职业技术教育大会、全民教育论坛等全球性会议接连召开。这些会议鉴于非洲教育的落后,一直呼吁全球团结一致支持非洲;还强调非洲教育部门的能力建设。问题是,对能力建设的关注更重视教育"管理和规划"而不是"教师和教学"。全民教育论坛十分强调"教育质量"和"学习成绩",但令人遗憾的是没有明确提及"教师"。

---

① Obanya P. Bringing back the Teacher to the African School[M]. Addis Ababa:UNESCO-IICBA,2010:34.

（2）非洲系列教育改革及其对教师教育的影响

"改革"一词经常出现在非洲教育话语中。非洲国家教育改革的类型从激进的大变革、现实主义的大变革到临时的改革、渐进的改革，多有不同。第一类是坦桑尼亚、几内亚、贝宁、刚果（布）等以社会主义为指导思想的国家采用"激进式大变革"的模式，在独立后的 10 年内"彻底打破"了殖民时期遗留下来的教育体系；几内亚比绍、安哥拉和莫桑比克在民族解放运动中也是如此。第二类是大多数非洲国家采用的"现实主义大变革"模式，基于谨慎的态度，以适度的革命热情，"改变而不是完全打破"过去的教育体系。第三类是在非洲随处可见的"零散试点却从无系统影响的变革"模式。第四类是大多数法语国家体现出来的"未经设计的等待外部信号的渐进变革"模式。①

这些改革多少对非洲教师教育产生了一定影响。首先是教师新形象的出现，将教师视为支持发展的变革推动者，特别是在地方一级。这样，一些国家尝试使教师成为具有多方面价值的多功能的专业人员。塞拉利昂和乌干达成功做过类似实验。然而，非洲其他地方的类似实践并没有达到预期目标，很大程度上是因为这些想法来自外部，而且是由对当地现实知之甚少的人提出的。此外，即使是在塞拉利昂和乌干达，由于政治动荡，他们关于教育发展的努力也变得极其困难。②

（3）外部资助及其对教师教育的影响

外部对教育包括教师的发展援助是独立以来非洲的重要特点之一。在世界全民教育大会召开之前的几年中，特别是在 1987 年世界银行出版了《撒哈拉以南非洲的教育：专题讨论会和指南》之后，这一特征变得十分突出。该书很快成为非洲发展援助工作者的标准参考资料。该指南关于教师的主要观点是，非洲教育部门的大部分支出都用于支付教师工资。在过去的 30 年里，这一观点在有关非洲教师的评论中得到了反复的响应。评论者试图探索非洲教育部门内部预算所占的比例。

在宗滴恩全民教育会议之后，外部教育援助在非洲的影响更大。这些

---

① Obanya P. Patterns of Educational Reform in Africa[J]. Perspectives,1998(4)：19-28.

② Obanya P. Bringing back the Teacher to the African School[M]. Addis Ababa：UNESCO-IICBA, 2010：37.

援助主要集中于帮助非洲基础教育的规划和管理,其中有一些用于资助"教师教育政策研究"。这些研究"发现"了以下所谓"结论":(1)师生比过低和教师利用不充分;(2)学生的成绩与教师的专业资格并没有直接关系,所以教师的资格并不重要;(3)教师受教育水平没有太大关系,教师不必知道那么多;(4)减少教师的工资是合理的。在此基础上,这些研究提出以下对策:(1)扩大班级规模,增加教师的工作量;(2)节省制度化教师培训的费用,更多地注重校本培训;(3)教师教育的水平只需略高于教师所教学生的水平,并通过校本培训逐步提高教师的知识水平;(4)可以雇佣较低资格的教师以便减少教师的工资,省下经费用于改善教学设备、提高教学质量。

欧班亚·派教授强烈质疑这些研究的可靠性和影响。他认为一些所谓的"良好实践"只因为属于某个"外部资助的项目",而且"在大多数情况下,这样的项目都以失败告终",但当时人们并未感觉到其影响。"这些研究试图破坏久经考验的教学原则。"[①]言下之意,非洲外部发展援助机构所资助的这些教师教育研究并不可靠,也不可能产生持久影响。

(4)无计划的发展对教师教育的影响

教育扩张在非洲背景下并不是一个正面的词,因为它意味着"没有改善的增长"(increase without improvement)。从表面上来看,非洲自独立以来,学校数量和入学儿童数量逐渐增多,教育经费投入越来越多,并得到了越来越多的外部援助。但是直到 2004 年撒哈拉以南非洲的小学净入学率仍然只有 65%,小学保持率只有 56.8%,甚至比 1999 年的 66.1%保持率还少了 9.3 个百分点。

非洲教师也是供应不足。根据 2007 年联合国教科文组织《全民教育全球监测报告》,在 22 个可得到数据的非洲国家中,有 15 个国家的生师比都在 40∶1 以上。[②]

显然,非洲国家不仅对学校和学生数量的发展没有计划,对教师教育也缺乏计划。

---

① Obanya P. Bringing back the Teacher to the African School[M]. Addis Ababa: UNESCO-IICBA,2010:37-38.

② Obanya P. Bringing back the Teacher to the African School[M]. Addis Ababa: UNESCO-IICBA,2010:39-41.

（5）教育供不应求

从独立至 21 世纪头 10 年，非洲国家努力四五十年的结果还是不能满足其众多人口的教育需要。根据 2007 年《全民教育全球监测报告》，非洲国家集中在全民教育发展指数（EDI）低的国家之列。在 EDI 排行榜前 48 个高指数国家中根本没有非洲国家，指数中等的 48 个国家中有 7 个来自非洲（南非、博茨瓦纳、佛得角、纳米比亚、赞比亚、津巴布韦和斯威士兰），指数低等的 29 个国家中有 20 个来自非洲。[①]

非洲教育的这种巨大的供不应求说明，非洲教师教育的扩张迫在眉睫，要走在前列。

在论述了上述时期非洲教师教育后，派·欧班亚教授总结说："只有前殖民时期的非洲才有真正意义上的教师，服务于当时的'教育需求'。伊斯兰教师和非洲殖民早期的教师也可以说是这种类型的教师。这种教师在殖民统治末期实际上离开了非洲学校。后殖民时代的改革、区域大会和外部的大量援助使这种教师进一步远离了非洲学校。事实上，我们已经陷入了非洲'没有教师进行教学'的境地。"[②]

在欧班亚教授的话语里，真正的教师指的是接受正式机构的教育和培训、在社会上受到人们尊敬并拥有较高地位的教师。他认为只有这种教师的教学才会成为可能。而且"过去非洲最聪明和最优秀的人想成为一名教师"，而"现在教师教育机构乞求申请者来接受教育"。他用尼日利亚高等学校各教育学院 2007 年的一项数据说明了这种受冷落的情况：把教育作为首选的学生只占 8％，作为第二志愿的占 32％，而作为第三志愿的高达 37％，完全没有选择做师范生的比例也高达 23％。[③] 也就是说，后两者加起来占 60％，大多数师范生没打算、不太情愿或不情愿做教师。

可见教师教育的生源出了大问题。尼日利亚的这个数据并非个案而是具有典型性。"对教师教育专业不感兴趣或厌恶，在尼日利亚的大学中是众

① Obanya P. Bringing back the Teacher to the African School[M]. Addis Ababa：UNESCO-IICBA，2010：41.

② Obanya P. Bringing back the Teacher to the African School[M]. Addis Ababa：UNESCO-IICBA，2010：42.

③ Obanya P. Bringing back the Teacher to the African School[M]. Addis Ababa：UNESCO-IICBA，2010：43.

所周知的现象。"欧班亚认为,这种对教师教育专业的不感兴趣、不喜欢,会造成连锁反应,导致对教师生涯、对作为一整套有计划的活动的教学工作、对学习者的成长和转化不感兴趣,最终极大威胁到一个国家/民族教育目标的实现。[1]

当然,说真正的教师从殖民末期就离开了非洲学校未免有点武断,但欧班亚教授借以表达的核心观点还是值得思考的——非洲教师教育的制度和教师的素质与地位都有待重建。

(二)非洲教师教育发展的现状

随着全民教育目标和千年发展目标的提出,非洲国家的基础教育不断扩张,但是教育质量并没有明显提高,因此很多国家希望通过发展教师教育、提升教师质量来提高非洲整体的教育质量。下面将结合非洲主要国家的相关状况,从政策、结构、课程和质量保障四个方面,对非洲教师教育的发展现状进行梳理。

1. 教师教育政策

制定适切的教师教育政策对非洲国家教师教育的发展至关重要,例如乌干达、尼日利亚和加纳等国都出台了自己的教师教育政策。1994 年,乌干达在颁布的《国家继续专业发展战略》中提出建立教师发展管理系统;2010 年,乌干达又颁布了《小学教师发展和管理计划》代替之前的《国家继续专业发展战略》,旨在保障教师的在职专业发展。[2] 同年,尼日利亚教育部通过了《国家教师教育综合政策》,该政策主要关注教师的职前和在职培训、继续专业发展、教师绩效评估、奖励体系等方面。[3] 为加强教师在职培训和继续专业发展,加纳先后出台了《新教育法案(法案 778)》和《教育部门计划 2010—2020》。此外,加纳于 2011 年出台的《基础和中等教育教师专业发展和管理政策》提出了职前、入职和在职培训一体化的目标,并制定了优

① Obanya P. Bringing back the Teacher to the African School[M]. Addis Ababa: UNESCO-IICBA, 2010:44.

② Hardman F, Ackers J, Abrishamian N, et al. Developing a Systemic Approach to Teacher Education in Sub-Saharan Africa: Emerging Lessons from Kenya, Tanzania and Uganda [J]. Compare: A Journal of Comparative and International Education, 2011(5): 669-683.

③ Junaid M I, Maka F. In-Service Teacher Education in Sub-Saharan Africa: A Synthesis Report [EB/OL]. [2016-05-20]. http://www.iicba.unesco.org/sites/default/files/In-Service%20booklet%201.pdf.

质教师的管理原则,通过设定教师专业职称晋升体系、教师福利等标准,激发在职教师的积极性,吸引更多优质师资。[①]

虽然上述国家并不能全面地体现非洲国家教师教育政策的特点,但是从整体上来说,大多国家的教师教育政策都试图通过教师培训提高教师质量。受殖民历史的影响,非洲英语国家比较重视教师的职前培养,非洲法语国家更倾向教师在职培训。

2.教师教育结构

全民教育目标提出后,非洲入学人数大幅度增加,为满足基础教育对教师的要求,非洲各国积极调整教师教育结构。从整体上来看,非洲各国的教师教育结构主要由独立的教育学院、大学的教育系、国家和地方的教师培训中心等一系列不同的机构组成。例如,加纳共有 42 所类似的机构;尼日利亚大约有 112 所;莫桑比克共有 35 所教师培训机构。这些机构所开展的教师培训项目主要分为基础教育教师培训项目和高中教师培训项目两类。这两种项目的持续时间有所不同:前者九个月至三年不等;后者一至四年不等。一般情况下,非洲英语国家的高中教师培训项目为期三年;而法语国家的教师培训项目多是两年。[②]

由于各个培训机构的培训模式不同,因此提供的课程也有所不同:非洲英语国家的教育学院和研究院一般提供教育学文学和教育学理学两种课程,三年之后,这些学生可获得教育学文学学士文凭或教育学理学学士文凭,并且可以去高中任教;而一些非洲法语国家的教育学院则会向中学毕业生提供两年培训课程(学生毕业后可获得初中教学能力证书),会向大学毕业生提供为期一年的培训课程,这些学生毕业后可获得高中教学能力证书。总的来说,非洲英语国家的教师教育与培训期限比非洲法语国家长。

但是,这两种培训模式培养出来的教师却不尽如人意。2000 年,尼日尔研究和项目发展服务中心的一项研究表明,小学生的成绩非常糟糕,所有

---

① Ministry of Education. Pre-tertiary Teacher Professional Development and Management in Ghana[R]. Accra: Ministry of Education,2012:8-28.

② Junaid M I,Maka F. In-Service Teacher Education in Sub-Saharan Africa:A Synthesis Report [EB/OL].[2016-05-20].http://www.iicba.unesco.org/sites/default/files/In-Service% 20booklet% 201.pdf.

学科所学课程的平均及格率都低于50%[①],这种情况很大程度上是由教师质量低下、教学方法不当造成的,因此教师的质量仍然有待提高,非洲各国也在积极探索更加有效的教师培训方案。

3. 教师教育课程

教师教育结构的不同导致非洲不同国家和地区的教师教育课程既有共性,也有差异。共同点是,不同的教师培训机构提供的教师教育课程都与教师资格证书密切联系;同时也都比较注重教师在学科内容知识、教学法和专业伦理方面的能力。具体到不同国家,教师教育课程则各有差异。例如,以加纳、尼日利亚和赞比亚代表的非洲英语国家的教师教育课程主要包括:教育学基础(哲学、社会学、教育史以及教育和发展心理学);教学科目(包括宗教学、历史、音乐、经济、地理和社会、创意艺术、语言、科学、职业和技术)和教学实践。

虽然非洲各国越来越重视通过为教师提供多种课程提高教师的能力,但是教师教育课程依然存在很多问题。主要包括:第一,教师教育课程的理论知识和教学实践没有很好地结合起来,学科内容和教学法知识的教学不充分,一些国家教师培训周期短、培训力度不够,师范生的需求得不到满足[②];第二,教师培训设施不完备,虽然越来越多国家试图利用信息通信技术提高教师的培训效率,但是受资金限制,这一措施在大多数国家难以发挥作用;第三,很多教师培训者缺乏一线教学经验,培训能力有待提高。[③]

4. 教师教育质量保障

教师教育质量一直以来都是非洲国家需要重视却一直被忽视的领域之一,尤其是随着初等教育规模的扩大,很多国家为增加教师的供应,不惜降低教师行业准入标准,导致大量不合格教师和未经培训的教师进入了教师队伍,教师质量难以保障,也直接导致了教育质量低下。因此,非洲各国为提升教育质量,在区域、次区域和国家层面采取了不同的措施。例如,建立质量保障机构、制定并实施高等教育和职业技术教育一体化发展战略、建设

---

① Adama A. Niger INSET Country Report[R]. London: Commonwealth Secretariat, 2012.

② Asare K B, Nti S K. Teacher Education in Ghana: A Contemporary Synopsis and Matters Arising [J]. SAGE Open, 2014(2):1-8.

③ Mulkeen A. Teachers in Anglophone Africa: Issues in Teacher Supply, Training, and Management [M]. Washington, D. C. : The World Bank, 2010:4-5.

非洲一体化高等教育和科研区等。

在多年的不断努力下,非洲国家在质量保障方面已经取得了一些成效。到 2012 年,非洲已经有 21 个国家成立了政府层面的质量保障机构,这些机构的职能主要包括:对院校或项目进行评估;对公立和私立高等教育机构进行审批;对新的课程规划和高等教育机构进行审核;建立最低专业标准;开展年度绩效考核;对院校和项目进行监督和认证。[①] 具体到教师教育领域,则需要关注教师教育机构的最低准入标准、教师的专业标准和资格认证等方面。南非是为数不多的建立起系统的教师教育质量保障体系的非洲国家。从种族隔离结束到现在,南非已经完成了质量保障管理、质量保障内容与质量保障实施的框架建设。[②] 但是,提高非洲教师教育质量和巩固质量保障体系仍然面临着合作机制缺乏、人力资源不足等挑战。

二、非洲教师教育一体化发展的现实基础

非洲教师教育的一体化发展与非洲地区的政治经济一体化发展历程特别是非洲教育领域的一体化发展趋势密不可分。20 世纪末,随着全民教育目标和千年发展目标出台,非洲各国的学校入学率普遍增加,对教师的数量与质量要求大大提高。21 世纪以来,非洲地区各类教育区域组织为了应对区域内外的各类教育挑战,制定了一系列教育战略,这些区域性教育战略在非洲整体层次上也是非洲教育领域的一体化战略。实施这些战略规划的重要环节是提供优质的教育服务。随着非洲人口的快速增长,对教育服务需求的日益增加要求非洲各国培养更多的优质教师,因此非洲地区教师教育一体化是教育领域一体化的必然要求。

非洲教师教育一体化更源于非洲教师教育的重要性和面临的重大问题。

在 2010 年 10 月 5 日的世界教师节,联合国教科文组织、联合国儿童基金会(UNICEF)、联合国开发计划署(UNDP)、国际劳工组织(ILO)和国际教育组织(EI)的负责人向世界各地的教师致意,宣称从当时的经济危机中

① Shabani J, Okebukola P, Oyewole O. Quality Assurance in Africa: Towards a Continental Higher Education and Research Space[J]. International Journal of African Higher Education,2014(1): 140-171.

② 吴钒珲.南非教师教育质量保障政策研究[D].福建师范大学,2012:61.

恢复要"从教师开始"。他们指出,教师是变革的推动者,是提高公民素质的驱动力;他们也认为,世界上任何地区教师面临的问题没有比疾病、贫穷无处不在的非洲地区的教师更糟糕的了。[①]

世界银行 2017 年发布了一项关于非洲小学教师的素质及其影响的研究结果[②]。研究发现,大多数学生认为他们的老师非常缺乏所教学科知识和教育学知识。

优质的师资力量是实现全民教育目标的重要因素。在全民教育的推动下,非洲低收入国家的教育机会迅速扩大,学生的社会和地域多样性增加,入学机会史无前例的扩张导致教师需求量大大增加,同时也使国家教师供应、管理系统以及财政系统置于压力之下。[③] 这些问题主要体现在以下几个方面:(1)教师培训与发展:教师在职发展及师资培训设施不足,缺乏持续专业发展的机会;ICTs 不发达,难以使教师发展和培训从中受益。(2)教师供给与部署:不同学科间、城乡间教师的供需不平衡;教师的供应管理系统薄弱,教师的流失率高;合格教师招聘及部署困难。(3)教师激励:缺乏系统化的教师激励机制,导致教师缺乏工作动机、士气低下。(4)教师教育课程:结构和规划困难;教师培训材料缺乏,理论与实践脱节等。

由于非洲各国受到自身经济政治等因素的制约,以一己之力难以很好地解决教师教育面临的问题,为提高教育质量,非洲地区各国必须以联合互助的方式实现共同发展。东非共同体出台的《东共体发展战略(2011/12—2015/16)》提出在 2011—2015 年实现东共体小学、中学教师教育课程的一体化,并分别出台了东共体小学和中学教师教育课程一体化框架,在成员国内实施一体化的小学、中学教师教育课程;非盟的《2063 年议程:第一个十年发展规划 2014—2023》提出在 2018 年完成整个非洲大陆层面教师教育一体化框架,虽然目前非盟尚未出台具体的战略规划文本,但是该战略目标的制定指明了非洲教师教育发展的一体化趋势。另一方面,非洲政治、经济

---

① Adedeji S O, Olaniyan O. Improving the Conditions of Teachers and Teaching in Rural Schools Across African Countries[M]. Addis Ababa: UNESCO-IICBA, 2011.

② Bold T, Filmer D, Martin G, et al. What Do Teachers Know and Do? Does It Matter? Evidence from Primary Schools in Africa[Z]. Policy Research Working Paper, A Background Paper to the 2018 World Development Report. Washington, D. C.: The World Bank,2017.

③ Mulkeen A. Teachers in Anglophone Africa: Issues in Teacher Supply, Training, and Management[M]. Washington, D. C.: The World Bank, 2010.

和教育领域的一体化发展,为非洲教师教育的一体化提供了客观的环境和运作机制。

第二节　非洲教师教育一体化发展战略的构成和总体目标

2006 年 9 月,非盟出台《非洲教育"二·十"行动计划(2006—2015)》,此后相继出台了《非洲高等教育一体化战略》和《非洲职业技术教育与培训振兴战略》,但教师教育领域的一体化战略迟迟没有出台。因此,本书所研究的非洲教师教育一体化发展战略不像上述两大一体化战略有着明确、完整的促进教师教育一体化发展的话语体系。但是非盟、非洲次区域组织、非洲区域性教育专业组织和多边国际组织等机构出台的部分全洲性、区域性涉及教师教育一体化发展的战略文本蕴含着促进非洲教师教育一体化发展的战略思想和战略目标。因此,本章通过对这些战略、规划进行梳理,探讨非洲教师教育一体化发展的总体战略目标和战略重点主题。

一、非洲教师教育一体化发展战略的构成

非洲教师教育一体化发展战略的制定与实施主体既有联合国教科文组织、欧盟等主要的国际组织,也有非洲区域、次区域组织等。通过对这些组织所出台的相关战略、政策和规划进行筛选,我们可以梳理出其参与非洲教师教育一体化的主要战略、规划和政策(见表 4.2)。

表 4.2　各类组织参与非洲教师教育一体化的主要战略、规划和政策

性质	主体	主要政策与行动
主要国际组织	联合国教科文组织	《撒哈拉以南非洲师资培训计划 2006—2015》
		《联合国教科文组织 2014—2021 教育战略》
		联合国教科文组织-中国信托基金项目
全洲性政治实体	非盟	《非洲教育"二·十"行动计划(2006—2015)》
		《AU 和 NEPAD 2010—2015 行动计划:推进非洲区域和大陆一体化》
		《2063 年议程:第一个十年行动计划 2014—2023》
		与欧盟联合制定《非洲高等教育协调和一体化计划》

续表

性质	主体	主要政策与行动
区域性政府间组织	东非共同体	《东共体发展战略 2011/12—2015/16》
		《东共体小学教师教育课程一体化框架草案》
		《东共体中学教师教育课程一体化框架草案》
	南部非洲发展共同体	《南共体区域教育和培训实施计划 2007—2015》
泛非教育专业组织（含政府间组织和非政府教育组织）	非洲教育发展协会	《非洲教育发展协会中期战略规划 2013—2017》
	非洲全民教育网络运动（ANCEFA）①	《ANCEFA2010—2014 战略规划》
	非洲虚拟大学（AVU）	AVU 跨国支持计划②下的 AVU 教师教育项目
	非洲教师能力发展研究所	《非洲教师能力发展研究所战略规划 2014—2019》
	非洲数学和科学教育强化组织（SMASE-Africa）	《SMASE-Africa 战略规划 2016—2020》
发达国家教育机构	英国开放大学	《撒哈拉以南非洲教师教育项目》TESSA

注：根据各组织、机构的网站信息编制。

二、非洲教师教育一体化发展战略的总体目标与重点

虽然非洲教师教育一体化发展战略的制定和实施主体多元，但是这些战略、政策和规划对非洲教师教育领域的关注主要集中于教师供给、教师培训、教师教育课程、教师资格认证和教师教育能力建设五大方面。结合相关教师教育一体化发展战略、规划所提出的具体目标以及涉及的相关战略领域，可以总结出非洲教师教育一体化发展战略的总体目标与战略重点。

（一）战略涉及的主要领域

1. 教师供给

随着全民教育目标的实施，非洲教师的需求量大大增加，合格教师严重

---

① 非洲全民教育网络运动，英文原文为 Africa Network Campaign on Education for All.

② AVU 跨国支持计划，英文原文为 the AVU Multinational Support Project，主要由非洲开发银行资助。迄今有二期，共资助了非洲 22 国 27 个 AVU 伙伴机构。旨在帮助这些机构通过应用 ICT 创新开放、远程和 E-学习，来建立和加强其扩大高教机会、改善高教质量的能力。

不足。为解决整个非洲大陆层面的教师供给问题,联合国教科文组织、非盟出台的部分战略、规划试图从整体上解决教师数量不足的问题。

2003 年,联合国开发计划署和非洲开发银行资助并发起了首期 4 年即 2003—2007 年的非洲虚拟大学跨国支持计划。非洲虚拟大学教师教育项目是该计划的子项目之一,该项目提出增加撒哈拉以南非洲地区数学、科学和计算机科学基础教师的数量。

2006 年 9 月,非盟《非洲教育"二·十"行动计划(2006—2015)》将教师发展领域作为七大重点领域之一,该计划针对教师发展领域提出了具体目标,确定了六大优先领域,其中之一就是"提高教师的供应和利用率"。南共体在非洲教育"二·十"计划的倡导下出台了《南共体区域教育和培训实施计划 2007—2015(RIPET)》,目标之一是"提供足够的教师以满足教育系统的要求"。

为推动全民教育的实施,支持非洲教育"二·十"计划中"教师发展"这一优先领域,联合国教科文组织应撒哈拉以南非洲成员国的要求,在该地区实施了为期十年的撒哈拉以南非洲师资培训计划①,该计划目标之一就是解决该地区合格教师严重不足的问题。

非洲联盟委员会出台《2063 年议程》后,又在该议程的指导下制订了《2063 年议程:第一个十年行动计划 2014—2023》。该计划在"基于包容性增长和可持续发展的繁荣非洲"愿景之下,在"受过良好教育的公民与科学、技术和创新(STI)推动下的技术革命"目的之中,在"以教育和科学、技术和创新推动下的技能革命"这一优先领域,确立了"到 2023 年数学、科学学科的合格教师至少增加 30%"的目标。

2. 教师培训

对非洲教师进行系统高质量的培训是提高教师质量的关键途径,也是提高非洲教育质量、实现联合国教科文组织提出的全民教育目标和千年发展目标的重要环节。因此,部分国际组织和非洲区域性组织出台的相关战略、规划,试图从区域层面或全洲层面提出教师培训目标和方案。

---

① United Nations Educational, Scientific and Cultural Organization. BROCHER[EB/OL]. [2017-09-30]. http://www. unesco. org/new/en/education/themes/education-building-blocks/teacher-education/ttissa/publications.

联合国教科文组织出台的《撒哈拉以南非洲师资培训计划 2006—2015》从区域层面上制定了一体化的教师培训方案；联合国开发计划署和非洲开发银行共同资助并发起的非洲虚拟大学教师教育项目也提出通过利用信息通信技术与开放远程和电子学习项目对教师进行培训，提高参与国教师质量。此外，由英国开放大学领导的撒哈拉以南非洲教师教育项目为撒哈拉以南非洲的教师和教师培训者提供开放教育资源和相关支持，进而提高非洲教师的培训质量，推动该地区教师一体化的发展。

除撒哈拉以南非洲师资培训计划外，非盟和非洲发展新伙伴计划在非洲教育"二·十"计划的引领下，联合出台了《非盟和非洲发展新伙伴计划2010—2015 行动计划：推进非洲区域和大陆一体化》，该计划提出在南部非盟和西非地区开展"非洲远程开放学习下的教师发展"项目，巩固重要教师培训机构的能力建设，与试点国家的主要教师培训机构合作，制定大规模的教师培训和教师发展方案和课程。

非洲教育发展协会也在此方面做出了相应的努力，其制定的《非洲教育发展协会中期战略规划 2013—2017》在"加大相关信息通信技术的使用规模，加快教育、培训方法和成果转变"的战略目标下，提出将该技术应用到远程教师培训和专业发展中，这有利于通过区域间优质教师教育资源的共享推动教师培训的一体化发展。

3. 教师教育课程

教师教育课程的建设是非洲教师发展不可忽视的重要领域，建设"标准化"的教师教育课程是非洲教师教育一体化发展的重要环节。因此，非洲部分区域组织出台的相关区域化、一体化战略规划针对教师教育课程的建设提出了相应的战略目标与措施。

非盟与欧盟从共同的战略利益出发，提出了多项倡议，并在许多领域取得了成效，其中由欧盟委员会发起并资助，非盟委员会与欧盟委员会共同制定，非盟和欧盟共同参与、实施的《非洲高等教育协调和一体化计划》（以下简称《计划》）就是成效之一。《计划》于 2011 年 2 月开始实施，宗旨和目标是运用行之有效的"调整"方法，促进非盟成员国之间的学历相互认证，增强非洲内部的学术交流，提高非洲高等教育的质量和学生的能力，推动非洲高等教育一体化的发展。[①]《计划》认定了教师教育学科的通用能力和特定能力。[②] 在整个非洲范围内，对教师教育学科通用能力及特定能力进行认定，有利于促进非洲成员国之间的教师学历的相互认证，是非洲教师教育一体化的重要举措。

除此之外，东共体出台的《东共体发展战略 2011/12—2015/16》推动了非洲教师教育课程的一体化。《东共体发展战略 2011/12—2015/16》在"社会领域"主题下的分主题"教育、科学和技术"下，提出了"为培养有创造力的人才提供一体化、高效的教育系统"的分目标。基于这一战略目标，东共体提出了"建设一体化的教师教育课程"的具体目标。为实现这一目标，东共体于 2014 年出台了《东共体小学教师教育课程一体化框架草案》和《东共体中学教师教育课程一体化框架草案》，推动成员国中小学教师教育课程一体化的实现。

4. 教师资格认证

建立一致的、具有可比性的教师资格认证体系对非洲教师教育一体化发展至关重要。非洲教师资格认证的一体化在非盟委员会出台的《2063 年议程：第一个十年行动计划 2014—2023》和非盟与欧盟联合制定的《非洲高等教育协调和一体化计划》中有所体现。

前者在愿景一（基于包容性增长和可持续发展的繁荣非洲）中，提及受过良好教育的公民与科学技术和创新推动下的技术革命的目标。该目标涉及"以教育、科技与创新推动下的技能革命"的优先领域，该领域涉及非洲大陆层面 2023 年教师资格认证方面拟达成的目标：非洲教育认证机构全面运作；非洲共同的教育资格体系形成；到 2023 年，至少有 50％的会员国建立国家认证制度。以上目标的提出，对于从资格认证方面推动教师教育的一体化发展有重要意义。《非洲高等教育协调和一体化计划》旨在通过对教师教育学科通用能力和特定能力进行认定，促进非洲成员国之间的学历相互认证，增强非洲内部的学术交流，提高非洲高等教育的质量和学生的能力。

---

① 北京师范大学国际与比较教育研究院.国际教育政策与发展趋势年度报告 2015[M].北京:北京师范大学出版社,2016:461.

② 任云慧.非洲教师教育一体化发展战略研究[D].浙江师范大学,2018:99.

5.教师教育能力建设

教师教育能力建设是解决非洲教师教育发展所面临的问题的重要途径,也是提高非洲整体教师教育质量的关键环节。非洲教师教育能力建设的一体化主要体现在以下战略规划中。

非洲教育"二·十"计划提出通过提高教师的能力,促进教师系统职业生涯发展的制度化,增强学校领导力发展,提高教师的地位、士气和福利,提高教学法研究的质量和相关性等一系列措施,来促进教师发展。联合国教科文组织出台的《撒哈拉以南非洲师资培训计划2006—2015》则提出改善师资管理和行政结构,提高学校和行政管理的效率。

非盟和非洲发展新伙伴计划出台的《非盟和非洲发展新伙伴计划2010—2015行动计划:推进非洲区域和大陆一体化》提出将巩固重要教师培训机构的能力建设作为重点战略领域之一。除此之外,非洲教师能力发展研究所2014年6月出台的该所《战略规划2014—2019》明确概述了机构在提高肯尼亚和非洲其他地区教育质量方面的战略方向和重点,围绕"政策和规划,资源开发和管理,能力发展项目,宣传、联系和合作关系,研究、开发和知识管理,以及自动化(技术)"六大主题,来加强机构的能力建设。

非洲全民教育网络运动为更好地解决非洲各国在全民教育发展过程中面临的机会、公平、质量和融资等挑战出台了《全民教育网络运动2010—2014战略规划》,该战略规划提出了加强全纳教育中的教师能力建设。

在日本国际协力机构(JICA)技术和设备的支持下,非洲数学和科学教育强化组织以"科学和数学教育规划、政策和实践"为重点领域,为成员国之间的交流和对话提供了一个平台。该组织出台的《SMASE-Africa战略规划2016—2020》旨在促进成员国教师能力的发展,实现有效的教学,同时为非洲数学和科学教学领域面临的挑战提供本土的解决方案,最终实现"建成促进非洲优质教育创新和有效课堂实践的领导机构"的愿景。[1]

---

[1]　SMASE-Africa. Strategic Plan 2016—2020 Abridged Version [EB/OL]. [2017-10-27]. https://smase-africa. org/index. php/resources/strategic-plan? download＝2:strategic-plan.

（二）战略的总体目标与重点

从非洲教师教育一体化发展的相关战略规划，可以明确非洲教师教育一体化发展战略的总体目标是：（1）联合所有利益相关者，加强非洲成员国之间的合作，实现信息、资源共享，增加非洲合格教师的数量。（2）通过开发具有一致性和可比性的教师教育政策框架、教师教育课程，充分利用开放和远程教育资源促进教师专业发展，实现教师资格认证的一体化，最终提升整个非洲的教师质量。（3）通过提高教师专业发展能力、教师教育机构的能力等增强非洲教师教育的能力建设，提高教师教育发展的效率。

无论是外部推动非洲教师教育一体化发展的多边国际组织、发达国家教育机构，还是内部主导与实施教师教育一体化发展战略的非盟或非洲区域组织，其教师教育相关战略规划主要以"扩大合格教师供给""教师教育质量提升"和"教师教育能力建设"为主题，这些主题也是非洲教师教育一体化发展战略的重点，是本章接下来的重点研究内容。

第三节　非洲教师教育一体化发展战略的主题

通过上文对非洲教师教育一体化发展战略、规划的梳理和分析，可以知道非洲教师教育一体化发展战略重点体现在"扩大合格教师供给""教师教育质量提升"和"教师教育能力建设"三大主题领域，见图 4.1。下文将分别围绕这三大战略主题的战略依据、采取的主要措施和实施成效对其进行分析。

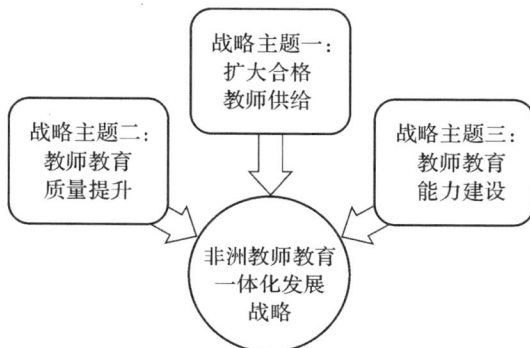

图 4.1　非洲教师教育一体化发展战略的主题

一、扩大合格教师供给

(一)"扩大合格教师供给"的战略依据

2015年9月,世界各国领导人在联合国峰会上正式批准《2030年全球可持续发展议程》,该议程通过了17个可持续发展目标,其中在目标4"确保包容性和公平的优质教育,促进全民享有终身学习机会"中提出"到2030年,大幅增加合格教师的供应",包括通过在发展中国家(特别是最不发达国家和小岛屿发展中国家)开展针对教师培训的国际合作。[①]《非洲2017年度竞争力报告》[②]再次指出,由于非洲的人口大幅度增长,对教育服务的需求大大增加,这就需要招聘更多的教师以满足教育服务的需求。为扩大合格教师供给,非洲不同国家和区域间应加强合作,从区域层面上高效率地改善师资力量不足的现状,这也将促进非洲教师教育一体化的发展。

1.背景

在全民教育目标的推动下,非洲中小学入学率大大提高,虽然非洲各国努力采取各种方式招聘教师、提高教师的保留率,但是非洲合格教师的数量仍然严重短缺,全民教育的目标未能如期实现。为加速实现全民教育目标,可持续发展目标(SDG)4提出,2030年以前要实现普及小学和中学教育的目标。

但是,根据2016年联合国教科文组织统计研究所报告,撒哈拉以南非洲地区如果要达到2030年普及小学和中学教育的目标,就需要大约1700万名教师。该地区70%的国家面临严重的小学教师短缺,90%的国家面临严重的中学教师短缺。如果不采取紧急的和持续的行动,那么这种情况在日益上升的教育需求下还会日益恶化。这是学龄人口增长最快的地区:2014年每100名小学儿童和每100名中学生,到2030年时将分别变成138名和148名。此外,目前撒哈拉以南非洲中小学的生师比本来就非常高,小学平均为42,有些国家甚至更高,如中非共和国高达80,乍得为62,埃塞俄

---

① Sustainable Development Knowledge Platform. Transforming Our World: The 2030 Agenda for Sustainable Development [EB/OL]. [2017-09-30]. https://sustainabledevelopment. un. org/post2015/transformingourworld.

② World Economic Forum. Africa Competitiveness Report 2017 [EB/OL]. [2017-09-30]. https://www. weforum. org/reports/africa-competitiveness-report-2017. pdf.

比亚为64,马拉维为69。虽然该地区中学的生师比小多了,平均只有25,但这只不过反映了该地区中学入学率低,平均只有43%。根据该报告,在北非,教师短缺问题也不容忽视,2030年要普及中小学教育就需要补充280万中小学教师(见表4.3)。北非师资最紧缺的国家是阿尔及利亚(仅小学就缺20万)和埃及(仅中学就缺110万)。

表 4.3　非洲 2030 年普及中小学教育所需教师数量

事项	撒哈拉以南非洲		北非		小计
未来教师岗位性质	小学	中学	小学	中学	
新增教师岗位数/个	240 万	710 万	20 万	80 万	1050 万
教师离职空出岗位数/个	390 万	370 万	70 万	110 万	940 万
小计/个	630 万	1080 万	90 万[*]	190 万[#]	1990 万

注:原文 * 处为80万,# 处为180万。因与构成项之和不符,本书按构成项重新统计。
资料来源:UIS. The World Needs Almost 69 Million New Teachers to Reach the 2030 Education Goals[R]. Uis Fact Sheet,October,2016,No. 39. [2020-07-10]. http://uis. unesco. org/sites/default/files/documents/fs39-the-world-needs-almost-69-million-new-teachers-to-reach-the-2030-education-goals-2016-en. pdf.

从上述数据可以看出,为实现 SDG 4,在 2016—2030 年的 15 年内,非洲需要雇用大约 1990 万名教师。巨大的教师需求量要求非洲不同国家和区域联合起来,共同努力,扩大合格教师供给,这对教师教育的一体化发展有重要的意义。

2.政策的出台

联合国教科文组织、非盟和部分非洲区域组织出台的部分战略规划将"扩大合格教师供给"作为战略重点,并提出了具体的战略措施。

一是《非洲教育"二·十"行动计划(2006—2015)》(以下简称"二·十"计划)。该计划在"教师发展"这一优先领域提出了一系列目标、行动/干预、战略/实施水平、产出和结果、期限、责任和合作伙伴,其中,在"教师发展"的优先领域下,"确保提供足够的合格教师以满足教育系统的需求"是目标之一,在此目标下又把"提高合格教师的供应和利用率"作为优先领域之一,具体框架见表4.4。

表 4.4 《非洲教育"二·十"行动计划(2006—2015)》优先解决教师短缺问题

专题/优先领域	目标	行动/干预	战略/实施水平	执行/指标/标准	产出和结果	期限	责任和合作伙伴
教师短缺	大幅提高合格教师的供应;将基础教育的生师比降低到40∶1	活动1:现状分析	教育管理信息系统实施国家教师需求和供给状况调查	全国教师可用的数据库	公布和共享国别教师供应情况报告	第一年第二季度末	国家当局
		活动2:开发国别教师提供计划	参与利益相关者对话:制定国家战略,向学校提供相应数量和质量的优质教师	国家的协商进程/加强教师供应的国家行动计划	教师供给和保留的逐步改善;改善教师教学条件	2006—2008	成员国

资料来源:African Union. The Second Decade of Education for Africa(2006—2015): Plan of Action[R]. Addis Ababa, Ethiopia, 2006.

二是《撒哈拉以南非洲师资培训计划 2006—2015(TTISSA)》[1](以下简称《撒哈拉以南非洲师资培训计划》)。为了推动全民教育的实施,支持"二·十"计划中"教师发展"这一优先领域,2006 年 1 月,联合国教科文组织应撒哈拉以南非洲地区成员国的要求,在该地区实施了为期十年的师资培训计划。该计划由联合国教科文组织高等教育部教师教育处负责,是专门针对撒哈拉以南非洲小学教师的师资培养计划,该计划的总目标是增加师资队伍数量与提高教师质量。该计划制定了四项预期结果,并以此为基础,提出了"宣传;政策发展支持;研究的审查、支持和产生;组织研讨会,促进南南合作共享,审查、传播和发展教学材料;能力建设等"规模化活动。

三是《非洲虚拟大学教师教育项目》。2003 年,联合国开发计划署和非洲开发银行共同资助并发起了《非洲虚拟大学跨国支持计划 2003—2007》[2],该计划的总体目标是增强非洲虚拟大学及其机构网络提供和管理优质信息通信技术的能力,以便为选定的非洲国家提供教育和培训机会。《非洲虚拟大学教师教育项目》[3]是《非洲虚拟大学跨国支持计划》的重要组

[1] United Nations Educational, Scientific and Cultural Organization. BROCHER[EB/OL]. [2017-09-30]. http://www. unesco. org/new/en/education/themes/education-building-blocks/teacher-education/ttissa/publications/.

[2] AVU Multinational Support Project[EB/OL]. [2017-05-15]. http://www. avu. org/avuweb/en/projects/past-projects.

[3] The AVU Teacher Education Program—2003[EB/OL]. [2017-06-18]. http://www. avu. org/avuweb/en/projects/past-projects/teacher-education.

成部分之一,旨在解决撒哈拉以南非洲教师在数量和质量方面面临的挑战;强调信息通信技术在学科内和跨学科中(尤其是数学和科学教育课程)的使用,目标之一是增加数学、科学和计算机科学教师的数量,项目第一阶段(2005—2011)通过运用开放、远程和电子学习(ODeL)的方法大大增加了参与国数学、科学和计算机基础等学科的教师数量。

四是《南共体区域教育和培训实施计划 2007—2015》。在"二·十"计划的引领下,南部非洲发展共同体先后出台了三个政策文件指导成员国的教育项目,分别是《南共体区域指示性规划战略(RISDP)》《南共体教育和培训协议》《南共体区域教育和培训实施计划 2007—2015》,这三个文件的共同目标之一是实现南共体教育和培训系统的一体化。其中 RIPET 的整体目标与"二·十"计划一致,目标之一是"确保提供足够的教师以满足教育系统的要求",在这一目标下,该计划指出了影响南共体教育发展的关键挑战,其中包括"合格教师大量不足"。

五是《2063 年议程:第一个十年行动计划 2014—2023》。2013 年 5 月是非洲统一组织(非盟)成立 50 周年,为实现"构建由非洲公民推动、代表国际舞台活力的一体化、繁荣、和平非洲"的泛非愿景①,联盟五十周年峰会针对包容性增长和可持续发展、一体化、良治、和平与安全等八个领域发表了宣言。为在非盟愿景范围内落实这一宣言,非盟在非洲发展新伙伴规划和协调机构(NPCA)、非洲开发银行和联合国非洲经济委员会(UNECA)的支持下,指导非洲联盟委员会制定了一个为期 50 年的非洲大陆议程,即《2063 年议程》。②

在《2063 年议程》的引领下,非盟委员会围绕《2063 年议程》提出的"农业生产和生产力、经济一体化、基础设施、卫生和教育、科学和技术、民主和文化等领域"制定了《2063 年议程:第一个十年行动计划 2014—2023》,该计

---

①　愿景包括 7 个方面:(1)基于包容性增长和可持续发展的繁荣非洲;(2)一个政治团结和基于泛非主义理想和非洲复兴愿景的一体化的大陆;(3)善治、民主、尊重人权、正义和法治的非洲;(4)一个和平与安全的非洲;(5)一个具有强烈文化认同、共同命运、共同价值观和伦理的非洲;(6)一个由非洲人驱动的,依靠非洲人民潜力,特别是妇女和青年潜力的,关心儿童、以人为本的非洲;(7)非洲是一个强大的、团结的、适应力强的、有影响力的全球参与者和伙伴。

②　Afican Platform for Development Effectiveness. Agenda 2063 First Ten Year Implementation Plan 2014—2023[EB/OL]. [2017-09-17]. http://www.africa-platform.org/resources/agenda-2063-first-ten-year-implementation-plan-2014-2023.

划以非盟的七大愿景为中心设立了 20 个目的,确定了 38 个优先领域,并针对各个优先领域制定了 2023 年的目标;还从国家层面或整个非洲大陆层面制定了指示策略,分别列出了国家、整个大陆层面的关键进展。其中,在愿景 1(基于包容性增长和可持续发展的繁荣非洲)下的目的 2(受过良好教育的公民与科学、技术和创新推动下的技术革命)中的优先领域 1(以教育和 STI 推动下的技能革命)中,确立了到 2023 年数学和科学学科的合格教师至少增加 30％的目标。

(二)主要措施及实施

通过对上述文本的梳理分析可以发现,虽然上述五个政策都提及"合格教师不足"的问题,但是,《南共体区域教育和培训实施计划 2007—2015》和《2063 年议程:第一个十年行动计划 2014—2023》并没有提出明确的解决措施。为改善非洲合格教师不足的问题、扩大合格教师供给,撒哈拉以南非洲师资培训计划、"二·十"计划和非洲虚拟大学教师教育项目主要从吸引更多的合格教师从教以及运用开放、远程和电子学习的方法扩大教师培训机会两大方面采取措施。以下将结合具体的案例对"扩大合格教师供给"的主要措施展开具体分析。

1.吸引更多的合格教师从教

"二·十"计划和"撒哈拉以南非洲师资培训计划"主要通过改善教师的地位和工作条件吸引更多的合格教师从教。

"二·十"计划从以下四方面来改善教师的地位和工作条件:(1)为教师职业的稳定发展提供更多机会;(2)在学校内开展人体免疫缺陷病毒和艾滋病毒的预防教育,解决影响教师职业发展的健康问题;(3)在国家教育政策对话、课程和材料发展、标准制定和质量管理机制等领域的发展中,更有力地发挥教师的作用;(4)定期审核教师薪酬及工作条件。"撒哈拉以南非洲师资培训计划"更侧重与利益相关者之间的合作,例如,(1)通过联合国教科文组织举办的"世界教师节"等活动宣传教师的地位和作用;(2)与联合国教科文组织国际教育规划研究中心、国际劳工组织、联合国教科文组织统计研究所、国际教育组织合作,对与其他职业、国内生产总值(GDP)、购买力平价

(PPP)等有关的教师薪水和工作条件进行审查。①

根据表 4.3,为实现可持续发展目标 4,2030 年以前实现普及小学和中学教育的目标,小学和中学的生师比分别不超过 40∶1 和 25∶1。与非洲北部相比,撒哈拉以南非洲的合格教师缺口更大,对撒哈拉以南非洲国家是一个巨大的挑战,因此,扩大教师供给是撒哈拉以南非洲地区的迫切需要解决的问题之一。因此,这里将以"撒哈拉以南非洲师资培训计划"为例,分析该战略措施的实施。

(1)目标

"撒哈拉以南非洲师资培训计划"的最终目的是改善教师的准入、质量和公平机制,在撒哈拉以南的非洲地区实现全民教育目标,总目标之一是增加撒哈拉以南非洲教师的数量。

(2)机构职责及合作伙伴

"撒哈拉以南非洲师资培训计划"分 2006—2009 年(涉及 17 个国家)和 2010—2012 年(涉及 46 个国家)两期实施,本书主要分析第一期,即 2006—2009 年的"撒哈拉以南非洲师资培训计划"。

联合国教科文组织教育部门高等教育部教师教育处(ED/HED/TED)和西非地区办事处(达喀尔)(BREDA)负责监督和协调计划的实施;非洲国际能力建设研究所负责开展教师教育领域、远程教育等重点领域专业研究和能力建设;撒哈拉以南非洲地区的教科文组织国家办事处负责构思、制定和执行"撒哈拉以南非洲师资培训计划"。此外,"撒哈拉以南非洲师资培训计划"与教科文组织旗下的其他成员(例如与某些活动有关的其他专业研究所)合作。②

除了联合国教科文组织的内部机构外,该计划还与非洲开发银行、非洲教育发展协会、国际劳工组织、非洲发展新伙伴关系、世界银行、非洲国家政府和教育部、非盟以及学习共同体(COL)、区域经济共同体、双边发展合作

① UNESCO. Evaluation of the Teacher Training Initiative for Sub-Saharan Africa (TTISSA)[Z]. Paris:UNESCO,2009:54.

② UNESCO. Evaluation of the Teacher Training Initiative for Sub-Saharan Africa (TTISSA)[Z]. Paris: UNESCO,2009:5.

伙伴、大学、非政府组织(NGOs)和基金会等利益相关者建立了合作关系。[①]

(3)经费资助

联合国教科文组织为该计划在全球和区域各级的实施提供了正式预算经费。2006—2007年两年期间,共提供了118.9万美元的正式预算经费,在国家一级分配了103.7万美元的正式预算和660万美元的额外预算;2008—2009年两年期间,在全球和区域各级共拨出了80.7万美元的正式预算,在国家一级上没有单独的预算分配。详见表4.5。[②]

表4.5 2006—2007年、2008—2009年 TTISSA 正式经费支持

2006—2007年两年期间的正式预算		2225946 美元
UNESCO 总部(HQ)	最初的活动包括发起倡议、专家会议,此外还为国家协调员提供142800美元,后来的活动包括南部共享、能力建设活动和出版物	648023 美元
BREDA	支持 TTISSA 项目的启动和协调	540923 美元
国家、复合办公室(Cluster Offices)	第一阶段的17个国家,每个国家拨出61000美元	1037000 美元
2008—2009年两年期间的正式预算		1831300 美元
HQ	与国家和国际利益相关者协调,组织研讨会和会议,开发出版物,教师发展政策工具包的开发和现场测试	513300 美元
BREDA	支持 TTISSA 项目的协调	300000 美元
国家、复合办公室	TTISSA 未指明到每个国家	1018000 美元

资料来源:UNESCO. Evaluation of the Teacher Training Initiative for Sub-Saharan Africa[Z]. Paris:UNESCO,2009:16.

自该计划开始以来,共产生了880万美元的预算外资金,70%的预算外资金来自北欧全民教育能力建设(CapEFA)计划,尽管这些资金并不一定指定用于该计划。除北欧全民教育能力建设计划外,其他来源的"撒哈拉以南非洲师资培训计划"额外预算不超过总预算30%,见表4.6。

---

① UNESCO. Teacher Training Initiative for Sub-Saharan Africa (TTISSA)[Z]. Paris:UNESCO,2006:3.

② UNESCO. Evaluation of the Teacher Training Initiative for Sub-Saharan Africa (TTISSA)[Z]. Paris:UNESCO,2009:30.

表 4.6　各国的预算外资金及来源

单位:美元

国别	CapEFA	西班牙	意大利	日本	总计
安哥拉	1306362	419796	0	0	1726158
布隆迪	0	0	322676	0	322676
布基纳法索	0	0	0	0	0
佛得角	0	283688	0	0	283688
中非共和国	0	241135	0	0	241135
乍得	0	0	0	0	0
刚果共和国	0	243629	0	0	243629
刚果民主共和国	0	0	642444	200000	842444
埃塞俄比亚	0	0	0	0	0
加纳	0	184397	0	0	184397
几内亚	1620572	0	0	0	1620572
马达加斯加	0	0	0	0	0
尼日尔	880000	0	0	0	880000
尼日利亚	0	0	0	0	0
塞拉利昂	1275800	0	0	0	1275800
坦桑尼亚	1180000	0	0	0	1180000
赞比亚	0	0	0	0	0
总计	6262734	1372645	965120	200000	8800499
占比	71%	16%	11%	2%	100%

资料来源:UNESCO. Evaluation of the Teacher Training Initiative for Sub-Saharan Africa[Z]. Paris:UNESCO,2009:17.

(4)评估

"撒哈拉以南非洲师资培训计划"的评估由联合国教科文组织内部监督服务(IOS)与高等教育部教师教育处合作开展。该计划针对每一项预期结果下的每一个具体活动都提出了相应的评估指标。从整体层面来看,主要从计划的适切性、效率、效果和影响、持续性四方面展开。该计划的"适切性"主要关注:与国家需要、优先事项和期望之间的相关程度;与 UNESCO 总体目标的相关性(尤其是在 EFA 目标和 MDGs 的实现、上游支持、部门间合作以及与联合国"一体行动"方面如何保持一致);对"二·十"计划教师发展策略实施的协同和促进程度。"效率"方面主要从是否已经有适当的项目传递机制,有效的上游管理模式,分工明确的总部、外地办事处和机构等方面展开评估。"效果和影响"的测评主要关注:计划的四个预期成果得以更好地展开工作的条件和方式;有效吸取 UNESCO 相对优势的方式;有效动员多边合作伙伴、筹集资金以及与国家计划共同发挥作用的方式;有效实现逻辑框架中规定的目标和结果的方式;可能产生的预期之外的结果等方面。对计划"持续性"的关注主要体现在:以何种方式实施活动以支持可持续性;外部资金撤销后,计划参与国面临的后果;计划进行过程中可以为未来滚动计划的实施提供范例的实践和关键经验教训。

评估主要包括以下几种方式:第一,关键文件的深入案头审查,包括 UNESCO 规划、政策文件和报告,TTISSA 的具体战略和进度报告,国别层次上 TTISSA 的具体项目文件和报告,联合国教科文组织教育部门以往的评价和 2008 年 TTISSA 的内部评估报告。第二,2009 年的 4 月和 5 月两次访问 UNESCO 总部,并采访 UNESCO 部分相关工作人员和管理人员。第三,向 17 个试点国家的 43 个利益攸关方和 UNESCO 总部、BREDA、IICBA 等发送在线问卷调查,问卷回收率为 27%。第四,在几内亚和坦桑尼亚开展国别研究,与总部教育部门工作人员共同商定要访问的试点国家的选择标准,包括 TTISSA 逻辑框架中 4 项预期结果充分覆盖范例,提供良好做法和语言多样性的实用案例(一个法语国家,一个英语国家),每个案例研究的初步结果都与当地利益相关者进行了交流和讨论,以进行验证。[①]

2. 运用开放、远程和电子学习的方法扩大教师培训机会

《非洲虚拟大学教师教育项目》注重通过信息通信技术在课程内外的使用,尤其是在数学和科学教育课程中的使用。因此,为增加数学、科学和计算机科学教师的数量,该计划提出通过使用开放、远程和电子学习的方法增加培训机会实现这一目标。以下将以《非洲虚拟大学教师教育项目》为具体案例,分析该战略措施的具体实施情况。

《非洲虚拟大学教师教育项目》共分两个阶段实施,第一阶段是 2005—

---

① UNESCO. Evaluation of the Teacher Training Initiative for Sub-Saharan Africa (TTISSA)[Z]. Paris:UNESCO,2009:8.

2011 年,第二阶段是 2012—2017 年。这里主要分析第一阶段的实施。

（1）目标

该项目的总体目标是解决非洲地区（尤其是撒哈拉以南非洲地区）教师教育专业数量和质量方面的挑战。具体目标之一是:通过运用开放、远程和电子学习的方法扩大培训机会,增加参与国数学、科学和计算机科学教师的数量。

（2）实施

①资助机构

项目的资助机构为非洲开发银行和联合国开发计划署。

项目的第一阶段,非洲开发银行负责资助该项目在 10 个非洲国家的开发和实施,这 10 个国家分别是:埃塞俄比亚、肯尼亚、马达加斯加、莫桑比克、塞内加尔、索马里（冲突后国家）、坦桑尼亚、乌干达、赞比亚和津巴布韦;在每个国家中,将有一个参与机构负责实施该项目;在索马里,联合国开发计划署将为该国的两个参与机构提供资金。

②负责机构

2010 年 2 月,应非洲开发银行资助的项目合作机构的请求,教师教育虚拟联盟成立,该联盟由来自 30 个国家的 33 所大学组成,是非洲虚拟大学董事会的委员会之一。该联盟的目标包括远程学习中心的发展、成员的能力增强以及对远程学习课程的开发和管理;该联盟还负责监督教师的虚拟培训。它的成员主要有:埃塞俄比亚金马大学（Jimma University）,肯尼亚内罗毕大学,马达加斯加塔那那利佛大学（Universite d'Antananarivo）,莫桑比克教育大学（Univasidade Pedagogica）,塞内加尔谢赫·安达·迪奥普-达喀尔大学（Universite Chiek Anta Diop）,索马里阿蒙德大学（Amoud University）、哈尔格萨大学（University of Hargeisa）、东非大学,坦桑尼亚开放大学,乌干达理工大学（Kyambogo University）,赞比亚大学以及津巴布韦大学。

③具体措施

在非洲虚拟大学虚拟教师教育联盟的协助下,各成员机构采用开放、远程和电子学习的方法,合作开发了数学、生物学、化学和物理学四个学科的教育学士学位课程,并商定了统一的质量保障机制。这些开放资源课程的使用人群是:中学职前教师和不合格的中学教师（已取得某个学科的学士学位,但没有教育学和其他教师教育专业课程资格)。①

(三)实施成效与面临的挑战

《撒哈拉以南非洲师资培训计划》和《非洲虚拟大学教师教育项目》的实施在"扩大合格教师供给"方面取得了一系列的成就,但也面临着一些挑战。

1. 师资不足状况缓解

在区域层面,《撒哈拉以南非洲师资培训计划》对教师政策的发展、教师研究和数据的改进、教师教育质量保障的发展、教师的地位和工作条件的改善、可持续发展教育与非正规教育保持持续的关注。在国别层面,第一期17个试点国通过对教师问题的分析,确定了优先领域,得到了该计划的支持。这使得试点国家能够在该计划的战略框架内设计和实施反映国家优先事项的一系列重点活动,这些活动主要有:(1)教师政策:教师政策相关问题的南南共享和发展国家一级政策、战略;(2)教师问题研究;(3)安哥拉建立国家教师资格框架,通过区域论坛支持质量保障建设;(4)教育人员和决策者的能力建设;(5)支持建立教师中心;(6)开发教育课程和材料,特别是有关 HIV 和 AIDS,非正规教育,科学、和平和人权教育,信息通信技术和开放和远程学习,性别问题教育的教育课程问题和材料;(7)通过世界教师节和 EFA 全球行动周宣传教师的重要性;(8)支持开放与远程学习下的教师教育。②

从整体来看,《撒哈拉以南非洲师资培训计划》从区域和国家层面上缓解了该地区师资不足的状况;同时,该计划还开发了教师培训网络资源和校本培训等手段,为小学教师提供了在职培训机会,提高了教师的能力;此外,许多国家积极响应联合国教科文组织倡导的提高教师地位的倡议,将 10 月5 日定为教师节,教师的重要性得以体现。

2. 合格教师数量增加

《非洲虚拟大学教师教育项目》重点开发生物、化学、物理、数学和信息通信技术领域的基础教师技能和教师专业发展模块。项目第一阶段开发了

---

① African Virtual University. The Teacher Education Virtual Consortium[EB/OL]. [2017-11-16]. http://www.avu.org/avuweb/en/the-teacher-education-virtual-consortium.

② UNESCO. Evaluation of the Teacher Training Initiative for Sub-Saharan Africa (TTISSA)[Z]. Paris: UNESCO,2009:30.

73 个模块,通过对这些模块进行进一步开发、审核和翻译,最终形成了以英文、法文和葡萄牙文三种不同语言为载体的 219 个模块。为了确保非洲内外的师生能够轻松获取这些学习资料,非洲虚拟大学通过其开放式教育资源门户网站(www. oer. avu. org)将这些学习单元作开放教育资源发布,在过去的 6 年里,这些模块已经被访问了 2694241 次。迄今为止,这些模块已被用于提供学位、文凭、证书和专业发展,总共有 27492 名学习者报名参加了 10 个合作机构。仅在塞内加尔,就有 13772 名不合格的教师通过了专业发展计划下的教师教育模块培训,被政府雇用为全职合格教师。①

　　《撒哈拉以南非洲师资培训计划》实施的过程中面临着一系列的挑战,主要体现在资金不足、职能机构分工不明确、政策脱离实际情况这三方面。第一,由于计划的经费严重不足,导致许多项目难以为继。从表 4.5 可以看出,相比于 2006—2007 年的正规经费支持,2008—2009 年的经费有明显下滑;从表 4.6 不难看出,计划的预算外经费分配严重依赖其他国家,同时,资金分配极不平衡,有 6 个国家没有得到外来预算经费支持。第二,《撒哈拉以南非洲师资培训计划》的机构职能划分不明确,部分机构办事效率低,影响了项目的执行。例如,布基纳法索、赞比亚和乍得,既没有预算外资金支持,也没有负责的联合国教科文组织工作人员,并且有约 25% 的国家利益相关者表示,他们没有得到计划机构的任何援助或支持②,这就导致计划的实施效率大大降低。第三,《撒哈拉以南非洲师资培训计划》提出的一些政策措施不符合非洲国家的实际情况。就"改善教师的地位和工作条件"这一目标而言,由于各个国家经费缺乏,教师的地位和工作条件难以从根本上得到改善;该计划开发的《教师政策开发工具包》也由于脱离各国的国情,难以在试点国家推行。③

　　①　African Virtual University. Impact of AVU Multinational Projects I and II[EB/OL]. [2017-11-16]. http://www. avu. org/avuweb/en/projects/impact-avu-multinational-projects-ii.
　　②　UNESCO. Evaluation of the Teacher Training Initiative for Sub-Saharan Africa (TTISSA)[Z]. Paris：UNESCO,2009:18.
　　③　楼世洲,彭自力.联合国"撒哈拉以南非洲师资培训计划"评析[J].比较教育研究,2010(11):4.

二、提升教师教育质量

（一）"教师教育质量提升"的战略依据

虽然从 2000 年开始,非洲许多国家在全民教育目标的实施方面取得了很大进展,例如,1999—2012 年,失学儿童的人数下降了 1200 万,小学教育中的性别平等率从 1999 年的 0.87 提高到 2010 年的 0.95。然而,撒哈拉以南非洲的失学儿童仍然占到世界一半,在教育的许多重要领域都落后于世界其他地区,阻碍了社会经济发展。为了帮助该地区解决教育方面面临的挑战,联合国教科文组织在预算分配和计划行动方面都优先考虑了非洲,非洲教师的质量问题也是教科文组织关注的重点之一。①

2017 年 10 月 5 日是世界教师节,在此次教师节上,联合国教科文组织、国际劳工组织、联合国儿童基金会、联合国开发计划署和国际教育组织共同发表了《2017 年世界教师日联合致辞》,该致辞确定了此次教师节的主题"增教师权能,促教学自由",指出"教师向儿童、年轻人和成年人传授发挥其潜能所需的知识和技能,是社会长久实力的重要基础",呼吁"政府、教育部门以及私营部门的合作伙伴致力于建设一支高技能、受重视和有权能的教育工作者队伍",努力实现"使世界上每一位儿童、青年和成年人都能获得优质教育和终身学习机会"的可持续发展目标。②

非洲国家面临未经培训的教学人员众多、合格师资不足这一挑战,要想实现这一目标,提高教育质量,必须要为教师提供更多培训和发展机会,增加优质教师的数量,而"教师教育质量提升"就是非洲国家联合起来提高教师质量的重要举措,也是非洲教师教育一体化发展战略的关键组成部分。

1.背景

非洲国家众多,不同国家教师培训的具体状况又各不相同。从教师的职前培训来看,未来教师的教育主要是从低水平的学校教育开始的,在非洲

① UNESCO. UNESCO Education Strategy 2014—2021 [EB/OL]. [2015-10-15]. http://unesdoc.unesco.org/images/0023/002312/231288e.pdf.

② UNESCO. World Teachers' Day-5-October 2017[EB/OL]. [2020-07-20]. http://en.unesco.org/themes/teachers/world-teachers-day.

英语和法语国家，超过一半的教师的教育水平已经达到了高中阶段；而较之于"合同教师"和"社区教师"，那些公务员则有更多的机会接受更高水平的教育，这就导致大批"合同教师"和"社区教师"的能力难以有机会得到提升。除此之外，撒哈拉以南非洲的许多国家对参加职前培训的学生教师的选拔标准并不明确，一些国家师范生的水平太低，难以达到职前培训所要求的标准，而在一些讲法语的国家，一个拥有高中会考证书的准教师并不代表就有合格的表现。

　　总体来说，非洲英语国家的教师培训率比法语国家要高，例如，在马达加斯加和多哥，有 36％～37％ 的教师接受过培训；而在乍得，则只有 27％ 的学生接受过培训；有些地方这一现象更严重，例如，在塞内加尔，超过一半的小学教师从未接受过培训，而每个受过培训教师的生师比高达 70∶1。这些例子从侧面说明，非洲国家对未受过培训的不合格教师有着严重的依赖。基于此种情况，许多非洲国家制定了教师的在职培训策略，但是依然没有针对教师的职前培训采取相应的措施。[①]

　　另一个值得关注的点是，大多数非洲国家的教育系统难以为在校教师提供足够的培训课程，满足合格教师的需求。有学者指出教师培训课程不能很好地满足学生教师需求的原因是：教学法培训偏理论化；学科知识教学没有与学校课程紧密结合；学生对教学语言（英语）的掌握不熟练。[②] 在职教师教育同样存在这一问题，很多国家的教师在职教育和培训时间短；培训地点主要集中在城市地区，受众小；课程教学仍然主要采用面对面的方式，未能完全采用预期的以学生为中心的教学法，学生的学习仍然依靠死记硬背的学习方式。[③] 一些学者还指出：传统培训机构的废除使教师更缺乏在职进修的选择，在职教师的专业发展需求得不到满足，教师的能力得不到进一步提升，并且撒哈拉以南非洲许多国家在职培训项目的发展似乎只是"暂

---

　　① Lauwerier T，Akkari A. Teachers and the Quality of Basic Education in Sub-Saharan Africa [R]. Education Research and Foresight，Working Papers Series. Paris：UNESCO，2015：6.

　　② Mulkeen A. Teachers in Anglophone Africa：Issues in Teacher Supply，Training，and Management [M]. Washington，D.C.：The World Bank，2010：4.

　　③ Hardman F，Abd-Kadir J，Tibuhinda A. Reforming Teacher Education in Tanzania [J]. International Journal of Educational Development，2012(6)：826-834.

时的权宜之计"，缺乏可持续性。[①]

非洲各个国家教师质量方面存在的问题远远不止上述提及的，但是更重要的是采取怎样的战略措施解决这些问题，从而进一步提高非洲教师的质量。"教师教育质量提升"是指非洲不同国家和地区共同努力，从教师教育政策开发、教师教育课程发展和远程教师教育下的教师发展等方面，提高整个非洲大陆的教师教育质量，实现教师教育一体化发展。

2. 政策的出台

以联合国教科文组织为代表的国际组织和非洲大陆内部不同的区域组织为提升非洲教师教育的质量，制定和出台了一系列战略、规划，这些战略规划是非洲教师教育质量提升战略主题的政策依据，参见表4.7。

表 4.7　非洲教师教育质量提升战略主题的文本

主体	主要政策与行动	重点领域
联合国教科文组织	《撒哈拉以南非洲师资培训计划 2006—2015》	教师教育政策开发
	《联合国教科文组织 2014—2021 教育战略》	
非盟委员会与欧盟委员会	《非洲高等教育协调和一体化计划》	教师教育课程建设
东非共同体	《东共体发展战略 2011/12—2015/16》	
英国开放大学	《撒哈拉以南非洲教师教育项目》	开放和远程教育下的教师发展
非盟和非洲发展新伙伴计划	《2010—2015 行动计划：推进非洲区域和大陆一体化》	
非洲教育发展协会	《非洲教育发展协会中期战略规划 2013—2017》	

注：根据各组织机构的网站信息编制。

（二）主要措施及实施

教师教育质量提升战略主题主要从教师教育政策开发、教师教育课程建设以及开放和远程教育下的教师发展三方面出发采取了具体措施，以下将结合具体的案例对该战略主题下的主要措施展开分析。

1. 教师教育政策开发

联合国教科文组织是非洲教师教育一体化发展的主要利益相关者，它出台的部分战略、规划从教师教育政策方面推动着非洲教师教育一体化的

---

① Lauwerier T，Akkari A. Teachers and the Quality of Basic Education in Sub-Saharan Africa [R]. Education Research and Foresight，Working Papers Series. Paris：UNESCO，2015：6.

发展。教科文组织倡导实施的《撒哈拉以南非洲师资培训计划》为提高撒哈拉以南非洲的教师质量，提出了"开发适当的教师教育政策"和"提高教师教育专业发展的连续性"两大预期结果，为实现这两大预期结果，该计划开展了包括"加强教师教育质量保障机制""开发教师培训机构（TTIs）标准化框架"等在内的具体措施。

2014年，联合国教科文组织出台的《联合国教科文组织2014—2021教育战略》将非洲作为重点关注地区，在"战略目标1：发展教育系统，提高教育质量，促进全民终身学习"下的"主题领域5：解决教师问题，提高教学质量"中，将"教学质量的提升"作为优先领域之一，并提出"提高合同教师、社区教师和实习教师的专业资格；广泛使用技术支持方案，强化在职教师质量的提升机制"的具体目标，为实现这些具体目标，教科文组织提出了"主要通过混合培训的策略和模式，开发教师和教师教育人员的在职专业发展方案"，开展"以学习者为中心的教学方法""优秀的学校领导可以通过定期的教师辅导提高教学质量"等活动。

由于《联合国教科文组织2014—2021教育战略》目前尚未结束，因此这里主要以《撒哈拉以南非洲师资培训计划》为例，从该计划的具体目标和预期活动出发，分析"教师教育政策开发"主要措施的实施。

（1）目标

《撒哈拉以南非洲师资培训计划》的具体目标之一是"开发适切的教师教育政策"。

（2）预期活动

《撒哈拉以南非洲师资培训计划》为实现"开发适切的教师教育政策"的目标，提出了开展一系列活动，提出的预期活动主要有：支持政府审查、制定并实施（包括非正规教育在内的）相应的教师政策；加强教师教育质量保障机制；在联合国教科文组织、国际劳工组织政策框架的基础上，支持与艾滋病有关的教育工作政策的开发；与国际劳工组织、联合国儿童基金会、非洲妇女教育论坛、牛津饥荒救济委员会合作，在教育工作场所和机构开发性别政策简介。

围绕上述预期活动，TTISSA采取了具体的行动，主要体现在国别层面：①安哥拉：通过与其他南共体国家交流与合作，制定国家教师资格框架草案；开发国家战略，实行十年可持续发展教育规划。②中非共和国：在雅温得办公室和班吉教科文组织官员的帮助下,协调教育部门的评估发展;就教育制度重建进程的紧急性以及 TTISSA 在这个过程中的重要性,国家当局与捐助者团体之间达成共识;在"将在职教师区域培训中心转变为职前教师培训速成中心"的基础上支持新的教师战略。③加纳:持续支持国家教师教育政策草案。④塞拉利昂:支持小学和基础教育教师培训和发展的国家政策草案;审查与小学和基础教育教师的教育与培训有关的国家政策和发展计划;审查、更新、通过并审定国家教师政策、教师培训发展行动计划;组织与政策有关的培训和宣传工作。

2.教师教育课程建设

教师教育课程的一体化建设是教师教育质量提升战略的重要组成部分。国际组织、非盟和非洲区域组织在战略和行动方面为教师教育课程的一体化建设做出了努力。

欧盟作为非洲的主要利益相关者之一,从教师教育课程方面推动了非洲教师教育一体化的发展。2007 年,由欧盟委员会发起并资助,非盟委员会与欧盟委员会共同制定,非盟和欧盟共同参与、实施的《非洲高等教育协调和一体化计划》为促进非盟成员国之间的学历相互认证,增强非洲内部的学术交流,提高非洲高等教育的质量和学生的能力,推动非洲高等教育一体化的发展,将"教师教育"列为五大学科领域之一,对教师教育学科的特定能力和通用能力进行了认定,这是非洲迈向教师教育课程一体化的重要一步。

东非共同体作为非洲的区域性政府间组织,在 2011 年 8 月出台了《东共体发展战略 2011/12—2015/16》,制定了"东共体教育体系和课程一体化"的战略干预措施,确立了在 2015 年前实现"教师教育学习课程的一体化"的目标,为实现这个目标,东共体于 2014 年出台了东共体中小学教师教育的课程一体化框架。

这里以东共体的小学和中学教师教育课程一体化框架为例,分析"教师教育课程建设"这一措施。由于这两个一体化框架是基于共同的理论基础建立的,因此有着共同的目标、开发与实施原则、评估策略和实施流程。

(1)东共体教师教育课程一体化的目标

东共体小学和中学教师教育课程的一体化是基于共同的理论基础建立的,因此有着共同的目标。

总体目标是:倡导并提高对合作伙伴国家潜力和价值的认识。

具体目标是:建立同步的教育培训体系,以此作为加强教育机构能力的战略,满足不断提高的教育需求。

(2)东共体教师教育课程开发与实施原则

教师教育课程的开发原则有:列入以前课程的受尊重的传统和成就;处理国家和区域各级的情况;明确阐明中学教师教育的愿景、目的和具体目标;清晰地确定关于个人、国家和区域利益的预期学习成果;有效解决相关性、范围、顺序、公平性、一体化等跨学科问题,如包容性教育和环境问题;解决专业发展的问题。

课程的实施原则有:以学习者为中心的方法;基于能力的方法;一体化教学;灵活性和流动性;透明度和问责制;道德和诚信。

(3)东共体教师教育课程评估策略

规划指出东共体教师教育的评估框架应该以能力为基础,提供形成性评价和总结性评价的指导原则。框架还应表明:评估理由;需要评估哪些能力;这些能力的评估方式;评估阶段;评估人员、评估证据如何提供;评估监测的监测、评价和验证方式;负责评估记录保存的人员以及保存方式。

(4)东共体教师教育课程框架一体化的实施流程

东共体课程框架实施的关键方面有:宣传;在选定院校开展试点活动;区域教师教育课程框架(制度)的试行;质量保障;课程的监测与评估。①

3.开放和远程教育下的教师发展

非盟和非洲发展新伙伴计划出台的《非盟和非洲发展新伙伴计划2010—2015行动计划:推进非洲区域和大陆一体化》(简称《行动计划2010—2015》)在"教育,青少年及培养"领域的战略目标下,将"非洲开放和远程学习下的教师发展"列为优先项目,如表4.8所示。

---

① EAC Secretariat. Harmonised curriculum structures and framework for the East African Community Secondary Teacher Education[R]. Nairobi, Kenya, 2014:9.

表 4.8 《行动计划 2010—2015》优先项目

名称	地区	承诺	发展阶段	描述	联系方
非洲开放和远程学习下的教师发展	南部和西部非洲	100万美元用于可行性研究	第2阶段:可行性/需求评估(试点项目)	巩固重要教师培训机构的能力建设,与试点国家的主要教师培训机构合作,制定大规模的教师培训和教师发展方案和课程。这些国家包括安哥拉、刚果民主共和国、莫桑比克、贝宁、加纳、尼日尔、尼日利亚和塞内加尔。南非大学和尼日利亚国立开放大学已被确定为执行伙伴。目前基线研究已经完成,安哥拉已经开始实施	NEPAD

资料来源:AU/NEPAD. AU/NEPAD African Action Plan 2010-2015［R］. Addis Ababa,2009.

《撒哈拉以南非洲教师教育项目》是 2005 年由英国开放大学倡议开展的,该项目通过开发高质量的校本培训资料,支持教师培训,满足撒哈拉以南非洲地区对初等学校教师不断增长的需求,是目前非洲大陆内最大的教师教育网络,也是比较有影响力的教师培训项目,拥有包括 BBC 世界服务信托基金、英联邦学习共同体、坦桑尼亚开放大学、南非远程教育机构等在内的 18 个核心的国家和全球性组织,旨在为撒哈拉以南非洲的教师和教师培训者提供开放教育资源和相关支持,以此作为扩大教师教育范围和提高课程质量的一种途径。[①]

这里主要以撒哈拉以南非洲教师教育项目为例,结合该项目的目标、实施和评估状况对"开放和远程教育下的教师发展"进行分析。

(1)目标

该项目的目标主要体现在:创建非洲大学网络,与英国开放大学以及其他国际组织合作,重点关注撒哈拉以南非洲教师的教育和培训的需求;支持校本教师教育模式的探索与发展,教师通过这种模式发展自身的能力和技能以满足学生需要;设计和建立一个撒哈拉以南非洲地区所有教师都可以

［①］ Wolfenden F, Umar A, Aguti J, et al. Using OERs to Improve Teacher Quality: Emerging Findings from TESSA［R/OL］. ［2017-10-18］. http://oro. open. ac. uk/27174/2/PCF_6_Full_paper_ Wolfenden_Am ended. pdf.

免费使用的多语种、模块化和形式灵活的开放教育资源库。①

（2）实施

该项目从 2005 年开始实施，实施的原则是"将教师和教师教育者作为改善教育供应的中心"，专业发展模式以"开放教育资源的开发与利用"为基础，采用教师教育"课堂聚焦"的模式，注重实用性，培养教师"以学习者为中心"的教学法，鼓励合作大学以"高度结构化模式""松散机构化模式"或"导向型"的方法将开放教育资源融入学习项目中。

据 2012 年的项目评估报告显示，该项目的合作伙伴共有加纳、肯尼亚、尼日利亚、卢旺达、南非、苏丹、坦桑尼亚、乌干达和赞比亚 9 个国家的 13 所大学（肯尼亚埃格顿大学，卢旺达基加利教育学院，乌干达的克雅博格大学和马克雷雷大学，尼日利亚的国家教师学院，苏丹开放大学，坦桑尼亚开放大学，加纳的海岸角大学和温尼巴教育大学，南非的福特大学，比勒陀利亚大学和南非大学，赞比亚大学）。经过合作伙伴的共同努力，该项目已经建立了以阿拉伯语、英语、法语和斯瓦希里语四种语言为载体的 75 个适用于小学教师培训的开放教育资源单元。

（3）评估

项目由两个独立的评估人员组成的团队开展评估，评估内容及活动如表 4.9 所示。

表 4.9　撒哈拉以南非洲教师教育项目评估的问题、方法和步骤

评估问题	评估方法和步骤
合作机构所使用的 TESSA 模式是什么	列表说明 TESSA 模块的使用，协调员通过提供这些表格，回应电子邮件关于"将 TESSA 材料的最新数据整合到模块中"的请求； 关于肯尼亚、加纳、南非三个案例研究的个人访谈
TESSA 对教师教育者的影响是什么（身份和实践）	教师教育者的问卷调查； 在三个案例研究地点进行面谈
TESSA 对教师学习者的影响是什么	在肯尼亚埃格顿大学、加纳温尼巴教育大学、南非的福特大学三个案例研究地点进行关键组的访谈

---

① Harley K，Barasa F S. TESSA Formative Evaluation Report [R/OL]. [2020-07-18]. http://www.tessafrica.net/sites/www.tessafrica.net/files/TESSA_Formative_Evaluation_Report_October_2012.pdf.

续表

评估问题	评估方法和步骤
在合作伙伴内部、其他关键利益相关者之间开发了哪些网络活动	由协调员代表所有的合作大学在上述三个地点举办的研讨会上对网络"地图"进行分析
ICTs 在 TESSA 实施过程中的作用	与协调员、学者、学生开展访谈;教师教育者问卷调查

资料来源：Harley K，Barasa F S. TESSA Formative Evaluation Report ［R/OL］. ［2020-07-18］. http://www. tessafrica. net/sites/www. tessafrica. net/files/TESSA _ Formative_Evaluation_Report_October_2012. pdf.

（三）实施成效与面临的挑战

教师教育质量提升是非洲教师教育一体化发展战略的主题之一,非洲的区域组织和利益相关者从教师教育政策开发、教师教育课程建设以及通过远程教育促进教师专业发展等出发,提高教师的质量,取得了一系列成效。

1. 多项教师教育政策出台

在《撒哈拉以南非洲师资培训计划》的支持下,与教师有关的大量国家政策框架、战略和计划得以制定、修订或实施。

在全球层面上,2007 年 11 月,教科文总部组织了首个撒哈拉以南非洲教师教育政策论坛;2008 年 11 月 26 日至 28 日,教科文组织与非洲教育发展协会教师职业问题工作组、联邦秘书处和非洲开发银行合作在突尼斯举办了另一个论坛,此次论坛重点关注教师政策发展的国家案例研究。除此之外,联合国教科文组织非洲国际能力建设研究所在该计划的影响下,推出了"教师教育发展的基本原则"系列研究①,并出台了相应的政策简报。

在国别层面上,《教师政策开发工具包》新草案的发展引起了乌干达、贝宁、几内亚和尼日尔的教育部长很大的兴趣,并提出了应用申请;乌干达和贝宁两个试点国的工具包起草完毕,已经开始试行;刚果共和国在《撒哈拉以南非洲师资培训计划》框架下对《国家教育人员培训战略》进行了审定;几

---

① "教师教育发展的基本原则"系列研究包括"把教师带回非洲学校""改善非洲国家乡村学校教师和教学条件""非洲学校教师的工作条件改善策略和保留""通过参与调查确保质量:撒哈拉以南非洲以学习者为中心的教学法""非洲教师教育质量保障""非洲本土儿童早期护理和教育的课程框架:背景和内容"。

内亚接受使用该框架和《教师政策开发工具包》，修订国家中小学教师职前和在职培训政策，对在职培训评价体系进行验证，支持合作伙伴的《在职培训监测和评估计划》。

但是，计划实行过程中仍面临着人力和财力不足、对工具包的使用缺乏良好的指导与分析、各成员国的政策实施缺乏评估诊断等挑战。[①]

2. 教师教育课程一体化建设增强

以东共体的教师教育一体化课程框架为例，教师教育一体化课程框架的制定、发展和推行，督促了成员国积极履行承诺，培养出能够为迅速发展的社会输送优秀人才的高质量教师；同时，教师教育课程一体化框架的建立也有利于促进共同体内部的教育机会平等、教师质量保障和认证体系的一体化[②]；促进共同体内部教师和学生的交流、合作，深化和加速东共体的一体化进程。

3. 教师专业能力发展机会增加

开放教育资源和远程教育对教师培训者和教师学习者的发展有着积极的影响。以《撒哈拉以南非洲教师教育项目》为例，开放教育资源将理论和实践结合在一起，将人们对教师的认知从"教师知道一切"向"教师是学习的促进者"转变，很大程度上丰富了学生的学习体验，满足了教师和学习者的需求[③]，有利于促进成员国教师的发展，提高教师质量，推进非洲教师教育一体化的发展。

但是，非洲很多地区面临着资金缺乏，没有配套信息通信技术基础设施；没有网络，教师缺乏相应的信息通信技术应用技能，难以获得项目提供的资源；打印成本过高；缺乏开发开放教师资源的有效途径等一系列挑战。[④]

---

① UNESCO. Evaluation of the Teacher Training Initiative for Sub-Saharan Africa (TTISSA)[R]. Paris：UNESCO，2009：2.

② EAC SECRETARIAT. Harmonised curriculum structures and framework for the East African Community Secondary Teacher Education[R]. Nairobi，Kenya. 2014：9.

③ Harley K，Barasa F S. TESSA Formative Evaluation Report[R/OL]. [2017-10-18]. http://www. tessafrica. net/sites/www. tessafrica. net/files/TESSA_Formative_Evaluation_Report_October_2012. pdf.

④ Wolfenden F，Buckler A S H，Keraro F. OER Adaptation and Reuse across Cultural Contexts in Sub-Saharan Africa：Lessons from TESSA (Teacher Education in Sub-Saharan Africa)[EB/OL]. [2017-10-18]. http://jime. open. ac. uk/articles/10. 5334/2012-03/print.

三、建设教师教育能力

(一)"教师教育能力建设"的战略依据

能力建设的概念已成为发达国家和新兴经济体教育改革国际话语中的重要组成部分。1992 年联合国环境和发展大会指出,"能力建设"包括人力、科学、技术组织的资源和能力,其根本在于增强评估、处理政策和发展模式选择等关键问题的能力。[①]

就教育领域而言,如果缺乏能力建设和专业发展,教育政策、体制的改革、与教育体系相关的研究项目的实施就难以实现;而教育的改革会带来一系列的挑战,例如,课程(学习)变革、学校条件(环境、基础设施等)变化、社会不满和冲突、信息通信技术的发展,等等,教师作为教育改革的主体,在教育政策实施方面的地位是至关重要的,教师必须要有足够的能力处理这些挑战,有效应对学生和有关机构成长和发展的需要。因此,教师的能力建设势在必行。[②] 非洲教师教育发展面临的问题,也是关于教师教育能力建设的问题。

1.背景

教师教育质量的高低是教育能否推动发展至关重要的因素之一,教师的准备、指导和激励是提高教育质量、促进可持续发展的关键因素。[③] 非洲国家要想从根本上推动发展、实现全民教育目标和可持续发展目标,就必须重视教师的能力建设。

为加强非洲国家教师教育的能力建设,1999 年联合国教科文组织非洲国际能力建设研究所成立,这也是非洲唯一的教科文组织研究所,研究所采取了一系列措施来加强非洲在该组织的 54 个成员国的教师教育机构的能力,例如,在教育领域引入信息和通信技术;建立合作伙伴网络,促进促进经验分享与交流;承担非洲教师教育机构的研究与开发;利用远程教育提高教

---

① Egbo B. Teacher Capacity Building and Effective Teaching and Learning: A Seamless Connection[J]. Mediterranean Journal of Social Sciences, 2011(5): 8.

② Osuji C U. Capacity Building of Teachers as a Strategy in Bridging the Gap in Nigerian Educational System[J]. African Education Indices, No. 1, August, 2014.

③ Adegoke K A. Capacity Building of Lead Teacher Training Institutions in Sub-Saharan Africa: Ghana[R]. ED/HED/TED/2003/PI/11, UNESCO, 2003: 5.

师教育机构能力等。^① 2015 年 8 月，"南部非洲教师区域会议"在莫桑比克
的马普托举行，会议强调了教师质量对公平和学习成果的影响，旨在为与会
者提供一个平台，分享和反思"教师能力提高、教学法"等方面的良好实践，
并为该地区教师发展提出建议，提高教师职业的专业地位。会议的主要目
的之一是增强教师能力建设。"建设教师能力"意味着政府和决策者必须提
供有效教学所需的必要资源、材料和"工具"^②，主要包括：教师的政策、培
训、教学，基础设施建设，教师福利和赋权等方面^③，见图 4.2。

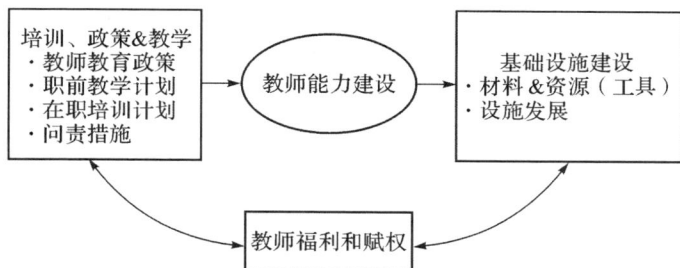

图 4.2　教育系统下教师能力建设情境模型

资料来源：Egbo B. Teacher Capacity Building and Effective Teaching and Learning：A
Seamless Connection[J]. Mediterranean Journal of Social Sciences，2011(5)：7.

　　但是，非洲教师整体的能力建设还必须结合教师和教师教育发展面临
的一系列问题。当前非洲国家教师发展普遍面临以下九大挑战：教师发展
和准备的机会缺乏；合格教师招聘及部署困难；教师缺乏教学动机；教师缺
乏非洲农村学校普遍要求的复式教学技能；教师课堂管理和纪律问题；课程
结构和规划困难；缺乏有效的教学策略和教学设计技巧；教师缺乏传授学生
自主创新学习技能的能力；教师在不同学生间采用不同类型的"朋辈导修"

———————

　　①　Adedeji S O，Olaniyan O. Improving the Conditions of Teachers and Teaching in Rural Schools
Across African Countries[M]. Addis Ababa：UNESCO-IICBA，2011.

　　②　Egbo B. Transformative Learning in a Changing World：Guidelines and Strategies for Practice
[C]//Sixth International Conference on Transformative Learning. Michigan State University，East
Lansing，Michigan，2005.

　　③　Egbo B. Teacher Capacity Building and Effective Teaching and Learning：A Seamless
Connection[J]. Mediterranean Journal of Social Sciences，2011(5)：4.

方面缺乏主动性。^① 因此,非洲教师教育能力建设这一战略重点需要从教师教育面临的问题出发,发挥区域、次区域组织的作用,促进区域间教师教育信息、资源共享,联络利益相关者,促进整个非洲大陆教师教育的能力建设。

2.政策的出台

教师教育能力建设是非洲教师教育一体化发展战略的重要组成部分。关于教师教育能力建设战略的内容,参见表 4.10.

表 4.10　教师教育能力建设战略文本

主体	主要政策与行动	重点领域
联合国教科文组织	《撒哈拉以南非洲师资培训计划 2006—2015》	提高教师地位,改善教师的工作条件;改善师资管理和行政结构,提高学校和行政管理的效率
联合国教科文组织和中国	联合国教科文组织-中国信托基金项目	提高选定非洲国家的目标教师培训机构的能力,提供优质的教师教育和培训
非盟	《非洲教育"二·十"行动计划(2006—2015)》	提高教师的能力;促进教师系统职业生涯发展的制度化;增强学校领导力发展;提高教师的地位、士气和福利;提高教学研究的质量和相关性
非盟和非洲发展新伙伴计划	《非盟和非洲发展新伙伴计划 2010—2015 行动计划:推进非洲区域和大陆一体化》	加强主导教师培训机构的能力建设;与试点国家合作,制定大规模的教师培训、教师发展计划和课程
非洲教育发展协会	《非洲教育发展协会中期战略规划(MTSP)2013—2017》	将 ICT 应用到远程教师培训和专业发展中
非洲全民教育网络运动	《ANCEFA 2010—2014 战略规划》	通过解决教师在供给、分配和激励方面的挑战,促进教学质量的提高

① Adedeji S O, Olaniyan O. Improving the Conditions of Teachers and Teaching in Rural Schools Across African Countries[M]. Addis Ababa: UNESCO-IICBA, 2011.

续表

主体	主要政策与行动	重点领域
非洲教师能力发展研究所	《非洲教师能力发展研究所战略规划 2014—2019》	建成非洲教师能力发展卓越中心;通过不断开发有效的课程交付能力和提高教育质量改变教学
非洲数学和科学教育强化组织	《SMASE-Africa 战略规划 2016—2020》	促进成员国教师能力的发展,实现有效教学

注:根据各组织机构网站的信息编制。

(二)主要措施及实施

非洲教师教育能力建设战略主题下的主要措施包括行政能力建设、教学能力建设和教师培训机构能力建设三方面,以下将结合具体的案例文本对该战略主题下的主要措施展开分析。

1.行政能力建设

行政能力建设主要包括:提高教师的地位、士气和福利,改善教师的工作条件;改善师资管理和行政结构,提高学校和行政管理的效率;制定学校领导力的政策和计划,促进学校领导力发展三方面。联合国教科文组织和非盟出台的相关战略规划针对以上三点提出了具体的活动要求,见表 4.11。

表 4.11　行政能力建设的内容

内容	战略、规划	活动要求
提高教师的地位、士气和福利,改善教师的工作条件	《撒哈拉以南非洲师资培训计划 2006—2015》	(1)通过"世界教师节"等引人注目的活动宣传教师的地位和作用;(2)与 IIEP、ILO、UIS、EI 合作,对与其他职业、GDP、PPP 有关的教师薪水和工作条件进行评估等
	《非洲教育"二·十"行动计划(2006—2015)》	(1)在国家教育"政策对话、课程和材料发展、标准的制定和质量管理机制等"发展中,更有力地发挥教师的作用;(2)定期审核教师薪酬及工作条件;(3)发展改善教师支持机制;(4)发展改善教师质量保障和管理的机制;(5)尤其关注困难地区教师的增长;(6)提高教师的质量

续表

内容	战略、规划	活动要求
改善师资管理和行政结构,提高学校和行政管理的效率	《撒哈拉以南非洲师资培训计划 2006—2015》	开发政策框架,支持政府对教师的行政和专业管理; 支持与教师行政和管理有关的教师指标开发
制定学校领导力政策和计划,促进学校领导力发展	《非洲教育"二·十"行动计划 (2006—2015)》	各级学校领导系统化培训体系的制度化

资料整理自:African Union. The Second Decade of Education for Africa(2006—2015): Plan of Action[R]. 2006; UNESCO. Evaluation of the Teacher Training Initiative for Sub-Saharan Africa[R]. Paris: UNESCO,2009:1.

以《撒哈拉以南非洲师资培训计划》为例,该计划在行政能力建设方面主要提出两大预期结果:一是教师地位和工作条件的改善;二是师资管理和行政结构的改善。计划为实现这两大目标,实施了多项具体活动,这些活动产生了一系列影响。

(1)教师地位和工作条件的改善

《撒哈拉以南非洲师资培训计划》在"教师地位和工作条件的改善"方面提出了一系列预期活动:支持 UNESCO 和国际劳工组织关于采纳教学人员相关建议的联合专家委员会(The Joint ILO-UNESCO Committee of Experts on the Application of the Recommendations Concerning Teaching Personnel,CEART)提高产出和效益;宣传 1966—1997 年 UNESCO 和 ILO 提出的有关教学人员的建议;通过"世界教师节"等引人注目的活动宣传教师的地位和作用;针对重要国际报告中的教师问题,加强与全球监测报告(GMR)的反思和对话,与 IIEP、ILO、UIS、EI 合作,对与其他职业、GDP、PPP 有关的教师薪水和工作条件进行评估;建立、加强与教师现状及问题有关的教科文组织教席和姊妹大学项目(UNESCO UNITWIN)。

实施的关键活动有:持续支持 CEART 以提高产出和有效性;ILO 和 UNESCO 建议书的用户友好版本已经以六种联合国官方语言加葡萄牙语发表,并广泛分发给所有 TTISSA 的成员国;2007 年和 2008 年在 UNESCO 总部举办了高层次"世界教师节"活动;设立了 UNESCO-Hamdan bin Rashid AlMaktoum 奖,奖励在提高教师效能方面有杰出实践和业绩的教育工作者;支持所有 TTISSA 成员国开展与世界教师节和全民教育周有关的宣传活动；2006 年举办了以"每个孩子都需要一个老师"为主题的全民教育周活动（布基纳法索）；UNESCO 在肯尼亚、乌干达和卢旺达进行了考察访问，旨在提高有利于全民教育的国家资源调动能力（布隆迪）；通过设立中部非洲的教科文组织教育科学教席，支持教育研究与教学（乍得、刚果民主共和国）。

（2）师资管理和行政结构的改善

该计划就"教师管理和行政结构的改善"方面提出以下预期活动：开发政策框架支持政府对教师的行政和专业管理；教育部、检查员、顾问、咨询教师和导师审核和传播教师专业管理材料；教育部和地方机构审核、传播和发展材料支持教师的行政管理；审核和传播校级管理材料；支持与教师管理和行政咨询教师有关的教师指标的发展。

实施的关键活动主要体现在国别层面，具体有：2007 年 10 月举办教师教育部（TED）和 UIS 教师指标研讨会；对教育管理人员进行培训（安哥拉）；负责教学支持和导向的检察员的能力建设（刚果民主共和国）；支持教师职前和在职培训的质量保障体系（加纳）；实施国家人事培训机构、国家中等教育局和区域督察局能力建设计划，全面贯彻落实《小学和中学教师的职前和在职共同培训的国家战略》（几内亚）；职前培训机构（新理工学院）和三个地区性教师培训学院的结构和人员配置的审核与合理化研究（塞拉利昂）；教师辅导计划的开发与试行（坦桑尼亚）；支持在教育学院执行 HIV/AIDS 政策（赞比亚）。

2. 教学能力建设

教学能力建设主要体现在《非洲教育"二·十"行动计划（2006—2015）》《ANCEFA 2010—2014 战略规划》《非洲教育发展协会中期战略规划 2013—2017》和《SMASE-Africa 战略规划 2016—2020》中，具体包括以下方面：教学法研究、信息通信技术在教师培训中的应用以及数学、科学和技术教育工作者教学能力发展等，见表 4.12。

表 4.12 教学能力建设的内容

内容	战略规划	活动
提高教学法研究的质量和相关性	《非洲教育"二·十"行动计划（2006—2015）》	强化现有的研究网络——ROCARE，ERNSA，REFORMA； 实习教师参与行动研究； 开发教师教育计划中的研究能力
构建教师在全纳教育方法方面能力的工具包；促进高质量的教学和学习	《ANCEFA 2010—2014 战略规划》	开发和传播教师全纳教育培训工具包； 对教育质量进行案头分析，制定与"师资培训、招聘和报酬、合同教师和课程开发"有关的文件
将 ICTs 有效地应用在非洲远程教师培训和专业发展中	《非洲教育发展协会中期战略规划2013—2017》	对适用于解决非洲需求的有效和相关的ICT综合解决方案进行全面分析； 传播和促进创新思想的交流； 在设计和实施解决方案方面，促进私营和公共教育部门更大的合作； 非洲各国政府的技术顾问在其教育和培训体系中开发和整合相关的 ICT 方法
加强数学、科学和技术（SMT）教育工作者的教学内容知识和技能、对学科内容重要性的认识、学习评价技能和知识	《SMASE-Africa 战略规划 2016—2020》	对课堂实践、学科内容的熟练度、学习评估技能和知识的认识水平进行需求评估； 根据确定的需求和新出现的问题开发所需内容； 根据所开发内容制定、开发和实施培训计划，监测和评估方案的执行情况； 监督和评估计划的实施

注：根据相关战略文本编制。

在"二·十"计划的引领下，南部非洲发展共同体出台了 RIPET，该计划为解决区域内优质教师不足的挑战，将"二·十"计划的重点领域列为优先领域，包括"教师发展"领域，并提出了相应的活动，制定了监测框架。这里以 RIPET 为例对该措施进行分析。

（1）目标

RIPET 在"教师发展"领域的整体目标是"确保提供足够的教师以满足教育系统的要求，确保所有教师都具备适当的资格、有效教学的相关知识、技能和态度。教师还应该得到足够的支持和充分报酬，确保高水平的工作动机"。①

（2）实施

RIPET 在"教师发展"领域提出了一系列战略措施,其中涉及教师教学能力建设的战略措施主要是:"从整体上提高教学研究能力,特别是行动研究能力。"该计划为实现这一战略措施提出了"为促进行动研究和其他研究工作制定相关战略文件的国家数目"的评估指标。具体的监测框架是非盟提出的"二·十"计划,在"教师教学研究能力的改善"方面的具体评估指标有:利用网络定期输出调查研究;教师教育课程研究方法培训;在行动研究中开展教师机构间的合作;将行动研究应用在决策中。

3.教师培训机构能力建设

教师培训机构能力建设主要体现在《非盟和非洲发展新伙伴计划 2010—2015 行动计划:推进非洲区域和大陆一体化》(简称《行动计划 2010—2015》)、联合国教科文组织-中国信托基金项目和《ICADETA 战略规划 2014—2019》中。

《行动计划 2010—2015》提出了"开放和远程教育下的教师发展"的优先计划,目的是巩固成员国主要教师培训机构的能力建设,并与试点国家的领导教师培训机构合作,开发大规模的教师培训和教师发展计划和课程。

2012 年 11 月 21—23 日,联合国教科文组织于法国巴黎举办了"首届全球全民教育会议",会议期间,启动了"中国-联合国教科文组织教育信托基金"项目。在 2012—2016 年项目第一期,中国政府计划向该基金提供 800 万美元的资助,用于对科特迪瓦、埃塞俄比亚、纳米比亚、刚果(布)、刚果(金)、利比里亚、坦桑尼亚、乌干达 8 个非洲国家的教育援助。② 如前所述,2017 年该项目又启动了第二期,为期两年,中国政府追加 400 万美元资助,受益国增加到 10 个。③ 提高参与国目标教师培训机构的能力是该项目的重点,主要措施有:通过信息通信技术支持下的远程培训方案提高现有教师培训机构的能力,增加合格教师的供应;加强教师培训机构支持在职教师持续

---

① SADC. Regional Implementation Plan on Education and Training(2007—2015)[Z]. 2007.

② 薛莲.教师教育机构的转型:非洲的经验——来自中国-联合国教科文组织教育信托基金专题研讨会的观点[J].世界教育信息,2016(1):16-19.

③ 联合国教科文组织-中国信托基金项目进一步推动非洲教师培训[EB/OL]. (2017-04-06). [2020-05-06]. http://iice.zjnu.edu.cn/2018/0506/c10676a242493/page.htm.

专业发展的能力,特别是通过混合学习方式和方案;促进政策制定者、机构领导者和其他利益攸关方之间分享提高教师教育机构能力的有效做法,促进教师培训机构的网络化;加强教师培训机构的能力,使教师培训者和教师具备使用信息和通信技术提高教学质量的能力,提高教学质量。[①]

非洲数学、科学和技术教育中心是非洲教师能力发展研究所的前身,它为参与国数学和科学教师的定期在职教育和培训的制度化做出了重要贡献。为了进一步推动肯尼亚和其他非洲国家幼儿教育、小学、中学、高等教育、教师教育和特殊需求教育领域的教师能力发展计划的出台,非洲数学、科学和技术教育中心重建技术委员会建议将非洲数学、科学和技术教育中心发展为非洲教师能力发展研究所。该所《战略规划 2014—2019》是在《战略规划 2009—2013》的基础上制定和实施的,吸取了后者的经验和教训。该规划主要围绕"政策和规划;资源开发和管理;能力发展项目;宣传、联系和合作关系;研究、开发和知识管理;自动化(技术)"六大主题展开,针对每一个主题都提出了各自的战略目标、战略活动;其中在"能力发展项目"这一主题下,涉及了教师的持续专业发展。

这里主要以该所《战略规划 2014—2019》中"能力发展项目"为例分析"教师培训机构能力建设"这一主要措施的实施。

(1)能力发展项目的目标

教师能力发展项目作为该所《战略规划 2014—2019》的六大主题之一,它的目标与非洲教师能力发展研究所的愿景——"建成教师能力发展卓越中心"、使命——"通过不断发展有效的课程传授能力和提高教育质量,改变教学"以及核心价值观——"时效性;敬业精神;团队精神;诚信和效率密切相关",因此能力发展项目的具体目标是:促进教师的持续专业发展。

(2)能力发展项目的实施

该所《战略规划 2014—2019》在"能力发展项目"的主题下提出了七大策略,每一个策略下都提出了具体的活动、评估指标以及 2014 年度预算,见表 4.13。

---

① UNESCO. Enhancing teacher education in Africa[EB/OL]. [2020-07-15]. http://en.unesco.org/themes/teachers/cfit-teachers.

表 4.13 《非洲教师能力发展研究所战略规划 2014—2019》
"能力发展项目"的战略措施与活动

目标:促进教师的持续专业发展(CPD)

策略	活动	评估指标	2014 年预算/肯尼亚先令
策略 1:提高教师 CPD 的质量	1.制订统一的综合性年度工作计划 2.制订并实施个人工作计划 3.审查工作计划的执行情况 4.提高利益相关者的支持	1.协调综合年度工作计划开发 2.个人工作计划的开发和实施 3.工作计划审核的数量 4.利益相关者的宣传研讨会的数量	14574000
策略 2:提高各级在职教育和培训(INSET)的质量	1.根据教师能力框架(TCF)实施培训需求评估 2.根据差距开展培训课程 3.实施培训课程 4.审查实施的课程	1.培训需求评估实施的数量 2.培训需求基础课程的数量 3.培训课程实施数量 4.实施课程审核数量	614128000
策略 3:在教学中加强信息和通信技术(ICT)一体化	1.根据 ICT 能力框架进行培训需求评估 2.根据确定的需求开发 ICT 一体化课程 3.开发数字培训内容 4.进行 ICT 一体化培训 5.审查实施的课程	1.培训需求评估的执行数量 2.ICT 课程的开发 3.数字培训内容开发 4.ICT 一体化培训的实施 5.课程审核	615405000
策略 4:改进 INSET 教学材料的发展	1.建立教学资源材料生产单位 2.建立材料开发合作伙伴关系 3.开发教学辅导材料 4.监测和评估所开发材料	1.建立教学资源材料的生产单位 2.材料开发合作关系的机会多少 3.教学辅助材料的开发数量 4.开发材料的评估	33643000
策略 5:加强 INSET 原则在课堂上的应用	通过课程研究增强校本 INSET 1.确定合作学校 2.就良好的课堂实践与学校合作 3.传播经验教训	实施课程研究的学校数量 1.确定的合作学校的数量 2.学校合作中良好的课堂实践的数量 3.经验探讨论坛的举办数量	8478000

续表

<table>
<tr><td colspan="4" align="center">目标：加强教师的持续专业发展（CPD）</td></tr>
<tr><td align="center">策略</td><td align="center">活动</td><td align="center">评估指标</td><td align="center">2014 年预算
/肯尼亚先令</td></tr>
<tr>
<td>策略 6：提供混合 INSET 课程</td>
<td>1.审核并提供混合课程所需的资源
2.设计实施指南
3.进行培训需求评估
4.开发和试行该课程
5.升级课程
6.升级并不断审查课程</td>
<td>1.混合式课程所需的资源的审核和提供
2.实施指南的设计
3.培训需求评估的实施数量
4.课程开发和试行
5.参与者访问课程的数量
6.监测和评估机制的协调</td>
<td align="center">2200000</td>
</tr>
<tr>
<td>策略 7：加强教师在科学，技术工程和数学（STEM）方面的创新能力</td>
<td>1.制定计划促进 STEM 的展览会、展示和会议
2.加强教师、学生和普通公民对"STEM 在可持续发展中的作用"的认识</td>
<td>1.促进 STEM 的展览会、展示和会议的计划的开发数量
2.对"STEM 在可持续发展中的作用"有认识的教师、学生和普通公民的数量</td>
<td align="center">19101000</td>
</tr>
</table>

资料来源：Institute for Capacity Development of Teachers in Africa （ICADETA）. Strategic Plan （2014—2019）[R]. ICADETA，2014：24-25.

（三）实施成效与面临的挑战

《撒哈拉以南非洲师资培训计划》在行政能力建设方面取得的成就主要体现在"教师地位和工作条件的改善"和"师资管理和行政结构的改善"两个方面。

1.教师地位和工作条件的改善

在教师地位和工作条件的改善方面，该计划取得的主要成就有：（1）该计划关于教师问题的研究结果在 2008 年、2009 年的全民教育监测报告以及 2009 年达喀尔出版的《教师挑战》中得以反映。（2）几内亚引进共同的教师健康保险计划。（3）布隆迪内阁成员通过对教师职业生涯研究和职业生涯规划提案的讨论，开始探讨教师职业生涯规划的制定。不过这些成效看起来还很不够。

2.师资管理和行政结构的改善

在师资管理和行政结构的改善方面，既有国别方面取得的成就，又有全球层面的成就。国别层面主要体现在：（1）刚果民主共和国开展检察员的能力建设。（2）几内亚对各类教育部门管理人员进行培训。（3）坦桑尼亚发展和试行教师辅导计划。(4)赞比亚支持 HIV/AIDS 政策在教育学院实施。从全球层面来看,《撒哈拉以南非洲师资培训计划》已经认识到,有关教师的详细统计资料的缺乏是撒哈拉以南非洲地区教师行政管理方面面临的最大挑战之一,因此,高等教育部教师教育处与教科文组织统计研究所合作,于2007 年 10 月在总部组织了一个讲习班,促进了修订版教科文组织统计研究所教师问卷调查的发展,该调查将在每隔两年或三年在该研究所的调查中予以执行。

　　《撒哈拉以南非洲师资培训计划》虽然有效地提高了对教师状况和工作条件的认识,但并没有实现预期的变化。该计划的实施在师资管理和行政结构的改善方面取得了一些成效,但是这些成效仅仅只局限于成果领域的某项活动。值得注意的是,对评估调查做出回应的国家利益相关者认为,该计划在"师资管理和行政结构的改善"方面的干预措施所产生的效率最低,并且在充分解决教师管理和行政问题上依然面临着很多挑战,未来应该更多地考虑在这方面能做些什么以及如何做。[①]

　　除此之外,为提高教师教学能力建设和教师培训机构能力建设,国际组织和非洲部分区域组织出台并实施了一系列战略规划,例如,《南共体区域教育和培训实施计划 2007—2015》和《非洲教师能力发展研究所战略规划2014—2019》。但是由于资料获取困难、战略规划缺乏系统评估等因素,战略实施成效尚不明确。

第四节　非洲教师教育一体化发展战略的总结与思考

　　在非洲大陆复杂的社会环境下孕育并逐渐发展的非洲教师教育一体化发展战略有着自身的特殊性。本节拟总结非洲教师教育一体化发展战略的特点、取得的成效和面临的挑战。

　　一、非洲教师教育一体化发展战略的特点

　　非洲教师教育一体化发展战略的特点具体表现在以下三方面。

---

　　① UNESCO. Evaluation of the Teacher Training Initiative for Sub-Saharan Africa (TTISSA)[R].Paris：UNESCO, 2009：20-21.

（一）战略主体呈现多样性

通过对涉及非洲教师教育一体化发展的多个战略文本进行梳理，不难发现，非洲教师教育一体化发展的战略主体有多样性的特点。

第一，战略制定主体的多样性。一是非洲教师教育一体化发展战略的提出和制定与全民教育目标和千年发展目标的提出密不可分，为倡导非洲各国积极实现该目标，联合国教科文组织在推动非洲教师教育的发展方面做出了很多行动和努力，例如《撒哈拉以南非洲师资培训计划 2006—2015》和《联合国教科文组织 2014—2021 教育战略》就是教科文组织为非洲教师教育一体化发展战略的制定所做出的努力。二是非盟作为全洲性的非洲政治、经济实体制定和出台了《非洲教育"二·十"行动计划（2006—2015）》《2063 年议程：第一个十年行动计划 2014—2023》等一系列战略规划，这些战略规划指导和引领着非洲教育发展协会、东非共同体、南部非洲发展共同体、非洲全民教育网络运动等组织制定和出台了一系列相应的教师教育一体化发展战略、规划。总之，非洲教师教育一体化战略规划的制定主体不仅包括非盟、非洲区域组织、非洲次区域组织等，还包括从外部推动非洲教师教育一体化发展的利益相关者，如联合国教科文组织、英国开放大学等。

第二，战略执行主体的多样性。在战略制定主体的多样性影响下，非洲教师教育一体化发展战略的执行主体也呈现出多样性的特点。例如，联合国教科文组织出台的《撒哈拉以南非洲师资培训计划 2006—2015》的执行主体是撒哈拉以南非洲各国；非盟出台的《2063 年议程：第一个十年行动计划 2014—2023》的执行主体是非洲各国；东非共同体出台的《小学教师教育课程一体化框架草案》和《中学教师教育课程一体化框架草案》的执行主体则是东共体各成员国。

（二）战略重点体现适切性

非洲教师教育一体化发展战略的战略重点是扩大合格教师供给、教师教育质量提升和教师教育能力建设，这三大战略重点所体现的适切性具体表现在以下两方面。

第一，从当前非洲教师教育发展的现状来看，非洲教师教育领域面临着师资总量不足、学历普遍偏低和教师教育机构能力低下等问题，这些都严重阻碍了非洲教育质量的提高和社会的发展，因此，为提高非洲教育质量，促进非洲社会发展水平的提高,就必须解决这些问题。扩大合格教师供给、教师教育质量提升和教师教育能力建设三大战略重点正是立足当前非洲教师教育发展现状,从整体上提高非洲教师教育质量,进而提高整个非洲的教育质量,具有较强的适切性。

第二,从当前非洲国家和社会发展的需要来看,过去 20 年来,一方面,随着非洲医疗服务和设施的改善、人口数量大幅度增加和人均寿命的延长,给非洲的教育服务系统带来很大的压力;另一方面,伴随国民生产总值增加带来的通货膨胀率加剧、性别不平等、种族和宗派危机加剧等一系列问题导致教育设施遭到破坏;再加上随着全民教育目标和千年发展目标的实施,学生入学率大大提高,对教师的需求也大量增加,教师培训机构严重缺乏,教师教育领域面临诸多挑战。为克服这些挑战,联合国教科文组织、非盟等多个战略主体从扩大合格教师供给、教师教育质量提升和教师教育能力建设三大战略重点着手,出台了一系列战略规划,意在通过这些战略规划的实施解决当前非洲国家教师教育领域面临的挑战,推动非洲社会的发展。

(三)战略实施具有延续性

第一,从不同战略主体制定的战略、规划来看,这些战略、规划间具有延续性。例如,非盟出台的《非洲教育"二·十"行动计划(2006—2015)》将"教师发展"作为非洲教育发展的优先领域之一。在该计划的引领下,联合国教科文组织和南部非洲发展共同体分别出台了《撒哈拉以南非洲师资培训计划 2006—2015》和《南共体区域教育和培训实施计划 2007—2015》积极支持和响应非盟对"教师发展"领域的关注,从区域层面促进非洲教师教育一体化的发展。

第二,从战略涉及的三大战略重点来看,不同战略重点间也具有延续性。例如,扩大合格教师供给也是为了提升教师教育的质量,提升教师教育质量的同时也是为了提高非洲的教师教育能力建设;如果合格教师供给不足,教师教育质量得不到提升,非洲教师教育能力建设就难以提高。因此,这三大战略重点具有延续性。

二、非洲教师教育一体化发展战略的成效

非洲教师教育一体化发展战略在解决非洲当前教师教育面临的问题、

提高非洲教师教育一体化发展程度、加深与利益相关者的合作方面取得了一定成效。

（一）教师教育问题得到初步缓解

非洲教师教育一体化发展战略通过三大战略重点的实施，缓解了非洲当前教师教育发展面临的问题。

在扩大合格教师供给方面，非盟出台的"二·十"计划通过分析非洲教师短缺的现状，对非洲教师的供求情况展开调查，制定国家教师供给计划；通过改善教师的工作地位和条件吸引了更多的合格教师从教。联合国教科文组织通过在撒哈拉以南非洲国家实施师资培训计划，积极与利益相关者合作，宣传教师的地位和作用、提高教师的薪水、改善教师的工作条件，为更多的师范生投身教育行业提供了条件。除此之外，教科文组织与非洲开发银行发起的《非洲虚拟大学教师教育项目》通过利用开放和远程电子学习的方法扩大了成员国教师培训机会，增加了成员国合格教师的数量。以上这些措施的实施都缓解了当前非洲合格教师不足的压力。

在教师教育质量提升方面，联合国教科文组织通过实施《撒哈拉以南非洲师资培训计划 2006—2015》，在区域层面和国别层面采取了一系列行动，开发了大量与教师教育相关的政策，这些政策指导着非洲不同区域和国家积极提升教师教育质量；东共体通过出台"东共体小学、中学教师教育的课程一体化框架草案"，在东共体成员国内部实施统一的教师教育课程，这一行动从区域层面为教师教育发展提供了质量保障；由英国开放大学发起倡议的《撒哈拉以南非洲教师教育项目》通过利用开放教育资源，为成员国教师提供更多的培训机会，提高了成员国教师教育的质量。

在教师教育能力建设方面，联合国教科文组织出台的《撒哈拉以南非洲师资培训计划 2006—2015》和非盟出台的"二·十"计划都拟定了一系列活动，旨在提高教师的地位和工作条件，改善教师的行政和管理结构；非盟、非洲全民教育网络运动、非洲教育发展协会等组织为提高教师教学能力建设也开展了一系列活动；非洲教师能力发展研究所在其《战略规划 2014—2019》中出台了教师能力发展项目以加强教师的专业能力发展。

（二）教师教育一体化发展程度不断提高

在非洲教育一体化的进程中，相对于高等教育一体化和职业技术教育一体化而言，教师教育领域虽然未能提出完整的一体化发展战略，但是非洲国家和地区在教师教育领域寻求共同合作、谋求共同发展的脚步从未停止，尤其是在联合国教科文组织等利益相关者的协助下，非洲地区的教师教育一体化发展程度不断提高，主要体现在以下两方面。

一方面，从教师教育的自身发展来看，非洲教师教育一体化发展的行动领域不断扩展和深化。从对教师数量短缺、质量低下等浅层、表象问题的关注逐步深化到对教师地位和工作条件改善、教师教育政策开发和制定、教师教育课程建设以及教师教育能力建设等更深层次问题的关注，试图从多个领域着手解决非洲教师教育在数量和质量方面面临的问题，从多方面着手推动非洲教师教育一体化发展。

另一方面，从教师教育发展的外部环境来看，为促进教师教育一体化发展，非洲各区域组织与利益相关者的合作不断加深。非洲地区一直以来都是联合国教科文组织、欧盟和世界银行等国际组织和英国、中国等大国的援助对象，这些国家和组织立足于双方的利益之上，针对非洲某个地区或部分国家出台了教师教育领域的相关战略规划，并积极参与到非洲教师教育发展中，为所在国家或地区提供技术、物质援助，使得很多区域性、大规模的教师教育项目得以实施。例如，教科文组织在撒哈拉以南非洲实施师资培训计划，为该地区提供了信息通信技术支持和经费援助。利益相关者在技术和物质领域对相关教师教育战略规划的援助，无疑对非洲教师教育一体化发展程度的提高起了积极作用。

三、非洲教师教育一体化发展战略面临的挑战

虽然非洲教师教育一体化发展战略的制定和实施到目前为止取得了一些成效，但是在政治经济发展水平落后、信息通信技术尚不发达、人才流失严重等问题突出的非洲大陆，教师教育一体化战略的发展面临着很多挑战，这些挑战主要体现在教师教育发展资金短缺、利益相关者间组织协调困难、政策规划本土化程度不高、评估和监管体系缺乏四个方面。

（一）教师教育发展资金短缺

资金短缺是非洲教师教育一体化发展战略面临的重大挑战之一。由于非洲各国经济发展普遍落后，国家财政在教师教育领域的投资严重不足，这

就导致战略规划的实施严重依赖于外部利益相关者的资金援助,但是往往这些援助国的资金又极其不稳定,最终导致战略的实施效果大打折扣。以《撒哈拉以南非洲师资培训计划》为例,在 2006—2007 年,该计划的正规经费支持是 2225946 美元,而到了 2008—2009 年,正规经费预算就减少到了1831300 美元,这些经费再分配到各个机构就微乎其微,这就使得各成员国的师资培训计划难以为继。

教育资金短缺也导致配套的基础设施短缺。例如,《撒哈拉以南非洲教师教育项目》主要是通过开发和利用开放教育资源,以网络为载体,为不同国家的教师提供优质的教育资源,但是由于成员国电力供应不足、网络覆盖范围窄、计算机普及率低等原因,这些战略措施都难以进一步实行,计划的预期效果难以达成。

(二)利益相关者间组织协调困难

利益相关者的组织协调困难主要体现在以下两方面。

一是非洲不同国家和地区间教师教育体制协调困难。在殖民历史的影响下,非洲大陆上既有英语、法语国家,也有葡萄牙语和西班牙语国家,这些国家在宗主国的影响下,早已形成特定的教师教育体系。如何在不同教育体系下制定出切实可行的教师教育发展计划,将不同教育体系下的教师教育课程、学历学位资格认证体系协调起来,建立协调一致的师资培训体系等等都是非洲教师教育一体化战略发展道路上面临的挑战。

二是各职能机构协调力度不够,办事效率低。以《撒哈拉以南非洲师资培训计划》为例,该计划在实施方面,常设机构职能划分不清导致部分机构办事效率低,影响了项目的执行。例如,布基纳法索、赞比亚和乍得,既没有预算外资金支持,也没有负责的相关工作人员,并且有约 25% 的国家利益相关者表示,他们没有得到计划机构的任何援助或支持。[①] 再比如,《撒哈拉以南非洲教师教育项目》在实施过程中,管理与决策委员会负责日常的管理和协调工作,但是对不同国家的各实施机构约束力度不够,导致不同机构间各自为政现象严重。[②]

① UNESCO. Evaluation of the Teacher Training Initiative for Sub-Saharan Africa(TTISSA)[Z]. Paris：UNESCO,2009：18.
② 彭自力.撒哈拉以南非洲基础教育教师队伍建设的研究[D].浙江师范大学,2011.

（三）政策规划本土化程度不高

由于教师教育战略规划的实施经费严重依赖国际援助，再加上受到全球化的影响，非洲各国在接受国际组织、发达国家等利益相关者对非洲教师教育一体化发展提出的政策规划的同时，也失去了自主选择的能力，导致许多战略、规划的制定、实施不得不顺应援助方的意愿；而援助方的理念和方式又经常与非洲本土状况不一致，因此导致许多政策、规划的实施脱离实际，难以达到预期效果。例如，《撒哈拉以南非洲师资培训计划》倡导各成员国制定"适切的教师教育政策"，但是其开发出的《教师政策开发工具包》脱离各成员国的实际情况，难以在大范围内推广。如何从非洲本土出发，制定出符合非洲各国国情的教师教育一体化战略规划是一个亟待解决的难题。

（四）评估和监管体系缺乏

非洲教师教育一体化发展战略的制定和实施主体在战略规划的制定和实施过程中缺乏系统的评估和监管体系，这就导致项目实施过程中出现的相关的问题和需要不能得到及时反馈和提出切实可行的解决方案；很多战略规划在到达规定的结束期限后，并没有进行必要的评估和反思，最终不了了之。

第五章　非洲职业技术教育
一体化发展战略研究

非洲职业技术教育一体化发展战略,既有有约束力的政府间区域组织的战略,也有无行政约束力但有专业权威的区域教育组织的战略;既有大陆层次的、次区域的,也有国别的。本章主要阐述影响较大的非盟和非洲教育发展协会的职业技术教育一体化发展战略,并就世界银行对非洲职业技术教育一体化发展战略的参与进行简要探讨。

第一节　非盟的非洲职业技术教育振兴战略①

2007 年,非洲联盟(以下简称非盟)在埃塞俄比亚首都亚的斯亚贝巴召开部长级会议,起草并通过了《非洲职业技术教育与培训振兴战略》(以下简称《TVET 振兴战略》),旨在"制定出一个战略性的政策框架,提出一系列有现实意义的建设性意见,影响非洲各国职业技术教育与培训政策和行动计划的制定,最终形成高质量的、适应性强的职业技术教育和培训"②。

一、《TVET 振兴战略》的背景分析

(一)非洲教育一体化背景下的职业技术教育振兴

鉴于全球化进程"由那些近代以来在世界文明变革中先行一步的西方国家所主导",是一种"发达国家支配、控制而落后国家被动卷入"的进程,因

---

① 可参见万秀兰,孙志远.《非洲职业技术教育与培训振兴战略》之评析[J]. 比较教育研究,2009(11):26-31.
② African Union. Strategy to Revitalize Technical and Vocational Education and Training (TVET) in Africa[R]. Addis Ababa, Ethiopia, 2007:20.

此,这一进程中西方发达国家凭借"秩序与规则之制定"的话语权,在"利益与成果之分享"中处于有利地位。① 于是,"一些发达国家能从全球化中获得巨大的利益,而一些不发达国家在其中处处碰壁,步履维艰"。非洲甚至是"在毫无准备的情况下被卷入全球化"的。"世界贸易自由化使非洲大多数国家进一步走向边缘化……撒哈拉以南非洲所占世界贸易总额还不到2%。"②世界经济论坛发布的《2007年度非洲竞争力报告》显示,撒哈拉以南非洲国家全球竞争力大多排在后100名。③ 如今,这片土地的贫困人口与20年前相比几乎翻了一番,感染艾滋病的人数超过了全球的60%,社会经济发展状况不断恶化。④ 非洲的发展迫切需要新的选择。

"区域一体化正是非洲国家推动经济发展、应对全球化挑战的战略选择。"⑤1963年5月非洲统一组织的建立标志着非洲一体化正式开始。2002年7月非盟的正式成立则标志着一体化进程的步伐加快,其成员国也有了更强烈的合作意识。两年后,非盟通过了《2004—2007战略框架》,旨在通过具体可行的政治、经济、社会、文化、教育等一系列计划,使非洲沿着一体化道路向前发展。

非洲教育一体化是非洲一体化中重要的一环,非盟先后推出了三个"十年教育行动计划"。在第二个十年(2006—2015年)计划中,非盟意识到了职业技术教育和培训的价值在于帮助人们独立自主地生活,因此,建议将职业培训融入普通教育体系。非洲教育部长历届会议重点关注的七个领域中,职业技术教育与培训项目就是其中一个。《TVET振兴战略》正是在非洲一体化背景下提出的。

(二)非洲严峻的社会经济状况要求加强职业技术教育与培训

非洲的发展面临着许多严峻的问题。据世界银行统计,非洲15岁至24岁的青年有2亿多人,超过总人口的20%,占劳动力人口的37%,但这部

---

① 罗建波.非洲一体化与中非关系[M].北京:社会科学文献出版社,2006:3.
② 徐辉,万秀兰.全球化背景中的非洲高等教育本土化[J].比较教育研究,2007(11):40-44.
③ The World Economic Forum. The Global Competitiveness Report 2007[R]. 2007.
④ WHO. AIDS Epidemic Update 2007[R]. UNAIDS,World Health Organization,2007:15.
⑤ 罗建波.非洲一体化与中非关系[M].北京:社会科学文献出版社,2006:8-9.

分人中却有 60％处于失业状态。① 撒哈拉以南地区的青年失业率 1993 年为 21.9％,2003 年为 21.0％,分别高于世界平均水平 11.7％和 14.4％；1993 年至 2003 年间撒哈拉以南地区的失业青年数量增长率为 32.5％,也远远超过世界平均水平 26.8％。② 在城市,由于工商业发展落后,大量年轻人找不到工作,而乡村低收入家庭的子女,尤其是女青年更处于不利地位。非洲的社会现实表明,没有工作的年轻人更可能被卷入武装冲突或者从事犯罪活动,威胁国家安全和社会稳定。

在基础设施建设、医疗体系、交通和通信领域,非洲国家的人力资源储备严重不足。传统的学徒制教育只能培养手工行业的劳动者,无法填补中高层技术工人短缺的空白。据估计,到 2040 年,非洲将拥有世界上最大的劳动力,估计有 10 亿人在工作的年龄。2017 年约 80％的非洲劳动力属于非正规部门,撒哈拉以南非洲企业认为 27％以上的产业工人为非熟练工人,缺乏工作经验和工作准备。这增加了雇主雇佣合格劳动力的成本。虽然有关 TVET 资格证书的数据有限,但人们认为 TVET 资格证书有助于改善证书持有者未来的收入来源。截至 2014 年,只有 12％的 SSA 高中学生入学 TVET,而且 TVET 在教育预算中的份额在 2％～6％。③

今日非洲的发展,特别是战后重建地区的复兴,需要大量产业工人和专业技术人员,这些都要依靠高质量的职业技术教育体系。联合国教科文组织 2004 年职业技术教育与培训专家会议宣言即《波恩宣言》中开篇即指出:"由于人们把教育看作是有效发展战略的关键,职业技术教育和培训必然被当成一种主要手段,用来减少贫困,促进和平,保护环境,改善所有人的生活质量,并帮助实现可持续发展。"④

实际上,世界银行在新世纪之初便改变了 20 世纪 90 年代对非洲职业

---

① The World Bank. Africa Development Indicators 2008-09: Youth and Employment in Africa: the Potential, the Problem, the Promise[R]. Washington, D.C.: The World Bank, 2009:1.

② Employment Trends, International Labour Office. Global Employment Trends for Youth[R]. International Labour Office, Geneva, August, 2004:8.

③ The World Bank. 4th Paset Forum: Partnerships and Innovation Skills Development in Africa [R]. June 2017:18.

④ UNESCO. The Bonn Declaration[Z]. The Declaration of the Participants in the UNESCO Meeting of TVET Experts on Learning for Work, Citizenship and Sustainability. Bonn, Germany, 28 October, 2004:1.

技术教育的错误认识和政策,很多非洲国家和国际捐助团体的决策者也对职业技术教育与培训在国家发展中的重要作用有了新的认识。非洲国家政府与世界银行合作开发的各种"减贫战略文件"(Poverty Reduction Strategy Papers),反映出非洲各国政府越来越重视职业技术教育与培训的价值。在减贫战略文件中,喀麦隆准备加强职业技术训练与劳动力市场的融合,科特迪瓦强调要加强职业培训,加纳将职业教育和培训与青年教育以及技能发展联系起来,莱索托和卢旺达将注意力放在了加强职业技术教育和培训与商业发展的联系上,而马拉维强调要通过技能发展推动自主创业。其他国家,如乍得、埃塞俄比亚、几内亚、塞内加尔、塞拉利昂、乌干达和赞比亚也在国家政策中给予职业技术教育和培训优先发展的地位。[①]

(三)职业技术教育与培训实践中存在的问题

与非洲社会经济发展的要求相比,非洲职业技术教育与培训的客观实践却存在诸多问题。概括起来分析,主要表现在以下方面。

1.职业技术教育与培训组织的结构问题。(1)在层次和种类多样的非洲职业技术教育与培训机构中,非正式的学徒制培训比重过高。非洲有公立和私立的中等职业技术学校,也有高等教育性质的理工学院,还有企业的学徒培训中心。问题是,在非正式劳动部门中的传统学徒制往往是农村贫困人口或没钱上学孩子的唯一出路。特别是在西非,这种非正式部门实施的传统学徒制是获得就业所需技能的主要方式。加纳非正式部门承担了全国90%数量的技能培训。(2)公立培训学校数量过少。在自由主义经济政策的刺激下,培训市场出现了大量营利性的私人组织。在加纳,政府支持的职业技术教育与培训机构包括教育部管理的 23 所职业学校,有注册学生 1.9 万人;另外,还有 38 所人力资源和就业部主管的职业培训机构。但质量参差不齐的私营培训机构有 500 家,注册学生有 10 万人。在加纳,天主教会是支持职业技术教育与培训的最大私营机构,它在 2006 年公布了针对职业技术培训的全面提议,建立了 58 家机构,目前注册学生达到了 1 万人。私立学校较多本身不是问题,问题是私立培训学校收费较高,但提供的又是

① African Union. Strategy to Revitalize Technical and Vocational Education and Training (TVET) in Africa[R]. Final Draft of Meeting of the Bureau of the Conference of Ministers of Education of the African Union, 29-31 May 2007, Addis Ababa, Ethiopia:17.

低成本的服务业课程,而且多集中在城市中心地带,难以满足成本较高的工业培训和农村偏远地区的培训需要。

2.职业技术教育与培训的管理问题。20世纪八九十年代,许多非洲国家参与了世界银行的"结构调整计划",减少了在公共服务方面的投入,使得政府对教育的控制减弱。私立培训机构和公立培训机构在教学目标、课程、收费以及评估上差异极大,这造成了职业技术教育与培训系统的低效和混乱。非洲职业技术教育与培训有关规定出自政府不同的部委和非政府组织或教会等团体机构,因此评价和认证的标准也不统一。非正式劳动部门中传统学徒制在管理中被边缘化,缺乏规范的制度以及政府的支持和干预。

3.职业技术教育与培训的资金问题。《TVET 振兴战略》指出,由于生师比低,培训设备价格高昂,实践课还要"消耗"掉价值不菲的培训材料等原因,职业技术教育与培训机构的单位成本必然会高于中小学教育机构。必须承认,职业技术教育与培训的生均投入确实较大,但非洲只有少数几个国家有能力支持高水平的职业技术教育与培训项目。埃塞俄比亚只拿出了教育和培训预算当中的 0.5% 用在职业技术教育与培训项目上,而加纳也只有 1%。

4.职业技术教育与培训的质量问题。《TVET 振兴战略》认为,总的来说,非洲的职业技术培训质量不高,过分地关注理论知识与资格证书,忽视了技能的掌握和熟练性考核。教师培训不足、设备陈旧过时、教学材料缺乏这些因素影响了培训的效果。[①]

二、《TVET 振兴战略》内容的文本分析

(一)目标及措施

《TVET 振兴战略》的总体目标是减少贫困和完成联合国千年发展目标。具体而言,非洲《TVET 振兴战略》的主要目标表现在许多方面,并设计出相应的一些战略措施。这些战略措施主要反映在该战略的"执行体系"、"非正式职业技术教育与培训战略和战后地区试验计划"、"主要政策问

---

① African Union. Strategy to Revitalize Technical and Vocational Education and Training (TVET) in Africa[R]. Final Draft of Meeting of the Bureau of the Conference of Ministers of Education of the African Union,29-31 May 2007,Addis Ababa,Ethiopia:20-23.

题"、各级机构各自发挥的"政策作用及相应建议"、"战略评价"等部分。归纳起来这些目标和措施主要如下。

1.加强职业技术教育与培训项目的吸引力。为此,拟将高就业率的培训机构推为典型,带动民众选择职业技术教育;利用媒体加强对职业技术教育与培训的宣传,改变人们的观念,比如投放广告或者电视节目来推广职业技术教育与培训项目。

2.提高职业技术教育与培训项目的质量。为此,首先,要保障职业技术教育与培训经费。《TVET振兴战略》认为,职业技术教育与培训的受益者应该共同承担培训成本;政府应对企业按工资总支出的一定比例征税(一般低于2%),以建立职业技术教育与培训基金。这实际上是征收教育培训税,使企业参与支持职业技术教育与培训的发展。除了受益者分担职业技术教育与培训成本外,来自国内外的援助也应是重要的资金来源。例如,非洲开发银行作为职业技术教育与培训的战略合作伙伴支持特定国家的项目和多国合作的项目,并提供小额信贷。其次,政府要有意识地努力提高职业技术教育与培训教师队伍的职业素养和教学技能。不仅要培训教师,而且要稳定职教队伍。通过各种公平的薪酬和激励政策吸引教师,包括为教师买房、买车提供贷款。同时,应该向职业技术教育与培训体系的管理者、专业和政策的决策者提供培训,更新他们的知识,使其能有效地推行各种执行机构中的资格认证体系、鉴定标准、评价指标、质量保证及问责制等新战略及措施。① 第三,要开发优质课程,注意课程与劳动力市场需要的结合,注意培训的有效性。第四,要加强学校和企业的合作,开展"基于能力"的培训(CBT)。

3.整合现有职业技术教育与培训资源,实行一体化管理。首先,要设立全国性机构。该机构要能代表政府决策者、雇主、公立和私立培训组织、民间团体、校友联合会以及发展伙伴等相关群体的利益,统一协调和促进全国范围内的职业技术教育与培训事务。一些国家和地区已经建立了这样的机构,比如加纳的职业技术教育和培训委员会(COVET),坦桑尼亚的职业教

---

① African Union. Strategy to Revitalize Technical and Vocational Education and Training (TVET) in Africa[R]. Final Draft of Meeting of the Bureau of the Conference of Ministers of Education of the African Union, 29-31 May 2007, Addis Ababa, Ethiopia:48-49.

育和培训局(VETA)。这些部门代表国家进行政策性调控,统一课程、学费和入学条件标准,规范培训市场的秩序。其次,加强职业技术教育和普通教育的联系,加强正式职业技术教育与培训和非正式职业技术教育与培训的联系。第三,要求在培训课程、标准、资格和资金保障方面建立和落实强有力的规章制度。其中,包括:建立统一的资格认证体系;明确规定培训的种类、层次和水平,形成较为完善的评价体系;对不同层次的职业技能进行认定,实行一体化的职业资格证书制度,促进人员流动。

4.保障职业技术教育与培训学员就业。第一,要增强职业技术教育与培训的适切性。职业技术教育及培训要与劳动力市场的现实需求相适应。第二,加强培训后的就业指导和咨询服务,帮助学员根据自己的特长和学习背景来选择项目。第三,应该提供奖学金以及面向贫困学生的"服务抵偿学费计划"(像清洁和农牧工作)。第四,针对毕业生工作去向进行跟踪研究,以提供有价值的反馈,调整培训项目,增加受训者的就业机会。

5.促进职业技术的终身学习。职业技术教育与培训应当变成开放的学习系统,让工作所需的技能可以通过终身学习得到不断更新,让无法接受培训的学生可以获得学习的机会。①

(二)优先发展的课程领域和应遵循的基本原则

为了完成上述目标,《TVET 振兴战略》特别明确了非洲职业技术教育与培训若干优先发展领域及基本原则。

1.优先发展的课程领域。在《TVET 振兴战略》中,优先领域的确定采纳了非盟 2006 年对非洲 18 国提出的"职业技术教育与培训现状的调查结果和政策建议"。农业和农村发展是首要目标,其次是公共健康和水资源、能源和环境管理、信息和通信技术、建筑和维护、国家治理等。其中,农业和农村发展领域的职业技术教育与培训涉及土壤改良、农产品加工、粮食的保存和储藏、农作物的多样化生产、城市园艺、农村社会文化建设等方面。关于国家治理领域的优先发展,《TVET 振兴战略》指出:非洲大陆的暴力、冲突和战争的历史表明,政治宽容和尊重人权这些基本的民主原则在非洲大

---

① African Union. Strategy to Revitalize Technical and Vocational Education and Training (TVET) in Africa[R]. Final Draft of Meeting of the Bureau of the Conference of Ministers of Education of the African Union,29-31 May 2007, Addis Ababa, Ethiopia:38-41.

陆还存在很多问题。因此,在所有的职业技术教育与培训项目中加入政治和公民技能的培训十分重要,这些政治素养包括:参与民主政治,培养政治意识,建立对当局的正确态度,遵守法律,尊重人权以及促进社会融合与民族和解(特别是在战后地区)等。①

2.应遵循的基本原则。《TVET 振兴战略》主要提出了职业技术教育与培训应遵循如下原则:入学与公平、质量、实践性、适切性、就业与创业能力兼顾、效率、可持续性、联系和合作、权力下放、政治和道德教育、环保、培训系统内的互通,等等。其中,实践性原则指的是培训必须考量学员在实践操作上的熟练程度,而不是理论知识,培训活动要强调熟练操作的测试。适切性原则指的是培训体系必须具有弹性,可以满足学生、社区和地方工业的实际需要。效率原则指的是培训过程中要注意培训单位的投入(主要是时间和资金)和毕业产出之间关系的内部效率,涉及怎样以较低的成本来完成同样类型和质量的培训,如何提高学生的毕业率。环保原则指的是在各种培训项目中推广资源和环境保护的教学科目。联系和合作原则指的是必须推进和劳动界以及职业技术教育与培训系统的其他利益相关者的伙伴关系,深化双方的合作。②

三、关于《TVET 振兴战略》的思考

(一)关于《TVET 振兴战略》的作用与经验

1.《TVET 振兴战略》能发挥非洲教育一体化改革和治理的优势。非洲一体化不仅是对经济全球化的应对策略,也是非洲大陆推动国家发展和地区复兴的重要选择;"既有非洲大陆层面的一体化,也有地区层面的一体化,更有各个主权国家内部的一体化"③。由于非洲民族国家发展历程④的特殊性,各个主权国家内部的一体化任务也十分紧迫,而且难度较大。因

① African Union. Strategy to Revitalize Technical and Vocational Education and Training (TVET) in Africa[R]. Final Draft of Meeting of the Bureau of the Conference of Ministers of Education of the African Union, 29-31 May 2007, Addis Ababa,Ethiopia:32-33.

② African Union. Strategy to Revitalize Technical and Vocational Education and Training (TVET) in Africa[R]. Final Draft of Meeting of the Bureau of the Conference of Ministers of Education of the African Union, 29-31 May 2007, Addis Ababa,Ethiopia:36-37.

③ 罗建波.非洲一体化与中非关系[M].北京:社会科学文献出版社,2006:6.

④ 徐辉,万秀兰.全球化背景中的非洲高等教育本土化[J].比较教育研究,2007(11).

此,《TVET 振兴战略》无疑对非洲区域层面和国家层面的职业技术教育与培训一体化改革和治理具有重要的信息交流、业务指导和监督意义。

2.《TVET 振兴战略》系统而全面地为非洲职业技术教育与培训改革指出了问题的症结,规划了振兴的战略,堪称未来一段时间内非洲职业技术教育与培训改革的纲领性文件。该战略在形成中充分运用了最新调研成果,结合了非洲社会经济发展对职业技术教育与培训提出的要求以及实践中存在的问题,系统地设计了非洲职业技术教育与培训振兴的目标、原则、优先领域、核心主题和保障体系。

3.《TVET 振兴战略》比较充分地总结和吸收了国际和非洲内部职业技术教育与培训实践的经验教训。《TVET 振兴战略》选择非洲的南非、贝宁、肯尼亚、加纳与坦桑尼亚 5 国和国际上的新加坡与德国作为分析对象,分别研究了这些国家职业技术教育与培训的创新、影响、经验与教训。比如,该战略指出,南非职业技术教育与培训在创新上建立了国家资格认证体系和奖励机制;在影响上有效协调了职业技术教育与培训体系,促进了认证结构的连贯性,加大了对工业技能发展的资金投入,并加强了培训项目的市场性;在经验教训上,由于官僚作风,国家资格认证体系的发展很慢,而且长期征收培训税需要不断与缴税企业开展合作。[①]

4.《TVET 振兴战略》所提倡的分权和多样化的职业技术教育与培训体系(包括基于学校的培训、企业培训和学徒制培训),注意结合非洲实际,体现了非洲特色。比如,该战略重视非正式培训的作用及传统学徒制培训在非洲的特殊意义,重视加强非正式的和正式的职业技术教育与培训系统之间的联系,强调在各级各类职业技术教育与培训之间建立"立交桥"的必要性;强调本土家庭手工业技能培训,提供手工艺、陶艺、烘制、木工、裁缝、编制和皮革制造等方面的课程,还特别提到肯尼亚非政府组织"加强非正式培训委员会"旨在增强工匠对学徒的技艺传授能力的项目;强调兼顾政府(公众)的利益与非政府组织和教会团体的利益。再比如,在职业技术教育与培训核心主题中,该战略明确指出,战后重建国家和地区的职业技术教育

---

① African Union. Strategy to Revitalize Technical and Vocational Education and Training (TVET) in Africa[R]. Final Draft of Meeting of the Bureau of the Conference of Ministers of Education of the African Union,29-31 May 2007,Addis Ababa,Ethiopia:27-31.

与培训项目要优先发展建筑、灌溉、电力以及通信等专业和课程。

（二）关于战略执行的障碍

政治上的不稳定是实施《TVET振兴战略》的障碍之一。稳定的社会环境是文化教育事业发展的根本保证。非洲一些地区政局动荡、部族冲突不断，严重影响了职业技术教育与培训项目的推行。政府频繁更迭也破坏了政策执行的稳定性，打击了外国援助团体的投资信心。

经济发展水平的落后和产业结构的问题制约着职业技术教育与培训毕业生的就业市场。该战略出台时，撒哈拉以南绝大多数国家的人均收入低于400美元（南非除外）。那时，虽然博茨瓦纳和加纳等几个国家的经济年均增长率达到了5％，但很多国家实际的年增长率低于2％，难以提供更多的工作岗位。在该战略出台后几年中，非洲经济面临着艰巨的任务，这片大陆每年要解决700万～1000万人的就业问题。除了博茨瓦纳、科特迪瓦、加纳和南非，大多数非洲国家的工业劳动力在总人口中的比例小于10％，绝大多数劳动力集中在农业和服务业领域。除了南非和毛里求斯，其他国家在非正式部门劳动者所占比例达到了85％，很多人没有薪酬。这种状况影响了职业技术教育与培训学员的就业，也限制了职业技术教育与培训的可持续发展。

基础教育的普及程度低影响了职业技术教育与培训的生源。该战略出台时，虽然非洲在教育上取得了一些进步，但很多国家文盲的比例仍然超过了50％。对职业技术教育与培训至关重要的中学入学率也很低，只有少数国家的毛入学率超过50％。小学生完成学业的平均比例为80％～90％，初中为30％～40％，高中仅有20％。适龄青年中只有1％～2％进入大学和其他种类的高等学校。以加纳为例，全国的职业者中有49.1％是文盲，只有3.9％的人接受过职业技术培训。在坦桑尼亚，具有小学以上文凭的劳动者还没有超过一半。[①]

经济和基础教育两方面的情况至今并无太大改善。根据2020年7月世界银行对218个经济体2019年人均收入水平的分类，在"低收入"水平

---

① African Union. Strategy to Revitalize Technical and Vocational Education and Training (TVET) in Africa[R]. Final Draft of Meeting of the Bureau of the Conference of Ministers of Education of the African Union，29-31 May 2007，Addis Ababa，Ethiopia：21-22.

（等于或低于 1035 美元）的 29 个经济体中,非洲有 23 个,占 79.3％①。2019年 SSA 小学毛入学率 98.9％。2018 年其小学完成率为 56.2％,中学毛入学率为 43.3％。2019 年其适龄青年初中完成率为 44.3％,高等教育毛入学率为 9.44％②。

　　资金匮乏也是实施《TVET 振兴战略》的重要障碍。战略执行需要充足的资金,经济落后的非洲难以支持规模庞大的职业技术教育与培训系统,非洲地区的 GDP 总量小,外债数量大,财政赤字严重。很多政府在国防、能源和基础设施上的投入巨大,教育投资却微乎其微。资金匮乏直接影响到职业技术教育与培训的质量,没有足够的投入,机器设备得不到更新,教师队伍流失严重。

　　职业技术教育与培训体系的混乱是战略执行的现实障碍。由于政府的监管不力,培训市场秩序混乱,各种性质的组织功能重叠,造成严重的资源浪费。很多地区还没有建立统一的职业资格认证制度,导致企业对培训机构的质量和学员的素质信心不足。

第二节　非洲教育发展协会对职业教育与培训一体化发展战略的参与

　　如前所述,非盟在 2007 年就制定了非洲职业技术教育振兴战略。非洲其他区域组织也在非洲职业技术教育发展战略的制定和实施上发挥了重要作用。其中包括非洲教育发展协会。该协会期望利用权威专业力量和具有号召性的政策思想,引领非洲政府部门和社会各界关注并参与到非洲教育发展改革的事业中,进而推动整个非洲社会的可持续发展。非洲教育发展协会的教育战略和政策涉及协会自身愿景和战略文本、高等教育、教育培训、儿童早期发展、扫盲和国家语言等方面。在非洲职业技术教育与培训领域,该协会虽然没有出台系统的职业技术教育与培训发展战略,但围绕该主题,组织召开了系列会议,并出台了系列发展计划。这些是非洲职业技术教

　　①　The World Bank Country and Lending Group-Country Classification[EB/OL].[2020-08-10]. https://datahelpdesk.world bank.org/knowledgebase/articles/906519.

　　②　The World Bank. Data[ED/OL].[2020-08-11].https://data.worldbank.org/indicator/.

育发展战略制定和实施环节的重要组成部分。

一、召开一年一度的部长级职业技能开发会议

非洲教育发展协会参与非洲教育治理的一个重要机制是建立多方对话的平台。其中包括部长级会议。从 2003 年至今，该协会通常每年召开 2～4 次部长级会议。会议讨论的主题通常根据非洲教育发展的切实需要来拟定，至今讨论主题涵盖艾滋病、和平与发展、信息通信技术、农民教育、合同制教师、非洲语言和扫盲、和平教育、青年就业和职业技术教育、科技创新，以及可持续发展等问题。

以下是 2010—2015 年该协会召开的关于职业技术教育的部长级会议情况。[①]

2010 年 7 月 19—21 日，非洲教育发展协会在科特迪瓦阿比让召开跨国质量监控中心—职业技能发展（Inter-Country Quality Node on Technical and Vocational Skills Development，ICQN-TVSD）成立大会。参加会议的主要是来自非洲 20 个国家的教育部部长和经济部门相关代表，以及发展机构的代表和专家人员。会议主题是"职业技能发展：提升资格、整合劳动力和发展社会经济的重要因素"，会议主要目标是让正在进行职业技术教育培训改革的非洲国家从非洲次区域和全非洲大量的经验中获益，通过参与 ICQN-TVSD 经验分享来促进相关政策改革的质量和相关性。通过三天会议，明确每个非洲成员国教育培训改革的主线和优先发展事项，所有与会成员共同确定 TVSD 的相关主题和实践并通过质量监控中心开展深入研究，总结相关国家之间的趋同点并深入探讨可持续性的改革途径。[②]

2011 年 9 月 19—21 日非洲教育发展协会在阿比让召开 ICQN-TVSD 第二次会议，成员国增加了南非、毛里求斯和布隆迪。会议组织了关于 TVSD 研究结果的同行评审，分析了各个专题下成员国家之间合作的可能性，基于成员国的合作制定有效的措施和计划，并制定行动框架以促进

---

①　关于这几年的会议情况，已发表在一篇学位论文上，见汤春红.非洲教育发展协会教育治理路径研究[D].浙江师范大学，2017:45-47.该文是本书所依托项目的成果之一。

②　ADEA. Launching Conference of the ADEA Inter-Country Quality Node on Technical and Vocational Skills Development [EB/OL]. [2016-10-20]. http://www. adeanet. org/en/activities/launching-conference-of-the-adea-inter-country-quality-node-on-technical-and-vocational-skills.

TVSD 领域区域合作和伙伴关系的建立;最后,会议结束时各国部长们通过了一份宣言,核心是如何构想和实施有效的可持续的教育培训系统,如何共同加强有助于非洲可持续发展的关键知识、技能和相关资格。[①]

2012 年 12 月 3—4 日 ICQN-TVSD 在阿比让召开关于青年融入社会经济发展的研讨会,来自非洲 10 个国家的教育部代表和其他相关组织参与了会议,会议主要讨论了非洲青年融入社会经发展面临的共同困难和不同国家的具体问题,以及有关项目实施的参与者、项目有效性、项目的优势和弱点与改进措施等问题。[②]

2013 年 7 月 8—9 日,ICQN-TVSD 在阿比让召开关于国家资格框架的研讨会,来自非洲 13 个国家的教育部和私立部门的 47 位专家和代表出席了会议。会议旨在通过借鉴教育培训领域,尤其在正规培训和资格认证制度以外的技能认可方面取得重大成就国家的经验,讨论非洲国家建立国家资格框架面临的挑战、框架要素、国家间的合作和区域资格框架建立的可能性。[③]

2014 年 3 月 31 日—4 月 1 日 ICQN-TVSD 在阿比让召开关于促进非洲青年就业的专家会议,来自非洲 27 个国家的教育部代表和专家出席了会议。会议主要分析了非洲国家青年就业状况、就业结构、就业面临的问题、职业培训措施和创造就业的措施,并提出关于就业改善的建议和对未来工作的展望。[④] 2014 年 7 月 21—23 日 ICQN-TVSD 在阿比让召开 2014 年度关于促进非洲青年就业的部长会议,来自非洲 30 个国家的教育培训部部长和非洲教育发展协会合作组织的代表出席了会议。会议主题是"如何通过

① ADEA. Second Meeting of the Inter-Country Quality Node on Technical and Vocational Skills Development[EB/OL]. [2016-10-26]. http://www. adeanet. org/en/activities/second-meeting-of-the-inter-country-quality-node-on-technical-and-vocational-skills.

② ADEA. ICQN/TVSD Seminar on the Socio-economic Integration of Young People in Africa [EB/OL]. (2013-05-08). [2016-10-22]. https://www. adeanet. org/en/news/icqn-tvsd-seminar-on-the-socio-economic-integration-of-young-people-in-africa.

③ ADEA. The ICQN-TVSD Inter-country Seminar on National Qualifications Frameworks Report [EB/OL]. [2016-10-21]. http://www. adeanet. org/pqip-dctp/sites/default/files/documents/nfq_seminar_synthesis_report_0. pdf.

④ ADEA. ICQN-TVSD Experts Seminar on Youth Employment in Africa Summary Report[EB/OL]. [2016-10-20]. http://www. adeanet. org/en/system/files/summary_report_31_mar_1_apr_2015_eng. pdf.

技能发展和创造就业促进非洲青年就业",会议通过分享非洲各国执行教育培训战略的经验,探讨如何提升青年就业能力和创造就业机会,并在此基础上通过了一项旨在改善非洲青年就业机会的区域行动计划,另外,ICQN-TVSD制定了其相关的2014—2017行动计划。①

在此次会议基础之上,2015年10月7—8日ICQN-TVSD在卢旺达的基加利召开2015年度关于技能和能力获得的部长会议,来自28个非洲国家的教育培训部门代表和发展机构代表出席了会议。会议主题是"通过培训者和企业家扩大非洲国家对技能/能力的投资:何种技能/能力,如何培训",会议分析了非洲国家关于青年教育培训的经验和机制,探讨如何通过培训者和企业家支持非洲国家的技能/能力培训并保持教育培训的持续性。② 2015年12月7—8日ICQN-TVSD在法国开发署(French Development Agency,AFD)和瑞士发展合作署的资助下召开关于职业培训筹资的研讨会,会议聚集了非洲15个国家教育部门、私立部门和发展机构等近40位代表。会议公布了非洲教育发展协会关于职业培训融资的研究成果,分析了非洲职业培训机构基金的资助战略,进一步探讨了加强不同基金之间的合作以促进其积极有效参与职业培训。③

我们没有查到2016年后非洲教育发展协会召开的部长级职业技术教育与培训会议,但该协会召开了成员国专家研讨会,如2016年在科特迪瓦阿比让召开的ICQN-TVSD"教育与培训连续体专家研讨会",2017年在同一城市举办的该协会成员国的"进一步发展教育与培训连续体"主题研讨会。④

---

① ADEA. Summary Conclusions on the ICQN/TVSD Country Reports on "Providing Africa's Youth with Skills and Training for Jobs"[EB/OL]. [2016-10-18]. http://www. adeanet. org/min_conf _ youth _ skills _ employment/sites/default/files/u26/Summary% 20Conclusions% 20on% 20the% 20Country%20Reports. pdf.

② ADEA. ICQN-TVSD 2015 Ministerial Conference on Skills and Competencies Acquisition[EB/OL]. [2016-10-19]. http://www. adeanet. org/pqip-dctp/en/activities/icqn-tvsd-2015-ministerial-conference-skills-and-competencies-acquisition.

③ ADEA. The ICQN-TVSD Inter-country Seminar on the Financing of Vocational Training[EB/OL]. [2016-10-22]. http://www. adeanet. org/pqip-dctp/en/activities/icqn-tvsd-inter-country-seminar-financing-vocational-training.

④ 参见 http://www. adeanet. org/pqip-dctp/en/events.

二、开展职业技术教育政策培训①

(一)政策培训的必要性

对多数非洲国家而言,制定一套调整、复兴和选择性扩充综合平衡的教育发展政策和计划,并非驾轻就熟,而是一个全新的经历。每个国家都将以自己的方式组织这项工作。而非洲国家的有效政策设计可能需要:建立一个有政治权力的全国委员会来监管这项工作;建立一支技术人员队伍来支持该委员会的工作;利用财政、计划和教育等部门的最佳政治判断,以及该国高等教育机构和研究机构的分析才能;通过为公众提供有关最新发现的问题、根本原因及建议的充分的讨论机会,形成一个全国的共识;利用其他非洲国家在教育发展战略制定中所取得的经验。②

因此,教育相关部门的工作者通常需要阅读、撰写和向决策者提供各类主题的大量信息。而且,这些信息应该以简洁、清晰、重点问题突出的方式呈现。因此,撰写政策文件是教育部门工作人员的一项日常工作,同时也是一项技能。尤其随着信息可获得性提高,这种技能在目前快节奏数据时代做出正确决策中越来越凸显重要性。

非洲教育发展协会的一项常规工作是制定政策简报,旨在简要概述特定的问题和提供问题解决的选择并对做出最佳决策提出建议。

(二)政策培训目的和内容

2015年4月,非洲教育发展协会教育管理与政策支持工作组在美国国际开发署的资助下举办了"政策简报编写研讨会",将非洲教育发展协会工作组的内部培训扩展延伸至肯尼亚、津巴布韦教育部门和非洲教育发展协会的质量监控中心,而且非盟代表、国际劳工组织官员和非洲青年组织代表也参加了培训会议。该研讨会主要目的是培训与会者如何有效宣传,尤其是提高他们编写工作领域有关教育问题政策简报的技能。培训的具体目标:首先,帮助参会者了解如何抓住重要教育问题、制定一个连贯分析论证

---

① 参见汤春红.非洲教育发展协会教育治理路径研究[D].浙江师范大学,2017:47-50.该文为本书所依托项目的成果之一。
② 世界银行政策研究.撒哈拉以南的非洲教育政策——调整、复兴和扩充[M].朱文武,皮维,张屹,译.杭州:浙江大学出版社,2008:126.

框架,并提出一系列行动举措或政策建议——这是编写政策简报的基础。其次,提高参会者的说服性写作能力,包括语法规范、形成连贯的逻辑线路和合成研究以支持主张立场的能力。最后,有效使用社交媒体作为政策宣传和信息共享工具,发布政策建议。[①]

培训学习的内容包括社交媒体、写作规范、说服性写作、制定政策简报的论据、执行概要、政策简报[②]。第一,社交媒体模块主要是教授如何使用社交媒体来宣传重大活动、项目和观点。在培训中每位参会者都需要使用大众媒体进行实际演练,如每个人设置推特账户,使用"policy brief seminar"标签进行讨论,展示如何为活动创建脸书页面和引入领英(LinkedIn)。第二,基本写作规范和准则部分,除了阅读一些最基本但通常被遗忘的写作规则之外,还进行了参会者写作技能的测试练习。第三,说服性写作部分,是关于说服性语言中使用分析工具的练习课程并说明如何运用于说服性写作。第四,关于制定政策简报的论据,介绍政策简报中应该包含的要素。按照小组讨论的形式,每组被要求确定一个主题、提出相关论点和呈现论点。第五,编写执行概要,教授如何制定和编写执行概要。开展练习课程,并说明是以何种标准来对概要进行评判。第六,制定政策简报,参会者需要根据他们工作相关的材料制定一个政策简报。最后,研讨会让每个参会者依据已学的标准对自己和他人制作的政策简报进行评判。

(三)政策培训成效

除了召开会议促进政策对话,非洲教育发展协会通过教育工作培训,为非洲国家教育政策制定主要提供了三种相互关联的支持。[③] 第一,寻求资金来满足地方和外部在政策制定与改进管理过程中所需的开销。非洲教育发展协会工作组项目或国际合作机构提供特定的专项经费支持,能够承担这些非常规费用的一部分,或许在一个资金配套的基础上,这可以给非洲教育部一个重要的激励,促使其检查在这一领域制定的各项政策。这种支持

---

① ADEA. Training on Development of Policy Briefs[EB/OL]. [2016-08-15]. http://www.adeanet.org/sites/default/files/policy_brief_writing_workshop_evaluation_report.pdf.

② ADEA. Training on Development of Policy Briefs[EB/OL]. [2016-08-15]. http://www.adeanet.org/sites/default/files/policy_brief_writing_workshop_evaluation_report.pdf.

③ 世界银行.撒哈拉以南的非洲教育政策——调整、复兴和扩充[M].朱文武,皮维,张屹,译.杭州:浙江大学出版社,2008:9.

是最简单的,通常在计划准备中提供。第二,借助非洲教育发展协会这个交流平台,让非洲国家能够经常有机会接触其他国家在制定和执行政策改革方面的最新经验。由于各国面临着共同的问题,因此国家间的全面合作可以使各国受益匪浅,有助于各国广泛交流各自所积累的经验。第三,非洲教育发展协会拥有并建立了高质量的、专门的技术专家队伍并有可能向其提供适当的资助,这支队伍跟任何政府或国际捐赠者没有直接的财政和政治联系。非洲政府在制定各项教育政策的初始阶段以及在政策执行过程中的监控、评价和修正阶段都可以寻求这个专家组的帮助。

对于非洲决策者和研究人员,政策简报以一种简短和引人注目的方式呈现重要研究结果,使其易于与政策行动者进行富有成效的反复磋商。因此,它有助于弥合研究与政策(学术专家和专业知识较少的利益相关者)之间的差距。政策简报还有一个雪球效应:由于其浓缩型的格式,它们有潜力通过不同的社交网络获得尽可能多的受众。而且,一份精心撰写的政策简报是对研究影响的深刻认识的证明——这也是教育领域筹集资金过程中的一个越来越重要的工作部分。

综上,非洲教育发展协会通过双/三年会议、部长级会议和政策培训会议等方式构建了良好的非洲教育政策对话平台。双/三年会议,作为非洲教育发展协会的高峰论坛活动,旨在鼓励和保持非洲教育部长、发展机构和其他教育专业人员之间坦诚、开放交流。对内,双/三年会议为展示各个工作组的成就提供了有效的平台。各个工作组在会议中展示自己的工作,与部长和捐助者一起参与倡导相关举措、分享知识和经验,并向他人学习。对外,双/三年会议的非正式性广受赞扬。会议承认每个人有能力为政策讨论做出贡献,而不论其地位或权力,允许所有与会者以坦诚、开放的方式相互参与,创造了一个更有活力的环境。双/三年会议在协调与教育相关的许多不同层次部门方面发挥着至关重要的作用,并提供了一个非常有必要的交流平台,使广大的教育行动者能够相互参与到有成效的政策对话中,分享知识和经验教训,并倡导进一步促进非洲教育发展和改革的举措。甚至有一位捐助者说,非洲教育发展协会主办的会议组织起来比由联合国机构主办的会议更好。但是,作为一个泛非教育会议论坛,双/三年会议仍然任重道远,与次区域活动相比,该会议往往发表目标宏大的声明,其重点不够突出,政策讨论的结果模糊,无法在国家层面被采用和实施,毕竟各个国家的政治意愿不会总是共享的。①

另外,根据非洲各国教育部长和部门的需要,非洲教育发展协会组织了有关共同感兴趣的主题的技术或次区域部长级会议和培训会议,通过考察访问、专业知识交流、委托撰写描述非洲教育成功经验的论文等方式,共享有关非洲教育方面面临的具体问题和创新教育经验的信息。区域/国家层面的活动往往更容易、成本更低,组织起来更容易,组织国可以提高参与度和所有权,同时带来更多的政治行动方面的承诺。因此,部长级会议和培训会议被认为对非洲教育发展协会目标实现的贡献更大,如果可以的话,它们应该得到秘书处和发展机构的进一步鼓励和支持。

非洲教育发展协会的双/三年会议、部长级会议和政策培训会,互为补充,既能够满足非洲教育部长、发展机构和其他利益群体的对话需求,又可以促进非洲内部交流,它们都是非洲教育发展协会对话平台建设过程中不可或缺的重要组成部分。

三、推出促进青年就业的区域行动计划②

非洲职业教育培训体系正处于转型之中,非洲各国需要坐到一起共同讨论和共同实践。2014 年 7 月,非洲教育发展协会在科特迪瓦阿比让召开了关于促进非洲青年就业的部长会议,以"为非洲青年就业提供技能和培训"为主题,探讨了如何通过技能发展和创造就业提升非洲青年的就业率的问题。为了解决非洲培训、专业一体化和就业的关键问题,非洲教育发展协会在会议上提出了一个区域行动计划——《跨国合作行动计划(2014—2017)》。同时,它也为进一步促进就业提供了方向性的引导。以下是其五大重点行动。③

---

① ADEA. ADEA Evaluation Final Report: Volume I[EB/OL]. [2016-12-01]. http://www. adeanet. org/adeaPortal/includes/programs/PDF/5. % 20FINAL% 20Universalia% 20REPORT _ Vol% 20I_APRIL%202011_en. pdf.

② 参见汤春红. 非洲教育发展协会教育治理路径研究[D]. 浙江师范大学,2015:58-60. 该文是本书所依托项目的成果之一。

③ ADEA. DRAFT Action Plan for Inter-Country Cooperation for the 2014-2017 Period in the Framework of the ICQN/TVSD[EB/OL]. [2016-05-20]. http://www. adeanet. org/pqip-dctp/sites/default/files/documents/action_plan_for_inter-country_cooperation. pdf.

（一）实现教育与培训的连续与统一

教育与培训之间缺乏连续性是许多青年被职场排斥的主要原因之一，他们因成绩不佳离开学校系统，所以并不具备职业界认可的学业水平，因而没有机会获得进入职场所需的培训。国别报告表明至今还未有确认关于教育与培训之间连续性的途径。尽管有一些尝试性的例子，如年轻人从学校毕业再到新改革的学徒制或者双重形式的传统学徒制，还讨论了如何将这些形式纳入到现有的培训系统中。所有的这些经验都需要得到更正式和更进一步发展。

（二）与经济和商业伙伴共同为现有和新兴专业提供培训

会议有一个明确共识，除了少数国家以外，大多数国家积极推行改革，现有的某些培训场所确实是作为试点培训地，但少有培训能够提供青年就业所需的技能。非洲需要的培训是适用于非正规经济需要的技能，这类经济需要聘用大量年轻人，而且最近研究表明学徒制能够为青年就业提供最好的准备。这种培训也应适用于高增长的经济部门，这些部门缺少新兴岗位和工作所需的新的高层次技能。同样需要为个体户和低技能活动培训劳动力，也有必要培训工人和技术人员以适应目前技术和职业发展的需要。因此，现在迫切需要与商业和专业领域合作，共同制定一个使劳动力供给密切适应需求的新的培训系统，最终改变技能发展和劳动力需求不匹配的现象。

（三）使培训机构更加适应当地培训市场的需要

如果不改变现有培训机构的运行方式，整个非洲公、私培训系统是无法进行转型的，尤其是从职业技术教育和培训向职业技术能力发展（TVSD）转变，而这里的职业技术能力发展是有关所有正规、非正规和非正式的技能发展。培训部门应该建立与当地居民的互动关系并参与到传统的和新学徒制的发展中。他们也必须为社区工作者提供初级培训，为企业家提供继续培训，为求职者提供普通培训。最终，所有这些都需要在政策文件和培训师的实践中进行重大变革。

（四）投资企业家和培训师，使其获得更好的技能

如果不使所有利益相关者参与到技能发展中，非洲青年就业是不会有

任何改变发生的。具体利益相关者包括以下：现有培训机构的培训师需要更新他们的培训方式，尤其是特殊职业的培训师；非正规经济中的企业家和工匠大师，为其提供更多的教育工具帮助他们培训更多的年轻人；所有职业技术能力发展的利益相关者，在合作伙伴关系之上共同形成一个培养体系，从而使质量与效率、需求分析和调节劳动力供求关系相结合。总之，若没有各个国家共同努力和分享经验，整个行动过程是无法成功的。

（五）制定和实施区域计划和青年就业制度

当涉及向其他国家学习一般问题的正确解决方法时，国家试点项目往往太过局限。ICQN-TVSD应该帮助成员国提出和实施以下领域中相似或性质相同的措施：协同开发培训工具和激励措施，鼓励私立部门和社会专业组织雇用年轻人；设计和实施合作战略和计划，旨在对青年就业产生实际影响；打造既能自我就业又能发展微小企业的社会环境；签署区域协议，使求职者能够报名参加本国以外受到认可的高质量培训机构。

需要注意的是，以上行动只有在ICQN-TVSD为其创造制度和财政条件下，才能实现这种国家间的区域合作，从而为这一领域的发展和研究形成一个适当的知识库。对于未来非洲社会经济包容性、可持续性发展，非洲教育发展协会促进青年就业的职业技术培训计划在促进职业技术教育培训向新的职业技术能力发展转变的同时，有利于解决青年就业困境、开发人力资源和进行能力建设，也顺应了终身学习和全民发展的潮流，也是向着技能非洲的教育战略方向迈进。

四、提出非正式学徒制质量提升模式[①]

非洲教育发展协会在《非正式学徒制：开发青年就业技能的可行性替代方案》的一份政策报告[②]中，论述了非正式学徒制的必要性、运行方式和改进建议。

（一）发展非正式学徒制的必要性

一方面，由于许多原因，大多数年轻人难以接受正规培训；进入劳动力

---

① 参见汤春红.非洲教育发展协会教育治理路径研究[D].浙江师范大学,2015:60-63.

② ADEA. Informal Apprenticeship: A Viable Alternative to Building Youth Employment Skills[EB/OL].[2019-07-04]. http://www.adeanet.org/en/system/files/policy_briefs/policy_brief_informal_apprenticeship.pdf.

市场的高成本是其中原因之一。在一些国家,只有 5% 的青年通过正规培训获得技能,特别是在非正式经济规模较大的国家。正规学徒培训的另一个主要挑战是,它需要大量的正规教育(中等教育)作为基础,包括识字和算术,从而使大批辍学者和穷人的入学机会受到排挤。正式学徒制更侧重于满足正式经济的需要,而正式经济中的工作并不足以满足越来越多的新进入劳动力市场的人的需要。最后,正规培训的质量和适切性问题不能充分满足正规经济所特有的技术活力。

另一方面,随着非洲非正规经济的发展,非正式学徒制逐渐获得社会认可。非正规经济普遍被视作发展中国家经济发展的"供电站",尤其是在非洲地区。另外非正规经济能够提供大量新的就业岗位,进而吸纳大量的失业青年。同时,广大非正规经济部门的出现提高了人们对这一部门促进技能开发的新认识,也带来了社会对非正式学徒制的认可。非正式学徒制被认为承担了大部分技能培训任务,例如,在加纳、贝宁、塞内加尔和喀麦隆,非正式学徒制培训几乎占全部学徒培训的 90%。非正式学徒制依赖于市场反馈追踪研究和市场劳动力供求调查,并由雇主参与,然后再招收更多学徒。该制度允许对学徒的成绩和质量负责。培训项目根据市场需求而异,因为财政支持来自于在市场上销售服务(就业机会或工资或自营)。学员在职业培训机构接受培训,并花更多的时间接受职业培训,同时考试以学员当地语言进行。设备和设施也具有适应性,可能是租用的,新技术通常由企业获得,以保持现状,使学徒和师傅受益。另一个比较优势是更加注重商业技能,比如如何与客户谈判,以及基本的市场营销和/或会计和成本计算,这些都不是正式学徒制度的内容。作为教育培训领域的组成部分之一,非正式学徒制能够有效地将商业技能传授给非正规经济部门中微小企业的青年工作者。这有利于避免大量青年人陷入贫困、低技能、低产出和低收入的恶性循环。此外,由于培训成本高、入学要求严、服务正规经济部门,非洲的正式学徒制系统的招生能力有限且无法满足技能培训的需求,这一点也一直在非洲经济发展的过程中被忽略了。

第三,非正式学徒制具有相对优越性。一般情况下,学徒制培训计划基于劳动力市场需求而调整。学员在培训机构获得理论指导,并在工作场所花费更多的时间进行实际操作,而且教学过程中使用本土语言。培训设备或租赁或由实习企业提供。另外,培训内容更注重培养商业技能,例如客户协商、营销、会计、成本计算等能力,而且使得这些能力的培训不再仅限于正式培训系统。

(二)模式的运行方式

目前,非正式学徒制质量提升模式(Quality Improvement in Informal Apprenticeship Model,QIAM)(见图5.1)已经在津巴布韦、布基纳法索、贝宁和多哥等非洲国家试点实施,有效促进了当地青年就业问题的解决。[①]这种模式不是既定的,实际实施过程中需要根据当地的现实进行调整。通常非正式学徒制试行过程中,各国普遍采用的质量改进途径有:改善学徒的工作条件,培训技能大师,设置技能培训标准,将职业培训和在职培训相结合,加强学徒之间以及商业伙伴和社区团体之间的对话,提高公众意识并与大中型企业建立联系。

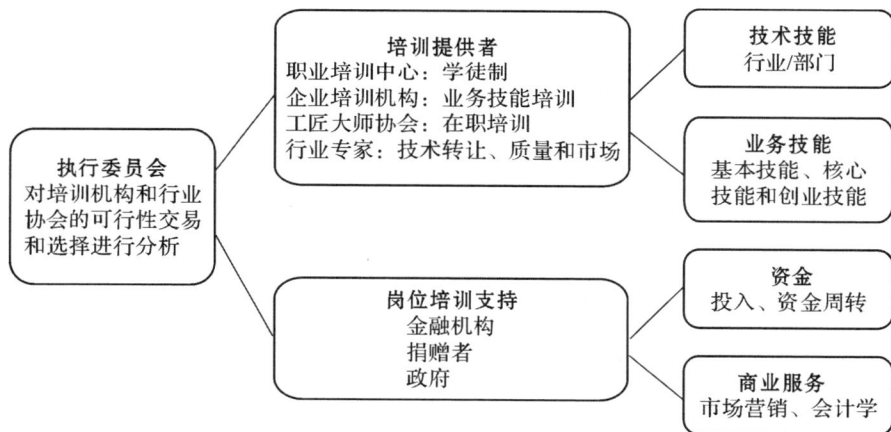

图 5.1 非正规学徒制质量提升模式

资料来源:ADEA. Informal Apprenticeship:A Viable Alternative to Building Youth Employment Skills[EB/OL]. [2019-07-04]. http://www. adeanet. org/en/system/files/policy_briefs/policy_brief_informal_apprenticeship. pdf.

该模式侧重于开设新的、短期强化性的预培训课程以培养接受在职培训的潜在学徒,而且培训师也需要接受来自行业专家关于质量提升、产品设

---

① ADEA. Informal Apprenticeship:A Viable Alternative to Building Youth Employment Skills [EB/OL]. [2019-07-04]. http://www. adeanet. org/en/system/files/policy _ briefs/policy _ brief _ informal_apprenticeship. pdf.

计和产品技术的培训,以及来自培训专家的教学技能培训。作为提升青年就业技能的可行的替代性方法,在 QIAM 中执行委员会是培训模式的监管机构,其职能是协调培训提供者和培训支持机构之间的关系,主要工作是通过开展可行的行业分析和评估、劳动力市场调查,确定需要劳动力的行业和具有就业潜力和适合自我创业的潜在行业,并以此为依据来确定能够提供学徒培训的培训机构和行业协会。该模式的三大焦点要素是工匠大师(Master Crafts-person)、学徒和培训提供者。其他的构成要素主要是在培训管理、专业知识和培训监督方面提供支持。

QIAM 的招生过程是双方自主自愿,相互协商进行的。学徒通过培训机构的招生广告,与行会的工匠大师协商一致。既定的行会和职业培训中心制定培训计划,通常先是职业培训中心的定向培训再进行在职培训,培训完成后评估学徒的学习成果。培训期间,学徒需要签署一份具有约束力的在职培训合同,该合同是由执行委员会与工匠大师协会(Master Crafts-person Association)共同制定的。合同中阐明了有关学徒、行业协会、工匠大师和委员会之间的权利与义务。在职培训结束后,工匠大师和机构对学徒的职业技能和层次进行评估和认证,并对其就业和进一步发展技能提出相关建议。

(三)模式改进的政策建议

非洲许多国家的政策制定者和研究人员越来越认识到非正式学徒制的重要性,实践也表明,QIAM 能有效应对非洲青年就业和劳动力市场供给面临的挑战。但是正如非正式学徒制具有许多优点一样,它也存在自身的弱点,而这需要强有力的政策干预才能将其潜力充分发挥。为了更好地发挥非正式学徒制的潜能,非洲教育发展协会在《非正式学徒制:开发青年就业技能的替代可行性方案》中提出了相关改进建议:鼓励政府根据综合性的国家资格框架制定有关非正式学徒制相应的国家政策;对带薪在职培训和就业培训进行区分,这两种类型培训需要提供不同的技术技能和业务技能;政府可以通过贷款的方式向创业者提供资金支持;鼓励微型信贷机构对非洲非正规行业开展贷款评估;对职业培训中心培训课程和工匠大师的在职培训进行标准化设置,并纳入国家资格框架和予以国家证书认可;鼓励行业测试部门使用本土语言进行教学，便于学员获取信息。[①]

第三节　世界银行对非洲职业技术教育
一体化发展战略的参与

　　2015 年南非金山大学一位学者谈到过世界银行关于职业技术教育政策的变化。他说：世界银行最近的教育政策从长期反对 TVET 转变为支持 TVET。世界银行现在认为，职业道路而非普通教育为劳动力市场提供了更好的就业机会。[②] 而 20 世纪八九十年代世界银行委托的研究认为基础教育对经济和社会发展有更高的回报率，主张更多投资于基础教育。世界银行对非洲职业教育的支持，随这种认识的变化而摇摆。

　　近 10 年来，世界银行有关非洲职业教育的政策，散见于 2011 年出台的《世界银行教育战略 2020》职业技术教育部分、2013 年启动的"应用科学、工程与技术技能合作项目"（PASET）以及出版的《完善非正式部门技能开发：撒哈拉以南非洲战略》[③]、2015 年发表的《撒哈拉以南非洲结构转型中技能开发势在必行：中非世界银行合作潜力》[④]、2017 年出台的《加强非洲大学应用科技与工程项目区域技能开发标杆管理倡议》[⑤]等等。

　　下面以撒哈拉以南非洲"非正式部门技能开发战略"和应用科技与工程项目"区域技能开发标杆管理倡议"为例。

---

①　ADEA. Informal Apprenticeship：A Viable Alternative to Building Youth Employment Skills [EB/OL]. ［2016-10-02］. http://www. adeanet. org/en/system/files/policy _ briefs/policy _ brief _ informal_apprenticeship. pdf.

②　Siphelo Ngcwangu. The Ideological Underpinnings of World Bank TVET Policy：Implications of the Influence of Human Capital Theory on South African TVET Policy[J]. Education as Change，Issue 3. 2015.

③　Adams A V，de Silva S J，Razmara S. Improving Skills Development in the Informal Sector：Strategies for Sub-Saharan Africa[M]. Washington，D. C. ：The World Bank，2013.

④　Bashir S. The Imperative of Skills Development for the Structural Transformation of Sub-Saharan Africa：Potential for China-World Bank-Africa Collaboration[R]. Washington，D. C. ：The World Bank，2015.

⑤　The World Bank. The PASET Regional Benchmarking Initiative to Strengthen African Universities：An Africa-led Initiative to Bridge the Skills Gap in Applied Sciences，Engineering，& Technology[R]. 2017.

一、撒哈拉以南非洲非正式部门技能开发战略

非正式部门(informal sector)简指发展中国家现代工业部门之外穷人赖以生存的就业领域,也被称为灰色经济部门。其他相关概念是未加组织的部门(unorganised sector)、影子经济、地下经济、未被注意的经济(unobserved Economies)等。该部门既不缴纳税收也不受任何形式的政府监管;自 20 世纪 60 年代以来一直在迅速扩大,在发展中国家经济中占相当大的比例[①],但不包括在国家国民生产总值或国内生产总值的统计中。非正式经济的参与者常常被认为是没有就业保障、工作保障和社会保障的人。该部门既为扩大就业做出了贡献,也在税法和劳动法等问题上与现代社会制度产生矛盾。

世界银行文件中"非农非正式部门"企业包含下列一种或多种特征:自我雇佣、自营、个体经营,雇主在自己企业工作并和其他工人一起工作;家庭成员在企业中发挥作用;小型企业和家庭企业中的领薪工人。简言之,非正式部门指的是就是非农部门中的小企业和个体自营企业。

鉴于非洲非正式部门就业的重要性以及该部门就业人员技能的低水平,世界银行非洲局开展了一项研究,内容是如何让工人具备非正式部门就业的技能,各国政府如何在采取其他干预措施提高该部门生产力和收入的同时鼓励进一步投资于技能。该研究着眼于加纳、肯尼亚、尼日利亚、卢旺达和坦桑尼亚五个非洲国家的技能发展经验,这些国家加起来占撒哈拉以南非洲近 9 亿人口的三分之一。这项研究探讨了:非正规部门就业的特点;其规模及对贫困的影响;在非正式和正式部门中教育和培训的特点及其与就业和收入的联系;非正式部门就业人员技能开发。该研究运用了这五个国家的家庭调查数据,以及对提供技能发展机会的许多项目的制度分析。在研究基础上,世界银行提出了撒哈拉以南非洲非正式部门技能开发的战略。

---

① 2007 年,在拉美和加勒比地区,平均 24% 的城市就业属于非正式的个体经营,30% 属于非正式的领薪就业。—— Bennett J, Rablen M D. Self-Employment, Wage Employment and Informality in a Developing Economy[Z]. The Institute for the Study of Labor(IZA) Discussion Paper No. 6406. March 2012:1.

（一）非正式部门技能开发战略的背景

非正式部门技能开发战略的背景，一方面是撒哈拉以南非洲非正式部门仍然是经济发展的重要部门；另一方面是非正式部门工人的技能发展水平低。

1.撒哈拉以南非洲非正式部门在经济发展格局中重要而持久

与在其他发展中地区相比，非正式部门在撒哈拉以南非洲地区更是一股重要经济力量，是人们就业和收入的主要来源。在这里，正式领薪就业（formal wage employment）以外的小型和家庭企业仍然是国家经济的基石，是数百万人的生计来源。在图 5.2 中，撒哈拉以南非洲众多国家领薪工作者在全体工作者中所占比例如此之低，足以说明这一点。该地区 65％以上的就业人口从事农业，但农业以外的就业人口中有近 70％在非正式部门。非正式部门原先被认为是一种暂时现象，会随着各国工业化的进步而减少其重要性，但是，该部门就业人口占比非常高，现在却成为非洲经济格局中一个重要和持久的特点。考虑到正式部门规模过小，其劳动力需求无论如何不可能匹配劳动力供应，所以，未来非正式部门可能继续吸引大部分

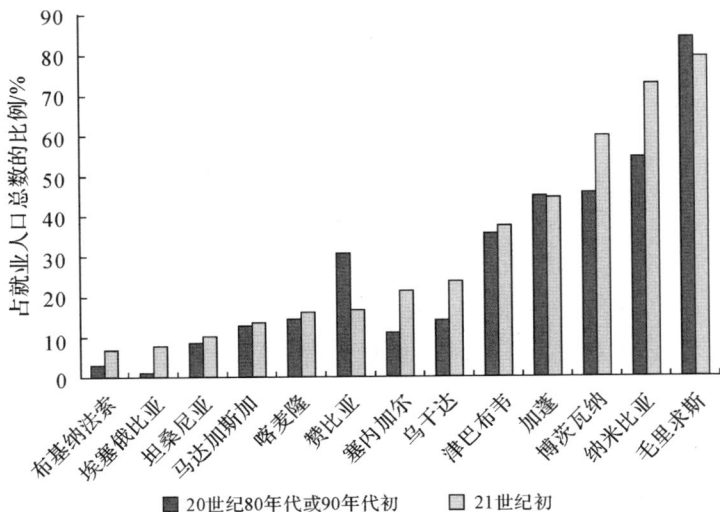

图 5.2　20 世纪 80 年代至 21 世纪初撒哈拉以南非洲国家领薪工作者所占比例

资料来源：The World Bank. World Development Indicators 2012[M]. Washington，D. C.：The World Bank，2012.

非农部门的劳动力。①

因此,提高非农非正式部门的生产率对该地区的就业、收入增长和减贫至关重要。许多因素影响这种生产力。其中不仅包括融资渠道、基础设施和对投资者友好的商业环境,还包括人力资本水平,包括与劳动力市场相关的技能。

非正式部门就业有如下特点:

· 非农非正式部门从业人员的平均收入低于正式部门从业人员,但高于农业从业人员的收入。

· 女性更有可能在更弱势的挣钱更少的行业和部门工作。

· 非农非正式部门的就业大多集中在贸易和服务业。②

2. 非正式部门工人的教育和技能发展水平低

该研究承认全民基础教育十分重要,有助于为进一步的技能发展奠定坚实的基础;小学和初中教育中认知技能和非认知技能的发展相结合,为在高中和高等教育中获得技术能力和个人就业准备奠定基础,这一基础对于工人随后的生命周期中的技能升级也很重要。

在此基础上,该研究关于撒哈拉以南非洲非正式部门的技能培训有一系列发现。这些发现为世界银行提出该部门技能开发战略奠定了基础。

(1)非正式部门劳动者的教育水平低于正式部门,但高于农业部门。坦桑尼亚非正式部门的工作人员绝大多数只接受过小学教育,接受过中学或大学教育的极少,而未接受教育或小学未毕业的超过 20%。参见图 5.3。

(2)传统的学徒制是非正式部门人员的主要技能来源,但并非人人有条件接受传统的学徒培训,而且学徒培训质量差。

学徒制是所有五个案例国家非正式部门人员的主要技能来源。不过其流行程度、受欢迎程度和性别平衡因国家而异。在坦桑尼亚,非正式部门从业者只有大约 1/10 接受过学徒制培训;在卢旺达和尼日利亚,这一数字增加到 1/5,而在加纳,这一数字是 1/2。

学徒制培训有一些条件限制。在城市地区比在农村更容易找到学徒,

---

① Adams A V, de Silva S J, Razmara S. Improving Skills Development in the Informal Sector: Strategies for Sub-Saharan Africa[M]. Washington, D. C. : The World Bank, 2013:1-3.

② Adams A V, de Silva S J, Razmara S. Improving Skills Development in the Informal Sector: Strategies for Sub-Saharan Africa[M]. Washington, D. C. : The World Bank, 2013:1-7.

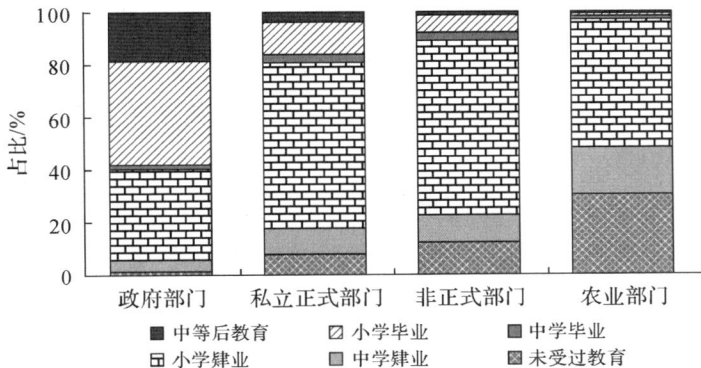

图 5.3 2006 年坦桑尼亚不同经济部门就业人员的教育水平

资料来源：The World Bank. The PASET Regional Benchmarking Initiative to Strengthen African Universities：An Africa-led Initiative to Bridge the Skills Gap in Applied Sciences，Engineering，& Technology[R]. Washington，D. C. ：The World Bank，2017：8.

在加纳、尼日利亚和卢旺达可以观察到这种差异。在加纳 15～30 岁参加过学徒培训的青年中，最贫困的 20% 只占这些青年的 10% 多一点，而最富有的 20% 占这些青年的近 50%。因此可以认为非常贫困的人更难以获得学徒制。原因之一是获得学徒资格需要一定程度的基本能力，实际上大多数学徒都接受过小学或初中教育。

传统学徒制对收入的影响是复杂的。五个案例国中只在卢旺达有统计数据显示其正相关。学徒制正面的主要影响就是打开了非农就业甚至正式部门就业的一扇窗口。

虽然学徒制在撒哈拉以南非洲是自我调节、自筹资金的，也是受欢迎的，但是，学徒制对收入的影响是有限的，因为学徒本身的教育程度低，读写能力差，培训师傅提供的培训质量差，培训中所用的技术和生产方法陈旧过时。[①]

总而言之，撒哈拉以南非洲非正式部门技能短缺，而且其背后的因素包括部门从业人员教育基础差，不同社会经济条件的人群接受培训机会不平等，市场效率低不足以鼓励技能发展，公共培训提供者缺乏对非正式部门需

① Adams A V, de Silva S J, Razmara S. Improving Skills Development in the Informal Sector：Strategies for Sub-Saharan Africa[M]. Washington，D. C. ：The World Bank，2013：7-12.

求的兴趣,而且其他市场的存在限制了为非正式部门企业进行的培训。

(二)非正式部门技能开发战略的目的和内容

非正式部门技能开发战略的目的最终就是提高小企业和非正式家庭企业的生产率和收入。

非正式部门从业人员技能提升战略的具体内容包括:增加私营部门对技能开发的投入,改善学徒制师傅提供的培训的质量,通过扫盲教育提供第二次教育的机会,向非正式部门小企业展示员工培训的好处,在培训基金中为非正式部门打开一扇窗户,支持小企业成为价值链的一部分,加强小企业协会在非正式部门技能开发中发挥较大作用的能力,鼓励私人机构为非正式部门进行技能开发,提供培训者相关信息提高市场效率,要求政府和私人组织在提供市场信息方面发挥重要作用,扩大非正式部门培训供给以促进竞争和创新,建设非正式部门技能相关的知识库,等等。①

二、应用科学、工程与技术技能合作项目"区域技能开发标杆管理倡议"

这一倡议(the Regional Benchmarking Initiative)于 2015 年由世界银行与非洲政府成立的 PASET 发起。PASET 成立于 2013 年,致力于在非洲培养熟练的劳动力,以最大限度地提高在关键经济部门的投资回报,并提高大学和研究中心生产与区域发展挑战相关知识的能力。

(一)倡议的背景

根据世界银行的文献,发起"区域技能开发标杆管理倡议"的背景是:撒哈拉以南非洲地区在过去 10 年中经历了显著的 GDP 增长;然而,它缺乏高技能的人力资本,尤其是在能把这种增长带入更高水平的应用科学、工程和技术(ASET)领域。非洲高等教育机构如果要使每年进入就业市场的近1100 万毕业生具备这些技能,还需要做更多的工作。但是,从表 5.1 和图5.4 可以看出,非洲大学缺乏综合的管理信息系统,而且在院校和国家两级都缺乏这样做的能力。填补这一差距需要全面的指标数据,如学习和教学

---

① Adams A V, de Silva S J, Razmara S. Improving Skills Development in the Informal Sector: Strategies for Sub-Saharan Africa[M]. Washington,D. C. : The World Bank,2013:98-115.

质量、项目相关性、毕业生就业市场调研结果及其研究等。

表 5.1　PASET 项目区域标杆管理试点评估结果

评估事项	评估结果
用于技术转让活动的学校预算所占比例	＜48％
按时毕业的学生所占比例	＜49％
在毕业后 6 个月内作为专业人员就业的毕业生所占比例	＜36％
来自收入最低的 2/5 家庭的毕业生所占比例	＜36％

资料来源：The World Bank. The PASET Regional Benchmarking Initiative to Strengthen African Universities：An Africa-led initiative to bridge the skills gap in Applied Sciences，Engineering，& Technology[R]. Washington，D.C.：The World Bank，2017：1.

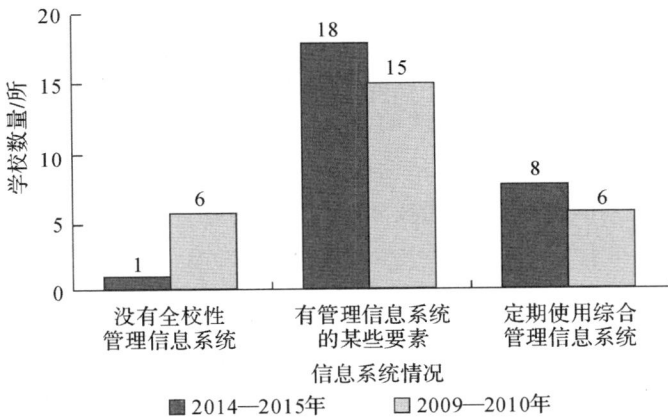

图 5.4　PASET 项目区域标杆管理试点评估报告中 31 所
非洲大学管理信息系统的建立和使用情况

资料来源：The World Bank. The PASET Regional Benchmarking Initiative to Strengthen African Universities：An Africa-led Initiative to Bridge the Skills Gap in Applied Sciences，Engineering，& Technology[R]. Washington，D.C.：The World Bank，2017：1.

为了帮助应对这一需求，PASET 于 2015 年发起了撒哈拉以南非洲大学"区域标杆管理倡议"。该倡议旨在帮助非洲国家和大学分别制定整个高教系统和各院校层面的绩效指标和综合框架，以便与区域和全球同行进行比较。

区域标杆管理倡议将以设在非洲的一个中心为基地。该中心的任务是向非洲高等院校和非洲国家高等教育管理机构提供能力建设和技术援助，以发展它们自己的标杆管理体系。

（二）倡议的现有行动和未来计划

自该倡议启动以来，来自 20 多个非洲国家的 50 多所大学以及国家高教管理机构、区域和次区域组织参加了该倡议名下所组织的初步活动和研讨会。该倡议帮助 31 所大学测量了 66 项关键绩效指标和健康指标，比如女大学生比例、有博士学位教师比例、毕业生毕业后六个月内就业比例，以及学者从事技术转让活动的比例。

在该倡议下，世界银行和非洲国家还将建立一个区域数据收集和分析中心。通过竞争性的选拔过程，一所非洲大学将被选为"非洲大学区域数据中心"（a Regional Hub for Data on African Universities）。其工作人员将由世界银行 PASET 秘书处召集的全球专家进行培训。该倡议呼吁该中心作为收集、存储、验证和分析来自各非洲国家高教管理机构和大学本身的相关数据的中心；定期进行区域层次的基准测试，并定期更新方法，包括学生调查、行业调查和毕业生跟踪研究工具；向院校、国家高等教育机构和区域/次区域组织提供基准测试方面的技术援助；定期发表研究报告和基于数据的报告。

为了该数据中心的顺利发展，该倡议还提出要设置一个顾问委员会支持和帮助该中心及其合作伙伴；将制定一个可持续的财政模式，将捐助者的资金和从参与机构收取的费用结合起来。[①]

该倡议无疑有助于非洲的大学、学生及其家庭、决策者、毕业生用人单位、捐助者以及其他利益相关者。

---

① The World Bank. The PASET Regional Benchmarking Initiative to Strengthen African Universities: An Africa-led initiative to bridge the skills gap in Applied Sciences, Engineering, & Technology[R]. Washington, D. C. : The World Bank, 2017: 1-3.

第六章　非洲基础教育一体化发展战略研究

　　区域一体化在相当程度上与国际化相关,而相对于高等教育、教师教育甚至职业技术教育而言,基础教育的国际化程度较低,其区域一体化发展战略的程度也较低。事实上,这在非洲也是如此。不过,国际组织从人类发展、减贫的目的出发,在全球治理过程中,提出了很多发展战略或规划目标,这些战略和目标在相当大程度上涉及基础教育。所以,非洲基础教育一体化发展战略中,国际组织的主体作用相对于其他层次教育一体化而言更为明显。

　　以入学率、教育公平、完成率、优质早期儿童教育、课程相关性等为主题,非洲基础教育一体化发展战略在国际组织及非盟层面均出台了相关战略文件,制定了目标并得到有效的实施。非洲基础教育一体化的发展已经取得了一定的成绩,它促进了非洲各区域、国家间政策对话,为其提供并搭建了一个各区域利益相关者间沟通交流的平台,推动着基础教育质量监测的具体实践和基础教育质量评估体系的创新。然而,非洲基础教育一体化发展战略进程中仍然存在着一些问题:各利益相关者间协同效应缺乏、政策制定和执行力不足以及基础教育本身存在的一些问题。

第一节　非洲基础教育一体化发展战略的背景

　　非洲基础教育同其他层次和类型的教育一样,其一体化发展也是国际组织、非盟、各区域组织等共同促进、共同努力的一个方向,已成为一种机制,对促进非洲基础教育的发展发挥了积极作用。联合国教科文组织和世界银行也乐于利用这种机制参与非洲教育援助和治理。因此非洲一体化、非洲教育一体化、全球教育治理同样也是非洲基础教育一体化发展战略的背景。这里重点从非洲基础教育本身的情况来看这种背景。

一、初等教育的普及及存在的问题

20 世纪 50 年代之前,非洲人民长期处于战乱斗争时期,其教育发展状况更不言而喻。随着世界全民教育的发展,非洲基础教育状况得到了很大的改进。突出表现为基础教育入学率的提升以及教育平等指数的提高。1990 年以来,曾有一段时间全世界都把教育的关注点放在了小学教育上,普及小学教育成为各个国家努力的目标。时至今日,小学入学率即使是在最贫困的撒哈拉以南非洲地区也得到了巨大的提升,基本实现了小学教育的普及。千年发展目标的确立、2030 可持续发展目标的制定等又标志着对非洲基础教育由着重数量的增加转变为侧重基础教育质量的提升。

虽然非洲在提高基础教育入学率方面的确取得了巨大的进步,但与世界其他地区相比,非洲基础教育仍存在着教学设备、教学材料的短缺,教师数量不足且质量的亟须提高,校园校舍的建设,饮用水的安全,男女独立厕所的建造等问题。而非洲基础教育中的教育性别不平等问题一直都存在,并日益得到人们关注,尤其以撒哈拉以南非洲地区和国家女童教育的入学率、完成率等颇为严重。[1]

此外,2016 年非盟发布的非洲教育第三个十年发展战略显示,非洲小学阶段毛入学率仍只占 79%,大约仍然有 3000 万儿童未受教育。而且由于人口的迅速增长,这一数字还在增加。[2]

二、中等教育的危机

本来,中等教育为国家提供经济和社会发展所需的具有较高水平的技能、知识和能力的人才,包括技术人员、科学家和企业家等专业人员的进一步学习和培训;非洲发展新伙伴关系将"扩大和多样化的中等教育"视为教育战略框架的第二大支柱。但是,撒哈拉以南非洲地区的发展水平落后,加上小学教育入学率的猛增带来的问题,致使中等教育阶段存在系列问题。

---

[1] 参见吴书敏.非洲基础教育一体化发展战略的研究[D].浙江师范大学,2018:31.该文为本书所依托项目的成果之一(以下不再重复说明这一点)。

[2] African Union. Continental Education Strategies for Africa(2016—2025)[R]. Addis Ababa, 2016.

首先是中等教育入学需求与供给能力的矛盾。[①]

入学需求旺盛有两个原因。一是中等教育机会的历史欠账。长期以来,撒哈拉以南非洲中等教育毛入学率特别低,1960 年仅为 3％,1970 年为 7％,2002 年也还不到 30％,2016 年为 50％。不仅如此,这些国家和世界上其他国家之间在中等教育的入学率、质量和相关性方面的差距正在逐渐扩大。与此同时,非洲的家长和社区也在要求政府扩大中等教育的机会,起初是要求扩大初中教育机会,后来扩展到高中教育机会。二是中等教育学龄期人口持续快速的增长。

但是撒哈拉以南非洲地区国家的贫困使得中等教育预算严重受限。政府的公共融资不得不在中等教育不同等级(初中和高中教育)和不同类型(普通、技术、职业)之间做出艰难的权衡,还要确保不同人口群体(如男孩和女孩,城市和农村)之间的公平。[②]

其次是中等教育教学质量问题。

随着初等教育的普及,过去数量很少的中学突然"涌入"了大量新生,而许多国家又没有经济能力应对这一变化。所以中等学校的教室和教学人员严重供不应求,影响教师积极性,再加上学校管理能力提升尚待时日,中等教育的教学质量就成为牺牲品。

如何解决非洲国家和地区基础教育的这些问题,成为非洲教育通过信息共享、联合互助,实现一体化发展战略的背景和基础。

第二节　非盟的非洲基础教育一体化发展战略的愿景与规划

在当前世界一体化背景下,非洲一体化发展已经成为非洲通向复兴的主要路径。非盟是全非洲具备绝对权威的区域政府间组织,它是一个包涵了 55 个非洲会员的联盟,是负责制定包括政治、经济、军事、科技、教育等各领域政策战略文件的全非洲性的政治实体。非盟作为全非洲性质的政治实

---

① 参见吴书敏.非洲基础教育一体化发展战略的研究[D].浙江师范大学,2018:32.

② Bhuwanee T. Reforming Secondary Education in Africa: Proceedings of a Regional Seminar [EB/OL].[2017-10-26]. http://unesdoc. unesco. org/images/0015/001512/151295eo. pdf.

体,对推动非洲一体化发展起着主要作用,非洲基础教育一体化的发展战略也被提上日程。非洲基础教育一体化发展战略的愿景与规划具体体现在非盟所出台的各项政策文件中。①

一、战略的愿景

关于非洲基础教育一体化发展战略目前为止非盟并没有明确的文件出台规定其具体目标,但是追其本源,非盟在非洲整个大陆所处的地位表明了它的引领作用。具体表现在非盟两个十年计划(1997—2006 年、2006—2015 年)、非洲大陆教育战略的出台,对整个非洲教育改革指明了发展方向,其中包括基础教育、教师培养、职业教育、高等教育、识字教育等各级各类教育体系。以下各战略的目标主要是从各战略中总结而来的关于基础教育一体化发展战略的目标。

《非洲第一个十年教育计划(1997—2006)》基础教育战略目标旨在让非洲各国元首在其国家政策战略中把教育置于优先考虑地位,它也在试图为非洲大陆制定一套统一的政策和战略。十年教育计划集中于广泛的教育,针对除高等教育之外的各级各类教育做出了具体规定,其中所涉及的四个主要领域分别是:公平和接受基础教育;教育质量、适应性和效率;互补学习模式以及能力建设。② 对每一个优先领域在战略计划中都有着明确的、可操作性的定义,并且突出了具体行动领域以及与其相适应的在国家—区域—大陆三个层面所要达到的基准,这些基准将被用来进行教育战略的评估。其中与基础教育密切相关的是领域一,强调基础教育的入学率和教育性别平等。在另外三个领域虽没有明确指出非洲基础教育的具体目标,但基础教育方面的问题也被包含在内。

进入新千年以来,非洲在各个方面都面临着严峻的挑战。为应对这些挑战,非洲教育部长会议继续重申需要扩大教育机会、提高教育质量和教育的相关性,确保教育公平。为此,《非洲教育"二·十"行动计划(2006—2015)》应运而生。

《非洲大陆教育战略(2016—2025)》的战略目标阐明了一系列高级别的

①　本节内容参见吴书敏.非洲基础教育一体化发展战略的研究[D].浙江师范大学,2018:62-73.

②　万秀兰,田甜.《非洲教育"二·十"行动计划(2006—2015)》评析[J].比较教育研究,2010(4):1-6.

成果,该战略将力求到 2025 年实现这一目标,以充分调整非洲教育和培训体系的方向,实现非盟愿景和《2063 年议程》。具体战略目标如下。

(一)基础教育的公平和入学机会

《非洲十年教育计划 1997—2006》中提出公平和接受基础教育这一目标包含基础教育的两层含义:一是基础教育的入学率;二是基础教育中的公平。它指出要保障每一位非洲适龄儿童都能够接受到公平的基础教育,尤其是强调要落实到社会和经济上处于不利处境的儿童,特别注意到教育性别平等,对于残障儿童的教育,偏远落后地区儿童的教育以及不同种族和宗教信仰地区的基础教育实施情况。

具体目标如下:(1)各国制定普及基础教育的国家计划和战略,并确保这一计划的可量化性,优先考虑减少基础教育性别差异。例如,在十年计划结束时能够监测女童入学比例是否有了可量化的增长。(2)尽可能使所有学龄儿童都能够接受义务教育,前提是要根据各个国家的资源情况,对基础教育阶段的儿童实施免费或者政府给予一定补贴形式的教育。(3)在国家和区域一级组织有效的女童教育宣传战略。(4)增加女性教师和女性管理人员的数量。(5)在贫困和边缘地区建立教育机构,包括在人口密度低的地区建立混合班级。(6)规划校历和课程,以满足农村地区农业、畜牧业、渔业等季节性劳动的人口需求。(7)将教育系统分散下放给基层社区,使社区能够管理自己的学校。(8)在国家、区域和非洲三个层面上与现行的监测和评估方案合作,如全民教育论坛和非洲教育发展协会,在战略的十年期间追踪和评价在招生和文盲率方面取得的进展情况。(9)促进和支持谈判,将非洲国家的债务转化为教育部门的投资(债务互换)。[①]

《非洲教育"二·十"行动计划(2006—2015)》提出要消除基础教育阶段(初等教育和中等教育阶段)的两性不平等现象。其具体目标及行动重点为:消除基础教育性别差异,确保两性平等,保障女童权利,全面普及基础教育,大幅度减少失学儿童和青少年人数,重点关注残疾、战乱地区及边缘群体儿童,加强女童在各级科学和技术教育方面的参与。

2016 年 1 月 31 日,非洲联盟的各国政府领导于第 26 届年会期间通过

---

① Organization of African Unity. Harare Programme of Action of the Decade of Education in Africa (1997—2006)[R]. Addis Ababa: OAU,1999:15-16.

了作为非洲教育和培训体系框架的《非洲大陆教育战略 2016—2025》(也是非洲教育第三个十年发展战略)。其中,关于基础教育一体化发展战略目标如下:(1)促进教育性别平等和公平。(2)动员社区成为合作伙伴,确保女童和男童入学、持续就学,并在学校有所收获。(3)建设、改造和支持教育基础设施,扩大接受有质量基础教育的机会。(4)制定相关法规和管理规定,增加学校及教室等基础设施建设。(5)联合各区域健康部门,改善学生营养及学校卫生条件。(6)制定政策促进教育规模的扩大,鼓励私营教育部门的开设,特别是在幼儿保育和教育、中等教育方面。

(二)教育质量、适切性和效率

教育的质量、适切性和效率既包括学习的条件和结果等内部指标,也包括教育与社会需求之间关系的外部效率。虽然该目标主要是针对职业技术教育而言的,但是也不可否认在基础教育方面也存在该方面的问题:基础教育质量的提升,小学阶段女童教育的完成率以及学习成果,中等教育中所学习的知识与社会所需技能不匹配等一系列矛盾都存在。

在《非洲十年教育计划 1997—2006》中总结出以下与基础教育相关的具体目标:(1)在国家和地区层面启动旨在提高教育质量的重大改革。(2)考虑建立社区教育机构的需要。(3)在基础教育阶段中,至少是前三年的基础教育,尽可能引进国家语言作为教学语言。(4)采取措施招聘和留任有才能、有能力的教师,并制定持续的师范教育方案。(5)在次区域和区域层面建立促进教科书生产和销售的机制。(6)促进远程教育。①

《非洲教育"二·十"行动计划 2006—2015》建议开发和提供平衡的、适切的、灵活的且极具文化敏感性的基础教育课程,并支持教材的制作和发放;加强基础教育质量管理,在教与学的过程中为所有儿童提供切实的优质教育。其具体目标及行动重点为:改革当前非洲科学和技术领域的课程以及教学,增加信息和交流技术在其中的应用,同时提高女童在科学和技术方面的参与度;努力加强、发展非洲语言教育,从而更好地支持并促进区域一体化;在基础教育课程中注重融入基本生活技能,包括重要领域的人际技巧、批判性思维、创业、自主学习、公民技能、领导技能、预防性健康教育(包

---

① Organization of African Unity. Harare Programme of Action of the Decade of Education in Africa (1997—2006)[R]. Addis Ababa: OAU,1999:17-18.

括艾滋病病毒和艾滋病、疟疾的预防教育）的能力等。①

《非洲大陆教育战略 2016—2025》也提出了提升基础教育质量的战略目标，主要包括：开发高质量的、适切性的教学材料；激发教师积极性，改善教师工作和生活条件，提升教师地位，重视基础教育师资质量的提高，推动教师专业发展；强化学习成果的质量保障和评估机制。在基础教育课程方面，加强针对青少年的科学和数学教育。在全社会普及科学知识和文化，在早期教育中引入科学课程，开展有吸引力的课外活动，如科学园、科学俱乐部；鼓励实践培训，奖励创新和创新者；在课程和其他传播途径中，融入情景化的科学知识；推进本土科学知识和文化发展；开展和平教育、冲突预防和解决教育；开发和传播和平教育领域的教学材料，定期在中小学进行组织培训。

（三）构建互补式学习模式

《非洲十年教育计划 1997—2006》强调在基础教育领域实行互补式学习模式。互补式学习模式主要是指实行正规教育和非正规教育相结合的形式。哈拉雷会议的与会者强调需要补充正规教育与非正规教育，这既是因为正规教育体系的狭隘，也是因为需要把教育视为终身的活动，当前是一个需要不断更新知识和技能的社会。在正规学校教育制度之外，非正规教育可以为儿童有选择地提供有组织、有系统的活动，包括各种校外教育等，使儿童能够从日常生活经验和生活环境中学习和积累知识与技能。该领域也提出为促进儿童的识字教育，要求各成员国积极采取措施，并建立简单有效的国家机构来协调非正规教育领域的活动。根据儿童学习的需要制定非正规教育方案，并灵活纳入到创新的基础教育课程中去。据此，在师资方面，国家和区域两级应组织和培训非正规教育培训人员。发展基于社区和家庭教育的家长参与的幼儿教育方案，这些方案应该促进为每个 6 岁以下的儿童提供健康、保育和教育一体化的策略。②

（四）加强教育部门能力建设

《非洲十年教育计划 1997—2006》中基础教育领域目标之一是强调要加强教育部门的能力建设。在基础教育方面，主要包括以下目标：建立并加强

① 万秀兰，田甜.《非洲教育"二·十"行动计划(2006—2015)》评析[J].比较教育研究,2010(4):1-6.
② Organization of African Unity. Harare Programme of Action of the Decade of Education in Africa (1997—2006)[R]. Addis Ababa：OAU,1999:18-19.

各机构、人员和教育机构,即教育部门、学校、社区和私营部门的能力;通过并执行措施激励和培养负责教育的官员、教师、培训人员以及学校行政和管理人员;加强大学和其他专门机构(特别是中小学教师培训机构)的能力建设,目的是培训有能力的管理人员进行管理教育;在区域一级组织关于教育政策分析和制定方面的能力建设短期讲习班和研讨会;在区域一级建立与其他国家和机构的交流方案或联系方案,以加强能力建设;使用高性能的技术和计算机化信息工具,用于管理学生、培训人员、教学人员以及基础设施和设备。①

(五)开发教育管理信息系统

《非洲教育"二·十"行动计划(2006—2015)》提出要开发非洲国家自己的教育管理信息系统,并与非洲各区域及整个大陆的教育信息系统的网络相连接,从而更加有效地进行教育体系的监督和评估。其具体目标及行动重点为:改变当前非洲所面对的"信息空白"现象,建立非洲教育观测站,拥有不同国家具有可比性的综合数据库,并监测各个国家"二·十"计划的进展及落实情况。②

与此相应,《非洲大陆教育战略2016—2025》在基础教育战略目标中也提出提升教育系统管理水平,加强数据收集、管理、分析、沟通和使用的能力,建立区域和非洲大陆层面的教育管理信息系统与教育监测机制;制定推进教育信息化战略,积极利用信息技术促进教育和培训系统质量和管理水平的提升,提高教育管理者通过信息技术手段进行规划、实施、监测等方面的能力。③

(六)国家和区域教育的一体化

针对非洲基础教育的现状及面临的一系列挑战,《非洲大陆教育战略2016—2025》也提出了实现国家和区域教育一体化的战略目标,且在战略目标之下制定了行动领域,作为达成目标的关键因素。主要包括协调各级教育的发展,促进国家和区域教育的一体化,提高基础教育完成率。通过形成性评价,提高教师能力,促进学生学习成果的提高;建立国家资格框架(NQFs)和区

---

① Organization of African Unity. Harare Programme of Action of the Decade of Education in Africa (1997—2006)[R]. Addis Ababa:OAU,1999:19-20.

② African Union. The Second Decade of Education for Africa(2006—2015):Plan of Action[R]. Addis Ababa:AU,2006.

③ African Union Commission. Continental Education Strategy for Africa 2016—2025(CESA16-25) [R]. Addis Ababa:AUC,2016.

域资格框架(RQFs),促进培养学生能力和素养的多种途径的畅通;建立与国家资格框架和区域资格框架相联通的非洲大陆资格框架,以促进区域一体化和学生流动。建立利益相关者联盟,以促进和支持《非洲大陆教育战略2016—2025》的实施。确定关键的利益相关者;确立和制定战略关系;促进战略优先领域发展;广泛传播优秀实践。①

二、战略规划实施及评估

《非洲大陆教育战略2016—2025》发布于2016年,由于其出台时间较晚,战略实施时间不长,截至目前尚未有该战略实施及评估的相关信息,故本部分战略实施及评估主要侧重于对非盟出台的前两个十年计划的实施及评估情况。与非洲第一个十年教育计划相比,"二·十"计划有着更好的实施基础,包括"非洲妇女论坛、非洲大学协会、非洲教育发展协会、非洲开发银行等非洲现有机构的能力",以及"联合国教科文组织及其他主要合作伙伴"已经提供和将会提供的支持与合作。② 作为非盟监测"二·十"教育行动计划实施情况的主导技术机构,非洲教育发展协会于2014年提供了《非盟教育展望——大陆报告》(*AU Outlook on Education Report*:*Continental Report*,以下简称"报告"),对该计划中的关键优先领域在国家—区域—大陆三个层面进行了评估。

(一)从基础教育入学率的提升到全面普及

第一个十年计划强调要大力加强非洲基础教育入学率,到第二个十年计划目标普及基础教育,这一目标的转变不仅意味着非洲大陆在整体水平上的基础教育入学率提升方面取得了巨大的进步,而且体现出非洲各区域共同体在非盟的统一号召下把该基础教育战略目标纳入到本区域战略计划中去,并取得了一定的成效,从而步伐一致,实现基础教育入学率的整体提升。

2015年发布的《全民教育全球监测报告》显示,基础教育净入学率有了实质性的提高。摩洛哥的小学净入学率从1999年的71%上升到2013年的99%,这是长期重视农村地区学校建设和性别平等改革的成果。其他国家,主

---

① 张力玮. 非洲大陆教育战略(2016—2025年)[J]. 世界教育信息,2016(12).

② African Union. The Second Decade of Education for Africa(2006—2015):Plan of Action[R]. Addis Ababa:AU,2006.

要是撒哈拉以南非洲国家,即使小学入学率还远远没有达到普及水平,也取得了相当大的进展。布隆迪的净入学率从 2000 年的不足 41% 上升到 2010 年的 94%。尼日尔的净入学率从 27% 上升到 64%,几内亚则从 42% 上升到 76%。即使在一些经历了人口大量增长的国家,净入学率稳步上升也表明其取得了重大成就。例如,在布基纳法索和莫桑比克,1999 年至 2012 年,学龄人口增长了 50% 以上,净入学率同时增长了 66% 以上。①

(二)确保教育公平

基础教育公平方面,两个十年计划均强调要消除基础教育中的性别不平等现象,要求对于入学的男童和女童要有适当的学习环境,不受歧视的实践活动,以及男孩和女孩实现其潜力的平等机会。除此之外,教育公平还应包括边缘群体、贫困群体、农村地区、战乱、残疾、感染艾滋病病毒等处境不利儿童也能接受到良好教育的机会,以及对不同文化、种族、宗教信仰群体实施公平优质的基础教育。

《全民教育全球监测报告》指出,中小学男女生入学率之间的差距已经缩小,但是进程缓慢。尤其是讲法语的撒哈拉以南非洲地区这一数据依然非常高。2007 年,贝宁小学入学儿童总数中女孩占 45%,科特迪瓦和马里为 44%,尼日尔和乍得为 41%,中非共和国 42%。布基纳法索、布隆迪、几内亚、马达加斯加、刚果民主共和国和多哥在 45%~49%。只有塞内加尔(50%)和卢旺达(51%)达到基础教育性别的基本平等。

2014 年“报告”的评估结果显示,埃塞俄比亚和塞内加尔等国家在基础教育性别平等方面取得了非凡的进步,而安哥拉、厄立特里亚等国则明显落后。其他非洲国家的这种情况也各不相同,毛入学率和招生率差别很大。布隆迪、乌干达等国家已经取得了充分的进展,现在已经基本达到性别平等。这是通过诸如社区参与以及为女孩提供有关教材、资金等的具体支持等措施相结合而实现的。对于未实现性别平等的国家,尼日尔、乍得、布基纳法索、莫桑比克和中非共和国等国家的女孩接受基础教育的比

---

① United Nations Educational, Scientific and Cultural Organization. Education for All 2000—2015: Achievements and Challenges[R]. Paris: UNESCO,2015: 79-80.

例则低得多,低于 1/5。[①]

此外,在农村和城市之间也存在着这种差距,尤其是农村地区女童受教育率低,她们是最容易被忽视的群体。

(三)提高基础教育完成率

《全民教育全球监测报告 2013/4》指出,要确定全民教育是否已经实现,必须考虑小学毕业率,而不仅仅是入学率。失学儿童是那些由于各种原因无法入学的学龄儿童,常常是因为冲突、战乱、贫穷和社会边缘化等现象。虽然至今在非洲失学儿童仍然存在,但各国已经设法遏制并取得了不错的进展。然而,在撒哈拉以南非洲地区,最令人担忧的辍学者是那些已经上学但没有足够长时间获得完整基础教育的学龄儿童。由于学校的教育内容不适应日常生活所需知识和技能的需要、学校距离问题、不适合的课程等方面的原因导致辍学。撒哈拉以南非洲地区学龄儿童辍学率远远高于世界其他地区。例如,2011 年有 22% 的小学学龄儿童没有上学。所有学龄儿童中有一半在校时间不足 4 年。在一些国家,如索马里和布基纳法索,超过 50% 的儿童入学不到 2 年。[②]

根据联合国教科文组织前任总干事伊琳娜·博科娃的说法:"撒哈拉以南非洲国家儿童失学率最高,占全球失学儿童总数的一半以上。超过 20% 的非洲儿童从未上过小学,或者并没有完成小学教育就离开了学校。"针对这一现象,各相关部门在减少辍学率方面缺乏进展。联合国教科文组织的报告指出,2010 年,在世界范围内,近 75% 的小学儿童达到了小学教育阶段最后一年的水平。在撒哈拉以南非洲,最终达到这一阶段水平成绩的儿童比例正在下降,从 1999 年的 58% 下降到 2010 年的 56%。[③]

女孩辍学率尤为明显。撒哈拉以南非洲地区的女孩基础教育完成率情况更为糟糕,这一数据高达 2/3。尽管近年来西非,特别是布基纳法索的小

---

① Association for the Development of Education in Africa, African Development Bank. AU Outlook on Education Report: Continental Report[R]. Tunis Belvedere, Tunisia: ADEA,AfDB, 2014: 15-16.

② Association for the Development of Education in Africa, African Development Bank. AU Outlook on Education Report: Continental Report[R]. Tunis Belvedere, Tunisia: ADEA, AfDB,2014: 16.

③ 同上,16-17.

学毕业率有了显著的改善,但是女生的辍学率仍然非常高:2011/2012 学年,女生的小学毕业率为 53.7%,男生为 56.6%。在非正规教育方面,差距则更加明显,她们在辍学率方面所占的比例最大,主要是由于社会文化障碍、经济问题、课程设置不足等。①

(四)提高早期儿童保育和教育质量

截至 2015 年,许多全民教育目标仍然尚未实现。联合国儿童基金会发布的《我们想要的世界》(*The World We Want*)报告声称:全民教育差距的根本原因在于,目前的全球教育方式并没有全面综合地处理教育问题,特别是更多可实现的目标的完成,比如把成人扫盲等其他问题放在优先地位,或者将目标锁定在濒临贫困的地区,在那些难以接触到的人身上实现一系列目标。虽然全民教育目标的确确定了教育生命周期不同阶段的目标,但议程主要还是局限于小学教育。②

2012 年,"非洲全民教育网络运动"指出,非洲在把幼儿保育和教育作为优先事项方面取得了一些成就,其中"有 26 个国家将幼儿保育和教育列入其部门或国家发展计划,至少 76% 的非洲国家参与了幼儿保育和教育政策的规划或实施(19 个国家已经制定了幼儿保育和教育政策,20 个国家正在进行规划)。然而,撒哈拉以南非洲地区却没有任何国家实行义务学前教育政策。尽管有迹象表明,幼儿保育和教育已经得到了更大的重视,但在同年,联合国教科文组织报告称,在非洲只有不到 12% 的儿童获得了幼儿保育和教育服务"。③

非洲大陆学前儿童保育和教育(ECCE)取得的一些重要成就主要表现在"全面扩大和改善幼儿保育和教育,特别是弱势儿童及社会处境不良儿童的保育和教育"。包括以下三个方面。

---

① Association for the Development of Education in Africa, African Development Bank. AU Outlook on Education Report: Continental Report[R]. Tunis Belvedere, Tunisia: ADEA, AfDB, 2014: 17.

② United Nations Educational, Scientific and Cultural Organization, United Nations International Children's Emergency Fund. The World We Want: Education in the Post-2015 Development Agenda [R]. New York: UNESCO, UNICEF, March 2013: 14.

③ African Union. Early Childhood Development: A Continental Perspective[R]. African Union, 2014: 2.

1.早期儿童生活质量得到改善,儿童死亡率下降

非洲各区域 5 岁以下儿童死亡率见表 6.1。

表 6.1　1990—2019 年非洲每 1000 名活产婴幼儿中五岁以下死亡人数

区域	1990 年	1995 年	2000 年	2005 年	2010 年	2015 年	2019 年
撒哈拉以南非洲	180	172	152	125	102	86	76
北非	84	71	59	48	39	33	29

资料来源:UN Inter-agency Group for Child Mortality Estimation. Levels and Trends in Child Mortality:Report 2020[R]. UNCF,2020:11.

导致儿童死亡的关键因素是健康问题,而通过早期干预措施可以降低儿童发病率和死亡率的风险。此外,艾滋病病毒和疟疾等疾病的感染及反复发作也是导致儿童死亡的原因之一。尽管非洲大陆在减少儿童死亡率方面取得了肯定性的进步,但是根据联合国教科文组织 2012 年公布的信息表,每天大约有 12000 名非洲儿童在可避免的条件下死亡——相当于每小时一架波音 747 坠毁。[①] 到 2015 年千年发展目标到期,5 岁以下儿童死亡率未降到 29‰。2019 年 SSA 5 岁以下儿童死亡率比澳大利亚和新西兰高出 20 倍,比世界平均水平落后 20 年。[②]

2.5 岁以下儿童营养不良比例有所下降

非洲各国 5 岁以下儿童营养不良比例见表 6.2。儿童营养不良的根本原因是与贫穷有关的家庭食品不安全。物质资源的匮乏造成母亲怀孕期间和婴儿出生后头两年的重大损害,且这种损害是不可逆转的,会导致之后罹患疾病的风险增加,对儿童的生理成长产生巨大的危害。大约 16 个非洲国家 5 岁以下儿童至少有 20％营养不良。其中 5 个国家的营养不良率在 30％～36％。

---

① UNICEF. UNESCO Office in Dakar:Early Childhood Care and Education[EB/OL]. [2017-12-26]. http://www. unesco. org/new/en/dakar/education/early-childhood-care-and-education/.

② UN Inter-agency Group for Child Mortality Estimation. Levels and Trends in Child Mortality:Report 2020[R]. UNCF,2020:13.

表 6.2 非洲 5 岁以下儿童体重不足发生率

国家个数	国家	发生率/%
5	乍得、苏丹、索马里、厄立特里亚、尼日尔	30～36
11	布隆迪、埃塞俄比亚、南苏丹、布基纳法索、中非共和国、刚果民主共和国、尼日利亚、吉布提、塞拉利昂、贝宁、毛里塔尼亚	20～29
10	马里、几内亚比绍、塞内加尔、冈比亚、纳米比亚、多哥、安哥拉、几内亚、肯尼亚、坦桑尼亚	16～19
17	喀麦隆、科摩罗、科特迪瓦、利比里亚、莫桑比克、赞比亚、乌干达、加纳、莱索托、马拉维、圣多美和普林西比、博茨瓦纳、刚果、赤道几内亚、卢旺达、津巴布韦、南非	9～15
7	埃及、加蓬、斯威士兰、利比亚、阿尔及利亚、摩洛哥、突尼斯	2～6

资料来源：African Union. Early Childhood Development：A Continental Perspective [R]. African Union, 2014:4.

3.学前教育入学率上升

2004—2014 年,学前教育人数有所增加。撒哈拉以南非洲的许多国家都制定了 ECCE 政策,越来越多的国家意识到这些政策必须是多部门全面的配合。在低收入国家,学前教育毛入学率进展最慢,撒哈拉以南非洲地区的学前教育入学率很低,且发展缓慢,只从 12% 增长至 17%。

非洲使用 ECCE 指数①衡量早期儿童保教质量情况是值得肯定的,但其指数测量结果的全球排名很靠后。在 2010 年有数据的 68 个国家中,只有白俄罗斯的分数超过了 0.95。ECCE 指数在 0.80～0.95 的被视为中等排名,共有 25 个国家,主要是中亚、中欧和东欧以及拉丁美洲和加勒比地区的中等收入国家。其余 42 个指数低于 0.80 的国家大多是低收入和中低收入国家,其中 26 国在撒哈拉以南非洲地区——贝宁、布基纳法索、布隆迪、中非共和国、乍得、科摩罗、刚果民主共和国、厄立特里亚、埃塞俄比亚、冈比亚、几内亚、几内亚比绍、肯尼亚、利比里亚、马达加斯加、马拉维、马里、莫桑比克、尼日尔、卢旺达、塞拉利昂、索马里、多哥、乌干达、坦桑尼亚和津巴布韦。

———————————

① 早期儿童保育和教育指数。用来衡量早期儿童保育和教育整体进展情况,主要指标如下：5 岁以上儿童的平均存活率,没有遭受中度或重度发育不良等生长障碍儿童平均百分比,以及 3～7 岁入学儿童所占百分比。

第三节　联合国教科文组织和世界银行的
非洲基础教育一体化发展战略

尽管联合国教科文组织和世界银行的各种教育发展战略对非洲没有直接的法律约束力,但由于它们拥有强大的专业话语权和大量的援助项目和资金,形成非洲对其严重的技术依赖和资金依赖,所以它们的非洲基础教育一体化发展战略仍然发挥着非常重要的作用。

一、联合国教科文组织关于非洲基础教育一体化发展战略①

在实现 2030 可持续发展教育目标进程之中,联合国教科文组织起着主要组织者的作用,而非洲亦是其重中之重目标地区。从 20 世纪开始,以联合国教科文组织为首陆续推出了一系列促进教育发展的战略政策文本,基础教育更是受到了重点关注。这些战略文本不是为非洲而来的,但非洲却是主要的,是主要面向非洲,解决非洲问题,把非洲作为重中之重地区而发布的。除此之外,为实现千年目标和可持续发展目标四,也专门针对非洲地区出台了《基加利行动倡议》(*The Kigali Call for Action*),制定了非洲基础教育一体化行动计划。这些战略的发布也反映出教科文组织在非盟非洲一体化基础上愿意并且积极推行非洲基础教育一体化发展。

(一)联合国教科文组织全球教育发展战略

针对典型不发达地区非洲而言,其基础教育格外得到联合国教科文组织的重视。《世界全民教育宣言》、"联合国千年发展目标"以及当前仍在实施阶段的《教育 2030 行动框架》,都重点关注非洲发展中国家和不发达国家基础教育的情况。为更好地实现非洲基础教育一体化发展,联合国教科文组织出台了《基加利行动倡议》,制定了《非洲基础教育计划》(*The Basic Education in Africa Programme*,*BEAP*)。

1.《世界全民教育宣言》

1983 年,在联合国教科文组织大会上全民教育被首次提出。1990 年 3

---

① 本节内容参见吴书敏.非洲基础教育一体化发展战略的研究[D].浙江师范大学,2018:33-42,44-49.

月 5—9 日,联合国教科文组织、联合国儿童基金会、联合国开发计划署和世界银行等发起和组织了在泰国宗滴恩召开的世界全民教育大会,标志着全民教育思想的正式提出。大会讨论并通过了《世界全民教育宣言》和《满足基本学习需要的行动纲领》两份划时代的文件,标志着全民教育的正式产生。

2000 年 4 月来自世界各地共 164 个国家在塞内加尔达喀尔召开"世界教育论坛",并通过了《达喀尔行动纲领》,规定了 2015 年前要实现的 6 个教育的目标(包括幼儿保育和教育、初等教育、青少年继续教育、成人扫盲和技能培训、教育性别平等、教育质量 6 个方面①),这使得全民教育的目标更加具体。最后论坛各参与方达成共识:制定《全民教育全球监测报告》,时刻监测全民教育实现进程。自 2002 年开始,《全民教育全球监测报告》由联合国教科文组织负责出版,每年出版一次(其中,2003 年和 2004 年的监测报告于 2003 年共同出版,2013 年和 2014 年的监测报告于 2014 年 1 月共同出版),截至目前,已经发布了十余部。如今,《全民教育全球监测报告》已成为国际社会关注全民教育尤其是全民教育进程、质量的一份重要资料。

全民教育涵盖意义广泛,不仅包括幼儿教育、中小学教育和高等教育等正规教育,还把成人继续教育、成人扫盲等非正规教育纳入教育范畴之中,这一全面的教育理念正体现了其旨在满足人的基本学习需要,满足每一个人的受教育权,每一个人都应获得"旨在满足其基本学习需要的受教育机会"②这一理念特点。基础教育方面(包括儿童初等教育和成人扫盲教育)被纳入全民教育的重点范畴,因此,在一定程度上可以讲这是全民的基础教育。纲领中对全民教育行动的具体实施从国家—区域—国际组织三个层次分别展开,它尤其强调区域行动对全民教育实施的重要作用。全民教育的全球性要求区域行动要加强交流和合作,在社会形势、教育发展类型等方面相似的国家之间进行信息、经验和知识方面的交流有利于区域之间共同合作推动全球全民教育的发展。③ 从长远来看,全民教育为基础教育的一体

---

① 国家教育发展研究中心.2004 年中国教育绿皮书——中国教育政策年度分析报告[M].北京:教育科学出版社,2004:219.

② 赵中建.教育的使命——面向二十一世纪的教育宣言和行动纲领[C].北京:教育科学出版社,1996:14.

③ 徐华芝.全民教育发展及其问题研究[D].苏州大学,2014.

化发展打下了坚实的基础。

另外,联合国教科文组织在 2005 年制定了国际全民教育在 2015 年前的战略目标和实施计划。其中提出成立专家智囊团,协调各个国家教育部门的相关计划和除贫战略,并促进各个国家地区部长级官员之间的交流与合作,提高全民教育的资源流动性。制定了撒哈拉以南非洲教师培训工程计划,每四年一轮,对中小学教师分别进行中期评估和终结性评估,使这些国家的教师政策、培训机构、教师教育计划达到全民教育的目标和国家除贫目标。①

2. 联合国千年发展目标

为加强全民教育各项计划的落实,进入 21 世纪以来,联合国教科文组织于 2000 年 9 月在联合国首脑会议上由 189 个国家签署了《联合国千年宣言》,联合国全体成员一致通过了一项旨在将全球贫困水平在 2015 年之前降低一半(以 1990 年的水平为标准)的行动计划。② 它不仅是发展的目标,还包括被普遍接受的人类价值和基本权利,教育权是其中之一。这是有史以来国际社会对世界上最脆弱民众做出的最重要的共同承诺。

关于基础教育方面主要包括千年发展目标 2 实现普及初等教育,目标 3 促进两性平等。撒哈拉以南非洲地区作为千年发展目标所划分的发展中世界 9 个地区之一,受到特别的关注,并且选取千年发展目标具体指标对该地区逐一进行考察并进行现状评估,生成样本进行比较分析目标完成情况及存在的差距。

全民教育目标以及千年发展目标到 2015 年这个时间节点仍然尚未实现,与此同时,世界也需要应对当前和未来新的教育挑战,需要继续采取行动。在此背景下,一个引导未来 15 年世界教育发展的新的教育议程"确保全纳、公平的优质教育、使人人可以获得终身学习的机会"——教育 2030 确立。③

---

① 武学超.联合国教科文组织 2005—2015 年全民教育战略目标与实施计划[J].世界教育信息,2005(8).

② 陈艳云,张逸帆.日本对南太平洋岛国 ODA 政策的调整及其特点[J].东北亚学刊,2013(4):41-44.

③ 程换弟.从公益事业走向全球共同利益——联合国教科文组织全球终身教育推动进程研究[D].河北师范大学,2017.

3.《教育 2030 行动框架》

2015 年 11 月 4 日,联合国教科文组织通过并发布了《教育 2030 行动框架》。该框架要求教科文组织作为联合国专门教育机构,继续领导和协调《教育 2030 行动框架》的具体实施。此外,为了确保强有力的全球协调机制,教科文组织被任命召集一个多方利益相关者——教育 2030 可持续发展目标指导委员会(SDG-Education 2030 Steering Committee),作为在更广泛的 2030 年可持续发展议程框架内协调对全球教育工作支持的关键结构。[①]

《教育 2030 行动框架》为实现 SDG4[②] 提供教育蓝图,UNESCO 及各区域组织负责人已经意识到该教育目标的核心地位,SDG4 的完成对实现全部可持续发展议程 17 个发展目标起着重要作用。《教育 2030 行动框架》从全球—区域—国家三个层次具体概述了分别有关教育内容和实施方式的具体目标。

基础教育方面,框架提出到 2030 年,确保所有女童和男童接受完全免费、公平和优质的中小学教育,获得相应、有效的学习成果;确保所有女童和男童获得优质的早期儿童发展、保育和学前教育,为接受初等教育做好准备。[③] 并提出了指示性策略,包括落实所有儿童接受至少九年义务教育的政策和立法,倡导各国延长免费义务教育年限,以达到世界的基本水平,同时也考虑不同国家的实际、能力和发展水平、尊重国家政策和优先事项。确保教育质量,定义课程标准,开发更健全和综合的评估系统,评估学习成果。[④] 教育 2030 可持续发展教育目标的范围辐射至全体所有儿童,免费的义务教育亦被纳入到国家法律和政策之中,大力倡导而不强迫,它的引领性作用对实现非洲区域基础教育一体化提供了一个新的着力点。

为继续实现世界全民教育和千年发展目标未竟事宜,着力实现 SDG4,上至以 UNESCO、UNICEF 等为代表的国际组织,下至以非盟为首的非洲

---

① Asia South Pacific Association for Basic and Adult Education. Learning Beyond Boundaries. Newly constituted SDG-Education 2030 Steering Committee defines its work[EB/OL]. (2016-07-02). http://www. asphae. org/userfiles/july/2_SDG_Education2030_SC. pdf.

② Sustainable Development Goal 4,简写为 SDG4,是联合国 2030 可持续发展议程中与教育有关的目标。

③ UNESCO"教育 2030 行动框架"把发展职业教育作为重要目标[J]. 职业技术教育,2015(34):7.

④ 徐莉,王默,程换弟. 全球教育向终身学习迈进的新里程——"教育 2030 行动框架"目标译解[J]. 开放教育研究,2015(12):16-25.

区域性组织都积极行动起来,参与到由国际组织—非洲区域性组织—非洲各国家三个层面的基础教育一体化发展战略进程之中。

(二)联合国教科文组织《基加利行动倡议》及其落实方案

1.《基加利行动倡议》的出台及目标

21 世纪以来,以联合国教科文组织为首的国际组织对非洲基础教育的发展制定了方向。2007 年 9 月在卢旺达首都基加利召开了"扩大非洲基础教育的区域工作坊"(Regional Workshop on Extending Basic Education in Africa),出台了《基加利行动倡议》,并制定了非洲基础教育计划。《基加利行动倡议》的出台是在联合国教科文组织一系列的全球教育战略背景下产生的,它是专门针对非洲地区基础教育改革而发起的。

这里把联合国教科文组织所发布的主要相关全球教育发展战略整理如表 6.3 所示。可以发现,这些背景文件中有关基础教育的目标所要解决的共同问题均集中在入学率、教育质量和教育公平以及非洲基础教育进一步发展的具体方向和目标上。也不难看出,非洲基础教育发展的趋势从最初的确立全体所有人的受教育权利转变到基础教育的普及、消除教育中的不公平。

表 6.3　联合国教科文组织所发布的全球教育发展战略相关的主要文件

时间	发起/组织方	主题/战略文本	地点	基础教育目标
1990.3	UNESCO/ UNICEF/ UNDP/WB	《世界全民教育宣言》 《满足基本学习需要 的行动纲领》	宗滴恩, 泰国	满足所有人(包括儿童、青年和成人)的基本学习需要
2000.4	UNESCO	世界教育论坛 《达喀尔行动纲领》	达喀尔, 塞内加尔	2015 年前,普及初等教育,消除基础教育性别不平等
2000.9	UNESCO	《联合国千年宣言》	纽约, 美国	SDG 2:实现普及初等教育
2005.11	UNESCO BREDA (Regional Bureau for Education in Africa)	《非洲中等教育改革: 区域研讨会进程》	亚的斯 亚贝巴, 埃塞俄比亚	中等教育的扩大和多样化;更新学习内容;培训教师和校长;中等教育融资的问题

续表

时间	发起/组织方	主题/战略文本	地点	基础教育目标
2007.9	UNESCO	扩大非洲基础教育区域工作坊《基加利行动倡议》	基加利，卢旺达	延长基础教育年限至少9年；制定一个整体、综合和包容性的基于能力的螺旋式课程框架；终身学习能力

注：根据资料整理所得。

《基加利行动倡议》针对非洲基础教育提出延长基础教育年限、改革基础教育课程的目标。而实际上，这也是和非洲各国家的国情及当前非洲基础教育发展的现状分不开的。像其他国家一味地发展精英教育是不可取的，因此非洲基础教育课程提出要制定与非洲儿童和青年的需求相关的一个整体、综合和包容性的基于能力的螺旋式课程框架的发展，进行不间断的为期9～10年基础教育学习，获得终身学习所需要的基本能力。而与此相应，行动倡议及计划的落实方面则侧重于非洲基础教育年限，的延长和课程的改革两个方面。

《基加利行动倡议》的目标主要体现在非洲基础教育计划这一战略文本的制定。它是联合国教科文组织努力支持的一项旨在扩大非洲基础教育年限为所有学生提供9～10年的高质量基础教育这一美好愿景的战略文件，并促进学前教育一年优质幼儿保育和教育的发展，重点是将技能和能力纳入学习进程和结果，并为学习者以后的教育和工作培养正确的态度和价值观。它面向整个非洲提倡建立一个全面、包容、连贯无缝的至少9年的基础教育体系，其中为促进优质幼儿教育和保育质量的发展，把学前教育一年纳入基础教育中，应全民教育发展目标以及千年发展目标的迫切要求，把基础教育年限延长至包括整个初中教育阶段。该计划是由联合国教科文组织联合其他联合国机构、非洲教育发展协会及其金融合作伙伴世界银行、非洲发展银行和民间社会组织共同发起的。联合国教科文组织将非洲基础教育计划作为一个综合性文件（integrated instrument），在发展伙伴的协助下，实现"非盟非洲第二个十年教育计划""基加利行动倡议"和"马普托 ADEA 双年展"的计划目标。

该计划主要集中于延长基础教育（Extending basic education）年限，增加至至少9～10年，并把学前教育一年一起纳入基础教育体系中，中等教育的低级阶段(初中教育)也包含在基础教育范围内。除此之外,它还要求各国政府将改进小学和初中阶段已有的正式和非正式的所有教育形式纳入到一整套基础教育规定中去,这其中可能也包括由社区、民间组织和私立机构管理的以知识为目标和以工作为目的的教育部门。

　　扩大基础教育,直接导致全面的基础教育课程改革。主要是综合性基础教育课程的结构、内容、教学和评价改革,重新定义基础教育课程目标,改变学生之前仅仅学习课本知识内容的现象这两个方面,以结果为导向,涵盖更广泛的技能和能力,为生活、工作以及进入社会后的进一步学习打下基础。从传统的以学术为目的的精英教育转向面向全部年龄阶段的旨在发展能力的大众教育,在课程中兼顾解决问题的能力、公民教育、团队合作及信息通信技术和数学科学技能等(也被称为"创业教育")。对由于贫困、地理条件限制以及性别等原因处于不利地位的儿童采用或实施各种互补的基础教育模式,并根据其需求情况进行调整的灵活课程设置也在考虑的范围之内。图 6.1、图 6.2 展示了传统教育体系和可替代的教育系统。

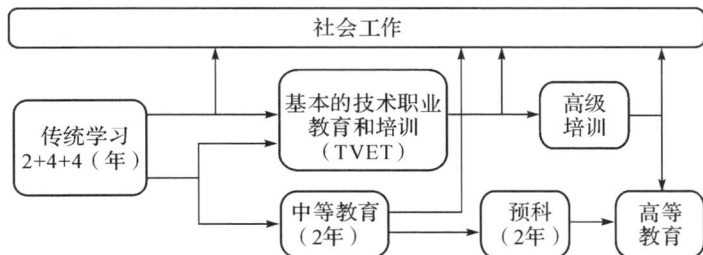

图 6.1　传统教育体系

资料来源:BREDA/IBE-UNESCO/GTZ. The Basic Education in Africa Programme (BEAP)[EB/OL]. [2017-11-03]. http://www. ibe. unesco. org/fileadmin/user＿upload/Publications/Thematic＿studies/BEAP＿policy＿paper＿09＿en. pdf.

2.《基加利行动倡议》的项目落实

　　非洲基础教育计划的制定是《基加利行动倡议》的一个成果,倡议中所提及的各项目的落实体现在非洲基础教育计划目标的落实上。在倡议发布之后,各国重新调查本国基础教育现状,决定如何处理挑战以及实施计划所要开始的领域,即找切入点(entry point)和制定活动的时间表。这样一系列的举措构成了非洲基础教育改革发展项目路线图,并作为本国基础教育框架体系,指导国家基础教育政策决策。不仅如此,各国还设立了国家技术委员会管理并监测改革,并作为国家与改革伙伴之间的纽带。在计划初期,冈比亚、卢旺达、埃塞俄比亚作为被选定的三个试点国家首先发起了非洲基础教育改革发展项目计划,随后在 2008—2011 年,相继有西非的贝宁、刚果、布基纳法索和塞内加尔以及肯尼亚、乌干达、吉布提、塞舌尔等国家在推广。

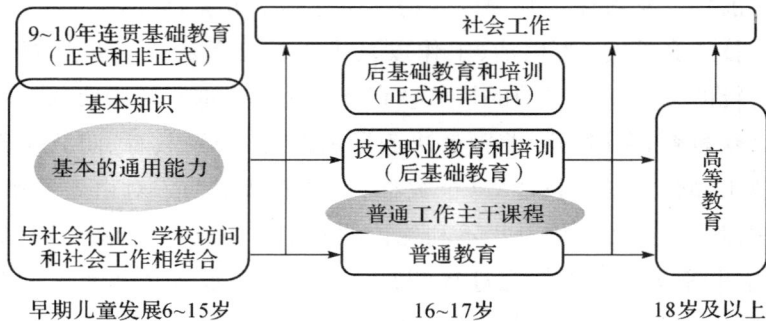

图 6.2 可替代的教育系统

资料来源:BREDA/IBE-UNESCO/GTZ. The Basic Education in Africa Programme (BEAP)[EB/OL]. [2017-11-03]. http://www. ibe. unesco. org/fileadmin/user_upload/ Publications/Thematic_studies/BEAP_policy_paper_09_en. pdf.

非洲基础教育改革发展项目在国家一级开展的实际过程可分为以下几个步骤。

(1)初步会议和国家授权。非洲基础教育改革发展项目进程始于与该国教育当局和发展伙伴的磋商会议,共同分析教育背景,包括相关政策、战略计划、教育改革文件和倡议以及可用于支持优先行动的包括机构捐助的资源。

(2)宣传和对话。这是一个基础性的步骤,重点是提高对广泛地扩大基础教育这一新构想的认识,对目前举措的一致程度以及基础教育不同层面之间的联系的认识。这将使非洲基础教育改革发展项目人员与国家合作伙伴就该项目的性质和范围进行对话。

(3)需求识别与分析。非洲基础教育改革发展项目为国家需求分析提供技术支持和专业知识,与相关教育部门和机构合作开展工作,在被授权以及规定原则协议后,关键是确定基础教育的重点领域,特别是课程改革和国家能力建设。

（4）制定行动计划。制订一系列行动计划，包括"路线图"在内，是在与地方当局和有关机构的密切合作下完成的。如有必要，非洲基础教育改革发展项目可以提供技术支持。其目的是解释政策目标和计划优先事项，制定可行的行动计划，并有合理的时间表，分配责任，协调可用的及所需资源，并查明差距。

（5）实施支持。在实施该行动计划中所包含的课程改进和相关能力发展的过程中，非洲基础教育改革发展项目提供必要的技术支持。

（6）监测和评估。在整个过程中，非洲基础教育改革发展项目在技术上支持活动的监测和评估，以确保实现预期目标和标准。为此，需要制定基准和适当的绩效指标，作为行动计划的一部分。[①]

然而，在研究者所能找到的所有材料中，有关非洲基础教育改革发展项目的最新资料是 2012 年的，对于谈论非洲基础教育改革发展这一项目对各国基础教育的学习成果的影响还未知，但是一些使用非洲基础教育改革发展项目框架开展教育改革的试点国家的经验教训还是可以用来说明一些问题的。

3.《基加利行动倡议》的实施：以冈比亚为例

《基加利行动倡议》的实施主要体现在非洲基础教育计划中的相关目标的落实上。非洲基础教育计划最早在冈比亚实行，具有较强的代表性，且有相关资料可寻，在这里以冈比亚为例论述其基础和中等教育部（Ministry of Basic and Secondary Education，MOBSE）非洲基础教育计划实施的进程和经验。

非洲基础教育改革发展项目在冈比亚的重点在于改进课程框架和主要人员能力建设两个方面，采取了以下步骤。

（1）确定基础教育课程框架的优先发展领域。由五组利益相关者，分别是九年级学生、雇主、中学教师、家长和高等教育水平人员（高等教育和职业技术教育与培训），共同组成技术团队，对初定计划进行 SWOT 练习，以利

---

① 　BREDA/IBE-UNESCO/GTZ. The Basic Education in Africa Programme（BEAP）［EB/OL］.［2017-11-03］. http://www. ibe. unesco. org/fileadmin/user_upload/Publications/Thematic_studies/BEAP_policy_paper_09_en. pdf.

用这些结果制定国家课程框架初稿。

（2）参与课程框架编制的主要成员在课程开发和设计（包括基于能力的课程开发）方面的能力建设。这些成员包括课程开发人员、质量保障和评估专家以及教师教育工作者。

（3）基础教育课程零草案框架的制定。框架的起草工作由不同的利益相关者团体完成，他们分析文件并收集有关技能差距的数据，召开会议/工作坊讨论框架的结构、范式和内容。

（4）零草案框架的确认。零草案框架在四个不同层面进行确认，以便利益相关方群体进行彻底的审查和批准。首先，由基础和中等教育部的协调委员会会议审查。其次是要经过社会确认，即另一个更大的利益相关者群体，包括所有的家长—教师协会（Parent-Teacher Associations，PTAs）和教育官员一起审查草案。接下来与联合国教科文组织西非地区办事处（达喀尔）和教科文组织国际教育局（UNESCO IBE）的课程专家进行技术验证。最后由基础和中等教育部高级管理团队负责。

（5）核心小组的成员致力于课程框架细节方面的制定工作。在完成课程框架的初稿后，广泛分发并且回收包括 BREDA 和 IBE 在内的利益相关者及合作伙伴的意见。至此，形成最终草案。

在非洲基础教育改革发展项目计划指导下，冈比亚新课程框架由六章组成，旨在确保提供高质量教育和教学相关性等方面对面临的挑战寻求适当的答复，并促使所有学习者在学习过程中都能取得成功，包括那些有特殊需求的人。它强调价值观，态度和技能的发展，使冈比亚青少年能够在不同的生活状况下使用所获得的知识，并确保不同年级课程关键阶段以及冈比亚的正规、非正规的教育学习过程的协调性，连贯性和持续性。它还定义了学习者期望的教育成就，即能力和技能发展。从扩大的基础教育周期即幼儿期到初中（7—9 年级）的各个层面开展教学和学习，教学大纲、教师指导、教材和其他辅助教学学习资源也在框架中概述。

在筹资方面，可以将课程框架的编制纳入世界银行快车道行动（Fast Track Initiative，FTI）支持的国家教育部门方案中去。从方案预算项目中提取了地方工作坊、会议、印刷课程框架和相关费用的资金，用于提高教育质量。

目前，冈比亚基础和中等教育部继续把重点放在课程框架的编制上，按

照高度优先事项,及时分配资源和人员。冈比亚国家一级的课程开发能力
不足是其曾经面临的一个真正的挑战。然而这一点已经得到了国家教育部
和教师培训学院的帮助使能力得到了发展。但是,国家教育体系管理者在
政策分析、管理、规划和监测与评估方面进行人员能力建设的工作仍然
迫切。①

(三)联合国教科文组织非洲基础教育一体化发展战略的评估

联合国教科文组织发布的以上非洲作为重中之重地区、受到特别关注
的战略,从以教育公平为核心的全民教育目标到追求优质教育的"教育
2030"目标,是在教育目标上要实现的一个质的飞跃。

1.教育公平的实现

教育公平是 UNESCO 全民教育的核心目标,主要体现为基础教育入
学率的提高以及男女学生的性别比例均等。撒哈拉以南非洲是根据各地区
的经济发展水平、社会制度、教育发展程度的不同而划分的区域之一,因为
其经济水平落后,社会局势动荡不安,成为全民教育运动发展的难点。即便
如此,该地区自 1990 年世界全民教育宣言提出以来在基础教育方面的进步
也是积极可观的。

儿童入学率是衡量基础教育目标的重要指标之一,撒哈拉以南的非洲
小学平均净入学率显著提高,从 1990 年的 54% 升至 2012 年的 70%,2018
年升至 81.2%。撒哈拉以南非洲中等教育的毛入学率也有了很大幅度的
提高,从 1990 年的 22.4% 上升到 2012 年的 34%。到 2018 年其初中辍学
率降到 36.7%,高中也降到 57.5%②。另外,在性别公平方面,撒哈拉以南
非洲地区自 1999 年以来取得显著进步,小学阶段性别平等指数(Gender
Parity Index,GPI③)从 0.85 提高到 2018 年的 0.93。在中等教育阶段,入学

①　UNESCO-BREDA Coordinating Team. Status of BEAP Implementation:Responding to the
Kigali Call for Action-case studies from 3 countries[EB/OL]. [2017-11-05]. http://www. adeanet. org/
triennale/Triennalestudies/abreger/1_3_08_SYNTHESIS_REPORT_BEAP_abrege_en. pdf.

②　UIS. New Methodology Shows that 258 Million Children,Adolescents and Youth Are Out of
School[R]. 2019:4.

③　性别平等指数是指以某个阶段教育(如小学、中学等)的女性入学人数除以男性入学人数的比
例。性别平等指数若小于 1,说明女性的入学率低于男性。性别平等指数越小,表明女性接受教育的水
平越低、机会越少,教育的性别平等差距越大。GPI 是一个社会经济指标,通常用来计算男性和女性获
得教育的相对机会。目前世界上没有一个国家达到理想的性别平等状态(GPI 为 1)。

的性别差距也在缩小。1990 年 SSA 中学生性别平等指数为 0.78，到 2018 年上升到 0.88。[①]

全民教育计划"在 2015 年前，全面普及初等教育入学率，彻底消除初等和中等教育阶段男女学生比例不平等的现象"这一宏伟目标并未实现，但是全民教育计划为撒哈拉以南非洲各国儿童提供了更多的入学机会，并在教育过程和教育结果中关注女童教育，提倡教育平等，对促进非洲基础教育区域性一体化发挥了重要作用。

自千年发展目标制定以来，撒哈拉以南非洲在小学教育方面取得的进步是各个地区中最大的。2000 年至 2015 年间，其净入学率增长了 20 个百分点，而 1990 年至 2000 年间，只增长了 8 个百分点（见图 6.3）。小学阶段男女儿童入学率的性别指数也从 2000 年的 0.85 上升到 2015 年的 0.93。千年发展目标议程的实施使撒哈拉以南非洲地区在普及小学教育方面取得了显著进展，全球范围内小学教育方面的男女平等基本实现，但是撒哈拉以南非洲地区这一目标尚未完成，除此之外，增加女童入学率，促进性别平等，提升小学教育完成率成为接下来亟须解决的事情。

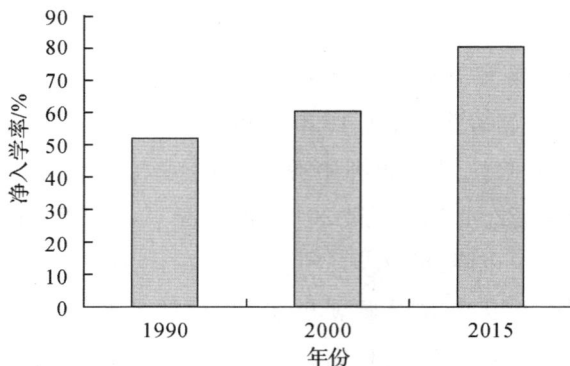

图 6.3　撒哈拉以南非洲小学净入学率

资料来源：联合国千年发展目标：2015 年报告[R].2015.

全民教育和千年发展目标的时限已至，虽然取得了一定的进步，但是尚有目标未实现，仍需努力。全民教育和千年发展目标相辅相成，后者在一定

---

① School enrollment, secondary(gross), gender parity index(GPI)-Sub-Saharan Africa[ED/OL]. [2019-09-30]. https://data. worldbank. org/indicator/SE. ENR. SECO. FM. ZS? locations=ZG.

程度上起着临阵一脚的作用,极大地促进了非洲尤其是撒哈拉以南非洲国家和地区的基础教育公平。全世界有机会借助其已经取得的成就和表现出的差距着手实施我们新的目标,创建我们想要的未来。可持续发展的新议程应运而生,它必然会成为地球上每一个人的生活现实。

2.优质教育的追求

教育 2030——可持续发展目标是千年发展目标的继承与升华,其核心是实现优质教育。优质教育不仅包括适龄儿童都有学上,更重要的是入学儿童性别比例的平等以及在学校能学到知识,所受到的教育有效果,且能够完成学业。由于可持续发展教育目标实施时间很短,距今仅三年,所产生的效果尚且不为所知。因此,就目前 UNESCO 为实现优质教育而采取行动所掌握的相关信息进行说明。UNESCO 针对非洲地区早日实现可持续发展教育目标,成立了 2030 年议程中全球多方利益相关者教育协调机制——2030 可持续发展教育目标指导委员会。

指导委员会是为了全球 2030 年可持续发展教育目标的早日实现而设立的,对各地区及国家教育政策及发展都具有一定的战略指导性。非洲地区是其所关注的六大地区之一,其中它尤其强调非洲各区域一级在促进基础教育一体化进程中所扮演的角色,以及对全球和国家两级之间的关系方面的协调作用。非洲作为世界上最不发达地区之一,受到指导委员会的特别关注。

对于非洲地区可持续发展教育目标四的实现,委员会一致认可区域组织作为分享最成功的实践创新工作的平台和空间,是采取行动、发挥作用的重要力量。对于非洲地区快速实现"2030 可持续发展教育目标四",建议充分利用现有的政策对话平台,发挥非洲联盟会议对"2030 可持续发展教育目标四"目标实现的定期会议讨论这一起着杠杆作用的机制平台。①

2030 可持续发展教育目标指导委员会的关键角色之一是确保在更广泛的联合国可持续发展目标结构中系统地调整与教育有关的目标。指导委员会在全球和区域层面参与了更广泛的联合国可持续发展目标结构。在全球一级,它通过联合国进程(包括高级别政治论坛)投入"2030 年议程"的后

---

① UNESCO. Second SDG-Education 2030 Steering Committee Meeting：Meeting Report［R］. Paris，France：UNESCO Headquarters，8-9 December 2016：13.

续和审查工作。在区域一级,指导委员会与区域组织、"可持续发展教育目标四"协调小组和其他合作伙伴联合,以确保对《教育 2030 行动框架》的实施、监测和审查工作的支持达成一致。

工作组收集的非洲"2030 可持续发展教育目标四"进程调查结果显示,各区域正在采取重要措施,使教育政策和战略与"2030 可持续发展教育目标四"目标和承诺相一致,具体如下。在东非,2016 年 8 月至 2017 年 1 月期间,所有 13 个国家进行了全面协商,所有国家为在国家一级实施"2030 可持续发展教育目标四",结合国家计划中的政策优先事项和差距制定了本国"2030 可持续发展教育目标四"国家路线图。通过在本国基础上制定国家路线图,能够让这些国家明确阐述国家目标和规划进程中涉及的与主要利益相关者进行的多层次多角度多方面的交流,目的是建立一个指导性的联盟。就乌干达而言,"2030 可持续发展教育目标四"已经融入财政规划和经济发展部门所批准的教育部门工作计划中。这创造了教育部和财政部间急需的联系。反过来,国家教育战略规划的调整也考虑到区域框架,比如《非洲大陆教育战略 2016—2025》的情况。

3. 目标进程的监测

国际组织和非盟都没有制定像《非洲高等教育一体化战略》一样的明确涉及非洲基础教育一体化发展的战略。但是它们出台的政策,包括大大小小的会议、发布的各种有关非洲基础教育战略的相关内容一直体现着来自外界国际组织,以及内部非盟为首的区域性组织对非洲基础教育一体化发展所起的推动作用。国际组织在全球基础教育治理中所采取的种种行动无不体现着促进非洲基础教育一体化发展。这些行动包括成立 2030 年议程中全球多方利益相关者教育协调机制 2030 可持续发展教育目标指导委员会,制定监测 2030 可持续发展教育目标进程,因此,为非洲的"2030 可持续发展教育目标四"教育目标制定具体的监测和评估能力建设项目被确定为关键优先事项。①

UIS 把非洲教育作为一个专门的主题,监测并出台了非洲国家和地区实现可持续发展教育目标进程的概况文件,并详细列出了该目标及其下属

---

① UNESCO. First Meeting of the SDG-Education 2030 Steering Committee Report[R]. Paris, France: UNESCO, 25-26 May 2016: 5.

划分的具体指标的监测。框架中对基础教育所提出的目标是：到 2030 年，确保所有女童和男童接受完全免费、公平和优质的中小学教育，获得相应、有效的学习成果。[①] 这一目标又被分解为六项小目标并实施监测。分别是：小学二年级或三年级的儿童和青少年至少达到最低阅读水平的比例；小学教育结束时，儿童和青少年至少达到最低阅读水平的比例；低级中学教育结束时，儿童和青少年至少达到最低阅读水平的比例；小学二年级或三年级的儿童和青少年至少达到最低数学水平的比例；小学教育结束时，儿童和青少年至少达到最低数学水平的比例；低级中学教育结束时，儿童和青少年至少达到最低数学水平的比例。其中，最低阅读和数学能力水平将被测量出来并与目前正在开发的新的一般阅读和数学能力水平相比较，最低能力水平是通过学习评估衡量的领域基础知识（阅读或数学）的基准参照。分别以小学二年级或三年级、小学教育结束以及低级中学教育结束这三个层次的儿童和青少年为研究对象，以最低阅读和数学能力水平作为两个维度设置了这六项目标，其中每项小目标都又以性别来划分，以此逐渐在非洲实现可持续发展基础教育目标。

事实上，早在 2016 年 1 月以 UNESCO 为首的国际组织就已经拟出了为实现"2030 可持续发展教育目标四"设计具体有效的监测和评估项目，一个全球性的政策和实践综合体系草案。草案中对监测和评估体系的介绍已经十分明确，在非洲地区，目前只有南非国家可以被认为是拥有发达的或逐渐发展的监测和评估系统。就整个非洲地区而言，其监测和评估系统的现状并不十分乐观，甚至可以说能力薄弱。首先，对监测和评估活动进行培训来加强这一制度的尝试对于所有教育利益相关者都很常见，包括政府官员、校长、家长和学生等，但是，一些受过最新训练的部门和学校工作人员常常因为更有诱惑力的薪酬转而为私营部门效力。在某些情况下，培训活动的确发生了，但是并没有得到坚持如一的管理甚至可持续发展，尤其培训来自于外部合作伙伴资助的情况下。其次，监测和评估活动越来越依赖信息通信技术的使用。无疑这是朝着正确方向迈进的一大步，但是 ICT 的购买和使用从长远来看仍然是十分困难的，因为需要大量资金来维持监测和评估活动进行，以及满足监测和评估相关工作人员的薪资报酬等。最后，监测和

[①]　UNESCO"教育 2030 行动框架"把发展职业教育作为重要目标[J].职业技术教育，2015(34)：7.

评估正在逐渐开始作为非洲教育政策制定者制定规划和决策过程中的重要部分而获得重视。监测和评估活动由过去计划作业式的常规输入和输出转变为现如今越来越要求数据问责和循证决策。这样便于决策者了解监测和评估的有利之处而做出正确的决定。然而这种高技术人才普遍缺失严重。①

二、世界银行推进撒哈拉以南非洲基础教育一体化发展的战略

第二次世界大战后,西方主导的研究包括世界银行顾问基本上都认为,在发展中国家中初等和中等教育对经济的贡献,比高等教育要大;初等和中等教育的社会收益率高于个人收益率,而高等教育的社会收益率低于个人收益率。受此影响,世界银行对非洲的援助历史上更重视基础教育、职业技术教育而非高等教育。即使是在情况已有转变的 21 世纪初,数据仍然如此。在 2000—2017 年间,世界银行对非洲教育的援助,基础教育高达306.13 亿美元,中等和职业技术教育则为 89.9 亿美元,高等教育为 93.17亿美元。在此期间,世界银行向 46 个非洲国家的 533 个项目提供了 115.97亿美元的教育援助,占世界银行教育融资总额的 23.7%。其中基础教育援助 74.8 亿美元(占世界银行基础教育融资总额的 24.4%),中等和职业技术教育 23.64 亿美元(占 26.3%),高等教育 17.53 亿美元(占 18.8%)。

世界银行在非洲推行了全洲性或次区域的、国别的项目活动,推行或明或暗,或独立或综合的教育战略,构成非洲教育的一体化发展战略的组成部分,成为世界银行推进非洲教育一体化的平台和机制。

其中 1988 年发表的《撒哈拉以南非洲教育:调整、复兴和扩充的政策》②,2011 年《世界银行教育战略 2020》及其行动纲要《全民学习:投资人的知识和技能以促进人的发展》③,2012 年出版的《撒哈拉以南非洲教育:比较

---

① UNESCO. Designing Effective Monitoring and Evaluation of Education Systems for 2030: A Global Synthesis of Policies and Practices(draft version, January)[R]. UNESCO,January 2016:81.

② Moock R, Harbison R W. Education in Sub-Saharan Africa: Policies for Adjustment, Revitalization, and Expansion[M]. Washington,D. C. :The World Bank,1988.

③ The World Bank. World Bank Group Education Strategy 2020[R];"Learning for All: Investing in People's Knowledge and Skills to Promote Development",An Executive Summary of the Strategy 2020[R]. Washington,D. C. :The World Bank,2011.

分析》①,2014 年的《非洲教育中的信息通信技术》②,2015 年出版的《为撒哈拉以南非洲的每个孩子提供教科书:解决高成本和低实用性问题的战略》③以及《教材都去哪儿了——撒哈拉以南非洲可持续的教材提供探索》④等,都在非洲教育的当下信息分享、问题发现、原因分析和问题解决方案等方面,有着或将有重大影响。

（一）撒哈拉以南非洲初等教育结构调整政策

1988 年世界银行出版《撒哈拉以南非洲教育政策——调整、复兴和扩充》,世界银行主席明言接下来几年,世界银行的对非援助将以该政策为基础。这项政策的主要内容是通过财政收入的多样化、单位成本的遏制来展开政策调整以减轻教育给公共预算带来的压力;通过挖掘和利用现有的教育系统潜力加强教育质量;对下列教育阶段和类型进行扩充:初等教育、远程教育、成人在职培训、科研和研究生教育。其中最核心的是结构调整政策,该维度是另外两个维度的基础。⑤

以结构调整为主的这项政策严格说来不限于基础教育,但这项政策中的高等教育部分,受到更多严厉的批判。⑥ 比如南非学者特夫拉·丹条在其《非洲高等教育国际化》一书中指出,国际组织"结构调整计划"强加给非洲的"货币紧缩政策"对非洲高等教育产生了令人瞩目的影响,使非洲高等教育出现"资金严重短缺、大学骚乱不断"等局面。⑦ 因此本书重点谈谈该政策的基础教育部分。

1.结构调整政策的缘由

首先是学龄人口的急剧增长和人口密度过低。非洲人口增长率在

① Majgaard K，Mingat A. Education in Sub-Saharan Africa：A Comparative Analysis[M]. The World Bank，2012.

② Souter D, et al. ICTs for education in Africa[R]. Washington,D. C. ：The World Bank,2014.

③ Fredriksen B, Brar S, Trucano M. Getting Textbooks to Every Child in Sub-Saharan Africa：Strategies for Addressing the High Cost and Low Availability Problem[M]. Washington,D. C. ：The World Bank,2015.

④ Read T. Where Have All the Textbooks Gone? Toward Sustainable Provision of Teaching and Learning Materials in Sub-Saharan Africa[M].Washington,D. C. ：The World Bank,2015.

⑤ 世界银行. 撒哈拉以南的非洲教育政策——调整、复兴和扩充[M]. 朱文武,皮维,张屹,译. 杭州:浙江大学出版社,2008:3-5.

⑥ 郑崧.结构调整与非洲教育[J].比较教育研究,2009(11).

⑦ 转引自万秀兰.非洲高等教育国际化的特点分析[J].比较教育研究,2012(6).

1970—1980 年是 2.9％，是国际平均水平的 1.5 倍。而且当时预计 1980 年至 20 世纪末非洲人口增长速度大约为 3.2％。学龄儿童的增长比成人快很多，1/3 人口处于初等或中等教育年龄段。这样，需要受教育的人口迅速膨胀，而支撑教育系统的成人所占比例不断下降。相比之下，当时拉美和亚洲这一比例是 1/5。预计到 2000 年，非洲初等和中等教育的适龄人口比 1984 年多出 70％。如果希望 2000 年所有小学适龄儿童能上学，就需要在 17 年时间里增加 157％的小学座位。[①] 人口快速增长相应地要求教师、教室、教材、管理人员的经费快速增长。20 世纪 80 年代末期，每平方公里非洲人口密度大约是 19 人，大大低于世界平均 36 人的水平。这就不利于教育供给的规模经济，会造成教育的单位成本更高。非洲人口的这种态势给非洲教育带来严重问题。

其次，不能再指望政府大量增加教育资源投入了，因为非洲从 1965 年到 20 世纪 80 年代早期一直在大力投资教育。[②] 许多撒哈拉以南非洲国家已经将政府财政预算的 20％投入教育了。进一步增加教育投入势必严重影响社会方面对公共资金的迫切需求。[③]

第三，非洲已经在实施宏观经济调整和财政紧缩政策。20 世纪 70 年代后期开始的世界经济危机在 80 年代进一步加剧，非洲大多数国家经济也陷入严重混乱。非洲农业产值大约占总产值的 1/3，但大多数地区的干旱、农产品价格下跌以及能源价格上涨、持续的歧视农业的政策，都对非洲农业造成破坏。1980—1984 年非洲人均收入每年下降 4％，1970—1984 年，非洲政府担保的外债增加了 11 倍，非洲国家的财政赤字上升到大约占国民生产总值的 10％。这样非洲很多国家的政府开始沿着 1985 年联合国非洲特别会议制定的新自由主义结构调整的总体方针，进行宏观经济改革，实施财政紧缩政策，包括减少教育的公共支出。[④]

① 世界银行. 撒哈拉以南的非洲教育政策——调整、复兴和扩充[M]. 朱文武，皮维，张屹，译. 杭州：浙江大学出版社，2008：20-21.

② 世界银行. 撒哈拉以南的非洲教育政策——调整、复兴和扩充[M]. 朱文武，皮维，张屹，译. 杭州：浙江大学出版社，2008：30.

③ 世界银行. 撒哈拉以南的非洲教育政策——调整、复兴和扩充[M]. 朱文武，皮维，张屹，译. 杭州：浙江大学出版社，2008：V.

④ 世界银行. 撒哈拉以南的非洲教育政策——调整、复兴和扩充[M]. 朱文武，皮维，张屹，译. 杭州：浙江大学出版社，2008：23-24.

第四，入学人数增长率低于适龄儿童增长率。虽然适龄人口在急剧增长，但由于经济停滞，20 世纪 80 年代非洲许多国家入学人数占学龄儿童人口的比例开始下降；某些国家入学绝对人数甚至开始出现下降。因此非洲普及初等教育面临严峻挑战。撒哈拉以南非洲国家初等教育入学人数增长率从 1970—1980 年的年均 8.4% 急剧下降到 1980—1983 年的 2.9%。这 2.9% 的增长率甚至低于同期适龄儿童人数 3.3% 的增长率。[①] 也就是说，初等教育毛入学率负增长。

第五，教育质量下降。非洲国家独立以来教育数量扩充取得重要成就但教育质量表现一直不尽如人意，20 世纪 80 年代末期甚至出现质量下降。跟世界标准相比，非洲学生的认知成绩一直较低，而且 80 年代中期以来有下降趋势。1981—1982 年国际教育成绩评估协会有一项对 13 岁少年学习成绩的研究。该研究有 14 个工业化国家、3 个中上收入国家以及 3 个中低收入国家（其中 2 个来自非洲：尼日利亚和斯威士兰）。研究结果显示，非洲国家表现太差，其数学成绩只有成绩最好的日本学生的一半多一点，只及 3 个中上收入国家学生成绩的 65%。该协会之前还开展过一项关于阅读理解能力和科学常识的研究。参加测试的马拉维学生的年龄比其他洲参与学生大 6 岁，但阅读理解分数只及其他地区学生分数的 50% 多一点，科学常识只达到其他洲学生的 84%。另有一项关于非洲一个法语国家首都一些较好学校的五年级学生数学成绩的测试显示，这些学生实际上压根就没有在学数学，因为他们三道选择题的分数甚至低于即使靠乱猜概率也能获得的分数。质量低劣的原因是生均公用经费太低。世界银行报告当时的数据显示，在初等教育阶段，SSA 国家教师工资和福利占教育经常性支出的 90%，中等教育占 70%。这样，用于教材、校舍建设和学校设备的维护经费就少之又少了。[②]

这便是世界银行专家眼中当时非洲国家的客观现实和教育面临的问题，这些看法决定了世界银行提出的撒哈拉以南非洲教育政策的目标和内容。

---

① 世界银行. 撒哈拉以南的非洲教育政策——调整、复兴和扩充[M]. 朱文武，皮维，张屹，译. 杭州：浙江大学出版社，2008：33-34.

② 世界银行. 撒哈拉以南的非洲教育政策——调整、复兴和扩充[M]. 朱文武，皮维，张屹，译. 杭州：浙江大学出版社，2008：40-42.

2.结构调整政策的目标和措施

该政策在基础教育领域的目标基本围绕公平、质量和效率展开。该政策在初等教育阶段的目标就是提高教育质量、控制单位成本、有效调动初等教育的资源。在中等教育阶段的目标是降低单位成本满足扩招需要、提高女生入学率、培训学生职业能力、筹措中等教育和培训的资金。

具体来说,该政策的内容如下。

(1)教育质量提升及其途径

第一,缩小班级规模。尽可能使其保持在大约 40 人以下。没有条件的地方,要尽量更换成大教室,或者实施教师轮班制,提高教师所带班级的数量。

第二,加强教师培训。鉴于经费紧张,教师需求量大而且紧急,以坦桑尼亚经验为例,建议非洲国家缩短职前培训时间,而更多采用远程培训、"学徒式"在职培训同时辅以考试学期考试和全国性考试的方式培养教师。同时建议把没有正式资格证书的中学毕业生和文科大学毕业生吸引到小学教师队伍中来,并予以简单的、初步的在职教师培训。

第三,增加教学材料供给、加强管理服务以改善教师工作环境,以便提高教师士气。

第四,扩大非洲教材供应。一方面,利用欧美出版社的高速彩色印刷机和本地技术熟练和价格低廉的劳动力,为非洲国家特别是小国家统一印刷教科书,实现规模经济;另一方面,即使在有一定印刷能力的非洲国家,在纸张采购和课本印刷方面也实行国际竞标,以节省成本。第三种途径是通过系列广播节目来代替单纯的教科书。由于非洲教师职前教育和职后培训少,所以帮助教师更好组织课堂活动而编写的指导手册和其他材料非常有效和必要。

第五,确保学校建设标准及正常运转费用,维持和改善设备状况;在校舍建设和课桌椅生产的过程中更多地实用当地材料,以降低成本。

第六,选择正确的教学语言政策。非洲国家是否要使用本土语言作为国家语言,要根据一个国家某种语言的使用人数来决定。初等教育的中心目标是使学生能说一口流利的国语,能用国语读写。根据语言学家的研究,最有效的政策是,在最初的时候以母语作为教学语言,然后逐步过渡到以国语为媒介。在过渡完成之后,应该继续让学生学习第一语言,至少作为一门学习科目。

第七,开展系列项目补救儿童的营养和健康。这些项目包括计划生育、基本的卫生保健、母亲的营养教育、儿童的学前教育、儿童的校内饮食项目等等。项目的目的就是加强儿童的到课率,保证学习成绩。[①]

(2)单位成本控制及其途径

第一,降低小学教师整体时薪结构。在 20 世纪 70 年代后期和 80 年代初期,非洲小学教育的平均工资大大高于非洲人均收入,其倍数也大大高于其他地区[②],因此结构调整政策认为降低非洲小学教师整体时薪结构是有空间的,特别是可以多雇佣那些培训程度低的教师并降低他们的工资。

第二,更充分地利用教师资源。主要措施是提高生师比,而且非洲有这个空间。[③] 提高生师比的方法有三种:提高教师每学年所教的班级数量;减少每学年学课时量;提高班级的学生数量。其中提高农村地区班级的学生数量的办法包括:新学校慎重选址,多级教学,不同年级按年份交替入学。

第三,减少复读和辍学人数。非洲国家存在大量的复读和辍学学生。[④] 该政策虽然提到复读的效果存在争议,但是承认要大幅度降低复读和辍学率非常难,除非学校和课堂"做出巨大的、高代价的改进"。对如何减少复读和辍学率,该政策只有一条治标不治本的短视建议:"将小学毕业考试和中学入学考试分开。"

第四,采用合适的学校建设模式。一些国家有能力设计和开发利用自己的最低学校建设标准。但现实中的学校建设比较昂贵。该政策建议使用当地出产的建筑材料,运用可复制、低成本和低维护费用的校舍建设技术,

---

① 世界银行. 撒哈拉以南的非洲教育政策——调整、复兴和扩充[M]. 朱文武,皮维,张屹,译. 杭州:浙江大学出版社,2008:46-53.

② 20 世纪 70 年代后期在经济合作与发展组织成员国这一倍数是 2.5,拉美国家是 2.4,亚洲国家是 2.6。1983 年 22 个有材料的非洲国家小学教师的平均工资是人均 GNP 的 5.6 倍,其中 10 个法语国家更是 8.8 倍。——世界银行. 撒哈拉以南的非洲教育政策——调整、复兴和扩充[M]. 朱文武,皮维,张屹,译. 杭州:浙江大学出版社,2008:55.

③ 1983 年在有生师比数据的 38 个非洲国家中,18 国的生师比低于或等于 37,其中 7 国甚至低于 32。所以至少在这 18 个国家中,应该可以增加学生数量而不必增加教师。——世界银行. 撒哈拉以南的非洲教育政策——调整、复兴和扩充[M]. 朱文武,皮维,张屹,译. 杭州:浙江大学出版社,2008:57.

④ 在处于中等发展程度的非洲国家中,因为复读和辍学情况严重,"每名毕业生的成本要高出 50%"。收入越低的国家这一情况越严重。——世界银行. 撒哈拉以南的非洲教育政策——调整、复兴和扩充[M]. 朱文武,皮维,张屹,译. 杭州:浙江大学出版社,2008:60.

并将小学建设和维护的责任从中央政府转向地方社区。[①]

(3)初等教育资源的调动

非洲初等教育教学质量低的原因之一是生均教育经费过少。1983 年非洲初等教育单位学生公共支出的中值低于 50 美元,而东亚和拉美大约是非洲的 2.5 倍,工业化国家则超过非洲的 30 倍。因此世界银行建议非洲国家通过下列方式逐步提高初等教育经费:

第一,教育领域内部的资源重新分配。

第二,增加教育在整个国家预算中的份额。

第三,向教育服务的接收者收取教育成本(支付方式可以是为学校建设和维护提供免费劳动力)。[②]

3.对结构调整政策的评论

世界银行 20 世纪 80 年代末的结构调整政策在一些基本功能上对非洲教育一体化发展发挥了重要作用。比如,该政策文本有大量非洲教育案例,展示了非洲许多国家在若干问题上的创造性努力的成功经验,也展示了非洲教育一些重要指标和数据。这些是很多非洲国家特别是缺乏统计能力的穷国弱国非常需要的。

但是,由于新自由主义本身的问题,也由于世界银行教育研究的问题,世界银行为非洲提出的基础教育结构调整政策也出现一些问题,具体如下。

(1)这些政策赖以形成的理论基础有的不可靠。为了降低教师教育培训费用,为了减少教师工资,该政策援引了这样的研究结论:教师接受专业教育学培训的时间对于教育质量(学生成绩)没有多大的影响。[③] 这一结论是令人怀疑的。

(2)节省成本的措施中有一些实际上是在牺牲教学进度和教学质量。比如不同年级"按年份交替入学"的方法,就是把小学六个年级分为一三五

---

① 世界银行. 撒哈拉以南的非洲教育政策——调整、复兴和扩充[M]. 朱文武,皮维,张屹,译. 杭州:浙江大学出版社,2008:54-61.

② 世界银行. 撒哈拉以南的非洲教育政策——调整、复兴和扩充[M]. 朱文武,皮维,张屹,译. 杭州:浙江大学出版社,2008:62-64.

③ 世界银行. 撒哈拉以南的非洲教育政策——调整、复兴和扩充[M]. 朱文武,皮维,张屹,译. 杭州:浙江大学出版社,2008:56.

年级和二四六年级两个组。两组学生每年一个组上学,另一个组不上学。①
这种方法现在看来是匪夷所思的。

(3)该政策达成目标的措施完全忽略了师德培养问题,忽视了人的精神
力量。该政策强调对教师的经济激励和教师收入的重要性,这无可厚非。
但该政策完全忽视人民教师的奉献精神、自我牺牲精神和为国培育英才的
民族使命感等精神意识层面的培养和熏陶。

(二)"非洲中等教育研究"项目

非洲中等教育面临着入学率、公平、课程相关性、教学质量等问题。非
洲国家内部和各国之间的中等教育水平都不尽相同,而且通过更新其学习
内容和采用最先进的教学方法确保提供更为相关和公平的优质教育仍然是
一个挑战。

为解决这些问题,世界银行非洲局与非洲教育者和非洲教育机构合作
发起了"非洲中等教育研究(SEIA)"项目。② 该项目是实施其非洲中等教育
复兴战略的措施之一。

1. 目标与内容

非洲中等教育研究的目标及预期成果:(1)收集和总结最佳实践并确定
可持续发展教育计划,以扩大和改善撒哈拉以南非洲初高中教育的质量、公
平和效率。(2)确定撒哈拉以南非洲国家中等教育改革战略的政策选择。
(3)捐助机构如何更好地协调和支持撒哈拉以南非洲国家中等教育改革议
程提出建议。(4)开展八项专题研究,均是由世界银行非洲地区和捐助者信
托基金承包和资助,组织三个区域性会议,撒哈拉以南非洲国家的初高中教
育最佳实践研究和趋势研究的文献综述。(5)收集和分析国际中等教育数
据,建立非洲中等教育研究数据库。

其中,八项专题研究分别是:(1)撒哈拉以南非洲国家中等教育可持续
融资战略。(2)撒哈拉以南非洲国家中等教育转型:公平与效率问题。
(3)撒哈拉以南非洲国家中等教育的治理、管理和问责。(4)撒哈拉以南非
洲国家中学教师和校长招聘、留任和再培训。(5)撒哈拉以南非洲国家中等

---

① 世界银行. 撒哈拉以南的非洲教育政策——调整、复兴和扩充[M]. 朱文武,皮维,张屹,译. 杭
州:浙江大学出版社,2008:59-60.

② 吴书敏.非洲基础教育一体化发展战略的研究[D].浙江师范大学,2018:50.

教育课程、考试和评估。(6)健康与社会问题和中等教育之间的联系：生活技能、健康和公民教育。(7)在撒哈拉以南非洲国家和地区开展科学、数学和信息通信技术教育。(8)撒哈拉以南非洲国家初中和高中教育中的性别平等。[①] 其中每一项专题研究后都注上了编写者以及每项报告草稿的发布时间。

2.实施

(1)"非洲中等教育复兴"区域工作坊

2001 年 12 月联合国教科文组织与毛里求斯政府和世界银行合作举办了题为"非洲中等教育复兴"(Renewal of Secondary Education in Africa)区域工作坊。其目的如下。第一，加强工作坊与会者对中等教育下列作用的认识：一是中等教育在全民教育背景中发挥关键作用；二是中等教育是小学和高等教育之间的桥梁；三是中等教育也为个人工作和终身学习做准备。第二，向各成员国提供技术援助和咨询意见，以便为其扩大和改革中等教育制定和实施适应各自社会经济背景的有效战略。第三，促进撒哈拉以南非洲国家的持续政策对话，主要途径是通过加强和鼓励政府官员、课程专家、研究人员、发展机构和其他伙伴的合作伙伴关系。[②]

该工作坊共有四个主题：非洲中等教育的扩大和多样化；学习内容更新；对非洲教师和校长培训的需求；非洲中等教育融资的问题。

(2)三次"非洲中等教育研究"区域工作坊

根据 2001 年"非洲中等教育复兴"区域工作坊会议精神，世界银行非洲人类发展部(AFTHD)在多种资助下，从 2003 年开始陆续开展了 3 期工作坊，继"非洲中等教育复兴"区域工作坊后，持续贯彻非洲中等教育研究战略。这些资助者包括挪威教育信托基金(Norwegian Education Trust Fund,NETF)以及法国政府和爱尔兰信托基金等，总额约为 140 万美元。这项工作始于 2003 年初，由首席教育专家雅各布·布雷曼(Jacob Bregman)领导的非洲中等教育研究核心小组执行。

---

① Verspoor A，Bregman J. At the Crossroads：Challenges for Secondary Education in Africa[EB/OL].［2017-10-28］. http://siteresources. worldbank. org/INTAFRREGTOPSEIA/Resources/SEIA_Synthesis_Report_feb_08. pdf.

② Bhuwanee T. Reforming Secondary Education in Africa：Proceedings of a Regional Seminar[EB/OL].［2017-10-26］. http://unesdoc. unesco. org/images/0015/001512/151295eo. pdf.

这三个工作坊的具体情况见表 6.4。

表 6.4　"非洲中等教育研究"区域会议目标及内容汇总

时间	地点	主题/战略文本	会议主要目标
2003.6.9—13	乌干达坎帕拉	首届地区工作坊	①为撒哈拉以南非洲国家提供一个论坛,讨论非洲地区和全球中等教育改革富有成效的实践 ②协助制定国家行动计划,以可持续的方式改善撒哈拉以南非洲国家初中和高中教育 ③与撒哈拉以南非洲国家决策者和教育工作者分享"非洲中等教育复兴"区域工作坊倡议下进行的专题研究的初步结果
2004.6.6—9	塞内加尔达喀尔	第二届地区工作坊	会议主题"非洲中等教育:未来的生命线" 专题一:成本与资金可持续性。扩大撒哈拉以南非洲国家获得初中和高中教育的机会 专题二:非洲初高中教育的教与学的质量和相关性
2007.4.1—4	加纳阿克拉	地区会议	①促进捐助组织、主要利益攸关方和非洲政府之间对进行非洲中等教育和培训的更好对话 ②增大获得有意义的中等教育的机会,以满足大陆在全球范围内的发展需求的目标。为此需要认真审查一些政策,特别是中等教育融资和管理方面的政策

注:根据世界银行网站资料整理。http://documents.worldbank.org/curated/en/home.

（3）非洲中等教育研究的具体进程[①]

非洲中等教育研究从 2001 年到 2004 年分两个阶段实施,本来计划于 2005 年完成。第一阶段:2001 年 12 月至 2003 年 6 月。在第一阶段期间,制作数据和报告,审查和研究七项专题研究的文献和捐助方案的最佳做法,并编写七份报告草稿。[②] 第二阶段:2003 年 7 月至 2004 年 6 月。七项专题研究的成果、3～5 个具体国家的中等教育研究成果以及文献和捐助方案审查的结果在两个区域研讨会上讨论,并形成最终报告。

---

① 吴书敏.非洲基础教育一体化发展战略的研究[D].浙江师范大学,2018:52-53.
② 第八项专题研究"非洲中等教育性别平等研究"是后来在 SEIA 第一届区域会议上由非洲女教育家论坛提出的。

具体实施进程如下所示：

• 2002 年，非洲中等教育研究出版并发布"复兴战略"（Secondary Education in Africa：Strategies for Renewal）。

• 2003 年，出版经合组织和撒哈拉以南非洲国家中等教育趋势的非洲中等教育文献研究，并完成数个国家的中等教育研究，包括卢旺达、毛里求斯和塞内加尔。同时给予坦桑尼亚、卢旺达、尼日利亚、塞内加尔和斯威士兰、莱索托的中等教育工作小组多方面的支持。

• 2004 年进行五项专题研究的最终报告，并在同年 6 月举办"非洲中等教育研究第二届区域工作坊"。

• 2005 年，余下的三项非洲中等教育研究专题研究报告以及非洲中等教育研究总结报告出版，提供非洲中等教育研究数据库，组织开展"非洲中等教育研究教育部长会议"。[①]

由于种种原因，该研究的完成时间推迟了两年，于 2007 年完成，并发布了非洲中等教育研究综合报告——《十字路口：非洲中等教育的挑战》。

3. 评估[②]

对非洲中等教育研究计划的评估主要体现在其综合报告里，可分为对中等教育以下几个方面的评估。

（1）入学率和公平

中等教育入学率增长迅速，但仍然落后其他地区。从 UIS 统计的数据来看，1990/1991 学年撒哈拉以南非洲地区中等教育总入学率平均只有 19.1%，而在坦桑尼亚、布隆迪、尼日尔、马里、布基纳法索和莫桑比克则不到 7%。2004 年，中等教育总入学率达到了 30%，其增长程度超过了小学教育入学率，比世界上其他任何地区都快。但是，由于该地区起点低，所以在中等教育入学率方面还远远落后于其他地区。而且国家之间的差别很大。博茨瓦纳、佛得角、毛里求斯、纳米比亚、塞舌尔和南非国家接受初中教

---

① SEIA Publiction Africa Region Human Development Working Paper Series. First Regional Conference on Secondary Education in Africa（SEIA）Report on the Proceedings［EB/OL］.［2017-10-26］. http://documents. worldbank. org/curated/en/781201468201608669/pdf/328010ENGLISH0Regional0conf0 AFHD0no179. pdf.

② 本部分作为本书所依托项目的成果之一已发表，见吴书敏. 非洲基础教育一体化发展战略的研究［D］. 浙江师范大学，2018：53-61.

育的学生占该年龄阶段人口的 80% 以上,而布隆迪、布基纳法索、中非共和国、尼日尔和卢旺达国家的入学率则不到 20%。

性别不平等现象依然存在但各个国家的原因不同。撒哈拉以南非洲地区 GPI 平均值初中阶段是 0.84,高中阶段是 0.89。贝宁、科特迪瓦、埃塞俄比亚、几内亚、马里和多哥初中教育阶段的性别差距尤其高,入学新生中女孩数量低于 40%。但原因各不相同。在贝宁和埃塞俄比亚这两个国家的初中教育性别不平等现象完全是小学教育阶段的入学和保留巨大差距的结果。在其他国家(例如刚果),中等教育的性别不平等主要反映了小学到初中这一过渡阶段导致的差距。在乌干达和赞比亚,女孩比男孩有更大的机会接受中等教育,但小学男生的留存率要高得多,因此男生比女生更多地接受中等教育。

此外,供求因素在很大程度上影响到女童入学率,尤其是农村地区的女童,见表 6.5。贫困以及居住在农村地区使得小学教育入学率不平等,从而导致中学教育阶段性别不平等现象更加严重。女童小学教育完成率低,资金以及社会文化观念的影响等都对女童的进一步学习造成了阻碍。

(2)课程相关性和教育质量

课程相关性对于撒哈拉以南非洲地区中等教育相当重要,因为中等教育中所教和所学到的东西必须与青年人融入社会和经济所需要的知识和技能相匹配。主要存在以下问题。

过时以及不切合实际的课程内容。撒哈拉以南非洲地区许多国家的中学课程继续延续着传统精英教育,为学生进一步从事学术研究打基础,而不适合当代社会和劳动力市场,并且不适应大众教育体系的需求。大部分课程的改变都局限于特定科目或者附加课程的临时修改。许多教师继续使用过时的教学方法,以应对分数为主的选拔考试测评。科学和技术的教学常常采用传统机械的教学方法,在撒哈拉以南非洲地区尝试在学校中引入注重实践的科目以彻底失败而告终。

表6.5 影响中等教育性别差距的因素

需求因素	供应因素
• 社会和文化因素 受传统价值观影响的父母和学生的行为和选择;女孩教育被视为与宗教和/或传统价值观不相容;男孩的教育比女孩教育更得到支持 • 经济因素 贫穷;直接和间接的费用(学费、制服、教科书、交通等);更高的成本和低回报率(女孩需要做家务或劳动任务) • 家庭因素 家长的识字和教育水平低因此对女童教育的重要性认识不足;早婚和怀孕;孤儿;女孩的家族首领(headed households) • 其他因素 艾滋病毒和艾滋病	• 政治因素 重点关注小学教育的政策优先事项,并强调入学率而不是对保留和完成率的重视;预算受限和财政紧缩计划对教育部门产生不利影响;女孩接受小学和中学教育缺乏奖励措施;政治不稳定;教育政策的不统一 • 官僚主义因素 对性别目标的正式承诺在官僚体系中变得越来越弱 • 制度因素 由于教师缺乏性别意识,学校可能不具有性别敏感性;女教师短缺;安全问题(性暴力和体罚) • 基础设施因素 距离学校很远;居住在没有学校的偏远地区;缺乏男女隔离的卫生设施 • 情景因素 教育质量差;当地学习的教学情境不佳

资料来源:Sutherland-Addy E. Gender Equity in Junior and Senior Secondary Education in Sub-Saharan Africa[R]. Washington,D. C.:The World Bank,2008.

低学习成绩。撒哈拉以南非洲中学学习成绩标准化数据很有限,在中学阶段,国际数学和科学研究趋势(TIMSS)是该地区参与的唯一提供学生表现的国际比较数据和趋势,尽管只有三个撒哈拉以南非洲国家参与。表6.6提供了2003年对参与TIMSS的非洲国家与一些其他国家相比较的调查数据。从分数的对比不难看出,撒哈拉以南非洲地区的学生与其他参与国相比表现不佳。表现最好的博茨瓦纳的366/365分在800分的总分数中远低于国际平均分467/474分。事实上,撒哈拉以南非洲国家的参与者不仅低于马来西亚、菲律宾、印度尼西亚和智利等发展中国家的平均水平,而且也低于参与的北非国家——摩洛哥和突尼斯。各国成绩差异很大,在撒哈拉以南非洲国家最优秀的学生成绩才接近新加坡平均水平的学生成绩。这些结果令人十分担忧,因为这三个撒哈拉以南非洲国家的中等教育体系被认为是该地区较为发达的水平,而其他许多国家的学生成绩表现可能更低。但值得注意的是,在这三个撒哈拉以南非洲国家中,女生在数学考试中表现都超过男生,在科学上,只有在加纳,男生以相当大的优势超过女生。

表 6.6　2003 年参与 TIMSS 的非洲国家与其他部分国家调查数据

TIMSS(2003)平均评分(八年级学生,总分 800 分)		
国家	数学/分	科学/分
新加坡	605	578
马来西亚	506	510
国际平均分数	467	474
印度尼西亚	422	420
菲律宾	388	377
智利	386	413
突尼斯	410	404
摩洛哥	387	396
博茨瓦纳	366	365
加纳	276	255
南非	264	244

资料来源:TIMSS. 2003 International Mathematics Report:Findings From IEA's Trends in International Mathematics and Science Study at the Fourth and Eighth Grades[R]. Chestnut Hill,MA:TIMSS & PIRLS International Study Center,Boston College,2004.

撒哈拉以南非洲地区中等教育学习成绩低的表现源于小学阶段。掌握中学教育教学语言,通常是法语、英语或葡萄牙语,对其他科目的学习至关重要。很少有国家制定有效的战略教导进入小学的学生讲非洲语言,并且为升入中等教育准备流利的国际语言的入学考试。几内亚 6 年级毕业生只有 34% 能够达到法语评估标准,而在写作方面只有 25% 能达到。在乌干达,6 年级毕业生在英语阅读和写作方面的平均得分仅为 24%,而预期的平均水平为 75%,所有毕业生中只有 15% 能够达标。

除了少数例外情况外,追求高分数的考试的规定造成教学内容和教学方法的机械和死板,也影响教学质量的提高。大多数小学毕业考试仍然基本上是基于内容而不是基于能力基础,得到奖赏往往是因为记忆性的知识内容而不是较高的认知能力。

(3)高成本与有限的资源

目前撒哈拉以南非洲国家提供的中等教育成本昂贵,其生均成本占本国 GDP 的百分比几乎都超过了世界教育指标(WEI)和经济合作与发展组织(OECD)国家,见表 6.7。虽然中学通常比小学更贵,但即使在 OECD 国家,中学生均成本也只是小学的 1.35 倍,而在撒哈拉以南非洲通常是 3 倍或更多。

表 6.7 中等教育公共支出占 GDP 百分比(选自部分国家 2001 年前后的数据)

国家	年份	百分比/%	国家	年份	百分比/%
贝宁	1998	0.98	尼日尔	2002	0.58
乍得	2003	0.50	卢旺达	2001	0.63
喀麦隆	2001	0.91	塞内加尔	2001	0.63
科特迪瓦	1999	0.98	坦桑尼亚	2002	0.23
肯尼亚	2003	1.61	赞比亚	2000	0.51
埃塞俄比亚	2001	0.35	WEI(平均值)	1999	0.21
马里	2004	1.05	OECD(平均值)	1999	0.25
莫桑比克	1999	0.20			

资料来源:Verspoor A,Bregman J. At the Crossroads:Challenges for Secondary Education in Africa[EB/OL]. [2017-10-20]. http://siteresources. worldbank. org/INTAFRREGTOPSEIA/Resources/SEIA_Synthesis_Report_feb_08. pdf.

在撒哈拉以南非洲地区各个国家的教育公共开支中,中等教育支出的经费相对较少并且各国间差异大。具体见图 6.4。在一些对普及初等教育做出重大承诺的撒哈拉以南非洲国家,其小学教育经费占总经费支出的 50%或更多。在坦桑尼亚,中等教育支出占比不到 10%,而小学教育占 65%或更多。在马拉维、布基纳法索和中非共和国,中等教育占比不到 20%,而小学教育占 55%或更多。

经费短缺给各个国家中等教育带来了一系列的影响。基本投入供不应求,导致班级规模增加,教科书、教学材料和用品短缺,图书馆库存不足以及教学设备的重复使用等。学校相关工作人员的配置受到了一定的限制,非洲地区中等教育生师比例自 1990 年以来持续上升,比世界其他地区都要高。除了教师数量上的不足,其教学质量也令人担忧。教科书的严重短缺使教学质量和效果进一步受到威胁。对撒哈拉以南非洲 18 个国家的评估

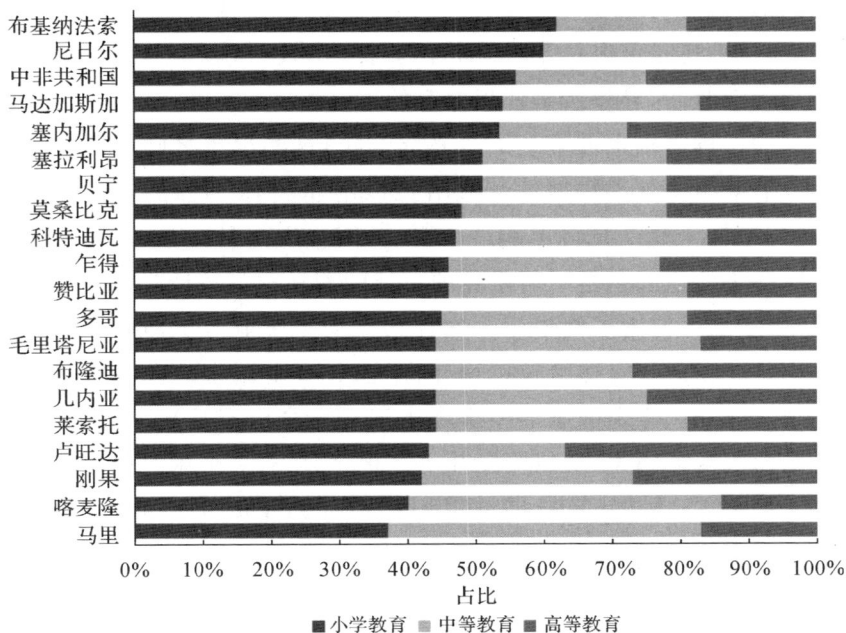

图 6.4　撒哈拉以南非洲国家各级教育支出所占百分比（约 2003 年）

资料来源：Verspoor A，Bregman J. At the Crossroads：Challenges for Secondary Education in Africa ［EB/OL］.［2017-10-20］. http://siteresources. worldbank. org/ INTAFRREGTOPSEIA/Resources/SEIA_Synthesis_Report_feb_08. pdf.

发现，在城市地区，只有 20％～40％的学生能够获得主科目教科书。[①] 在农村地区，几乎没有学生（不到 5％）在任何一个国家可以拥有主科目教科书。对于大多数学校来说，最好的方式是教师将手中的教科书内容复制到黑板上，而学生所拥有的常常是用来听写的低成本的小册子。除了来自国家资助的少数精英和名牌中学以及私立学校外，几乎没有中学拥有有效的学校图书馆。在所研究的 18 个国家，所有中等教育学校中只有博茨瓦纳能达到中学图书馆基本水平。由于教师和专业教学设备短缺，许多国家在城市地区推行了多种"移动学校教育"（shift schooling）方式，两种不同的学校使用同一设备。例如，在莫桑比克，自 2004 年以来，入学人数成倍增加，通常以

---

① Bontoux V，Buchan A，Foster D，et al. Secondary Textbook and School Library Provision in Sub-Saharan Africa［R］. Washington，D. C. ：The World Bank，2008.

三班制的形式提供夜间课程（Cursos Nocturnos①）。两班轮换使用教室（合理的班级规模）还是可以接受的，而且具有成本效益，但是三班轮换就很有可能缩短教学时间，导致所学课程内容的不完整。

巨大的市场需求也催生了不少私立学校，这些学校之间的收费差别很大。UIS 根据相关统计数据估计撒哈拉以南非洲有 14％的中学生入读私立学校。② 实际上这个比例可能还会更高，因为很多私立学校并没有注册，并且政府记录的遗漏也是不可避免的。伴随着私立学校产生的还有私教的普遍化，很多家长们为了使学生一次性通过初中毕业考试而聘请私人教师的现象也是存在的。对撒哈拉以南非洲地区 18 个国家的中学教科书供应情况调查发现，有 11 个国家的中学课本费是完全由家长来承担的，完全由政府资助的有 5 个国家，虽然资助并不是很充分，有 2 个国家是政府资助水平高于家长。③ 实际上，教科书的费用已经成为家庭支出负担的一部分。这些私人成本往往使得已完成小学教育的少数贫困儿童无法继续入读中学。因而一些国家出现私立中学入学率下滑的现象也就不足为奇了。

扩大私立教育增加的入学率显然有限，为此，政府试图通过提供财政支持，与私立学校建立伙伴关系。如布基纳法索向私人提供贷款，用于建造教室、购买教学设备等；莱索托政府甚至愿意代为支付教师工资。在许多国家，政府向私立机构（通常是教堂）提供援助，或者在马拉维，为社区学校发展提供补助。显而易见，政府不可能成为扩大中等教育入学率，提升中等教育质量的唯一来源。在这方面，政府最应该思考的是扮演一个怎样的角色使得公共资源如何在中等教育发展中得到最有效的部署和利用。

（4）质量和数量的权衡

中学的生均成本远高于小学。平均来说，初中阶段单位成本是小学的三倍。造成这一现象的原因在于生师比例较低，工资成本较高，寄宿补贴较多，非教学辅助人员较多。中学非教学成本占每个学生总成本的 40％以

①　葡萄牙语"cursos nocturnos"意为夜间课程，上课时间是从下午 5∶45 到晚上 9∶55。最初是为成人提供获得中学文凭而设计的。在缺乏日间学校教学的地方，现在主要用来迎合学龄期青少年学习。2005 年，提供夜间课程的初中增加了 11％，有 32％的初中生参加夜校课程。

②　UNESCO. EFA Global Monitoring Report 2007∶Strong Foundations∶Early Childhood Care and Education[R]. Paris，France∶UNESCO，2006.

③　Bontoux V，Buchan A，Foster D，et al. Secondary Textbook and School Library Provision in Sub-Saharan Africa[R]. Washington，D. C. ∶The World Bank，2008.

上。尽管可利用资源是有限的,中等教育所需要的成本很高也是事实,但并不意味着质量和数量之间有不可调和的矛盾。通过对乍得中等教育的研究发现,初中生均成本和 BEPC 测试①结果之间有着微妙的联系。具体见图6.5。而几乎所有可获得数据的国家都有类似的调查结果,这意味着将有相当大的余地来提高中等教育入学率。这也意味着可以在一定的预算范围内,实现更多的学生入学,同时又能达到教学质量的提高,实现有限资源的最优化利用。

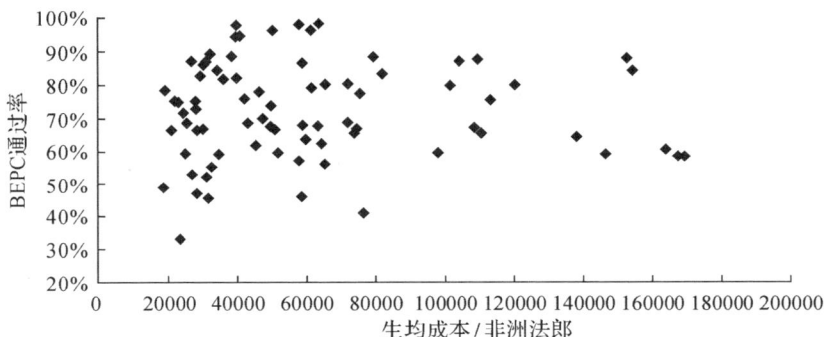

图 6.5　乍得公立初中资源投入和考试结果的不一致性(2003)

资料来源:Brossard M,Amelewonou K. Developing Secondary Education in Africa:Challenges,Constraints and Room for Maneuver[C]. Pole de Dakar,UNESCO BREDA,2005:17.

第四节　非洲基础教育一体化发展战略的成效、问题及中非基础教育合作建议②

通过以上研究发现,非洲基础教育一体化发展进程主要包括非洲基础教育改革发展项目以及撒哈拉以南非洲国家和地区的非洲中等教育研究项目。后者主要针对非洲基础教育所面临的入学率、教育公平、基础教育年限、课程改革、女童教育等多方面的问题。为此非盟和其他国际组织出台了相关政策计划文件,旨在通过国家—区域—非洲大陆多层面促进基础教育

---

① 指 Brevet d'Etudes du Premier Cycle,是一种法语国家的初中毕业考试。

② 本节内容作为本书所依托项目的成果之一,已发表在:吴书敏.非洲基础教育一体化发展战略的研究[D].浙江师范大学,2018:74-89.

的发展和变革。以下将对联合国教科文组织等国际组织为首牵头发起的非洲基础教育一体化发展在各层面所取得的成效和原因进行分析。同时,基于当前非洲基础教育一体化发展进程中所出现的问题,探讨在新时期中非基础教育合作的新思路,以及在我国"非洲战略"背景下,对中非基础教育合作中中国基础教育课程变革提出几点思考。

一、非洲基础教育一体化发展战略的成效分析

(一)非洲各区域、国家间政策对话的促进

以联合国教科文组织、联合国儿童基金会及世界银行为首的国际组织,与非洲大陆政治实体非洲联盟一道,为非洲各区域及国家提供多个信息共享、交流对话的平台,使非洲各地区及国家、代表性组织的教育政策决策者、制定者及各方利益攸关者聚在一起,共同为非洲基础教育一体化发展谋求思路,针对非洲基础教育的现状提供改革新方向。尤其是在国际组织主导的全球教育治理中,2030 可持续发展教育目标指导委员会召集全球各地教育者们共聚一堂,商讨全球教育改革动向,并把非洲基础教育发展列为主要关注领域。来自非洲各区域代表,北非、中非、南部非洲、东非、西非以及非洲教育发展协会作为非洲地区区域组织代表均参与其中。

虽然国际组织发挥着关键的引领者、组织者的作用,但其中相关教育政策的决策权还是掌握在各区域及国家利益相关者手中。国际组织者也明确表明,对于国际组织的基础教育政策,需要各个国家结合本国基础教育发展的具体情况来确定具体实施方案,对于教育优先发展领域各国或地区有其自行决定权。

作为非洲大陆的政治实体——非盟,出台了针对教育发展的第一个十年教育计划。十年教育计划影响遍布东非、西非、中非、北非和南部非洲,从而加强了非洲各区域教育制定者们的沟通和交流,为其提供资源互享、信息互通的对话平台。

不仅如此,在前文提到的三届非洲中等教育研究区域会议上,来自撒哈拉以南非洲地区多个国家积极参与,完全体现出非洲基础教育一体化发展对非洲各区域联合行动的促进作用。非洲中等教育研究区域会议,是非洲各国为发展非洲后基础教育所提出的、旨在延长基础教育年限至涵盖初中

教育的、多方参与的区域研讨会。其中,历届会议参与方如表 6.8 所示。

表 6.8　撒哈拉以南非洲地区非洲中等教育研究项目历届区域会议参与方

时间	2003 年 6 月 9—13 日	2004 年 6 月 6—9 日	2007 年 4 月 1—4 日
发起/组织方	世界银行非洲地区人类发展部(非洲中等教育研究项目团队),世界银行研究所人类发展部(WBIHD),教育发展学院(AED),非洲教育发展协会	世界银行非洲地区人类发展部(非洲中等教育研究项目团队),世界银行研究所(WBI),非洲教育发展协会,塞内加尔教育部	世界银行非洲地区人类发展部(非洲中等教育研究项目团队),非洲教育发展协会,世界银行研究所
与会国家和代表	共 15 个撒哈拉以南非洲国家。包括贝宁,布基纳法索,埃塞俄比亚,加纳,肯尼亚,马达加斯加,毛里塔尼亚,毛里求斯,尼日尔,尼日利亚,塞内加尔,南非,坦桑尼亚,乌干达和赞比亚	来自非洲内外 18 个国家共 180 多名与会者参加	17 位非洲教育部长以及来自各个国家、援助机构和非政府组织的 250 多名代表出席了会议
资助机构	挪威教育信托基金、爱尔兰信托基金、法国政府、世界银行、世界银行研究所、教育发展学院		

注:根据有关网站信息编制。

(二)基础教育质量监测的具体实践

1.非洲联盟教育指标手册的推行

在非盟出台"二·十"计划之后,各成员国于 2009 年中期就监督和实施该计划形成了一套初步指标,并制定成手册分发给各成员国及利益攸关方。手册中的相关指标确保了各成员国共同的理解。指标手册通过成员国、合作伙伴和专家定期讨论进行更新和完善。2011 年,一个修订版本的指标手册被制定出来,并分发给各成员国。

为了进一步加强非盟非洲女童和妇女教育国际中心(African Union International Centre for Girls and Women Education in Africa,AU-CIEFFA)的能力,确保非盟在教育性别平等方面的监测和评估框架,非洲教育发展协会在法语国家(2009 年)和英语国家(2010 年)培训了 60 多位非盟/国际非洲女童和妇女教育中心性别问题联络员参与指标开发研讨会。这将有助于AU-CIEFFA 制定最新的监测女孩和妇女教育和培训的主要指标。

2.对基础教育质量的持续追踪监测

随着从入学率到质量以及认知技能的获得等领域的区域化、全球化监测,非洲基础教育中学习者学习成就的监测变得不可或缺。南部与东部非洲教育质量监测联盟作为非洲重要的区域性教育专业组织,组织其旗下各成员国教育部在联合国教科文组织国际教育规划研究所的技术支持下,通过合作活动开展培训和调研,在监督、评估与比较教育质量的专业技能方面为各成员国提供培训,并为教育政策制定者提供重要参考信息。[①] 其主要目标是运用科学的方法来监督、评估和改善学校教育的条件和教育质量,提供研究能力发展,在更广泛的学习者评估范围内进行研究和传播研究成果,最终推动非洲基础教育区域一体化的可持续发展。南部与东部非洲教育质量监测联盟项目的最终影响是使各国做出明智的政策制定和决策,利用对学习者进行学习成就评估改革教育体系和能力发展。

目前为止,南部与东部非洲教育质量监测联盟已经实施了四个项目计划,其每项计划的实施具体情况如表 6.9 所示。

表 6.9　南部与东部非洲教育质量监测联盟各项目监测内容一览

项目	实施年份	参与成员	监测内容
项目Ⅰ	1995—1999	14 个成员的 15 家教育部。分别是:博茨瓦纳、肯尼亚、莱索托、马拉维、毛里求斯、莫桑比克、纳米比亚、塞舌尔、南非、斯威士兰、坦桑尼亚大陆、坦桑尼亚桑给巴尔岛、乌干达、赞比亚、津巴布韦。另外,安哥拉教育部以观察员的身份参加联盟项目Ⅳ,以期成为正式成员	南部非洲七个国家的学校教育条件和教育质量状况,详细记录了六年级学生的阅读情况和计算情况
项目Ⅱ	2000—2004		覆盖 14 个国家,关注以下 5 个方面:学生的特点及其学习环境;教师的特点及其对教学工作、课堂资源、专业支持和工作满意度的看法;学校领导的特点及其对教育基础设施、学校的组织与管理的看法,还包括处理学生及教职员问题的态度;不同地区间及同一地区不同学校之间的人力、物力资源的公平配置状况;学生、教师的阅读和数学水平
项目Ⅲ	2006—2011		调研学校教育条件和教育质量;学校艾滋病教育;学校教育中性别平等问题、学生学业成就变化的影响因素、学校教育投入等问题
项目Ⅳ	2012—2014		调研学校教育条件和教育质量;报告实现全民教育目标和千年发展目标的实施情况

资料来源:衣慧子.南部与东部非洲教育质量监测联盟的实践研究[D].浙江师范大学,2013.

---

① 衣慧子.南部与东部非洲教育质量监测联盟的实践研究[D].浙江师范大学,2013.

值得注意的是，该联盟的首要任务是"培训"，这体现出它着重于人力资源开发的计划，其次才是为非洲各相关教育政策制定者及各机构组织提供教育规划信息这一任务。而且它每项计划的监测内容也与时俱进，是随着时间推移的变化而有所创新的。

（三）基础教育质量评估体系的创新

自 1990 年泰国宗滴恩全民教育会议之后，试图找到提升基础教育质量的方式成为非洲时代的一个重要特征。各项举措在非洲各地竞相涌现，较为典型的是南非共和国为提升教育质量，更有效地评估各级教育体系，于 2008 年颁布了《国家资格框架法》（*National Qualifications Framework Act*），从而统一了政府各部门对资格制度的认识。南非国家资格框架（National Qualification Framework，NQF）体系试图将校内和校外教育看作同一枚硬币的两面，由国家制定统一标准，从基础教育到博士教育的 10 个资格层次，国家资格框架 1 级对应的是基础教育层次的资格水平。把儿童的校内学习和校外学习相结合，多元化的基础教育质量评估开创了非洲基础教育评估体系的创新局面。这一创新之举有助于进一步形成国家—区域—非洲大陆层面资格框架体系的构想。

而南非"以结果为本位"的基础教育课程政策的改革为国家资格框架赋予新鲜的血液。注重成果的基础教育课程改革是指在学习结束时学习者能够获得的能力，包括技能、知识和价值观。"以结果为本位"的教育和培训的重点是学习者的意图和学习结果之间的联系，而不是传统的列入计划的内容。对于要求学习者所获得的关键性的成果包括通过批判和创造性思维识别和解决问题并能做出决定的能力，能够在团队、群体、组织和机构中与小组成员或其他人有效合作的能力。

二、非洲基础教育一体化发展战略的问题分析

（一）各利益相关者间协同效应缺乏

非洲基础教育一体化的发展虽然得到了国际组织及非洲各区域组织、次区域组织的有力支持，可不得不承认的是，对于各利益相关者所讨论得出的提升基础教育质量的举措在各国间仍然难以达到统一。就国际组织内部而言，国际教育局无法有效协调"2030 可持续发展教育目标四"部门在其他

几个部门的相关活动的开展,缺乏各部门之间的协同效应(如健康、就业、基础设施等)的问题。各区域间教育资源、经济水平的差距,以及一体化进程中各部门分工不明确等问题都对非洲基础教育一体化进程产生很大的阻碍。

对于落后贫穷的非洲个别国家而言存在着没有充足的资源来支持制度上有约束的实施举措。这是因为各个国家的背景及发展状况不同,经济发展水平不同,导致其教育优先事项需要与本国社会经济发展相协调。非洲大陆地区间经济发展极不平衡,54 个非洲国家中有 48 个国家分布在撒哈拉以南地区,其中 34 个国家属于人均国民总收入低于 875 美元的不发达国家。① 撒哈拉以南非洲地区作为非洲最为贫穷的地区之一,尚未实现基础教育入学率的普及。非洲各区域间差异性太大,上至政治文化的多样性、经济水平高低,下至基础教育体系的不同,导致其相关政策实施步调不一致,决定了非洲基础教育发展的极不均衡。虽然非洲各区域基础教育入学率在近几十年来取得了巨大的进步,但是对于撒哈拉以南非洲地区而言,其基础教育净入学率进步缓慢,尚未实现全面普及。截至 2014 年,撒哈拉以南非洲是世界上失学儿童最多的地区(共 3100 万,占总数的 52%)。2015 年要实现普及基础教育的目标中全球共有 140 个国家的基础教育入学率数据,有 73 个国家实现这一目标(入学率至少达到 97%),在未完成目标的 67 个国家里,主要有 13 个来自南部非洲,这些国家的基础教育净入学率远远低于 80%。

非洲各国家间的贫富差距也很大。比如,2001 年塞舌尔国家总收入几乎比马拉维国家总收入多 40 倍,国家总收入的基值不同导致该国家国民接受到的教育质量有差别。除了各国总收入的差距外,国家的教育投入在一定程度上表明了国家对待基础教育的态度。如斯威士兰的教育投入占国家预算的 30%,是坦桑尼亚(7%)的 4 倍多。近些年来,艾滋病病毒肆虐,对非洲基础教育影响较大。据世界卫生组织的调查,世界上约 70% 的艾滋病病毒携带者分布在撒哈拉以南非洲,其中儿童占 10%~20%。为此,2006 年开始的 SACMEQ Ⅲ 计划中也把艾滋病知识的测试(HIV/AIDS

---

① 熊淳,魏体丽.非洲基础教育均衡发展的困境初探——以尼日利亚初等教育均衡发展之路为例[J].河北师范大学学报(教育科学版),2012(8):64-67.

Knowledge Tests,HAKT)纳入调查研究范围。

在塞内加尔,由于实现一体化进程目标由负责教育的三个不同部门管理,导致不能高效甚至有效的沟通,因此对于该领域存在争议。在尼日利亚,国家政府和区域国家之间缺乏协调是一大挑战。

经济发展水平的高低在很大程度上决定了区域政策制定者对基础教育的重视程度,在填不饱肚子的情况下谈教育是几乎不可能的事。非洲各区域经济发展水平的差异在一定程度上导致基础教育的层次不同。为实现非洲基础教育一体化发展各区域利益相关者积极进行信息共享,联合行动,但对于各自区域的发展而言仍然难以实现真正的统一。

(二)政策制定水平和执行力不足

虽然非洲各地区和国家已经做了很多工作来推动"2030 可持续发展教育目标四"议程,但是就政策和执行战略而言仍然存在国家和地区执行力不强的问题,包括政策制定和执行能力不足,以及缺乏定性见解、信息和相关数据来确定政策决策。

在纳米比亚,虽然有足够的公共资金用于教育(2010 年占 GDP 的 8%,是政府总支出的 26%),但是考虑到资金投入与教育产出和成果的质量和数量,关键的挑战是政府部门内部效率低下。对于大多数非洲国家,缺乏可靠、相关、及时和高质量的数据对政策实施包括对项目的影响及有效性的评估来说都是一个重大挑战。[①]

针对非洲基础教育一体化发展战略中各区域国家面临的主要挑战,国际教育局可持续发展目标委员会积极听取各地区的建议,克服既定挑战,确保在国家一级改进"2030 可持续发展教育目标四"的实施。对于非洲地区,需要着重于制定统计指标、数据收集和报告方面的能力建设,以期适应所有目标。强调要考虑到各地区及国家不同背景和现有预算来确定"2030 可持续发展教育目标四"中某些具体目标完成的优先顺序。例如,对于南非国家,建议更加重视基础性的学习成果,作为在可持续发展目标进程中后期学习的前提条件,并着重于通过开发更好的评估体系来监测学习成果。西非地区代表建议指导委员会能够提供切实可行的材料,如实践指南,以支持利

---

① UNESCO. 3rd Meeting of the SDG-Education 2030 Steering Committee: Background Documents[R]. United Nations,New York: UNESCO,29-30 June 2017:10-11.

益攸关方技术性的对话,并将可持续发展教育目标有效纳入教育政策和规划,帮助各国基于其国家背景优先考虑可持续发展目标的整合。针对东非地区 2030 可持续发展教育目标进程现状,需要教科文组织出面加强区域和国家间的磋商以确保目标议程主权交由国家教育部。[①]

(三)基础教育本身存在的问题

基础教育本身所存在的问题具体来说主要包括学制划分不统一和多语言教学问题,两者的存在都对非洲基础教育一体化的发展产生了阻碍。

1. 学制划分不统一

各国之间的学制划分不一,对各项政策的落实、数据的收集及比较造成了很大的困难。撒哈拉以南非洲地区各国小学教育及初中教育学制划分概况如表 6.10 所示。由表可知,撒哈拉以南非洲地区各个国家间小学教育年限差异较大,分布混乱。东非、西非国家初中教育年限多为 3～4 年,而南部非洲国家则差别较大,2～5 年不等。基础教育学制的参差不齐导致各项相关政策的实施步调不一致,从而各国的基础教育政策决定权最终还是掌握在各国教育制定者手中。因此,这就对国家教育官员的能力建设水平提出了很高的要求。

各个国家的教育资源情况不同,使得各国基础教育形式呈现出明显的差异。其中,基础教育除了学制划分各异之外,还存在着义务教育的范围不同,有的国家整个或部分小学教育阶段被纳入到义务教育之中,实行免费教育或者政府补贴形式的教育。而在一些物质基础仍然极度匮乏的国家却没有这种能力。针对非洲各国均为发展中国家而言,其实施免费教育的情况主要还是依据各个国家的具体发展状况加以分析,既不能盲目实施,照搬照套,也不能把基础教育的发展抛之弃之,发展滞后。

① UNESCO. 3rd Meeting of the SDG-Education 2030 Steering Committee: Background Documents[R]. United Nations, New York: UNESCO, 29-30 June 2017: 12-13.

表 6.10 撒哈拉以南非洲基础教育(中小学教育)学制年限划分一览

国家	小学教育	初中教育	地区
乌干达、坦桑尼亚	7 年	4 年	东非
斯威士兰、索马里、纳米比亚、莫桑比克、莱索托、博茨瓦纳		5 年	南部非洲
津巴布韦、赞比亚、南非		2 年	
多哥、塞内加尔、尼日尔、毛里塔尼亚、几内亚、加蓬、科特迪瓦、刚果、科摩罗、乍得、刚果共和国、喀麦隆、布隆迪、布基纳法索、贝宁	6 年	4 年	西非、中部非洲
毛里求斯、塞拉利昂、卢旺达、尼日利亚、马里、马拉维、利比亚、加纳、冈比亚、佛得角、塞舌尔、几内亚比绍		3 年	东部与南部非洲、西非
肯尼亚、刚果共和国、苏丹、圣多美和普林西比		2 年	东非、中部非洲
马达加斯加、赤道几内亚	5 年	4 年	西非、南部非洲
厄立特里亚		3 年	东非
埃塞俄比亚、安哥拉	4 年	4 年	东部和南部非洲

资料来源:吴书敏.非洲基础教育一体化发展战略的研究[D].浙江师范大学,2018:81-82.

2.多语言教学问题

非洲国家存在着在教学环境中不只使用一门语言的普遍现象,非洲教学语言一般有英语、法语以及葡萄牙语。在一些国家早期儿童教育及小学教育阶段中学校教学和日常生活语言不统一,从而对儿童识字及学习带来很大的困扰,有时甚至在小学阶段儿童需要掌握两到三门语言。而且小学毕业升入初中时还需要进行语言考试,这也是导致小学教育完成率低的一个重要原因。

为了响应改善和加强非盟对第二个十年教育行动计划监督的需要,并根据 2012 年发布的非盟 EMIS 保密技术委员会的建议,非洲教育发展协会教育管理和政策支持工作组(ADEA WGEMPS)选取津巴布韦和布基纳法索这两个国家为试点国家,进行了一项新的和具有挑战性的试点研究,语言领域是其中的指标之一。然而,布基纳法索团队由于资金紧张而未能继续,津巴布韦团队完成了这项研究,并将发布一份有关该研究的报告说明。但对于如何有效解决,仍然需要一个漫长的过程。

三、关于中非基础教育合作建议

（一）中国基础教育经验——非洲基础教育一体化发展需求的视角

中国的教育改革本着邓小平同志 1983 年所提出的"教育要面向现代化、面向世界、面向未来"这一美好愿景，在全国人民的共同奋斗下走出了一条具有中国特色的教育改革发展之路，使穷国也可以办大、办好教育成为现实可能。中国和非洲各国同是世界发展中国家，中国的教育改革经验对非洲基础教育一体化发展具有很强的借鉴性。因此，基于非洲基础教育一体化发展需求的视角简要谈以下几点中国基础教育改革的经验。

1.完善的教育政策文件及"探索式"的教育改革经验

以政府为主导的、完善的教育政策文件的制定及"探索式"教育改革经验对非洲基础教育一体化发展具有重要的借鉴意义。我国教育政策有长期性的、关乎全局的政策以及短期性的、调整局部问题的政策，比如，有 10 年、15 年中长期教育政策规划，也有 5 年及年度关于教育财政政策、教师政策等的短期行动计划。长期政策规划做指导，短期规划实施行动，两者间互补互助，促进教育改革的稳步前进。另外，这种呈现出一种"探索式"教育改革的政策文件在一定程度上保证了在教育改革的大方向上不会出现偏颇。以上文本中已经介绍国际组织及非盟都出台了教育政策文件，而在非洲国家及区域组织一级只有个别政府积极响应其号召，制定本国及区域的教育行动计划，或者不够完善，不够系统，没有关乎教育中局部问题的政策制定。因此，对于非洲区域及国家教育政策制定及决策者而言，这种探索式的教育改革进程值得借鉴。

2.有效运用基础教育课程改革这一有力抓手

课程是基础教育的核心，因此，如何有效运用基础教育课程改革这一有力抓手是提升教育质量的关键。原则上针对全非洲基础教育改革的非洲基础教育改革发展项目中强调要深化基础教育课程改革。其中，课程改革的关键在于课程结构的调整。我国基础教育课程改革对义务教育阶段整体设置了九年一贯的义务教育课程，对小学和初中阶段的课程设置都有着统一的规定。比如，小学阶段以综合课程为主，初中阶段设置分科与综合相结合的课程。对高中课程结构设置以分科课程为主，从小学至高中设置综合实践活动并作为必修课程,增进学校与社会的联系,并开设丰富多彩的选修课程培养学生多方面的兴趣。① 对于撒哈拉以南非洲中等教育课程相关性所面临的问题,可借鉴我国对于农村及欠发达地区中学课程的设置为当地社会经济发展服务这一经验。根据本国实际,结合本地工农业发展情况,因地制宜地设置符合当地需要的课程。②

3.合理调配教育资源,使区域基础教育均衡发展

虽然非洲基础教育入学率在整体上有了很大的提升,但是,基础教育的公平问题一直是非洲各区域及国家所面临的棘手问题。我国在缩小城乡教育差距,实现区域基础教育均衡发展方面采取的一系列措施,经实践证明是富有成效的。比如,实行"两免一补"政策,使中西部偏远地区及农村孩子有同样的入学机会,不让一个孩子掉队;实行"特岗教师"计划,吸引大量高学历年轻教师留任农村中小学地区,有效缓解了农村基础教育师资不足问题。③ 对中西部不发达地区和东南部发达地区实行省与省间的结对,试行校长、教师跨校跨区定期交流机制,通过教育信息化推动优质教育资源在更大范围内的共享。④

(二)中非基础教育合作现状

自 2000 年中非合作论坛第一届部长级会议在北京举行以来,中非教育合作更加密切,适逢全民教育目标的提出,中国对非洲基础教育的发展逐渐关注。早期我国对非洲基础教育主要是实施援助工作。在中非合作论坛第四届部长级会议上,中国政府提出八项新举措推进中非合作。其中之一就是加强人力资源开发和教育合作,为非洲国家援助 50 所中非友好学校,培训 1500 名校长和教师。⑤ 在基础教育援助领域,2005 年中非教育部长论坛《北京宣言》中关于中非双方就优先发展基础教育达成的共识,主要有以下几点表述:(1)免费的初等义务教育是基本人权,在实现初等教育普及后,必

① 徐广福.教育创新课程体系的构建[J].山东教育科研,2002(4):24-27.
② 张天雪.中国基础教育改革与发展实践[M].沈阳:辽宁教育出版社,2016:96.
③ 张天雪.中国基础教育改革与发展实践[M].沈阳:辽宁教育出版社,2016:173.
④ 张力.中国教育发展与规划的政策要点[J].教育发展研究,2010(Z1):36-38.
⑤ 中非合作论坛.全面推进中非新型战略伙伴关系——温家宝总理在中非合作论坛第四届部长级会议开幕式上的讲话[EB/OL].(2009-11-09).[2017-12-26].http://www.fmprc.gov.cn/zflt/chn/ltda/dsjbzjhy/bzhyzyjh/t627094.htm.

须快速地为实现中等教育普及而努力；(2)发展中国家应不遗余力地优先发展基础教育，政府应加大对教育尤其是义务教育的投入；(3)在日渐普及和稳步发展初等教育的同时，致力于提高教育质量。① 正是 2005 年中非教育部长会议以后，中非双方就基础教育的重要性达成一致，中国开始越发重视对非基础教育的援助。

在对非基础教育援助方面主要包括基础教育硬件建设——积极为非洲国家援建学校，改善非洲国家中小学校基础设施，在各国家建立孔子学院并派遣志愿者，传播中国文化，促进中非互相了解；加大对非洲基础教育相关人员培训的投入力度——浙江师范大学从 2002 年起承担首个援非人力资源培训项目"非洲基础教育管理研修班"，先后为亚非 48 个国家和地区培训学员 602 人次，被教育部授予"首批教育援外基地"，被商务部授予"中国基础教育援外研修基地"②；中国在非企业及非政府组织积极参与中国对非基础教育的援助工作——被誉为中国第一公益品牌的"希望小学"已经走出国门，走进非洲，并长期在非洲做资助服务。③

（三）中非基础教育合作思路

1.成立非洲教育一体化发展研究小组

2015 年 12 月"中非合作论坛约翰内斯堡峰会"将"中非新型战略伙伴关系"提升为"全面战略合作伙伴关系"，与非洲在工业化、农业现代化、基础设施、金融、教育和人文交流等领域共同实施"十大合作计划"，并创造性地将"一带一路"战略对接非洲的《2063 年议程》发展战略。④ 中非全面战略合作伙伴这一新型关系的建立，中国"一带一路"发展战略与非盟《2063 年议程》发展战略的提出，都为中非发展合作迎来了新机遇。中国对非洲的基础教育交流已经由援助工作转型为现如今建立全面战略合作的关系。

国际组织及非洲各区域组织对非洲教育一体化发展趋势的支持已初现

---

① 中非教育部长论坛《北京宣言》[J]. 西亚非洲. 2006(1)：69-70.

② 中国青年报. 浙师大成我国非洲研究重要力量[EB/OL]. [2017-11-26]. http://zqb. cyol. com/html/2011-11/01/nw. D110000zgqnb_20111101_7-06. htm.

③ 新华社. 中国希望工程援助非洲 10 年内将建 1000 所希望小学[EB/OL]. [2017-11-26]. http://roll. sohu. com/20110817/n316602922. shtml.

④ 罗美娜. 基础教育课程国际化的比较研究——澳大利亚"亚洲战略"与我国"非洲战略"的思考[J].浙江师范大学学报(社会科学版)，2016(5)：103-108.

萌芽,尤其近年来全民教育、千年发展目标、2030可持续发展目标均对非洲基础教育一体化发展提出了具体的目标要求。非盟接连出台的第一个十年、第二个十年计划、大陆发展战略等都对实现基础教育质量的提升提出了具体的措施。非洲基础教育一体化的发展也取得了可观的成就,包括基础教育入学率的提高、基础教育的平等、基础教育完成率和优质早期儿童保育和教育、基础教育校舍及基础设施的建设等。

非洲教育一体化发展是非洲一体化的其中一个方面,它的过程是漫长的,教育本身具有其自身的复杂性,因此,非洲教育一体化的研究注定是一项持续不断的、浩大的工程。如今,对非洲教育一体化发展的研究仍然处于表层阶段,需要有更多的学者参与进行更加深入的研究。顺应中非合作的新形势,成立非洲教育一体化发展研究小组,有助于对非洲教育一体化发展这一动态进程进行持续追踪研究,深化非洲研究,提高中非合作的有效性,促进中国与非洲国家、区域组织及次区域组织间的不同层次的多方面、多领域的合作。

2.开展中非基础教育领域课程合作的探索

我国与非洲教育合作领域主要集中在高等教育及对非洲专业人员在中国举办的研讨会和讲习班,相比较而言基础教育领域方面的研究相对较少,而且和撒哈拉以南非洲地区基础教育领域的合作少之又少。撒哈拉以南非洲地区的初等教育入学率有了很大的提高,而随之带来的中等教育危机浮现。中等教育对国家经济增长起着巨大的推动作用,而中等教育课程的相关性一直以来是基础教育领域中的棘手问题。课程相关性要求中等教育中所教和所学到的东西必须与青年人融入社会中所需要的知识和技能相匹配。中等教育课程中所学理论知识和具体实践的结合对中等教育质量的提升起着重要的作用。

鉴于我国在基础教育课程改革中的丰富经验,可以从此处入手,使中非双方基础教育部门联合合作,开展基础教育课程合作的探索,开拓互利共赢新局面。比如,可以先行了解非洲基础教育课程的现实发展状况,派往专家学者进行实地调查研究,根据所在区域的工业设置情况进行结合实地的课程改革。再者,就像中英两国基础教育交流那样,中非互派教师前往进行实地教学,亲身体会中非基础教育课堂教学。

（四）中非基础教育合作渠道

在当前我国"非洲战略"背景下，国民对非洲的"刻板印象"仍然存在，促进中非人民友好往来最重要的是增加两国人民之间的交流和了解。或许，在"70后"或者"80后"甚至某些"90后"心目中，非洲是一个战火纷飞、忍受饥饿、蚊蝇肆虐的地方，或者将非洲某一国家的状况等同于整个非洲大陆。我们作为非洲教育的研究者，对于非洲有更加深入的了解，我们有义务向他们传播非洲当前的真实状况，做中非友好往来的使者。在中非双方当前处于共同实现"中国梦"和"非洲梦"的大好时代下，培养中非双方友好交流的信使、非洲亲华人员有着重要的意义。双方均可以从基础教育入手，从青少年儿童抓起，培养具有国际化视野的新一代的中非新公民。使基础教育与国家的"非洲战略"相融合，为进一步发展中非战略合作伙伴关系做出贡献。建议基于现有的中非基础教育合作的形式，从教育政策、基础教育课程、国际合作项目实施等方面拓宽中非基础教育合作的新渠道，具体建议如下。

1. 在教育政策上开展基础教育领域科研项目合作

在教育政策方面，我国政府可以采取与非洲建立合作伙伴关系，继续加强在基础教育领域科研项目合作方面与非洲更加深入的交流和合作。目前，在高等教育领域已经开展了"中非大学20＋20合作计划"科研项目，正式开启了中非大学之间在语言教育之外的大学伙伴关系。[1] 而在基础教育阶段还鲜有类似的尝试。再者，政府通过鼓励国内中小学校与非洲的一些中小学结对，通过远程技术，相互学习教学经验，增进中非中小学校之间的交流。

2. 在基础教育课程中融入非洲元素

在基础教育课程中融入非洲元素，在中小学教学活动中开展介绍非洲特色的主题教学活动。可以在基础教育各课程中融入有关非洲人文、历史、文化等知识性的内容，让中小学生有更多的机会认识非洲、了解非洲。笔者曾与来自非洲各地的留学生们有过一定的接触和交流，印象深刻的是有一名留学生叙述自己去一个中国的茶馆里了解中国的茶文化，在店里遇见了一个小女孩，他习惯性地认为小女孩会叫他"黑人"，但小女孩喊他"叔叔"。

---

[1]　李军，田小红."一带一路"背景下中、非大学的国际合作与发展[J].华南师范大学学报（社会科学版），2017（1）.

不过在笔者与来自非洲的留学生们外出游学时，一些人对于他们依然觉得很新奇并带有偏见。如果从基础教育阶段开始、从中小学生开始培养了解非洲的意识，那么若干年后，我们培养出的新一代普遍具有国际化视野的公民也因此有能力应对各种国际挑战。

3.在国际项目实施方面加强与多边及双边组织的合作

在国际合作项目实施方面，建议加强与联合国教科文组织、联合国儿童基金委员会、世界银行等国际组织有关非洲教育方面的合作项目。在非洲基础教育一体化发展进程中，借鉴国际组织及非盟、非洲区域组织在促进一体化发展方面的经验，看看非洲国家需要些什么，我们国家可以提供什么，制定我国与非洲基础教育合作在国家—区域—大陆三个层面合作的具体规划和措施，聚焦于具体领域开展合作，从而实现互利共赢，促进双方友好合作。

通过基础教育国际化课程来培养国际化人才进而服务于本国的对外战略、提升本国竞争力是当前世界基础教育改革的主要趋势。中非基础教育的合作应当建立在互相信任的基础上，实现双方互利共赢的局面，不仅促进非洲国家基础教育的发展和改革，同时也扩大中国对非影响力，从而使更多的国人更加了解非洲，也培养更多的非洲亲华人员，最终推动中非可持续发展和友好合作。

第七章 非洲成人教育一体化
发展战略研究

　　2012 年全球有 7.76 亿 15 岁以上的文盲人口,其中撒哈拉以南非洲地区文盲人口占其总人口的 41％,当地 1.87 亿成人缺乏基本的读写技能。其中 61％ 是女性。[①] 根据世界银行数据,2018 年该地区文盲率仍有 34.42％。[②] 基于性别、种族、社会阶层和地位的差距依然存在,与贫困和文盲之间的直接联系相一致。文盲加剧了艾滋病和疟疾的蔓延以及各种形式的暴力、贫穷和其他不平等现象的存在。尽管非洲对扫盲和成人教育的需求不断增加,但其资源和活动仍然集中在普及初等教育上,对于识字和非正规教育还远远不够。在大多数国家,拨给成人教育和非正规教育的资源不到教育预算的 1％,成人教育综合性政策非常少。为了应对这些挑战,区域一体化发展战略的制定和实施成为必然选择之一。

第一节 非洲成人教育的历史与发展

一、非洲成人教育的发展历程[③]

　　非洲成人教育的历史可以追溯到几千年前,它源于非洲多样的文化生活,先后经历了四个历史发展阶段——前殖民时期、帝国主义控制时期、殖

---

　　① UNESCO. Education for All 2000—2015：Achievements and Challenges［R］. EFA Global Monitoring Report. Paris：UNESCO，2015：18.

　　② Sub-Saharan Africa Literacy Rate 1985—2020. http://www.macrotrends.net/countries/SSF/sub-saharan-africa-/literacy-rate.

　　③ 本部分内容发表于:钟颖.非洲成人教育一体化发展战略的研究［D］.浙江师范大学,2018:20-24.该文为本书所依托项目的成果之一。

民地时期和独立后时期,在这四个发展阶段呈现出不同特点。本土知识文化作为土生土长的思想,深深根植于非洲传统之中,是非洲人民几千年来代代相传保留下来的智慧结晶,一直以来是非洲成人教育的主要教学内容。在近代受到西方外来文化的侵入,本土教育体系在夹缝中生存,一度受到排挤、打击,但并未触及其本质发展。西方引入的先进思想和技术也刺激着成人教育的发展。独立运动后非洲各国政府重新审视本土教育,结合各国的文化特色和发展需要,开展一系列成人教育活动和项目,培养了大批人才,促进了本国的经济发展。

（一）前殖民时期

非洲是世界上最早出现文字的地区,比希腊文字 α、β 的出现还要早几千年,是单词字母表的开端。非洲地区在拉丁文 schola（单词 school 的起源）的使用前已经开创了学校体系。[①] 据文字记载,在公元前 2500 年左右,古埃及就已经建立了自己的学校。有学者认为,非洲是近代西方科学技术的起源。最著名的例子就是埃及金字塔独具匠心的高超技术。美国学者马丁·贝纳尔（Martin Bernal）甚至在他的书中写道:"古希腊人已经承认,希腊的宗教、哲学和科学是通过古埃及和埃塞俄比亚向非洲世界借鉴演变而来的。"[②]

除了埃及和埃塞俄比亚之外,非洲其他国家也有成人学习中心,例如加奥、廷巴克图等。当欧洲还处于原始的、滞后发展时期,整个欧洲大陆被迷信和宗教盲目崇拜笼罩着,非洲人民的许多实践就已经与成人学习相联系。他们进一步将这些实践发展成为丰富的知识论述集,如廷巴克图。财富的不断累积使廷巴克图成为当时地球上最富庶的地方之一,也从此成为非洲西部最大的文化、学术、商业中心,在它的黄金时期不仅创立了第一所大学桑科雷大学（拥有藏书丰富的图书馆）,还有许多私人图书馆藏书量也极为丰富,这些给当地民众的教育提供了便利的机会,满足了他们的教育

① Ki-Zerbo J. Educate or Perish: Africa's Impasse and Prospects [M]. Dakar: UNESCO-UNICEF, 1990: 109.

② Bernal M. Black Athena: Afroasiatic Roots of Classical Civilization. Volume III: The Linguistic Evidence[M]. New Brunswick: Rutgers University Press, 2006.

需求。①

早期非洲成人教育的教学形式以学徒制训练为主,不同职业、不同阶层的人群(如草药医师、战士、猎人和贵族等)在其各自的部落或群体中接受不同的教育,学习不同的特定的技能,来达到社会对他们的角色定位。这一时期的教育更注重实践性,强调与生活的联系,成人教育旨在帮助未成年和初入成年的人群更快融入社会和适应社会生活提供指导。儿童和青少年通过一定的参与式教育,如典礼仪式、模仿学习、背诵、示范等方式②,由知识经验丰富的年长者进行指导,在真实的情境中观察学习,感知并捕捉老师的知识和技艺,然后在老师的指导下进行操作,逐渐掌握需要学习的技能。

前殖民时期的非洲成人教育呈现出自由发展的局面,以本土知识体系为主线,以口耳相传为主要教学形式,传授本土知识文化。这一时期的成人教育在某种程度上是指非洲儿童和青少年逐步融入社会和走向成人的训练过程。③ 它强调社会责任感、工作职责、政治参与以及精神和道德的价值。

(二)帝国主义控制时期

帝国主义是指一个国家表现出隐藏的或明显的对另一个国家控制或操控的意图,表现为通过直接控制或扶植代理人等手段达到目的的一种理念。帝国主义侵入非洲始于 9 世纪阿拉伯人和波斯人的到来,但只是局限于沿海地区,并未渗透到整个非洲大陆,未触及非洲教育的本质。15 世纪,随着欧洲势力的大批涌入,葡萄牙、西班牙、英国、法国、比利时和荷兰等国强行对非洲人民进行残暴的奴隶贸易,非洲人民真正的噩梦到来了。欧洲势力关心的只是他们能从贸易中获得什么暴利,对非洲本土的市场比较感兴趣,把欧洲生产的大批剩余或劣质产品投入非洲市场,换取大量的黄金和宝石等财富。④ 教育只是欧洲人控制和平定非洲人民的一种方式,是一种文化侵入的途径。

---

① Ki-Zerbo J. Methodology and African Prehistory[M]. Heinemann, California: UNESCO, 1981: 87-113.

② Fafunwa A B. Africa Education in Perspective[M]//Fafunwa A B, Aisiku J U. Education in Africa: A Comparative Survey. London: Allen and Unwin, 1982.

③ Fafunwa A B. Africa Education in Perspective[M]//Fafunwa A B, Aisiku J U. Education in Africa: A Comparative Survey. London: Allen and Unwin, 1982.

④ Nafukho F, Amutabi M N, Otunga R N. Foundations of adult education in Africa[M]. Hamburg: Pearson South Africa, 2005: 24.

　　欧洲帝国主义势力主要通过传教士对非洲人进行宗教思想(伊斯兰教、基督教)的传播,从思想上征服和控制非洲人民。这一时期,西方帝国主义宣扬的思想或观念先是经过强势加入最后逐渐渗透到非洲内部,教育领域受到严重的打击和侵袭。传教士通过现代成人教育培养模式取缔非洲传统的成人教育体系,来满足他们传教的需要,达到他们帝国主义的目标。非洲本土文化在西方宗教文化冲击影响下发生了广泛变动。整个非洲社会,实际上已经丧失了教育的外在功能。学校教育不再是联系社会的重要渠道,而转变为生产虔诚的宗教信徒。[①] 帝国主义控制时期的非洲成人教育已经逐渐西方化,本土知识文化受到西方宗教思想的侵蚀,本土教育体系也受到严重打击,其原有的成人教育体系逐步瓦解,并逐渐被西方现代成人教育培养模式取代,但这一时期非洲传统成人教育体系中并未发生本质上的改变,到殖民时期就完全沦陷了。

　　殖民主义是指资本主义国家采取军事、政治和经济手段,占领、奴役和剥削弱小国家,将其变为殖民地、半殖民地的侵略政策。到 18 世纪,殖民主义者席卷整个非洲大陆,欧洲人掀起瓜分非洲的狂潮,非洲大陆被分割成数十个大小不同的"殖民地""势力范围",开始了他们对于这块大陆的实际的殖民主义统治。[②]

(三)殖民地时期

　　殖民地时期,欧洲的入侵和征服作为一种巨大的外部力量,极大影响了非洲本土文化的性质与结构,西方的教育体制被强加到非洲社会。一方面,西式教育随着传教士的活动在非洲逐渐发展起来。与帝国主义控制时期的教育目的"服务于传教"不同,殖民地时期推行稀释的世俗教育[③],发挥学校教育的作用,给非洲学习者灌输西方教育思想,来达到西方殖民统治者的目的。但另一方面,西方殖民主义也在一定程度上推动了非洲成人教育的近代化。殖民地政府引入西方先进的教育管理体制,创办了系列基础教育和技术学校,其中世俗性质的初等教育有了较快的发展。同时,殖民政府也在

---

　　① 　Fafunwa A B. Africa Education in Perspective[M]//Fafunwa A B,Aisiku J U. Education in Africa:A Comparative Survey. London:Allen and Unwin,1982.

　　② 　刘鸿武. 非洲文化与当代发展[M].北京:人民出版社,2014.

　　③ 　Nafukho F,Amutabi M N,Otunga R N. Foundations of Adult Education in Africa[M]. Hamburg:Pearson South Africa,2005:24-26.

非洲实施了系列成人教育项目,如针对辍学人群谋生的在职培训、夜校、函授教育等。[①] 1827年,伦敦传教会在塞拉利昂创办的福拉湾学院,是非洲近代第一所高等西式学院,建立了一所成人培训机构,培养牧师、学者和教育者。[②] 1900年,在尼日利亚首都拉各斯建立了一所欧式现代化图书馆,为那些需要习得高效的技能、知识和技术的工作岗位人群(如律师、法官或其他人)提供便利的继续教育设施。[③] 1931年,殖民政府在博茨瓦纳推行一种新型的种植业技术,教给当地的农民,推动了当地的农业发展。[④]

殖民地时期,传统的成人教育培养模式已经不能适应时代发展的需要,本土知识文化的传播处于弱势,本土教育体系发展滞后。随着西方殖民主义思想的传入,非洲成人教育体系逐渐走向西方化、现代化发展,西方思想和培养模式占主导地位。西方殖民者在加强对非洲成人教育的控制的同时,也推动了非洲成人教育的变革。

(四)独立后时期

20世纪以来,非洲人民自我意识逐渐觉醒,开展了一系列独立运动,争取民族独立和自由。在文化领域通过非洲文化复兴运动,试图"在世界和殖民主义宗主国面前证明非洲历史与文化的存在及其合法权利,证明非洲文化的独特价值及其与世界其他文化包括欧洲文化的平等地位,从而唤起殖民地社会民众对于自己文化个性、文化归属的自尊、自信和认同"[⑤]。可见,独立运动激发了非洲人民的民族文化认同感,开始寻求自身发展。在教育领域则表现为重新审视本土教育在非洲社会中的作用,挖掘非洲发展特色,在现代化西方教育模式基础上寻求"非洲化"出路。

许多非洲国家根据本国发展状况将成人教育事务放置不同部门,如教育部门、合作发展部门、文化与社会服务部门、社会福利或社区发展部门。成人教育在不同文件中出现的次数越来越频繁,成人教育、非正式教育、继

---

① Draper J A. Africa Adult Education:Chronologies in Commonwealth Countries[M]. Cape Town:CACE, University of Western Cape, 1998:54-64.

② 刘鸿武.非洲文化与当代发展[M].北京:人民出版社,2014:227.

③ Draper J A. Africa Adult Education:Chronologies in Commonwealth Countries[M]. Cape Town:CACE, University of Western Cape, 1998:54-64.

④ Draper J A. African Adult Education:Chronologies in Commonwealth Countries[M]. Cape Town:CACE, University of Western Cape, 1998:26-32.

⑤ 刘鸿武.非洲文化与当代发展[M].北京:人民出版社,2014:235-236.

续教育、终身学习等受到非洲教育部门的日益关注。非洲许多大学建立了成人教育培训项目,大学的校外进修部发展非常迅速。19 世纪 40 年代,福拉湾学院开设了商务班,招收一大批成人学习者,到 1951 年发展成一个完善的成人教育部门。1952 年,南非的开普敦大学开设了一个校外进修项目。① 1961 年,罗德西亚和尼亚萨兰学院建立了专门成人教育机构。② 1960 年莱索托大学建立了庇护十二世学院推广部门,作为大学非正规教育的部门。③ 1964 年赞比亚获得独立,仅仅过了两年,赞比亚大学就建立了校外进修学习部和函授教育部。④ 纳米比亚大学在 1997 年成立了成人教育部门,这是非洲大学最年轻的成人教育部门。⑤

　　独立后非洲成人教育的不断发展,与非洲高等教育飞速发展紧密相关。许多大学开办了成人教育培训机构。各国政府试图通过教育来推动社会发展,重新重视成人教育的作用,并设立专门的管理部门。大众媒体和网络的发展推动了成人教育的新型教学形式的产生,如开放和远程教育。在这一时期,非洲各国成人教育逐渐找到适合本国的发展模式,为本国培养了大批需要的人才,促进了当地经济和社会的发展。

　　纵观非洲成人教育的整个发展历程,成人教育一直以来都是不同时期的当局者加强思想渗透的手段,作为文化传承、教条灌输、西方化或能力建设发展的工具。土著人民利用成人教育作为传承文化的传播媒介;传教士利用成人教育试图将自己的宗教灌输给土著人,教导他们如何读和写圣书;殖民者曾将成人教育作为西方文化和生活方式传入殖民地的工具;独立后的政府也依靠成人教育的开展来争取成年人在参与独立后治理和发展活动方面的支持,特别是精英工人阶级。

---

①　Draper J A. African Adult Education: Chronologies in Commonwealth Countries[M]. Cape Town: CACE, University of Western Cape, 1998: 77-86.

②　Draper J A. African Adult Education: Chronologies in Commonwealth Countries[M]. Cape Town: CACE, University of Western Cape, 1998: 98-103.

③　Draper J A. African Adult Education: Chronologies in Commonwealth Countries[M]. Cape Town: CACE, University of Western Cape, 1998: 54-64.

④　Indabawa S A, Oduaran A, Afrik T, et al. The State of Adult Education in Africa[M]. Windhoek: Department of Adult and Continuing Education, University of Namibia, 1998: 94-97.

⑤　Nafukho F, Amutabi M N, Otunga R N. Foundations of Adult Education in Africa[M]. Hamburg: Pearson South Africa, 2005: 26.

二、非洲成人教育发展取得的进步

(一)重视成人教育的政策制定或立法

许多国家逐渐意识到成人教育对于国家发展的重要性,出台了一些相关政策或法律来保障和促进成人教育的发展(见表 7.1)。

表 7.1　1997—2008 年非洲各国政府有关成人教育的重要政策或立法

国家	立法/重要政策(年份)	内容
贝宁	《成人教育和扫盲教育国家政策宣言》(DEPOLINA),2001	宣布与工具性扫盲工具教育概念脱离,是成人教育发展行动全局观的一部分;其中写有新愿景、使命、目标、战略和到 2010 年实现目标所需的资源
博茨瓦纳	《职业教育和培训国家政策》,1997	设立大体框架,培训活动在这个框架下进行。例如,对技能发展和培训、公立机构计划、在职培训、正式和非正式经济部门的培训提出建议
布基纳法索	《非正规教育政策》,2006	促进扫盲教育和其他教育形式,将其作为地方发展的动因,并支持人们利用终身学习的机会
佛得角	《34 号法律》,1998 《38 号法律》,1999	通过成人基本教育课程 通过成人基本教育学习者评估系统
乍得	《414 号法令》,2007	教育部做出其在成人教育和培训方面的承诺
科摩罗	《教育和培训总体规划》(PDFF),2005—2009	基于全民教育国家规划的目标,包括七个旨在推动青年和成人教育的项目
厄立特里亚	《成人教育国家政策草案》(NPAE),2005	推广成人教育的广义概念,促进人们了解成人教育是一项多部门的形式多样的活动;贯彻人人享有教育的权利这一思想,建立部门之间协调合作机制以利于成人教育活动的实施、监督、评估和认证
肯尼亚	《关于教育、培训和科研政策框架的第一号会议报告》,2005	将成人继续教育看作是个人和社会转型与赋权的手段,号召将其整合进国家资质管理网络
莱索托	《非正规教育国家政策文件草案》,1998	从来没有作为政策实施,而是作为计划目标或计划目标的参考。在《教育部门战略规划 2005—2015》中关于终身学习和非正规教育的章节里有大量的引用
马达加斯加	《扫盲教育和成人教育国家政策》(PNAEA),2003	规范具体流程,以协调扫盲教育和成人教育,标准化业绩标准,为提升学习者成果和学习者重新融入社会经济部门的专业分类提供便利

国家	立法/重要政策（年份）	内容
马拉维	《成人扫盲教育国家政策》,2006	指导项目规划者和决策者建立一套全面的项目和服务,到 2011 年将识字率提高 85%,促进人们更好地理解在国家发展优先事项和关切中的成人扫盲问题
马里	《非正规教育国家政策》,2007	使成人识字率增加至少 50%（女性 40%）,使至少 50% 的辍学者和年龄在 9～15 岁从未上过学的青年达到最低限度的学习水平
莫桑比克	《成人识字和教育以及非正规教育国家战略规划》（AEA/ENF）,2003	设计目标主要是扫除这个国家的文盲
纳米比亚	《成人学习国家政策》,2003	为成人学习和提供框架,解决项目发展、协调、政策执行和监督问题;明确政府在框架内的角色,认识到私营部门和民间社会在推广成人学习方面的重要贡献
尼日尔	《非正规教育国家政策》(PNENF),2008	巩固与发展识字和非正规教育的社会成果;明确主要选项、指导方针和该分支部门所必需的政策措施
塞舌尔	《塞舌尔权威认证机构法案》,2005	塞舌尔权威认证机构(SQA)作为半官方组织,负责规划和管理国家认证框架,确保教育与培训的质量
塞拉利昂	《国会法案》,2007	为技术、职业和其他学术奖项（NCTVA）建立国家理事会,建立地区理工大学,使各种和职业的人力资源发展多样化
南非	《成人基础教育与培训法案》,2000	提出建立公共和私营成人教育中心,为成人基础教育和培训提供经费,建立公共中心的管理和部门质量保障机制
突尼斯	《成人教育国家项目》,2000	由 1992 年的国家扫盲计划发展而来的,加速了扫盲速度,建立了应对目标人群基本教育需求的教育体系
乌干达	《成人学习和教育政策草案》《全国成人扫盲战略投资计划》,2002	有待定稿和相关政府机构通过 加强国家对扫盲的承诺,并将扫盲纳入总体发展框架
津巴布韦	《终身学习政策》,1998	动员与激发文盲与半文盲成人获得试用母语进行基本的读、写、算的技能,并加强技能培训

资料来源：UNESCO Institute for Lifelong Learning. Second Global Report on Adult Learning and Education［R］. Hamburg：UNESCO Institute for Lifelong Learning，2009；John Aitchison，Hassana Alidou. The State and Development of Adult Learning and Education in Subsaharan Africa：Region Synthesis Report［R］. Hamburg：UNESCO Institute for Lifelong Learning，2009；African Platform for Adult Education. Forging Partnerships Towards a Renewed Vision of Adult Education in Africa［R］. Nairobi：African Platform for Adult Education，2008.

有的国家在宪法中规定了成人接受教育的权利,例如贝宁、布基纳法索、科特迪瓦、厄立特里亚、冈比亚、加纳、马里、莫桑比克、纳米比亚、塞内加尔、南非、乌干达和津巴布韦。其中贝宁、布基纳法索、乍得、佛得角、厄立特里亚、埃塞俄比亚、几内亚、马达加斯加、纳米比亚、尼日尔和南非等国家都有具体的、国家批准的成人教育政策或法律,津巴布韦有终身教育政策。

有些国家将成人教育纳入了国家教育部门的整体发展规划中,制定了有关成人教育的发展目标或做出了发展承诺,如布基纳法索、乍得、科摩罗、肯尼亚。①

(二)设立相关机构及开展项目活动

各国政府的政策和立法,也推动了成人教育机构的设立。坦桑尼亚根据 1975 年的《议会法》设立了成人教育研究所,负责执行成人继续和非正规教育计划的机构;南非 2000 年《成人基础教育与培训法案》提出建立公共和私营成人教育中心,为成人基础教育和培训提供经费②;肯尼亚 2012 年颁布了《成人教育委员会法案》,成立了成人教育委员会,负责成人教育的一切事宜,开展关于成人教育的项目活动,协调各部门工作,定期向部长汇报进展和发展状况项目的开展③;等等。

此外,为了满足不同成人学习者的需求,非洲各国开设了不同课题的创新课程,开展了一系列发展项目计划并通过有效的政策和执行(包括实施计划、资金、能力建设、伙伴关系和网络、监测和评估)来扩大其规模。在扫盲和其他成人教育计划中,性别问题在一定程度上已经成为主流,这对妇女的领导和参与决策过程有一定的影响。艾滋病毒/艾滋病项目也得到了推广,信息和通信技术以及开放和远程学习也纳入了成人教育计划的发展,并融入了许多其他发展领域,如卫生与营养、人权和公民权利。④

---

① 钟颖.非洲成人教育一体化发展战略的研究[D].浙江师范大学,2018:49-51.

② South Africa. Adult Education and Training Act 52 of 2000[EB/OL]. [2020-02-28]. http://www. saqa. org. za/docs/legislation/2010/act52. pdf.

③ Kenya National Council for Law Reporting with the Authority of the Attorney-General. Laws of Kenya:Board of Adult Education Act[EB/OL]. [2020-02-28]. http://kenyalaw. org/kl/fileadmin/pdfdownloads/Acts/BoardofAdultEducationAct_Cap223. pdf.

④ 钟颖.非洲成人教育一体化发展战略的研究[D].浙江师范大学,2018:51-52.

（三）积极开展国际合作

非洲各国政府与一些国际组织以及他国机构建立合作伙伴关系，共同推动非洲地区成人教育的发展。目前，国际组织及他国机构与非洲各国就成人教育方面建立的合作伙伴关系，主要有四种合作形式：一是资金投资，加强基础设施建设；二是支持或提供成人教育工作者的培训，或设计成人教育课程；三是提供咨询服务，或是促进评估与监测；四是由他国或组织主导开展项目研究。[①]

联合国教科文组织积极倡导参与非洲成人教育特别是确定其发展的范围和愿景。教科文组织在推动全球成人教育的政策、实践和研究方面始终发挥着主导地位，在它的引导下非洲国家在 20 世纪 40 年代末和 50 年代初就已经进行了大规模群体扫盲运动。此外，还有一些联合国专门机构以及其他国际组织，积极参与非洲成人教育的资助与发展项目，特别关注扫盲、妇女发展、人口研究和非洲女童问题，在一定程度上推动了非洲成人教育发展的进程。

21 世纪以来，联合国教科文组织在非洲范围内推行了三大教育计划——撒哈拉以南非洲师资培训计划、全球教育与艾滋病毒/艾滋病倡议（EDUCAIDS）和促进赋权的扫盲行动计划（the Literacy Initiative for Empowerment，LIFE）。[②] 其中促进赋权的扫盲行动计划（2005—2015），旨在实现"全民教育"目标的全球战略框架，特别关注成人扫盲和失学儿童。

联合国儿童基金会、联合国开发计划署、世界银行等国际组织也以不同形式活跃在非洲成人教育领域的各个角落（见表 7.2）。

[①]　钟颖. 非洲成人教育一体化发展战略的研究［D］. 浙江师范大学，2018：79.

[②]　Husam R. Education for All-UNESCO Education Initiatives in Sub-Saharan Africa［EB/OL］. ［2017-09-13］. http://www. rightforeducation. org/all-topics/law-rights/education-for-all-unesco-education-initiatives-in-sub-saharan-africa/.

表 7.2　参与非洲成人教育的主要国际组织及其主要活动

国际组织	主要活动	政策、报告及出版物	关于非洲的政策/报告
联合国教科文组织	①提供政策咨询和技术援助 ②涉及人员的能力建设和提供成人与非正规教育的工作材料 ③联合国教科文组织的三大教育行动计划:促进赋权的扫盲行动计划、撒哈拉以南非洲师资培训计划、全球教育与艾滋病毒/艾滋病倡议	《全民教育全球监测报告》(每年出版) 《成人教育发展建议书》(1976) 《关于成人学习与教育的建议书》(2015) 《汉堡宣言》(1999)	《撒哈拉以南非洲的成人学习与教育的现状与发展的综合数据分析报告》(2009) 《非洲扫盲与非正式教育促进手册》(2006)
国际成人教育大会	①政策制定,考核和评估成人教育发展状况 ②每12年组织召开一次国际成人教育大会	《贝伦行动框架》(2009)	《依靠青年和成人学习与教育的力量促进非洲发展的声明》(2008)
联合国教科文组织终身学习研究所	制定终身学习政策与战略,涉及识字与基本技能、成人学习与教育等方面	《成人学习与教育全球报告》(2009, 2013,2016)	《马普托战略平台:非洲促进赋权的扫盲行动计划》(2008)
联合国儿童基金会	工作人员的能力建设,开发监测工具,以及成人教育教学材料的开发和分配		
联合国开发计划署	参与成人教育的技术援助和财政资助		
世界银行	①资助成人教育发展项目、计划 ②启动"非洲虚拟大学"项目		
德国成人教育协会国际合作研究所	专门从事成人和非正规教育促进和支持全球成人和非正规教育及其在发展中国家的机构能力	《成人教育与发展》	
欧洲成人教育协会、国际成人教育理事会	专门从事成人基础教育和发展,并在发展中国家以及东欧和中欧广泛地开展了能力建设,宣传和信息交流		

注:根据各组织机构网站信息整理。

　　此外,一些国家机构也支持了非洲国家的成人教育的发展。在博茨瓦纳,美国国际援助署为博茨瓦纳工商联合会(BOCCIM)的培训计划提供了支持。英国文化协会、英国国际发展部,还有加拿大国际开发署也在非洲部分地区投资给成人教育。

　　除了一些国际官方机构,很多国际非政府组织,包括欧洲成人教育协会、国际成人教育理事会(ICAE)等也参与了非洲成人教育的活动。其中德国成人教育协会国际合作研究所(Institute for International Cooperation of the German Adult Education Association,IIZ/DVV)表现特别突出,通过免费发放其出版物《成人教育与发展》,给成人教育项目的培训、设备以及奖学金等方面提供了支持和资金资助,它主要以两种方式与非洲各国政府、民间组织展开密切合作,推动非洲成人教育区域一体化的发展。

　　一是通过与区域成人教育协会和非政府组织的广泛合作,加强合作伙伴之间的联网互动。德国成人教育协会国际合作研究所和泛非扫盲和成人教育协会(Pan African Association for Literacy and Adult Education,PAALAE)等组织建立广泛的合作伙伴关系,并作为交流思想和外部行动的共享平台。具体体现在七个方面:赞助机构的发展,提供技能开发和质量保证的支持;促进成人教育工作者的初步和在职培训;促进实践型评价与研究;鼓励相关教材的发展;提供制度和物质基础设施方面的支持;就组织发展提供咨询;帮助确保成人教育得到政治认可,并推动其成为教育规划中的一部分得到发展。[①]

　　二是开展项目活动,设立区域办事处,由办事处负责规划、管理、联络和监督。目前,德国成人教育协会国际合作研究所在非洲设的区域办事处有四个:科纳克里办事处,覆盖西非地区,包括几内亚、马里、布基纳法索和乍得等国;亚的斯亚贝巴办事处,覆盖非洲东部,包括埃塞俄比亚、乌干达、肯尼亚和坦桑尼亚等国;开普敦办事处,覆盖南部非洲,包括南非、安哥拉、马达加斯加、莫桑比克和莱索托等国;拉巴特办事处,覆盖北非,包括摩洛哥等国。[②] 每个办事处可以为所在区域提供相关项目活动,其区域项目重点有所不同。在埃塞俄比亚,项目的重点是扩大农村和小城镇的成人教育中心,

---

　　① Sabo A,Indabawa A O,Afrik T,et al. The State of Adult and Continuing Education in Africa [M]. Windhoek:University of Namibia,2000:220.

　　② DVV International. Youth and Adult Education in Development Cooperation as a Contribution to Social Improvement[EB/OL]. [2017-06-13]. https://www.dvv-international.de/adult-education-and-development/editions/aed-722009/documents/youth-and-adult-education-in-development-cooperation-as-a-contribution-to-social-improvement/.

在那里可以学习工艺技能、农业和其他处理日常生活的技术。在几内亚,项目重点是促进基础教育活动,帮助人们以自己的方式改善健康、饮食和收入状况,这些措施主要目标群体是妇女。在南非,特别致力于通过成人教育来预防艾滋病和照顾患者。艾滋病工作者培训计划现已获得南非认证委员会(SAQUA)的认证。除了国家和地区的项目工作外,德国成人教育协会国际研究所还针对非洲成人进行了一系列全面的培训活动,"非洲成人教育的初步培训和在职培训"是其中之一,该计划的目标是支持从业人员的培训,从而促进成人教育实践的发展。[①]

在联合国教科文组织等国际组织的倡议和推动下,非洲也越来越关注成人学习与教育这一领域,在一些国际大会的区域会议上发布了相关的区域文件,如2008年制定的《马普托战略平台:非洲促进赋权的扫盲行动计划》和《依靠青年和成人学习与教育的力量促进非洲发展的声明》。[②]

三、非洲成人教育发展存在的问题

尽管非洲成人教育在过去几十年取得了相当大的进展,但整个大陆仍然面临重大的发展挑战,包括贫困率高、文盲率高、健康状况差、部分地区的冲突,以及艾滋病毒/艾滋病的不断激增,非洲成人教育的未来发展困难重重。

(一)文盲率高且性别差异大[③]

非洲是全球文盲率最高的地区之一。全球成人文盲率平均为16%,而非洲的文盲率高达41%[④]。根据UIS对撒哈拉以南非洲19个国家的扫盲状况进行统计的报告显示(见表7.3),贝宁、乍得、埃塞俄比亚、几内亚、马里、尼日尔、塞内加尔和塞拉利昂等国能够识字的成人不到1/2;而中非共和国、冈比亚、几内亚比绍、马达加斯加、莫桑比克、尼日利亚以及多哥,识字

---

① Seya P T. Adult Education and African Development in the Context of Globalization[J/OL]. Adult Education and Development, 2005 (65). https://www.dvv-international.de/adult-education-and-development/editions/aed-652005/millenium-developement-goals-and-education-for-all/adult-education-and-african-development-in-the-context-of-globalization.

② 钟颖. 非洲成人教育一体化发展战略的研究[D]. 浙江师范大学,2018:29-31.

③ 钟颖. 非洲成人教育一体化发展战略的研究[D]. 浙江师范大学,2018:24-26.

④ UNESCO. Education for All 2000—2015:Achievements and Challenges[R]. EFA Global Monitoring Report. Paris:UNESCO,2015:18.

的成人也不到 2/3。其中,布基纳法索和尼日尔的成人识字率均只有不到 29%,最高的卢旺达是 71.1%。^① 而同是发展中国家的巴西、中国、印度尼西亚及墨西哥的成人识字率均已达到或超过 90%。

从不同性别的识字率来看,女性识字率均低于男性。从表 7.3 可以得知,这些国家的男性平均识字率是 60.5%,女性平均识字率只有 39.2%。男性识字率高于 50% 的有贝宁、中非共和国、刚果(金)、厄立特里亚、冈比亚、几内亚、几内亚比绍、马达加斯加、莫桑比克、尼日利亚、卢旺达、塞内加尔、塞拉利昂、多哥等 14 个国家^②,而只有刚果(金)、厄立特里亚、马达加斯加、尼日利亚、卢旺达 5 个国家的女性识字率高于 50%。卢旺达的女性识字率最高,有 67.5%,尼日尔的最低,只有 15.1%,这意味着尼日尔每 7 个女性中只有 1 个能识字。从 GPI 来看,这些国家中,只有马达加斯加和卢旺达两国的女性识字率与男性的相近,分别为 0.91 和 0.90,男女的识字率性别差异最小。尼日尔和马里的性别差异最大,性别指数分别为 0.35 和 0.47。

表 7.3　2010 年撒哈拉以南非洲 19 个国家成人识字率统计

单位:%

国　家	成人识字率	男性识字率	女性识字率	性别平等指数
贝　宁	42.4	55.2	30.3	0.55
布基纳法索	28.7	36.7	21.6	0.59
中非共和国	56.0	69.3	43.2	0.62
乍　得	34.5	45.0	24.2	0.54
刚果(金)	66.8	76.9	57.0	0.74
厄立特里亚	67.8	78.7	57.5	0.73
埃塞俄比亚	39.0	49.1	28.9	0.59
冈比亚	50.0	60.0	40.4	0.67
几内亚	41.0	52.0	30.0	0.58
几内亚比绍	54.2	68.2	40.6	0.60

① 陈明昆,梁帅. 撒哈拉以南非洲成人与青年识字情况研究——基于教科文组织相关报告的数据分析[J]. 世界教育信息,2014 (1):44-53.
② 陈明昆,梁帅. 撒哈拉以南非洲成人与青年识字情况研究——基于教科文组织相关报告的数据分析[J]. 世界教育信息,2014 (1):44-53.

续表

国　家	成人识字率	男性识字率	女性识字率	性别平等指数
马达加斯加	64.5	67.4	61.6	0.91
马　里	31.1	43.4	20.3	0.47
莫桑比克	56.1	70.8	42.8	0.61
尼日尔	28.7	42.9	15.1	0.35
尼日利亚	61.3	72.1	50.4	0.70
卢旺达	71.1	74.8	67.5	0.90
塞内加尔	49.7	61.8	38.7	0.63
塞拉利昂	42.1	53.6	31.4	0.59
多　哥	57.1	71.2	43.6	0.61
平均率	49.6	60.5	39.2	

资料来源:陈明昆,梁帅.撒哈拉以南非洲成人与青年识字情况研究——基于教科文组织相关报告的数据分析[J].世界教育信息,2014(1):44-53.

（二）政策的专门性差与执行力度弱

尽管非洲许多国家政府陆续出台了一系列涉及成人教育的政策或立法,但这些政策或立法主要是有关扫盲教育和成人基本教育方面的,一般包含在普通教育政策中,难以在全面发展框架内成为主流,缺乏专门的全面的成人教育政策框架或战略规划。很少有国家制定专门的法律条文,很少有国家执行专门的成人学习和教育政策。佛得角、纳米比亚和塞舌尔全面和贯彻的政策是突出的例外。

此外,有的国家虽然制定了成人教育的政策,但由于实施不到位、执行力度比较欠缺。如莱索托、乌干达,未能全面贯彻落实政策的相关内容,所谓的规划只是草案,不具政策效应。[①]

（三）人力和物质资源匮乏

在非洲,成人教育方面的很多工作都是由当地的和国际的非政府组织推动的,政府做的努力非常少。大多数非洲国家的政府在非正规教育领域

---

① 钟颖.非洲成人教育一体化发展战略的研究[D].浙江师范大学,2018:51.

的投入仅占教育总投入的 1%[1]，大多依靠民间和国际组织的资金和技术援助。此外，非洲地区缺乏训练有素的识字和成人教育的教师，尽管专门职员和志愿者教师人数不断增加，但资源配置有限，基础设施不当，教学材料缺乏，提供的成人教育课程需求不足，教师和学习中心不足等问题重重，导致非洲成人教育发展一度滞后。

（四）落后的外部环境

虽然一些长期的冲突已经结束，但非洲某些地区仍存在政治隐患，局部的冲突和不稳定的政治局面、贫穷落后的经济、糟糕的卫生条件仍然制约着教育的发展，阻碍了非洲成人教育与培训项目的推行。目前，在非洲出现最高的贫困率、失业率、婴儿死亡率、艾滋病毒感染率、疟疾和结核病发病率，社会、政治和经济领域的性别不平等现象依然存在。这些流行病的高发病率以及高贫困率降低了一些最有生产力的社会成员的能力，从而影响了就业增长，使得非洲在实现可持续社会经济的发展道路上面临着国家和区域范围内的各种挑战。[2]

非洲试图借助成人教育推动非洲经济、政治、社会和文化的发展，为此以付出了各种形式的努力，包括贯彻落实非盟制定的教育一体化发展战略，采取系列行动以扫除文盲，实现教育中的性别平等，改善基础设施，扩充资金与资源渠道，消除贫困，防治艾滋病毒/艾滋病，预防和解决冲突，实现千年发展目标和可持续发展目标，以便顺利融入世界经济主流并从全球化的机遇中受益。非洲各国逐渐发现，单凭一个民族或国家的力量难以实现国家的发展，也难以有效抵御全球化带来的挑战、把握机遇，唯有"联合"，推动一体化进程，才是非洲成人教育发展的根本之路。[3]

第二节　非洲成人教育一体化
发展战略的愿景与规划

非洲高达 40%的文盲，需要第二次学习机会，需要扫盲。更多的非洲

---

① African Union Headquarters. Continental Education Strategy for Africa[R]. Addis Ababa: African Union，2015:20.

② 钟颖.非洲成人教育一体化发展战略的研究[D].浙江师范大学,2018:26.

③ 钟颖.非洲成人教育一体化发展战略的研究[D].浙江师范大学,2018:36.

成人需要掌握更多的文化科学知识或者职业技术能力,以获得有尊严的生活所需的基本素养。

这需要有强大的政策指引,为个人创造能够保障其发展和利用识字技能为自己的权利和启蒙乃至为社区的社会和经济发展做出积极贡献的环境。

为了应对这些挑战,非洲各级各类组织纷纷展开行动,在各自的领域发挥作用,出台了一系列战略政策,逐步形成以非盟—区域经济共同体—成员国为核心的三级战略制定主体,高校、民间组织、国际组织积极参与的格局,在各自层面推动了成人教育一体化的发展。

一、非盟及其下属机构的成人教育战略[①]

作为非洲教育一体化的主导机构,非盟及其下属机构在推动成人教育一体化发展也发挥着主导作用,其出台的教育战略包含对成人教育的规划。为了保障不同群体不同形式的成人教育,非洲女童和妇女教育国际中心、泛非青年联盟、泛非教育发展研究所等机构活跃在非洲大陆的各个角落,在各自领域开展教育与培训活动,对成人赋权赋能,培养成人必需的生活技能,调动和汇集成人参与到实现非洲复兴和非洲愿景的建设中。

(一)非盟的成人教育战略

1.《2063年议程》的愿景

《2063年议程》作为非洲大陆规划的未来发展路线图,在报告中对教育做出了一定的承诺,其中涉及成人教育内容的规划,包括五大倡议:

(1)扩大并巩固教育中的性别平等现象;(2)通过扩大投资,加强职业技术教育与培训,建立高质量的非洲职业技术教育与培训中心,加强与产业之间的联系并与劳动力市场的需求保持一致,从而提高非洲人民(特别是青年和妇女)的技能、就业能力与创新精神,缩小整个非洲大陆的技能差距;(3)通过加强与扩大对大学、科技、研究和创新的转型和投资,建立非洲知识型社会;(4)通过统一的教育标准和相互认可的学历和专业资格,建立非洲认证机构,制定和监督整个非洲大陆的教育质

---

① 钟颖.非洲成人教育一体化发展战略的研究[D].浙江师范大学,2018:37-40.

量标准;(5)巩固泛非大学,建立非洲虚拟大学,提升非洲在全球研究、技术开发与转移、创新与知识生产方面的作用。[①]

它强调必须把性别平等教育、识字与基础教育、职业化专门教育、学历资格认证等作为成人教育发展的重点,发挥教育的独特作用,来促进非洲一体化建设的进程。

2.《非洲教育"二·十"行动计划(2006—2015)》与《非洲大陆教育战略(2016—2025)》

纵观非盟的两大教育战略,虽然没有明确提出"成人教育"关键词的战略或规划,但其关注的扫盲教育、性别平等教育、教育信息化等议题中有涉及成人教育领域(详情见第二章)。在扫盲教育方面,在《非洲大陆教育战略(2016—2025)》中,非盟首次在教育战略中明确提出了"根除文盲"的目标,全面发动扫盲运动。《非洲教育"二·十"行动计划(2006—2015)》和《非洲大陆教育战略(2016—2025)》在性别平等教育方面也都提出相应的目标,关注女性的教育问题,加速实现教育中的性别平等。在教育信息化方面,《非洲大陆教育战略(2016—2025)》鼓励利用信息通信技术推动教育的发展。此外,两大战略都格外重视非洲本土化教育,主张将非洲文化融入教育体系,以促进非洲文化认同与价值观,主要表现在使用本土语言进行教学、编写教材等方面。

3.其他涉及成人教育的教育战略

为了应对各级教育的挑战,非盟除了发布三个连续的十年教育战略,还出台了《非洲职业技术教育与培训振兴战略》《非盟高等教育一体化战略》《非洲女童和妇女教育国际中心战略规划2015—2017》,分别成为非洲职业技术教育、高等教育、女性教育一体化发展的纲领性文件。其中职业技术教育和女性教育的战略中有涉及成人教育领域的成分。

(1)《非洲职业技术教育与培训振兴战略》

2007年,非盟在埃塞俄比亚首都亚的斯亚贝巴召开部长级会议,商讨并通过了《非洲职业技术教育与培训振兴战略》,它是非盟人力资源与科技部下青年部与教育部门共同推动的产物。它的对象可包括青少年(超过12

---

① African Union. Agenda 2063: The Africa We Want[R]. Addis Ababa: African Union, 2014: 14-15.

岁未满 15 岁)、青年及成人。其主要措施包括：加强职业技术教育与培训项目的吸引力；提高职业技术教育与培训项目的质量；整合现有职业技术教育与培训资源、实行一体化管理；保障职业技术教育与培训学员就业；促进职业技术的终身学习。① 该职业教育战略强调通过开展职业技术教育与培训项目，提高青年的生活技能，从而改善青年的就业能力，缓解非洲严峻的社会经济状况。

（2）《非洲女童和妇女教育国际中心战略规划 2015—2017》

2015 年 10 月，非盟在第一届教育、科学和技术专业技术委员会会议（STC-EST）上出台了一个报告，即《非洲女童和妇女教育国际中心战略规划 2015—2017》。该战略旨在提供必要的政策、行动指南、战略指导给所有利益相关方，以解决性别平等、公平、领导阶层和主张的问题，创造两性平等学校的学习环境，增加整个非洲大陆女童和年轻妇女在教育系统中的入学和保留率②，最终实现全民教育（EFA）目标、千年发展目标（MDGs）以及可持续发展目标。该战略提出要保障妇女受教育的权利，创造良好的学习环境，实现教育的性别平等。

（二）非盟四大机构的成人教育活动

1.非洲女童和妇女教育国际中心

非洲女童和妇女教育国际中心项目的建立最早可以追溯到 1999 年联合国教科文组织第 30 届大会。非洲女童和妇女教育国际中心是根据 2004 年 7 月非盟国家元首和政府首脑委员会第三届常务会议而成立的，具体由非盟委员会的人力资源与科学技术部组建，地点设在布基纳法索的首都瓦加杜古。该组织旨在协调非洲女童和妇女教育，保障她们在经济、社会和文化上的权利，涉及从幼儿教育到高等教育的正式和非正式教育系统的活动。③ 非洲女童和妇女教育国际中心的愿景与《2063 年议程》一致，"确保所有女孩和妇女具有应对生活挑战的能力"④，为促进建设一个和平的、繁荣的和一体化的非洲以及维持非洲的可持续发展做出贡献，制定并启动了《非洲女童和妇女教育国际中心战略规划 2015—2017》。此外,该中心还组织一些学习、研究和培训活动,并汇集非洲成员国在促进女童和妇女教育方面的经验。它也承担着执行非洲女童和妇女教育状况观察活动的使命。目前,该中心正在开展的活动,包括开展非洲国家女童和妇女教育基线研究;监测和评估各国的女童和妇女教育;出版呈现女童和妇女教育状况的相关报告和出版物;清查各国开展的富有成果的举措;评估这些举措的影响;向各国提出一些建议,以便为女童教育和妇女培训的挑战提供适当的解决方案。[①] 该中心在组织开展妇女教育,推动实现非洲成人教育的性别平等等方面,起着关键性作用。

2.泛非青年联盟

泛非青年联盟(Pan African Youth Union,PYU)是协调国家、区域和非洲大陆青年组织的专门机构。该机构成立于 1963 年,其前身是泛非青年运动。泛非青年联盟的目标是聚集和动员非洲青年[②],促进和协调非洲青年活动,作为参与非洲大陆政治、经济和文化建设的决策过程的一部分,以期实现非盟的理想和战略,包括团结、和平、民主、可持续发展和非洲一体化。该联盟还促成了《非洲青年宪章》的批准和执行,推动政府制定关于青年的国家青年政策和法律框架,并推动非洲大陆和区域一体化的青年发展计划,如非盟制定的《非洲职业技术教育与培训振兴战略》和《非洲青年十年行动计划 2009—2018》。

3.泛非教育发展研究所

泛非教育发展研究所于 2005 年 4 月成立,作为非盟履行非洲教育观察站职能的专业机构。该研究所通过与非盟成员国直接合作,加强收集、分析和报告数据的能力建设来巩固国家的教育管理信息系统。[③] 其作用是通过确保一个健全和功能强大的教育管理信息系统和健全的知识规划来促进非洲优质、有针对性和包容性教育的发展。

4.非洲语言学院

非洲语言学院(ACALAN)于 2001 年在马里成立。作为非洲联盟的专

---

① AU/CIEFFA. Activities[EB/OL]. [2017-03-20]. http://cieffa.org/activities.

② 根据《非洲青年宪章》中的界定,"青年"指的是 15～35 岁的人。

③ African Union Commission. AU Handbook 2017[R/OL]. https://au.int/sites/default/files/pages/31829-file-african-union-handbook-2017-edited.pdf.

业机构,其愿景与使命是通过发展和促进非洲语言的使用,促进非洲大陆的一体化与发展,尊重语言与文化的多样性,推行非洲的文化价值观,提供可供成员国制定和执行其语言政策的专门知识。[①] 此外,由于非洲的文盲率很高,非洲语言学院还通过开展一系列研讨班和培训活动,推广使用非洲语言进行识字和确保大规模参与非洲一体化进程。[②] 该机构致力于推广非洲本土语言的扫盲教育,推崇实施非洲扫盲教育战略中的文化特色。

非盟关注成人教育领域的行动表明,它已经认识到了成人教育作为实现社会、文化、经济发展或其他目标的途径的重要性,做出了一种政治上的承诺,即分配必要的资源,以推动成人教育的发展。但是,值得引起重视的是,非盟关于成人教育发展的政策或倡议只是零星散落在各大教育战略中,非盟没能系统地规划成人教育的发展,成人教育作为终身学习的重要环节没有得到足够的重视。

二、非洲区域经济共同体的区域成人教育发展战略[③]

非洲区域经济共同体包括东非共同体、西非经济共同体、南部非洲发展共同体、中非经济共同体、东部和南部非洲共同市场、萨赫勒-撒哈拉国家共同体、阿拉伯马格里布联盟和东非政府间发展组织等八大区域经济共同体。其中东非共同体、西非经济共同体和南部非洲发展共同体都从该区域层面制定了成人教育的发展目标,或出台涉及成人教育的发展战略,推动了成人教育的区域一体化发展,并为非洲大陆成人教育的发展做出了贡献。

(一)东非共同体的成人教育战略

《东非共同体 2050 年愿景》(以下简称《愿景》)是东非共同体面向未来30 年描绘的一个宏伟蓝图,它是对《2063 年议程》的补充,致力于在区域层面构建一个宏观经济政策框架。在涉及教育领域的规划中,谈论了一些成人教育方面的议题。第一,对成人识字率提出了发展目标。2014 年,东非共同体成员国平均成人识字率为 68%,到 2030 年提高至 86.1%,到 2050

---

① African Academy of Languages. Background[EB/OL]. [2017-04-23]. http://www. acalan. org/index. php/en/about-acalan/background.

② African Academy of Languages. About ACALAN[EB/OL]. [2017-04-23]. http://www. acalan. org/index. php/en/major-projects/african-languages-and-cyberspace#.

③ 钟颖. 非洲成人教育一体化发展战略的研究[D].浙江师范大学,2018:41-43.

年实现全面扫除文盲(即成人识字率达到 100%)。^① 第二,加大女性教育投资力度,改善性别平等观念。通过扩大对女性的教育、健康与经济参与三个方面的资金投入,将女性赋权与性别平等纳入主流,提高女性对区域变革的参与度。^② 第三,最终目标为每一位公民提供终身学习的机会。《愿景》中遵循"确保包容性和公平的优质教育,让全民终身享有学习机会"(SDG4)的教育目标,主张通过初等教育、职业技术教育等渠道为所有人提供平等接受教育的机会,利用信息通信技术来提高学习成果。^③ 然而,在近几年的整体战略规划中,东非共同体在教育领域重点关注了基础教育、卓越中心建设、高等教育科技创新等方面^④,但却没有涉及成人教育的措施,成人教育并没有得到足够的重视,这一方面与《愿景》所倡议的相违背,值得深思。

(二)西非经济共同体的成人教育战略

在 2003 年,西非经济共同体已经在《关于教育与培训的协议书》(以下简称《协议书》)确定了各成员国关于成人教育发展的五大目标:(1)创造一个更加平等的学习环境,使得所有人能够更容易获得教育与培训的机会;(2)普及扫盲教育;(3)在开展成人教育项目过程中,促进地方/国家语言的使用;(4)发展学生的生活技能;(5)促进西非经济共同体的发展。^⑤ 此外,《协议书》中还提出,西非经济共同体应督促成员国的扫盲和教育计划,培训成人教育工作者和从业人员,并对成人扫盲和教育方案进行研究和评估,同时加强各国成人教育部门之间的合作,开发教材及设计课程。

可以看出,西非经济共同体关注了成人教育在扫盲及基础教育这一方面的活动,督促各成员国开展成人教育项目,在推动西非成人教育的区域一体化发展进程中主要扮演着监督者的角色,但其教育规划文本中只是略微涉及成人教育的议题,占很小的篇幅,并未能具体规划各成员国成人教育的发展方向,或是进一步探讨项目应如何开展活动。目前,西非经济共同体正

① EAC. East African Community Vision 2050[R]. Arusha:EAC, 2016:37, 88.
② EAC. East African Community Vision 2050[R]. Arusha:EAC, 2016:85.
③ EAC. East African Community Vision 2050[R]. Arusha:EAC, 2016:35.
④ EAC. 4th EAC Development Strategy (2011/12—2015/16)[R]. Arusha:EAC, 2011:14, 66-67.
⑤ ECOWAS. Protocol A/P3/1/03 on Education and Training[R]. 2003:11.

组织教育专家商讨制定协调教育体系与统一学历认证的战略和政策①,这是一个非常好的开端,这将会是西非教育一体化发展的纲领性文件,未来推动成人教育一体化的发展也需要人才交流与学历互认等方面的政策作为支撑。

（三）南部非洲发展共同体的成人教育战略

在非洲这几大区域经济共同体中,南部非洲发展共同体最为重视成人教育的发展,其中特别关注成人扫盲教育与开放远程学习。

1.《彼得马里茨堡宣言》

文盲率高仍然是南共体地区发展成人教育面临的首要问题。南共体在《区域指示性战略发展计划》考察了区域内整体成人识字的基本状况。结果显示,尽管与非洲其他地区相比该区域各成员国的平均文盲率最低（2002年,27％）,但仍有一些成员国（如安哥拉、莫桑比克）的文盲率仍高于50％。此外,只有六个成员国的成人识字率在80％以上。② 该地区仍然面临消除人类贫困最基本的挑战之一——成人文盲率高。

2002年12月3日至5日,南共体在南非彼得马里茨堡的纳塔尔大学召开了第一届南部非洲发展共同体地区成人基础教育和扫盲教育国际会议,并统一发布了《彼得马里茨堡宣言》(以下简称《宣言》),承诺为南共体地区和非洲大陆的民主与可持续发展而振兴成人基础教育和扫盲教育。《宣言》中倡议南共体各成员国和南共体秘书处将成人教育作为教育议程的中心内容,各成员国应合理分配资源开展成人教育活动,特别是为该地区数百万贫困公民和社区提供成人教育。在南共体秘书处重组期间,由纳塔尔大学作为一个临时的协调机构,在战略制定和实施计划时采取必要的行动:

　　(1)研究和建立本区域扫盲和基础教育计划、活动和资源(人力和物质)的详细信息和数据库,并定期报告,向所有利益攸关方提供和宣传这些资料,并促进这些资料的有效使用;(2)审查该地区的课程、材

---

① ECOWAS. Education Experts Develop Strategies to Harmonize Educational Systems in West Africa [EB/OL]. [2018-01-31]. http://www. ecowas. int/education-experts-develop-strategies-to-harmonize-educational-systems-in-west-africa/.

② SADC. Southern African Development Community Regional Indicative Strategic Development Plan[R]. Gaborone: SADC, 2002: 20.

料、培训者和从业人员的发展能力；(3)举办区域性的课程发展、培训者和从业人员发展的磋商会；(4)鼓励该区域的资源共享；(5)为本区域的成人教育活动的顺利开展，制定宣传和资金战略。①

此外，《宣言》坚持了成人基础教育和识字教育作为一项基本人权的理念，将它视为对青少年正规教育不可或缺的补充，也是终身学习的重要基础。这与当时全民教育(2002年)和联合国扫盲十年(2003年)提出的相关倡议十分契合。

2.《区域开放远程学习政策框架》

随着信息时代的发展，南共体试图通过开放远程学习来推动成人教育的发展，扩大成人教育的受众。2012年，南共体制定了《区域开放远程学习政策框架》，主张通过开放远程学习的项目来满足包括成人在内学习者的学习需求。该政策主张各成员国应构建国家开放远程学习政策框架，以改变公众对开放远程学习的认知，同时加强机构能力建设，关注学习者支持、课程资源发展、信息通信技术在开放远程学习中的应用、质量保障与监测和评估等方面，以巩固本区域内外合作网络与伙伴关系。② 然而，该政策实施面临的最大障碍之一是资金匮乏和信息通信技术设备短缺，这是目前亟待解决的问题。

非洲这三大区域经济共同体都将成人教育作为消除贫困的途径之一，都意识到成人教育是终身学习的重要组成部分。重点关注成人扫盲教育，这是因为非洲文盲率普遍偏高。南共体借助信息通信技术的推广，通过开展开放远程教育，为那些没被正规教育机构接纳的人提供接受教育的机会，在开展扫盲教育及促进性别平等方面都发挥了很大的作用，走在非洲地区成人教育发展中的前端。

三、非洲区域性教育专门组织的成人教育计划和方案③

非洲区域性教育专门组织包括非洲大学协会、非洲教育发展协会、东非

---

① The First International Conference on Adult Basic and Literacy Education in the Southern African Development Community. The Pietermaritzburg Declaration[R]. Pietermaritzburg：SADC，2002：1-2.

② SADC. Regional Open and Distance Learning Policy Framework[R]. SADC，2012：25-34.

③ 钟颖.非洲成人教育一体化发展战略的研究[D].浙江师范大学,2018:44-48.

大学校际理事会、南部与东部非洲教育质量监测联盟、南部非洲区域大学协会、非洲远程教育理事会、非洲女教育家论坛(FAWE)等,它们在各自领域不同程度上推动了非洲教育的区域一体化。各类组织从机构层面关注成人教育的发展,为推动非洲成人教育一体化发展做出了贡献。

(一)非洲区域教育组织的成人教育发展计划和方案

下文以非洲教育发展协会、非洲妇女发展和交流网、泛非扫盲和成人教育协会以及非洲反思实践者会员网为例,论述该类组织的承认教育发展战略。

1.非洲教育发展协会

非洲教育发展协会在促进非洲成人教育的发展表现突出。该协会特别重视成人的一般核心技能的培训项目,包括交流和终身学习技能、融入社会和工作世界的技能、个人发展和非洲公民认同的技能。[①]

此外,协会有专门的机构——非正规教育工作组(WGNFE),旨在研究在正规学校系统之外提供的各种形式的教育和培训的性质和影响,包括成人教育计划,并通过这些研究以影响非洲政策决策者的一些决议,推动非盟及各国政策相关政策的制定与实施。[②] 此外,非正规教育工作组经常会参与评估各国开展成人扫盲项目的评估工作。以尼日利亚的"振兴青年和成人扫盲"项目为例,该项目于 2011 年启动并在 2016 年完成,投资额超过 600 万美元,针对上千名未成年学生、失学青年和成年人。经非正规教育工作组评估显示,该项目有效参与培训的有 4589673 名学员,其中有 1576700 人能够完成学业并获得认证。[③] 随后,非正规教育工作组将会继续支持进行该项目第二阶段的工作。

2.非洲妇女发展和交流网

非洲妇女发展和交流网(African Women's Development and Communication Network,FEMNET)是一个女权主义的会员制泛非组织,成立于 1988 年,秘

---

① Ndoye M, Volan S. ADEA Vision Document[R]. Association for the Development of Education in Africa, 2013.

② ADEA. Working Group on Non Formal Education (WGNFE)[EB/OL]. [2017-09-12]. http://www.adeanet.org/en/working-groups/non-formal-education.

③ ADEA-WGNFE. Kibaré no. 11: Non-Formal Education and Literacy Journal[EB/OL]. [2017-09-12]. http://www.gtenf-adea.org/attachments/article/173/kibare011_EN.pdf.

书处设在肯尼亚内罗毕,在非洲 43 个国家和侨民中有 500 多名个人和机构成员,致力于扩大非洲妇女的声音和提高妇女的权利。① 该组织的愿景是实现两性平等的非洲社会,让所有女童和妇女都能享有所有权利,生活过得有尊严。②

多年来,非洲妇女发展和交流网通过促进非洲妇女非政府组织和个人活动家之间分享信息、经验、想法和战略,在推动非洲妇女运动方面发挥了主导作用,确保了非洲妇女的声音得到扩大,加强和巩固了非洲民间组织在妇女权利、两性平等和女性赋权等方面的作用和贡献,并影响了所在国家、区域和全球各级机构对非洲妇女地位的决定。其倡议和开展的活动及项目主要包含宣传、培训和交流三个方面。该网络基于女性赋权的重要性,主张将性别平等和赋予妇女权利的指标纳入新的全球监测框架,在此影响下,参加援助效率审议工作的女性组织数目从 2008 年阿克拉会议的 7 个增加到 2012 年釜山会议的 30 个。③

3.泛非扫盲和成人教育协会

泛非扫盲和成人教育协会成立于 2000 年 4 月,其前身是非洲成人教育协会(成立于 1984 年),总部设在塞内加尔首都达喀尔。该协会是国际成人理事会(ICEA)的区域成员,也是创建者之一。它的成员主要来自非洲各国成人教育协会以及扫盲和成人教育领域的非政府组织、机构和个人。协会的根本目标是促进各种形式和层次的成人教育,以满足非洲地区个人、社区和社会的健康成长与发展的需要。其具体目标包括两个方面:一是促进扫盲和成人教育;二是将重点放在识字、成人、继续和职业教育与发展之间的关系上,提高对非洲人民和政府对终身学习的了解。④

该机构作为引领整个非洲地区的成人与扫盲教育组织,从整体上规划非洲区域内成人与扫盲教育的发展,在推动非洲成人教育一体化发展起着

① African Women's Development and Communication Network. About Us[EB/OL]. [2017-07-15]. http://femnet. org/about-us/.

② African Women's Development and Communication Network. About FEMNET[EB/OL]. [2017-07-15]. http://femnet. org/about/#1446819891670-5faabbd3-80fb.

③ Open Society Initiative for Southern Africa. The African Women's Development and Communication Network [EB/OL]. [2017-08-12]. http://www. osisa. org/womens-rights/regional/african-womens-development-and-communication-network-femnet.

④ ICAE. PAALAE[EB/OL]. [2017-08-09]. http://www. icae. org. uy/fre/paalae.

关键作用。但该机构的网络平台建设不完善,没有官方的网站,其宣传空间受到一定的限制。

4.非洲反思实践者会员网

非洲反思实践者会员网(the Africa REFLECT Practitioners and Affiliates Network),是 2002 年由非洲成人教育从业者提出和实施的参与式教育和发展倡议,成员遍布非洲 25 个国家,旨在促进非洲反思实践的学习、分享和持续发展。这里的"反思"是学习和社会变革的一种方法,旨在创造一个空间让人们自由讨论和解决相关问题;通过加强沟通能力来鼓励决策中的代理机构。① 作为国际反思行动与交流圈(CIRAC)的一员,它有助于推进非洲的反思实践的学习、分享和持续性变革。

非洲反思实践者会员网采用参与式教育方法,帮助社区保障人权,改善资源管理,参与成人扫盲活动,并鼓励参与决策制定和治理过程。其核心目标包括四个方面:一是促进非洲地区反思实践论坛的形成与巩固,促进机构建的合作和团结,推动非洲特有的反思实践方式的开发;二是通过对各个层级的主要人员进行跨国培训与交流访问、同行评估,加强非洲反思实践者的能力建设;三是加强在非洲核心问题上的合作与创新,例如通过加强创新与学习发挥反思在处理艾滋病毒/艾滋病、冲突与治理等问题的作用;四是通过动员基层、民间组织和相关出版物,影响政府、非政府组织和捐助机构的有关政策和做法,主要是为了加强人民群众的影响力。②

该机构采用"反思"的方法来引领非洲成人学习和社会变革,同时融合了巴西教育家保罗·弗莱雷(Paulo Freire)的参与式教学方法,帮助非洲人民参与成人教育的决策制定与治理过程,具有一定的民主性。

(二)非洲成人教育平台的成人教育战略计划和方案

为了应对成人教育的各种挑战,非洲全民教育网络运动、非洲妇女发展和交流网、泛非扫盲和成人教育协会、非洲反思实践者会员网相继登上了非洲舞台,并在不同领域起着引领作用。为了能更方便地用统一的声音表达

---

① African Platform of Adult Education. Member Networks[EB/OL]. [2020-04-18]. http://www.africacsplateforme.org.member-networks.html.

② PAMOJA Africa Reflect Network[EB/OL]. [2017-07-28]. https://www.yumpu.com/en/document/view/8917662/pamoja-africa-reflect-network-uganda-civil-society-fund-csf.

自己的愿景,这四个非洲网络决定从联合平台进行合作。2008 年 3 月 29 日,非洲成人教育平台在达喀尔成立了。

该平台成立的初衷是专门为筹备 2009 年 12 月 1 日至 4 日在巴西贝伦帕拉举行的第六届国际教育大会。① 平台成员决心倡导非洲各国政府参与区域筹备会议和联合国会议,以便在非洲的政府决策机构和广大的民众中提高成人教育的地位和作用,其目标旨在动员非洲民间组织积极参与成人教育和识字方面的政策宣传。② 2008 年,非洲成人教育平台组织编写了《打造非洲成人教育"复兴愿景"的伙伴关系》,该报告的出现为非洲大陆打开了成人教育发展的另一个新视角。

1. 战略目标

2001 年,非洲统一组织提出了建立非洲发展新伙伴关系,其战略目标是消除贫困,实现可持续增长和女性赋权,加强全球化过程的非洲一体化。

新伙伴关系提出了以下战略解决非洲教育部门面临的问题:(1)推进国家对私营部门提供教育服务的政策和激励措施;(2)制定保障充足资金和资源有效利用的国家准则;(3)制定针对不同类别公民的特定教育和扫盲计划的中长期框架;(4)确保对国家的潜力和阻碍其能力发展的制约因素的现实评估,以实现国际发展和教育目标和具体目标;(5)确保将教育资源优先分配到需求最大的领域,特别要满足 21 世纪科学技术和教育机构毕业生雇主等方面的需求;(6)强调功能性教育,促进技能发展和创新应用教育知识的机会;(7)分析非洲人才流失的原因并制定其应对措施。③

为实现发展非洲成人教育的新型伙伴关系,迈向成人教育的复兴愿景,非洲成人教育平台提出了六个具体目标:(1)有相关的教育目标;(2)制定适当的课程和学习项目;(3)为这种学习机会投入足够的时间;(4)通过继续培训促进有效的参与式教学方法;(5)确保使用适当的教学语言;(6)定期监

① African Platform of Adult Education. Why a Platform for Adult Education in Africa? [EB/OL]. [2017-04-18]. http://www.africacsplateforme.org.

② DVV International. African Adult Education Networks Meet to Develop Post-CONFINTEA Strategy [EB/OL]. [2017-04-18]. http://www.dvv-international.de/en/adult-education-and-development/editions/aed-752010/confintea-follow-up-comments-and-plans/african-adult-education-networks-meet-to-develop-post-confintea-strategy.

③ African Platform for Adult Education. Forging Partnerships Towards a Renewed Vision of Adult Education in Africa[R]. Nairobi: African Platform for Adult Education, 2008: 21.

测、评估和评估过程。①《打造非洲成人教育"复兴愿景"的伙伴关系》主张在非洲发展新伙伴关系的框架下,将重点放在成人学习方面,把成人教育学习计划作为促进非洲社会和经济进步、推动非洲复兴进程的工具。

2.发展建议

此外,非洲成人教育平台作为非洲成人教育民间组织的重要代表,鼓励并调动民间组织参与成人教育的理论与实践活动,积极影响或推动政府及相关部门有关政策的出台。在此基础上,非洲成人教育平台为非洲民间组织参与成人教育活动提出了以下几点建议:

(1)成人学习项目活动应优先考虑艾滋病毒/艾滋病感染和受影响的人群、囚犯、非正规部门和有特殊需要的学习者。开展的项目应涉及性别(男女)、贫穷、青年、人权、健康、艾滋病毒预防和环境问题。

(2)加强民间组织的能力建设,参与成人教育项目的政策制定、实施和监督。

(3)为了促进更好的自我形象和发展非洲身份,成人学习项目应该鼓励对非洲文化的理解和积极发展。

(4)通过成人教育计划,民间组织应使社区认识到教育作为人权的重要性,也是发展的先决条件。民间组织应加强机构能力建设,应对挑战,专业管理成人教育方案,倡导并推动官方的政策、课程与改革的发展。

(5)民间组织应重点给培训人员和同行教育从业者培训。

(6)民间组织应加强南南交流,分享宝贵的最佳做法与本土经验。②

《打造非洲成人教育"复兴愿景"的伙伴关系》从非洲民间组织的角度为成人教育发展提供了一些发展建议,打开了非洲成人教育发展的另一个新视角。它倡议成人教育活动项目应优先考虑弱势群体,关注机构本身的能力建设,有利于成人教育民间组织的可持续发展。此外,它关注非洲文化和

---

① African Platform for Adult Education. Forging Partnerships Towards a Renewed Vision of Adult Education in Africa[R]. Nairobi: African Platform for Adult Education, 2008: 24.

② African Platform for Adult Education. Forging Partnerships Towards a Renewed Vision of Adult Education in Africa[R]. Nairobi: African Platform for Adult Education, 2008: 24.

发展非洲身份,将成人教育作为促进非洲社会和经济进步、推动非洲复兴进程的途径,符合非盟的发展愿景。遗憾的是,民间组织的倡议只是作为参考建议,话语权较弱,且该组织机构后续行动没能继续跟进,并未能推动其上升到政策层面。

四、国际组织推动制定的非洲成人教育战略①

在联合国教科文组织等国际组织的倡议和推动下,非洲在一些国际大会的区域会议上发布了关于成人教育的区域文件。2008 年,在非洲召开了促进赋权的扫盲行动计划非洲区域会议和第六届国际成人教育大会非洲区域筹备会议两次大会,来自非洲国家的政府、民间组织的代表对扫盲和成人教育所做的承诺促使通过了两份宣传文件——《马普托战略平台:非洲促进赋权的扫盲行动计划》和《依靠青年和成人学习与教育的力量促进非洲发展的声明》。

(一)联合国教科文组织的非洲提高能力扫盲行动

2008 年,非洲各国政府与联合国教科文组织终身学习研究所、教科文组织西非地区办事处(达喀尔)和教科文组织马普托代表处合作举办了非洲地区促进赋权的扫盲行动会议,通过了《马普托战略平台:非洲促进赋权的扫盲行动计划》(以下简称《扫盲行动计划》),这是非洲为响应教科文组织倡导的促进赋权的扫盲行动计划而制定的区域协作框架。

《扫盲行动计划》关注国家政府两个方面的能力建设,一是制定可持续的和提高能力的扫盲政策;二是提供优质的扫盲赋权计划。民间组织和私营部门更多承担的是监督者与宣传者的角色,负责监督项目的实施,同时也参与到能力建设当中,收集一些成功实践、信息和数据。教科文组织支持参与促进赋权的扫盲行动计划的国家的扫盲活动,同时制定战略交流与宣传机制、资源调动战略以推动促进赋权的扫盲行动计划的开展。② 此外,《扫盲行动计划》要求非洲各国政府应与不同发展部门的社区、国家和地方合作伙伴,民间组织和私营部门以及双边和国际伙伴建立广泛的联盟。

---

① 钟颖.非洲成人教育一体化发展战略的研究[D].浙江师范大学,2018:56-58.

② UNESCO Institute for Lifelong Learning. Maputuo Strategic Platform:The Literacy Initiative for Empowerment in Africa[R]. Hamburg:UIL,2008:2-6.

（二）国际成人教育大会的非洲区域筹备会议声明

同年，为了参加第六届国际成人教育大会，来自非洲国家的政府、民间组织的代表召开了区域筹备大会，一致通过了《依靠青年和成人学习与教育的力量促进非洲发展的声明》（以下简称《声明》）。

《声明》从政策、资金、人员专业化、合作伙伴等方面为非洲政府、民间组织等机构参与成人教育活动提出了以下建议。

（1）建立由政府、双边和多边组织以及私营部门组成的青年和成人学习与教育倡导小组，筹集资金，满足非洲的需求；

（2）每个国家都应该有一个全面的国家青年和成人学习与教育政策或行动计划；

（3）加强国家部门、捐助者和私营部门对青年和成人学习与教育进行可持续资助的承诺；

（4）建立国家资格框架，确保青年和成人学习与教育需求得到充分的满足；

（5）通过青年和成人学习与教育项目促进包容性发展，考虑到少数群体、弱势群体和边缘群体以及有特殊需要的团体的特别需要；

（6）政府、民间组织和私营部门应共同制定具体的战略，让青年和成年学习者直接参与到政策制定和实施计划中；

（7）各国政府应制定相关战略和发展伙伴关系，利用信息通信技术和媒体促进青年和成人学习与教育；

（8）通过建立和发展高等教育机构（包括职业技术机构）、成人学习与教育研究中心和教育工作者与培训师发展部门，加强培训和研究能力建设，促进青年和成人学习与教育人员的专业化发展；

（9）各国政府、社区、民间组织、私营部门和发展伙伴应共同努力，制定和实施青年和成人学习与教育的政策和项目。[1]

此外，《声明》特别强调加强对青年和成人学习与教育活动的质量保障、监测与评估，建立区域—次区域—国家三级质量保障机制。

---

[1] CONFINTEA VI Preparatory Conference in Africa. African Statement on the Power of Youth and Adult Learning and Education for Africa's Development[R]. UIL, 2009: 5-6.

（1）各国政府应制定质量保障、监测和评估机制，并确保进行研究和数据收集，以制定和规范政策和项目，并评估青年和成人学习与教育的影响；

（2）在次区域、区域层面建立区域信息沟通和管理系统，制定包含民间组织的同行评估战略；

（3）非洲各国应建立一个监测机制，包含执行这些建议的明确的基准和指标；

（4）由教科文组织终身学习研究所或设立一个监测委员会，根据会议确定的标准，监测青年和成人学习与教育的进展情况和行动计划。[①]

《声明》将青年和成人学习与教育作为推动终身学习、可持续发展和和平文化变革的手段，旨在充分利用青年和成人的潜力推动非洲社会进步和经济发展。《声明》首次提出建立关于成人学习与教育的非洲区域—次区域—国家三级质量保障机制，这对于非洲成人教育一体化发展的实现非常关键。遗憾的是，《声明》只是作为一份区域层面上的承诺，并未能真正落实到实践上去，没能推动非盟制定关于整个非洲大陆成人学习与教育的战略政策。

第三节　非洲成人教育一体化发展战略的重要策略与实施项目[②]

非洲成人教育一体化发展战略，主要从开展成人扫盲运动、促进成人教育性别平等、加强信息化建设这三大策略展开以支持成人一体化发展。其中，成人扫盲运动为成人教育一体化发展战略关注的基础，以促进成人教育性别平等为重点，加强成人教育信息化建设为技术动力。

一、全面发动扫盲运动

根据相关数据统计，撒哈拉以南非洲地区有 1.82 亿成人文盲（2011

---

① CONFINTEA VI Preparatory Conference in Africa. African Statement on the Power of Youth and Adult Learning and Education for Africa's Development[R]. UIL，2009：6.

② 参见钟颖.非洲成人教育一体化发展战略的研究[D].浙江师范大学，2018：59-75.

年）。^① 非洲的扫盲进程也是全球进展最慢的。2019 年撒哈拉以南非洲国家 15 岁及以上成人识字率平均只有 65%^②。文盲率高是制约非洲成人教育发展的首要问题。因此，非洲把扫盲工作作为成人教育一体化发展战略中最基本的内容。非洲在开展扫盲运动过程中，往往会与本土化教育联系起来，将非洲价值观和本土知识融入教学内容，使用民族语言作为教学手段，来开展扫盲运动。

在国际层面，联合国教科文组织开展联合国扫盲十年（UNLD）和促进赋权的扫盲行动计划，对非洲提供了有针对性的援助，以扩大非洲的扫盲计划。目前，教科文组织正计划针对非洲开展一项新的扫盲计划，该举措将以包含 21 世纪积极公民的创新素养内容为基础，同时将推广非洲价值观、本土知识和使用母语作为教学媒介，以及采用最先进的执行机制，包括在教育中加强使用信息通信技术。

非盟特别重视扫盲与本土化教育，在《非洲大陆教育战略》中制定了专门的战略目标，即"在非洲大陆发起全面有效的扫盲运动，根除文盲现象"^③。《非洲教育"二·十"行动计划（2006—2015）》提出教育应助于重建非洲人的尊严，并积极为非洲的价值观和遗产感到骄傲，制定了"运用非洲文化价值观的积极方面来丰富教育系统"的战略目标，旨在通过促进文化产业的发展，减少功能性文盲，同时增加文化与教育之间的协同作用。^④

（一）开展广泛而全面的扫盲运动

非盟在《非洲大陆教育战略》中提出要开展广泛而全面的扫盲运动，以实现将成人识字率（尤其是女性）提高 50% 的全民教育目标，向《2030 教育行动框架》倡议"人人都能获得优质教育"的发展目标迈进。在《非洲大陆教育战略》中，非盟主张开展以下的活动：

---

① ADEA. AU Outlook on Education：Continental Report[R]. Yaoundé：ADEA，2014：17.

② UIS. Literacy rate，adult total(% of people ages 15 and above)-Sub-Saharan Africa[ED/OL]. Data as of September 2020. https://data. worldbank. org/indicator/SE. ADT. LITR. ZS？Locations＝ZG&most_recent_value_desc＝false.

③ African Union Headquarters. Continental Education Strategy for Africa[R]. Addis Ababa：African Union，2015：24.

④ African Union. The Second Decade of Education for Africa(2006—2015)：Plan of Action[R]. Addis Ababa：African Union，2006：16.

（1）重新审视和扩大现有的扫盲运动；

（2）开发相应的课程和促进两性平等的教学法，以满足所有学习者教育和培训的具体需求；

（3）在扫盲计划中促进语言和社会科学、数学和科学以及信息通信技术的教学活动；

（4）建设更多的以及支持现有的公共和国家图书馆；

（5）提高用于非正规教育与培训的教育经费比例至少10％；

（6）动员学生在课后时间去成人扫盲班授课，指导初等教育阶段学生的学习；

（7）在每一个非洲国家建立全国青年服务队。①

（二）加强文化与教育之间的协同作用

非盟2005年出台的《非洲文化复兴宪章》支持在教育系统中引入非洲文化价值。加强文化与教育之间的协同作用，将非洲文化融入教育制度，将教育作为促进和加强文化认同和价值观以及维护文化遗产的途径。

教育是非洲文化转移和传播的重要载体，政府首先要承认当地语言，并将其纳入教育计划。教育课程和教学方式必须适应不同的文化和价值观，这将有助于减少辍学率和降低文盲率。② 在《非洲教育"二·十"行动计划（2006—2015）》中，非盟提倡在学校课程中融入民族语言、民俗和其他传播信息的文化模式，侧重发展民族语言教育政策，开发本土语言教学课程指南和教材，加强民族语言教师教育，在地方行政当局加强使用当地语言以及制定文化丰富的课程。③ 在该战略中对非盟和区域经济共同体在实施战略的过程中也有相应的职能划分：非盟委员会应促进文化价值观、医学和科学知识、语言为教学媒介；区域经济共同体应促进区域协作开发用于教学和学习跨国（共同）语言的材料。④

---

① African Union Headquarters. Continental Education Strategy for Africa[R]. Addis Ababa: African Union, 2015: 24.

② ADEA. AU Outlook on Education: Continental Report[R]. Yaoundé: ADEA, 2014: 14.

③ 万秀兰，田甜.《非洲教育"二·十"行动计划（2006—2015）》评析[J]. 比较教育研究，2010（4）：1-6.

④ African Union. The Second Decade of Education for Africa（2006—2015）：Plan of Action[R]. Addis Ababa：African Union，2006：15-16.

此外,在《非洲大陆教育战略(2016—2025)》中提出要推进本土科学知识和文化发展,还特别强调文化市场对教育领域的重要性,倡导通过振兴和扩大非洲图书市场、学校、社区和国家图书馆的活力,扩大它们的规模,评选并奖励用民族语言写作的最佳作家,来促进阅读和写作活动。①

(三)开展官方和民间共同参与的扫盲教育项目

外包/流动化战略是由 10 个国家(贝宁、布基纳法索、布隆迪、乍得、科特迪瓦、几内亚、马里、尼日尔、塞内加尔和多哥)启动的一个分区域培训项目,旨在发展政府与民间组织等其他利益攸关方之间的有效伙伴关系,便于调动扫盲和非正规教育的资源。该项目旨在促进非洲区域各国政府扫盲教育的资源流动,有效筹集资金,以增加扫盲和成人教育的拨款。

1. 基本原则

该战略主张让每一个合作伙伴自己发挥自己的作用,根据"每个人都做自己最擅长的事"的原则,发挥自己明显的比较优势。

(1)统一的干预措施。所有扫盲活动应符合所有利益攸关方制定的统一框架,建立各级交流与协调机制。

(2)权力下放。在制定和执行政策过程的各个阶段,强化社区和民间组织的责任。

(3)分散。教育部的外围部门需要加强规划、管理、信息、监测和评估、协调等方面的能力。

(4)伙伴关系与参与。基于伙伴关系的渠道,优先考虑有意识和自愿参与的所有利益攸关方。

(5)透明度和公平性。确保在相关规定的基础上,根据透明的机制公平获取现有资源。②

2. 项目实施:以塞内加尔为例

在非洲一些国家,政府开展扫盲项目的政策是承包给民间组织负责,政府主要履行甄选项目、监测和评估项目的职能。塞内加尔就是其中一个典

---

① African Union Headquarters. Continental Education Strategy for Africa[R]. Addis Ababa: African Union, 2015: 24-25.

② ADEA. State-of-the-art of the Outsourcing Strategy of Literacy Programs[EB/OL]. [2017-09-12]. http://www.adeanet.org/adea/biennial-2006/doc/document/A3_3_faire%20faire_en.pdf.

型的例子,目前已经形成一定的发展模式(见图 7.1)。

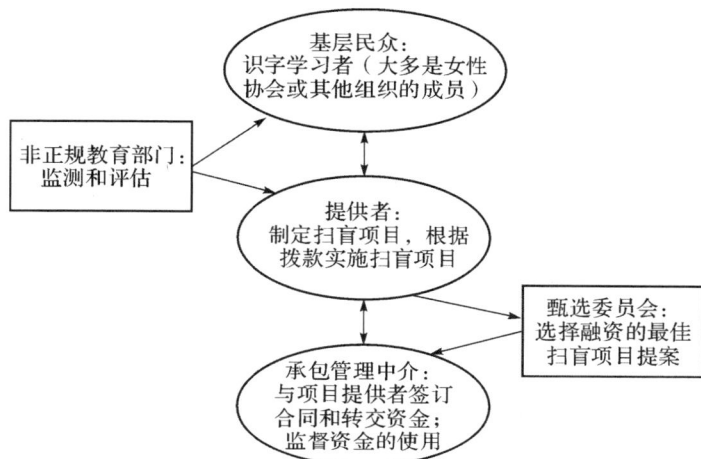

图 7.1　Faire-faire 模式:扫盲项目的选择与实施程序

资料来源:Nordtveit B. "Public-private Partnerships and Outsourcing". Center for International Education Faculty Publications[J/OL]. [2020-02-28]. http://scholarworks. umass. edu/cgi/viewcontent. cgi? article=1057&context=cie_faculty_pubs.

(1)项目申请

当地民间组织与不同社区的潜在学习者联系,并为每个社区提供所需的识字服务(每个识字课程通常为一个村庄服务)。民间组织为这些社区制定一个实施扫盲活动的项目提案,并将该提案提交给甄选委员会。在大多数情况下,该项目总结了 8~20 个社区(或村庄)的识字需求状况,并提出相应的识字课程。

(2)项目选择与批准

每年,有很多组织向甄选委员会提交了项目提案,该委员会辨别提案中的信息是否准确,并选出最佳的融资项目。提案的预算是根据每位参与者的固定单位成本计算的。在塞内加尔,每个项目的费用大约为每个学生 50 美元。

(3)项目开展

入选项目的机构将承包建立一个学习和活动中心,为每个扫盲课程招募一名识字老师,有专门的职前教师培训,并建立实施该项目的监测系统。

识字老师去指定的村庄开展为期 12～18 个月的扫盲课程,为学习者提供
450 小时的教学指导。开展的课程主要分为两类:识字课程(有关阅读、写
作和算术技能的教学);基本技能课程(有关健康、卫生、创收活动的教学)。
这些课程通常在学习和活动中心,项目提供者还为该中心的社区图书馆提
供一些书籍。

此外,项目统一使用国家批准的教学材料,以确保扫盲项目供给的一致
性。另外,村里的识字老师会培养一个或几个文盲村民作为"接班人",他们
可以在国家或社区项目结束后,继续在学习和活动中心指导扫盲班。这些
活动旨在确保教学的可持续性,并在社区中发展一个有利于扫盲的环境。

(4)项目的评估

政府的非正规教育部门对项目实施过程进行监测与评估,以确保课程
质量。此外,有专门的项目承包管理中介机构与项目提供者签订合同,转交
项目资金,同时还负责监督资金的使用状况。

(5)项目的资金来源

这些项目根据项目提案的融资方式接收选择有意愿参与的机构的捐赠
资金。此外,世界银行和加拿大国际开发协会(CIDA)等国际机构也提供了
资金以及技术方面的援助,例如为建立公私伙伴关系提供了一些指导。[①]

政府的教育部门根据甄选出的最佳的扫盲项目提案,调动更多的财力
和人力资源参与扫盲活动。在财政方面,实现了有效筹集和转移来自所有
捐助者(国家、公共或私人、国内和国际)的资金,按照项目提案预算分配给
项目提供者,形成了现代化的财务管理机制。在技术层面上,构建了现代化
和高效的技术支持框架。每个项目有专门的国家或国际机构提供技术方面
的指导,使得实施、监督与管理更加行之有效。

二、加速实现性别平等

非洲成人教育的性别平等战略即表现为,将性别问题纳入教育战略规
划、执行、监测和评估的主流,充分满足男性和女性的学习需求,创造性别平
等的学习环境,以保障女性在教育方面的权利,使得男性和女性学习者在教

---

① Oxenham J. Effective Literacy Programmes:Options for Policy-Makers[M]. Paris:Unesco,
2008:90.

育过程中平等受益。它的最终目标是实现社会生活中两性平等,在政治、经济和社会等领域赋予女性平等的权利。

"性别平等"一直被联合国教科文组织列为全球优先发展事项。在教科文组织通过的《2030 年教育行动框架》中,明确承认性别平等是一项指导原则,与实现受教育权有关,并指出女性和男性在"教育上和接受教育"方面必须被赋予同等的权利。

加速实现成人教育的性别平等对于实现非洲复兴和非洲愿景具有重大意义。在教育领域实现性别平等,更加关注女性教育的权利,能充分发挥非洲女性的潜力,更能促进和巩固女性在经济、社会、政治和文化方面的权利,调动女性参与实现非洲复兴和非洲愿景的积极性。

目前,非洲大陆面临着教育资金不足、性别差异大、毛入学率低且毕业率低等问题,教育的公平改革迫在眉睫。2014 年,非盟发布的《2063 年议程》提出了将非洲建设成一个包容性大陆的愿景,"到 2063 年,非洲将在所有生活领域实现完全的性别平等,女性同样拥有权利并在生活的各个领域发挥应有的作用"①。其中特别主张要扩大和巩固教育中的性别平等现象。2015 年 1 月,第 24 届非盟首脑会议在位于埃塞俄比亚首都亚的斯亚贝巴的非盟总部落下帷幕,其会议主题"女性赋权"更是直接突显其重要性,同时宣布 2016 年为"非洲人权年",特别关注女性的权利。

在国际层面,联合国教科文组织在全球范围内发动了"全球女童和妇女教育伙伴关系:更好的生活,更美好的未来"活动,倡导发展女童和妇女教育,帮助各国发展国家将性别纳入教育法规、政策和计划的主流。此外,启动了"教育能力发展计划"(CapED)以推进教育可持续发展目标的实现,特别强调两性平等和赋予女童和妇女权利。

在《非洲教育"二·十"行动计划(2006—2015)》中,涉及性别教育的议题就排在重点领域的第一位,强调在教育行动计划中确保性别和文化被纳入所有十年优先事项的主流。② 该报告中提出了实现"在整个教育系统内消除性别差距,确保两性平等,保障女童和妇女的权利"③的目标,主张赋予

---

① African Union. Agenda 2063:The Africa We Want[R]. Addis Ababa:African Union,2014:9.
② African Union. The Second Decade of Education for Africa(2006—2015):Plan of Action[R]. Addis Ababa:African Union,2006:5.
③ 万秀兰,田甜.《非洲教育"二·十"行动计划(2006—2015)》评析[J]. 比较教育研究,2010(4).

两性平等的经济权利,鼓励女童和妇女多参与各级教育中的科学和技术学习。

《非洲大陆教育战略(2016—2025)》提出在教育领域应"加速实现性别(数量和质量上的)平等"。非盟、区域经济共同体、各成员国与民间组织,应采取以下措施:(1)为两性平等处于弱势的群体提供服务,提高他们的学业成绩,并推广相关的成功经验;(2)确保教育系统内成功升学;(3)动员社区成为合作伙伴,确保女孩(和部分男孩)入学、持续就学并在学校有所收获;(4)实施相关干预措施,解决制约各阶段适龄人口无法入学和毕业的问题。[①]

此外,非盟还制定了专门的女性教育战略——《非洲女童和妇女教育国际中心战略规划(2015—2017)》,解决教育中的性别不平等现象,开发出性别适宜的学习环境,制定促进两性平等的学校教学和学习规划。该战略的目标与《非洲大陆教育策略(2016—2025)》中的战略目标是一致的:(1)提高女童和妇女在小学、中学和大学的教育水平;(2)促进教育政策和发展计划的性别主流化;(3)构建成员国在女童和妇女教育问题上的操作能力;(4)建立有关女童和妇女教育信息和经验交流的网络;(5)制定策略和创新方法来进行宣传,建立富有成效的伙伴关系,以促进和巩固女童和妇女教育;(6)促进女童和妇女教育问题的研究;(7)组织一些非洲女童和妇女教育和培训的观测活动;(8)组织信息和数据的收集、管理和编程使用的培训;(9)监控并报告国家、区域和大洲各级的决策和规划的执行状况。[②]

(一)改善学校教育中的性别平等现象

2004年,在非盟倡导下,非洲女童和妇女教育国际中心正式成立,作为推动教育性别平等的专门机构。性别平等教育战略的核心目标是在教育领域实现完全的性别平等,并赋予女性(和部分男性)等性别弱势群体权利。该战略重点关注性别平等的法律体制、学校课程、女性的就学率以及全洲性管理框架等几个方面。

---

① African Union Headquarters. Continental Education Strategy for Africa[R]. Addis Ababa: African Union, 2015: 24.

② STC-EST. African Union-International Centre for Girls and Women Education in Africa Strategic Plan 2015—2017[R]. Addis Ababa: African Union, 2015: 3-4.

1.建立保障两性平等的法规政策体系

健全的法律体系是保障性别平等教育最有力的途径。非盟主张,首先要支持性别平等的法律机制,主张健全关于学校中保障女性权利的法律框架,了解学校所有性别暴力的类型,考察学校关于性别敏感问题的环境,关注学校女性的卫生条件,针对一些特殊情况从国际社会的成功事例中寻找解决方案。具体表现在两个方面:

(1)要了解学校中的性别暴力现象。研究和审查所有现存关于学校中性别暴力的研究和报告;概述非洲国家性别暴力的影响因素;辨别处理性别暴力的国家法律应用的范例影响;制定相关指标来检测和评估学校中出现的心理、性别和身体上的暴力;确保成员国严格执行法律,惩罚性别暴力的行为。

(2)承认关注学校女性卫生方面的重要性。各成员国应提出确保其操作条件和策略的行动框架,推动对女性友好学校的发展;根据学校需要,提供更好的卫生设施支持;在学校开设卫生学习和其他相关生活技能方面的课程。[①]

2.构建两性平等的学校课程

学校课程是学校教育的主要内容。非盟倡导构建两性平等的学校课程,将性别平等的理念融入课程和教学过程当中,改善学校的性别平等状况,促进性别适宜教学环境的发展,将教育性别主流化战略真正推广到学校层面中去。其倡议主要表现在以下三个方面:

(1)概述清楚学校学习环境的类型(如性别适宜环境)。辨识各成员国包容性教育的范例,特别是在女性教育;承认性别适宜学校环境对于女性教育的积极影响(在入学和持续就学方面)。

(2)确保课程和评估设计考虑学习者的多样性。首先要界定性别平等教学资源的核心要素;为教师、课程设计者开设有关这些核心要素的能力建设研修班;设计促进性别平等和不同文化互融的教学资源。

(3)审查教师培训的内容和战略(特别是针对女教师的)。开展教

---

① STC-EST. African Union-International Centre for Girls and Women Education in Africa Strategic Plan 2015—2017[R]. Addis Ababa: African Union, 2015: 7-8.

师培训,培养更多合格的教师(特别是女教师);确保职前和在职培训(可持续专业发展)中包含以与女童关键对话为基础的教学策略;提高男教师对女童教育方面的认识;强化包容性教育的策略方针。[①]

3. 提高学校中女性的保留率

非洲各国学校的女生的入学率低,很多女生尽管入学了,但由于家庭经济等状况,不得不中途辍学,致使女生的保留率也比较低。因此,非洲成人教育的性别平等战略特别关注高等教育女性的入学问题,向所有学校宣传两性平等的观念,以确保所有女性都能被各级学校接收。同时,为辍学女性构建一个非正式的教育体系,满足她们的学习需求。

(1)了解初等和中等学校高辍学率的原因。研究和审查所有现有的关于女童入学率和保留率的研究和报告;总结出有利于女童在初等和高等教育阶段提高出勤率和完成率的关键因素;制定相关策略来提高出勤率和完成率。

(2)提高大学阶段的入学率。首先界定能使女性获得更高层次教育的核心要素;制定相关战略方针吸引女性进入大学学习。

(3)确保所有女性都能够被各级学校接收。教育部开设有关各级学校接受女性入学重要性的能力建设研修班,提高学校对于性别平等理念的认识,督促他们付出行动;向成员国宣传与民间团体、地区经济共同体合作的主张,建立广泛而有效的合作伙伴关系,为女性提供更多渠道的教育机会。

(4)确保辍学女性能够接受非正式教育。各国政府应为辍学女性构造一个非正式基础教育体系;教育部应设计课程来满足这些学习者的需要,帮助她们提高识字和生活技能。[②]

4. 构建全洲性的管理框架

非盟希望能在整个非洲大陆构建一个全方位的三级管理框架,由非盟组织、区域经济共同体以及各成员国三级组织构成一个共同体,合力服务于

---

① STC-EST. African Union-International Centre for Girls and Women Education in Africa Strategic Plan 2015—2017[R]. Addis Ababa:African Union,2015:9-10.

② STC-EST. African Union-International Centre for Girls and Women Education in Africa Strategic Plan 2015—2017[R]. Addis Ababa:African Union,2015:10-12.

全洲性的性别平等教育的管理框架,并对各级组织的职能做了详细的规定。

(1)非盟及非洲女童和妇女教育国际中心的作用:通过教育部门联络人力资源,并定期召开常规会议,审查《非洲大陆教育战略》的执行情况,加强协作来获得最佳结果;通过非盟教育观测站协调其适当指标的发展和试测,巩固女性教育在非洲大陆教育管理信息系统的地位,加强与成员国、区域经济共同体和主要机构在非洲妇女和女童教育方面的合作工作;领导变革的宣传和交流,同时筹集活动实施所需要的资金,促进非洲女性教育;一同出席国际或区域集会,或由成员国代表;呼吁并组织利益攸关者参加必要的国际会议。

(2)区域经济共同体的作用:帮助成员国为女性教育拟定全面的计划;促进主管教育和女性权能/权力部门的区域会议的召开,促进科技研讨会,以审查国家计划,以活动的形式在区域和非洲大陆的层面融合在一起;在区域层面所有的社会经济倡议中呼吁建立性别适宜的环境,强化和拥护区域做出的努力;协调成员国在保障非盟—非洲女童和妇女国际教育中心战略规划实施的区域性合作。

(3)成员国的作用:为实现性别平等教育的可持续发展,制定全面的国家计划;保证性别平等的教学和学习资源;确保安全的学习环境,远离暴力。

(二)加强基于性别平等的教育研究

非洲女教育家论坛和洛克菲勒基金会(Rockefeller Foundation)合作,提出了《FAWE-洛克菲勒倡议》,旨在通过性别平等的研究、创新的宣传策略和领导力培训,扩大非洲女性高等教育的入学机会,促进她们的专业发展并使她们积极参与到高等教育领域中。

1.项目目标

有相关数据显示,非洲只有6％的女性学生、教师或管理人员参与高等教育。[①] 此外,性骚扰、性别陈腐观念、不平等的评估,以及沉重的家庭工作和育儿费用,往往使得非洲高等教育环境中的女性学者和管理人员的处境更为艰难。

为了缓解上述问题,提高女性在高等教育领域的参与度,《FAWE-洛克

---

① FAWE. Promoting Women's Access and Professional Development in Higher Education[EB/OL]. [2017-12-08]. http://fawe.org/home/our-programmes/research/women-in-higher-education.

菲勒倡议》制定了以下几个目标:(1)总结大学工作人员在招聘、晋升和留任方面的性别趋势;(2)促进政策制定者和管理者对其机构内的就业和领导层中的性别差异现象采取行动;(3)监测、跟踪和报告拟议的性别平等行动的执行情况;(4)提高女性学者和管理人员的能力,倡导和促进在领导阶层实现更大程度的性别平等;(5)促进女性进入和晋升到大学的领导和管理职位。①

目前,非洲女教育家论坛正在与一些选定的非洲大学的研究人员和倡导者展开合作,并确保在地区一级更加重视高等教育领域中的性别平等问题。

2.项目实施:以对肯尼亚大学的研究为例

(1)研究目标

这项研究旨在记录肯尼亚大学教育中解决性别失衡问题的政策和方案。研究高等教育转型对性别公平议程和女性参与大学教育的影响。该研究采用批判性的方法,重点研究选定的高等教育机构文化变迁对策的影响,比较科技课程女生和男生的入学情况和成绩。此外,该研究还记录了这些政策和计划在高校产生积极效应的条件和过程。该研究具体包括以下几个研究目标:按课程专业分类,记录肯尼亚所选公立大学的性别公平相关的学生入学和成绩模式;研究性别平等政策和计划对肯尼亚女大学生参与大学教育的影响;为肯尼亚公立大学现有的性别平等政策和项目提供战略建议。②

(2)理论框架

该研究利用社会关系理论框架,解释了自肯尼亚推出性别平等计划以来,高等教育机构内部或外部发生的变化。鉴于社会关系决定着社会背景下人们的权利和责任,该研究要了解大学中男女之间潜在的社会关系,以及这些关系是如何影响知识产权干预的实施和影响的。因此,理论的关键之一就是分析大学资源。同时,大学生与男女教师和行政人员交往的社会和学术经验也是该研究的主要分析点。该研究旨在努力突破现有的计划和政

---

① FAWE. Promoting Women's Access and Professional Development in Higher Education[EB/OL]. [2017-12-08]. http://fawe.org/home/our-programmes/research/women-in-higher-education.

② FAWE. Strengthening Gender Research to Improve Girls' and Women's Education in Africa [R]. FAWE, 2011: 95-97.

策,以促进妇女参与大学教育。

(3)研究方法

这项研究运用定性和定量相结合的方法,采用混合方法对数据进行收集,从而产生关于性别平等干预对肯尼亚大学女性参与影响的综合数据。定量的方法提供了这些战略的实际影响。其中包括按专业和毕业趋势分列的不同性别的入学率和学业成绩模式。定性方法有助于梳理出所研究大学新兴的统计模式和趋势背后的意义和过程。选取了肯尼亚公立大学的两所院校进行案例研究设计,提供科学和艺术课程。这两个案例代表公立大学中性别差异最低(肯雅塔大学,KU)和最高(乔莫肯雅塔科学与农业大学,JKUAT)的机构。[①]

(4)研究结论

这项研究发现,解决高等教育中的性别不平等问题的政策和项目非常有限,这表明该部门在这方面没有得到非政府组织和政府的足够重视或支持。政府的"肯定行动"(AA)政策已经运行了近20年,对妇女准入和留任高等教育机构做出的贡献微乎其微,而且缺乏确保效率的监测和评估机制。调查结果还表明,女性在大学学习过程中面临挑战,阻碍了女性在学习中的有效参与。此外,性别陈腐观念也在一定程度上阻碍了女性参与高等教育。

三、加强信息化建设

加强成人教育信息化建设主要表现在,将信息通信技术作为扫盲和文化传播的途径,利用开放学习与远程教育的优势,打破成人学习时空的限制,扩大成人教育的受众,开发他们的潜力。

2001年,美国麻省理工学院(MIT)率先启动了在世界教育领域引起关注的开放式课件运动,向全世界公开他们的开放课程。随后,英国、荷兰等欧洲国家的大学也纷纷加入这个运动,开展了一系列开放教育资源项目,如英国开放大学的开放学习项目(Open Learn),荷兰开放大学的开放教育资源项目(Open ER),欧洲远程教育大学协会(EADTU)的多语言开放资助学习项目(MORIL),产生了非常大的影响。开放教育资源运动进而延伸到非

---

① FAWE. Strengthening Gender Research to Improve Girls' and Women's Education in Africa [R]. FAWE, 2011: 96, 106.

洲和亚洲一些发展中国家。非洲在推进开放教育资源运动中主要采取了两种方式：一是为大众提供普适性的公共讲座，如公共卫生教育等大众关注的课程；二是采用多种形式支持高校发展开放教育资源。①

教育信息化是非洲成人教育一体化发展战略的重要战略领域之一，也是促进非洲成人教育可持续发展的良性途径。《2063 年议程》倡导构建非洲知识型社会，建立和巩固非洲虚拟大学。《非洲教育"二·十"行动计划（2006—2015）》提出要在非洲大陆、区域和国家层面建立运作良好和可持续发展的教育管理信息系统，以"扭转当前'信息空白'的局面，健全基于信息的教育规划体系，促进对教育系统绩效的严格监督和评估"。②《非洲大陆教育战略》中提出通过"利用信息通信技术保障受教育权利，促进教育和培训系统质量和管理水平的提升"的战略目标。

在国际上，世界银行启动的"非洲虚拟大学"项目，支持 13 所非洲大学利用信息技术促进非洲远程学习的发展。在区域层面，南部非洲发展共同体开展了"开放远程学习能力建设项目"，以促进本区域开放远程学习的政策规划与能力建设。高校作为传播和创新知识的主要机构，也承担着为社会服务的职能，为成人提供更多的学习机会。高校的影响力具有跨区域性效应。南非大学开展开放远程学习项目，并制定了《开放教育资源战略》，提供文凭和学位等课程，为数以万计的成人提供了一个平等学习的网络平台。

（一）大力发展开放和远程学习

开放和远程学习具有一大特色，就是可以不受时间和空间的限制参与学习。考虑到非洲许多潜在的学习者，非盟及各级组织在这一方面做出了很多努力，主张开发和梳理在线教育资源，推动开放和远程教育的平台建设，为更多成人提供课程和项目。

1. 系统整合在线教育资源

首先要推动在线教育资源建设，并融入非洲和地方特色；利用、梳理非洲自身创造和生产的所有材料，使之整合成可行且适当的教育材料。

---

① 李亚婉. 世界开放教育资源运动与中国开放大学建设[J]. 现代远距离教育（开放大学建设论坛），2011(2)：35-38.

② 万秀兰，田甜.《非洲教育"二·十"行动计划（2006—2015）》评析[J]. 比较教育研究，2010(4)：2.

2.加强开放和远程教育平台建设

建立移动在线教育培训平台,为所有学生提供学习机会。合理利用高校的平台,开展开放和远程教育,发挥在高等教育领域知识生产和分配的作用,扩大其影响效应。南非大学在这一方面表现比较突出。

3.加强开放和远程学习能力建设

据统计,在南非,有 38.8% 的人通过开放和远程学习项目接受高等教育。[①] 开放和远程学习项目不仅能扩大高等教育的受众,还可以推动扫盲计划的实施,通过网络平台为更多的人提供相应的课程和学习机会。

(二)建立非洲虚拟大学

1997 年,由世界银行资助在华盛顿启动了一个项目——非洲虚拟大学。该项目旨在利用现代信息通信技术的能力为非洲学生和专业人员提供世界一流的优质教育和培训项目。2003 年,非洲虚拟大学成为政府间组织,有 19 个成员国,其总部设在肯尼亚内罗毕,在塞内加尔达喀尔设有区域办事处。

自 1997 年创立至今,非洲虚拟大学在以下几个领域取得一定的成就:(1)利用信息技术开展课程(学位课程、证书和文凭课程);建立和管理非洲大型教育机构。(2)设计和实施跨国网络学习(e-learning)项目;开发非洲当地的知识内容,为合作伙伴创建在线教育资源。(3)在成员国建立最先进的网络学习中心;为合作伙伴机构的员工提供网络化学习方法的培训。(4)制定和实施开放教育资源战略。(5)管理数字图书馆。[②] 目前,非洲虚拟大学与非洲开发银行展开合作,在非洲 21 个国家建立了 29 个新型开放远程和网络学习中心。[③]

(三)开展信息化能力建设项目

开放远程学习能力建设项目是南部非洲发展共同体于 2008 年开始启动的一项区域性项目,以支持南部非洲开放远程学习的政策发展与能力建

---

① Southern African Development Community. Regional Open and Distance Learning Policy Framework[R]. SADC, 2012:14.

② African Virtual Univertty. AVU At a Glance[EB/OL]. [2017-09-25]. http://www.avu.org/avuweb/en/avu-at-a-glance.

③ Sawahel W. African Virtual University to Launch 29 E-learning Centres[EB/OL]. [2017-09-23]. http://www.universityworldnews.com/article.php? story=20140815124144866.

设,推动了区域一体化的进程。

1. 项目目标

开放远程学习能力建设项目的总目标是,在本区域开发和部署有效和协调的开放远程学习模式,促进区域一体化的发展。

通过在成员国内部和所有利益攸关方之间建立更好的协调网络和体制,促进该地区的教育系统和机构更有效和高效地合作,以使其更加开放、更多创新、更加灵活,实现更深入的融合。该项目有四个具体目标:(1)实现开放远程学习政策的统一规划;(2)加强开放远程学习从业人员开放远程学习的能力建设;(3)推动成员国和所有利益相关者实施开放远程学习项目的交流与合作;(4)在开放远程学习项目中考虑性别主流化和其他交叉问题。[①]

2. 项目实施

该项目由非洲开发银行提供财政支持。目前,南部非洲发展共同体已经从两个方面开展了系列工作,一是区域的政策制定与战略规划,二是开放和远程学习能力建设。

(1)区域政策制定与战略规划

一是制定专门的区域政策。2012 年,南部非洲发展共同体制定了《区域开放远程学习政策框架》,提出了十四大重点发展领域,并分析各个方面的主要问题及具体的目标。此外,南部非洲发展共同体还制定了关于开放远程学习项目的性别主流化战略和信息教育交流战略。

二是召开区域政策论坛。南部非洲发展共同体组织召开了区域政策对话论坛,以验证研究报告,综合调查结果,就区域政策框架可以解决的问题达成共识并提出建议。

(2)开放和远程学习能力建设

一是加强区域和国家部署和实施开放远程学习项目的能力。主要表现在成立区域专业中心,提供网络和信息共享设施;开发开放远程学习的技术技能,在两个专业中心证书、文凭和硕士等级的课程中提供各种奖学金。

---

① SADC. Open and Distance Learning Capacity-Building Project Objective[EB/OL]. [2017-09-23]. http://www.sadc.int/themes/social-human-development/education-skills-development/open-and-distance-learning-capacity-building-project/open-and-distance-learning-project-objectives.

二是召开区域或大陆研讨会。南部非洲发展共同体在本区域还召开多次区域会议,加强对能力建设问题的探讨,以促进区域开放远程学习政策的规划。

三是开展关于开放远程学习的研究。南部非洲发展共同体秘书处在成员国中推动了四个教育子部门的研究,即中等教育、高等教育、教师教育和职业技术教育与培训。研究报告中详细介绍了开放远程学习的总体状况和潜力,特别是在四个子部门中开放远程学习面临的挑战与机遇。此外,南部非洲发展共同体秘书处还对该区域开放远程学习中的性别主流化问题的监测和评价展开研究。[①]

3.项目评估

(1)评估部门

该项目制定了专门的"区域监测与评估框架"。各成员国根据相关规定,追踪开放远程学习项目的执行状况。南部非洲发展共同体秘书处负责对各成员国的执行状况进行监测与评估,审查项目的实施,并提供项目进展的报告。

(2)评估内容

各成员国与南部非洲发展共同体秘书处共同参与该项目的监测与评估工作,其主要评估内容包括基础信息、项目进展、资源、项目绩效、信息通信技术与多媒体等5个方面(见表7.4)。

表7.4　南共体开放远程学习(ODL)项目监测与评估的核心指标

一级指标	二级指标	三级指标(%)	数据来源	频率
基础信息	性别	性别平等指数(女性入学人数占总入学人数的百分比)	机构数据	每年
		ODL机构的外国学习者人数占总入学人数的百分比(按性别分)	机构数据	每年

① SADC. Open and Distance Learning Capacity-Building Project Objective[EB/OL]. [2017-09-23]. http://www.sadc.int/themes/social-human-development/education-skills-development/open-and-distance-learning-capacity-building-project/open-and-distance-learning-project-objectives.

续表

一级指标	二级指标	三级指标（％）	数据来源	频率
项目进展	课程研究	按需求评估提供规定课程数占总课程数的百分比	机构数据	每年
	课程实施	接受形成性评估的课程占总课程数的百分比	机构数据	每年
	学习者支持服务	有学习者支持单位的 ODL 机构占全国 ODL 机构总数的百分比	机构数据	每年
	模块分配	参与指定模块的学习者人数占总人数的百分比	机构数据	每年
	学习中心的学生出勤率	学习者参与所有规定课程的人数占总入学人数的百分比	机构数据	每年
	学生完成任务的情况	每年学习者递交规定作业的人数占总人数的百分比	机构数据	每年
	课程中涉及艾滋病/艾滋病毒问题	涉及解决艾滋病/艾滋病毒的课程数量占总课程数的百分比	机构数据	每年
	课程中涉及性别问题	涉及解决性别问题的课程数量占总课程数的百分比	机构数据	每年
	课程测验	完成所有测验学习者占总入学人数百分比	机构数据	每年
	课程总结	接受总结性评价的课程占总课程数的百分比	机构数据	每年
资源	人力资源	ODL 机构接受 ODL 方面培训的教师占 ODL 机构总教师人数的百分比	机构数据	每年
	师生配比	ODL 机构中学习者人数与教学人员的比例	机构数据	每年
	资金	拨给 ODL 方面的资金占教育部门总预算的百分比	机构数据	每年
	学生安置	能够找到安置的学生人数占符合安置资格学生总人数的百分比	机构数据	每年
项目绩效	升级	升级率（进入下一阶段学习的学生人数占这一阶段学习总人数的百分比）	机构数据	每年
	完成	完成率（完成这一阶段学习的学生人数占本阶段总人数的百分比）	机构数据	每年
	辍学	辍学率（某一项目的辍学人数占参与人数的百分比）	机构数据	每年
	通过	通过率（成功完成项目学习的人数占最初参与的总人数的百分比）	机构数据	每年
	失败	失败率（未能完成项目学习的人数占最初参与的总人数的百分比）	机构数据	每年

续表

一级指标	二级指标	三级指标（%）	数据来源	频率
项目绩效	深层次学习	完成规定阶段学习并进入下一阶段学习的人数占完成规定阶段人数的百分比	机构数据	每年
	晋升	晋升率（在工作场所获得晋升机会的学习者占学习者总人数的百分比）	雇佣机构数据	5年或以上
	创业	过去三年毕业ODL职业技术教育学生自主创业人数占毕业总人数百分比	追踪调查	5年
信息通信技术/多媒体	国家信息技术政策	颁布了信息通信技术政策的国家数量	成员国ODL报告	每年
	ICT基础设施	连接互联网的ODL机构数占总ODL机构数的百分比	机构数据	每年
	可用电脑	学习者入学人数占ODL机构电脑数量的百分比	机构数据	每年
	ICT使用课程	提供ICT课程的ODL机构数量占机构总数量的百分比	机构数据	每年
	图书馆	配有图书馆设施的ODL机构数占总数的百分比	机构数据	每年

资料来源：SADC. SADC ODL Monitoring and Evaluation Framework[R]. 2010：12-19.

（3）评估流程

所有成员国追踪本国的项目开展状况涉及的核心指标，并每年提交一次国家开放远程学习报告。这些国家报告于每年3月30日提交给南部非洲发展共同体秘书处。南共体秘书处根据成员国报告编写一份开放远程学习区域报告，并于每年4月30日与会员国分享审核意见。成员国在每年5月30日前与南部非洲发展共同体秘书处进行反馈，以便南共体秘书处能够在6月中旬前完成最终评估报告。

4.项目成效

南部非洲发展共同体的开放远程能力建设项目取得了一定的成果。在开放远程学习政策方面，莱索托、马拉维、坦桑尼亚、赞比亚和津巴布韦制定并通过了国家开放远程学习政策的最终草案。

在开放远程学习能力建设方面，坦桑尼亚和马拉维建立了两个教师和中等教育专业中心；在坦桑尼亚开放大学建立了知识管理系统（KMS）；从2008年至今通过南部非洲远程教育协会和区域政策会议，促进从业者之间的网络和合作；南部非洲发展共同体开展了开放远程学习从业者的短期和长期培训；在八个成员国都开展了两次区域性和八项全国"开放远程学习和性别"的宣传活动①；培训了 36 名专门从事开放远程学习性别主流化工作的从业人员；而且，推动南部非洲发展共同体制定了专门的性别主流化和信息教育交流区域战略规划。

第四节　非洲成人教育一体化发展战略的特点、成效与挑战②

一、非洲成人教育一体化发展战略的特点

（一）兼顾政治经济的战略发展目标

作为全球最欠发达的大陆，非洲面临被"边缘化"的危险。面对严酷的全球竞争，非洲国家的领导人都意识到，多数非洲国家民穷国弱，单纯依靠外部力量或自身能力都不能真正解决非洲的发展问题，唯有联合自强，加快非洲大陆政治、经济、文化的一体化，实现非洲文化复兴，才是振兴非洲、摆脱落后的唯一选择。

1996 年《非洲教育"一·十"行动计划》的出台标志着非洲制定综合教育战略的开始。当时，非洲的教育政策主要为经济发展服务，主要是针对文盲率高、青年人失业等问题，教育政策的主要目标是通过改善教育质量、提高教育适应性和接受教育的机会，提高公民的生计能力，以促进各成员国经济的发展。

新世纪伊始，随着非洲联盟的成立，非盟逐渐成为非洲一体化的主导力量，出台了一系列政策来推动一体化建设的进程。经过十年的发展，非洲的经济一体化取得了一定的成效，但政治一体化却不尽人意。非盟领导人逐渐意识到非洲人民缺乏"非洲身份"的认同意识。面对新形势的变化与挑战，非盟的教育战略目标也有所调整，兼顾政治经济一体化的需要，促进非

①　SADC. Open and Distance Learning Capacity-Building Project Achievement[EB/OL]. [2017-09-23]. http://www. sadc. int/themes/social-human-development/education-skills-development/open-and-distance-learning-capacity-building-project/odl-achievements.

②　钟颖. 非洲成人教育一体化发展战略的研究[D]. 浙江师范大学，2018：76-85.

洲复兴的实现。这一时期,非盟的教育战略主要为政治经济服务,主要表现为解决就业问题、开展职业教育、缩小教育中的性别差距等。

2015 年非盟通过的《2063 年议程》标志着非洲一体化进入了转型时期。《2063 年议程》呼吁非洲社会经济变革和政治转型,实现公开治理和共同繁荣,在教育领域做出了相应的承诺——推动教育与培训的发展为非洲大陆的发展创造知识、培养人力资源以及能力建设。[1] 非盟已经深刻认识到教育战略目标应兼顾政治经济的发展需要,制定综合、全面的教育战略,推动非盟成为综合的知识型经济体,实现可持续发展。《非洲大陆教育战略》的最终目标是为非洲大陆培养具有非洲价值观、有能力实现非洲愿景和雄心的人力资源。[2] 非洲成人教育平台发布的《打造非洲成人教育"复兴愿景"的伙伴关系》中也明确提出将成人教育学习计划作为促进非洲社会和经济进步、推动非洲复兴进程的工具。[3]

由此可见,非洲各级组织极为重视教育培训的变革性力量,不仅将成人教育作为非洲社会经济和政治发展的有效途径,而且更加重视教育对实现非洲复兴、非洲身份认同、区域及成员国间的合作等的作用。

（二）蕴含深厚的非洲文化价值观

非洲成人教育一体化发展战略倡导弘扬非洲本土的文化价值观,这主要体现在两个方面。

首先,非洲本土文化是成人教育的重要组成部分。"外来的西方文化不可能完全触及非洲传统文化的根本,西方殖民统治与文化政府,其实就是一个外来的西方文化与本土文化在矛盾冲突与碰撞接触中相互适应的过程。这种冲突与碰撞的结果,是一种非洲本土文化与外来西方文化融合而成的殖民地文化在历经磨难的非洲大陆上初步成长起来。"[4]而本土文化作为土生土长的思想,深深根植于非洲传统之中,是非洲人民几千年来代代相传保留下来的智慧结晶,一直以来是非洲成人教育的主要教学内容。在近代以

---

[1]　African Union. Agenda 2063: The Africa We Want[R]. Addis Ababa: African Union, 2014: 2.

[2]　African Union Headquarters. Continental Education Strategy for Africa 2016—2025[R]. Addis Ababa: African Union, 2015: 11-12.

[3]　African Platform for Adult Education. Forging Partnerships Towards a Renewed Vision of Adult Education in Africa[R]. Nairobi: African Platform for Adult Education, 2008: 21.

[4]　刘鸿武.非洲文化与当代发展[M].北京:人民出版社,2014:235-236.

来,受到西方外来文化的侵入,非洲成人教育中本土知识体系在夹缝中生存,一度受到排挤、打击,但并未触及其本质发展。

从历史发展脉络看,本土化的成人教育其总体目标是学习特定的技能,并培养诚实、尊敬、技能、合作和符合时代社会秩序的成年人。其包含的本土知识体系内容丰富,教学形式多样。内容可涉及成人的社会宗教、政治、经济和教育的各个方面,通过讲故事、示范、观察、模仿、谚语、戏剧、唱歌、打鼓、跳舞、体验模拟和土著传统的实践等形式传授本土知识文化。[①] 在这些非正式互动过程中,受非洲人民之间的信息共享、知识转移以及技能的影响,非洲成人教育的本土知识体系非常稳固。自创建以来,它一直活了下来,无论现代社会经济影响如何,都能继续生存下去,随着时代的变化,成人教育中的本土知识体系不断得到完善。

新世纪以来,非盟在这一方面做出了很大努力,出台了《非洲文化复兴宪章》《非洲青年宪章》,成立非洲语言学院,主张在保护文化多样性的同时,坚持用非洲语言发声,发展国家和非洲的身份和认同感,提高成人对非洲文化、价值观和本土知识的认识和教育意识,提升非洲的思想、哲学、利益和认识论中的引领作用,充分利用人丰富的潜力。[②]

其次,注重集体性和社会性观念的培养。在非洲的传统思想中,个人的身份会受到社会的约束,成人往往被赋予重要的社会责任感,社区的成人是所有青少年的负责人。目前,在非洲许多农村地区,大家庭观念仍然很强。独立运动后,非洲各国政府开展成人教育活动,在为非洲成年学习者提供培训课程的同时,重新考虑到对非洲的认同以及如何受到其他世界文化的影响,更加注重集体意识的培养,塑造各个社区的共同价值观[③],鼓励学习者参与团队学习、小组工作和小组项目。

（三）形成了多方机构共同参与的格局

非洲成人教育一体化发展战略逐渐形成以非盟—区域经济共同体—成

① Kwapong O A T F. Dynamics of Adult Education Provisions in the African Sub-Region: Focus on University-Based Adult Education in Ghana[J]. PAACE Journal of Lifelong Learning, 2015(24): 67-82.

② African Union Commission. Charter for African Cultural Renaissance[M]. Khartoum: African Union, 2006: 12; African Union Commission. African Youth Charter[M]. Banjul: African Union, 2006: 34.

③ Nafukho F, Amutabi M N, Otunga R N. Foundations of Adult Education in Africa[M]. Hamburg: Pearson South Africa, 2005: 10-11.

员国为核心,高校、民间组织与国际组织积极参与的格局。

1.以非盟—区域经济共同体—成员国三级为核心

非盟在推动非洲成人教育一体化发展战略的形成过程中发挥着主导作用,主要体现在引领整个大陆的成人教育发展方向,制定成人教育发展目标,规划重点领域的发展措施,为各成员国的成人教育提供政策性的支持。如规划非洲未来 10 年的教育发展,陆续出台了《非洲教育"二·十"行动计划(2006—2015)》《非洲大陆教育战略》以及关于某个具体领域的整体规划《非盟高等教育一体化发展战略》《非洲职业技术教育与培训振兴战略》等。

在非洲成人教育一体化发展战略的形成过程中,非洲区域经济共同体发挥着承上启下的作用。一方面,非洲区域经济共同体是非洲大陆层次成人教育一体化发展战略的执行者与监督者。各区域经济共同体遵循非盟成人教育战略的发展原则,响应非盟成人教育战略中的相关政策指示,并督促各成员国的贯彻与执行。另一方面,非洲区域经济共同体是非洲各区域成人教育一体化发展战略的主要规划者与监督者,而区域一体化也是非洲一体化的重要组成部分。各区域经济共同体根据本区域成人教育的发展状况,探讨成员国成人教育的创新、影响、经验与教训,制定符合本区域实际情况的成人教育政策,开展成人教育项目活动,并对各成员国的执行情况定期进行评估。如南部非洲发展共同体,先后发布了《彼得马里茨堡宣言》和《开放远程学习区域政策框架》两大关于成人教育的政策文件,分别关注成人扫盲与基础教育以及开放远程学习两大领域,在落实开放远程学习的政策的过程中启动了一项区域性项目——开放远程学习能力建设项目。

非盟及区域经济共同体各成员国是非洲成人教育一体化发展战略的执行者与反馈者。各成员国为相应非盟与所属区域经济共同体的成人教育战略,制定专门的、更加符合本国国情的成人教育政策,或是将成人教育纳入国家教育政策中,积极参与非盟及所属区域经济共同体开展的成人教育项目,并定期向他们提交报告作为反馈。

2.民间组织、高校与国际组织积极参与

一方面,非洲社区、民间组织和私营部门与各国政府之间建立了多方利益攸关方伙伴关系,加强了各种项目供给的合作。政府作为主要的倡导者,在政策制定、发展规划方面发挥着主导作用。民间组织积极响应政府的号召,并推动成人教育的改革,促进教育的创新与变革,也是成人教育项目资金和技术供给的主要来源之一。非洲大学作为研究机构和培训机构,是政策发展的参与者、成人教育工作者和协调人员,同时也承担着培养成人教育从业人员的责任,对于研究成人教育也至关重要,并为成人学习者提供各种形式的继续教育和非正规教育。

另一方面,民间组织、高校与一些国际组织以及他国机构建立合作伙伴关系共同推动非洲地区成人教育的发展。目前,国际组织及他国机构与非洲各国就成人教育方面建立的合作伙伴关系,主要有四种合作形式。一是资金投资,加强基础设施建设,如世界银行曾为非洲扫盲项目投入大量资金;二是支持或提供成人教育工作者的培训,或设计成人教育课程,如德国成人教育协会国际合作研究所开展的"非洲成人教育的初步培训和在职培训";三是提供咨询服务,或是促进评估与监测,如联合国教科文组织组织编写《成人学习与教育全球报告》,对非洲开展的扫盲状况进行评估;四是由他国机构或国际组织主导开展项目研究,如世界银行启动的"非洲虚拟大学"项目。

目前,在国际社会和民间组织的支持下,非洲已经推行了几项对青年和成人学习与教育产生积极影响的创新政策和项目。例如,通过外包/流动化战略(outsourcing/faire-faire strategy),政府已经与其他利益相关者建立了伙伴关系,以筹集资金、增加和改善扫盲和基础教育的供应。[①]

二、非洲成人教育一体化发展战略的成效

(一)促进教育利益相关者之间的政策对话

非盟作为非洲一体化的主导者,协调国家、次区域、非洲大陆之间的利益需求,促进相互之间的政策对话。《非洲大陆教育战略》就是在《2063 年议程》的战略框架下,通过自下而上的磋商过程而产生的,强调战略制定和执行中的政治民主,高度重视区域和次区域组织以及各国政府在一体化进程中的作用,主张从国家、次区域和非洲大陆三个层面调整非洲教育和培训系统以及制定各级教育的发展规划。

---

① Aitchison J, Alidou H. The State and Development of Adult Learning and Education in Subsaharan Africa[R]. Regional Synthesis Report Hamburg: UNESCO Institute for Lifelong Learning, 2009:10.

国际组织为非洲各区域及国家提供多个信息共享、交流对话的平台。例如,《马普托战略平台:非洲促进赋权的扫盲行动计划》和《依靠青年和成人学习与教育的力量促进非洲发展的声明》这两个文件,就是在联合国教科文组织和国际成人教育大会的倡议和推动下,非洲各地区及国家政府代表的教育政策决策者、制定者及各方利益攸关者聚在一起,共同为非洲成人教育一体化发展谋求思路,针对非洲成人教育的现状提供发展建议而达成的协议。

（二）重视扫盲与非正式教育

在大多数非洲国家的教育系统中,扫盲与非正式教育一直以来都是被忽视了的部门。然而,《非洲教育"二·十"行动计划（2006—2015）》与《非洲大陆教育战略》将扫盲教育纳入战略目标中,以及联合国教科文组织、世界银行等国际组织开展的扫盲教育行动,使得扫盲与非正式教育重新受到重视。在非洲次区域层面,以南部非洲发展共同体为例,出台了专门的成人扫盲教育政策——《彼得马里茨堡宣言》,以协调本区域的扫盲教育活动。多国合作开展的外包/流动化战略,使得参与该项目的国家在部长一级对大力开展扫盲项目都做出了相应的政治承诺,由政府的教育部门负责项目的甄选、监测与评估等工作,加强了政府部门对扫盲活动的关注度。

（三）建立有效的公私合作伙伴关系

非洲成人教育一体化发展战略调动了官方和民间组织共同参与的积极性,建立了有效的公私合作伙伴关系,使得各方机构能充分发挥各自的优势,以支持和扩大成人教育项目。以成人扫盲教育为例,在联合国教科文组织的推动下,非洲提高能力扫盲行动的开展使得非洲各国政府与不同发展部门的社区、国家和地方合作伙伴、民间组织和私营部门以及双边和国际伙伴建立广泛的联盟。而外包/流动化战略是非洲多国政府与民间组织合作开展的扫盲教育项目。在塞内加尔,约有51%的项目承担者是当地的营利性协会,25%是不同类型的地方非营利协会（包括语言文化协会、宗教协会等）,12%是由非政府组织承担。[1]

---

[1]　Nordtveit B. "Public-private Partnerships and Outsourcing". Center for International Education Faculty Publications ［J/OL］. ［2020-02-28］. http://scholarworks. umass. edu/cgi/viewcontent. cgi? article＝1057&context＝cie_faculty_pubs.

非洲成人教育一体化发展战略重视发挥民间组织参与社区工作的优势,主要体现在三个方面。首先,民间组织具有从事扫盲工作的丰富经验。民间组织深入当地情况进行调查,更具灵活性和针对性,根据不同的学习需求,制定出相应的项目提案以服务不同的学习者。其次,确保社区及其组织的参与是地方一级扩大扫盲的支持手段。非政府组织和社区组织的项目开展,可以向政府部门提供他们的反馈和意见,以促进扫盲活动的开展。最后,合作依赖于共同目标和相互信任的存在。政府更容易接受多元文化的民间组织。

三、非洲成人教育一体化发展战略面临的挑战

(一)缺乏全面综合的成人教育战略

尽管以非盟为核心的三级组织都在各自的层面努力完成自身的使命,在不同程度上推动非洲成人教育一体化的发展,但是它们的政策文本中似乎很少直接谈及"成人教育一体化"这一概念,没有从战略全局的高度直接勾画出一体化的蓝图。

与非洲隔着地中海的欧洲大陆,其成人教育战略已经完全形成且发展成熟。自 20 世纪 90 年代以来,受到终身教育思潮的影响,欧盟陆续出台一系列促进欧盟各成员国教育文化合作的文件,加速了欧洲教育一体化的进程。其中,"里斯本战略""苏格拉底计划""达·芬奇计划""欧洲电子学习计划"等,对欧洲成人教育的发展方向进行了统一规划,促进成人教育的改革,推动了欧盟成人教育一体化发展。[①] 随后,欧盟接连发布了《成人学习:学习永远不太晚》和《成人学习行动计划:成人学习正当其时》的报告,为欧洲各国加快成人教育一体化发展进程设计了更加切实可行的行动方案。经过十多年的发展,欧盟已经形成了全面系统综合的成人教育一体化发展战略体系(见表 7.5),其内容涵盖成人教育领域的各个方面。

与欧盟发展成熟的成人教育战略体系相比,非盟做出的努力还远远不够。迄今为止,非盟没有出台全面综合的成人教育战略,其关于成人教育的规划包含在教育战略的整体规划中。也就是说,非洲缺乏一个"顶层设计"

---

① 　贺中华.欧盟终身学习政策研究[D].山西大学,2015:14-15.

的政策规划来引领整个大陆的成人教育一体化发展的走向。这无疑是当前非洲成人教育一体化发展战略面临的最大问题。当前,非洲在教育领域重点关注高等教育和职业技术教育,成人教育作为相对边缘的教育领域,没有得到足够的重视。

表 7.5　欧盟出台的成人教育战略、政策或计划

战略/政策/计划	主要内容
苏格拉底计划 (1995)	涉及从幼儿教育到成人教育各阶段的教育,分为八个具体的行动计划,其中"格兰特威格计划"为发展成人教育的专项计划。该计划旨在提高成人全面、积极参与社会的能力和跨文化的意识;获得或更新成人通用能力的方法,改善其就业能力;增进成人进入或回归正规教育的机会与能力
达·芬奇计划 (1995)	专门针对职业技术教育交流合作的行动计划,旨在在欧盟各成员国之间通过促进职业技术教育发展的合作交流,提高职业技术教育和培训的质量
里斯本战略 (2000)	为欧盟描绘了未来 10 年的发展愿景——"将欧盟打造为世界上最具活力和竞争力的知识经济共同体,促进欧洲经济可持续发展、扩大就业机会和增进社会融合"。其中涉及一些与成人教育相关的提议,号召成员国:通过融合教育和培训政策,增大对人力资本的投资力度,制定有效的终身学习策略;提高和保证成人教育的吸引力、开放性和质量标准,适应竞争新要求,放宽学习渠道,满足工作和技能需求
欧洲电子 学习计划 (2004—2006)	通过在教育活动中运用信息和通信技术来满足所有人的学习需求,其中包括各类成人群体的多样化的学习需求。具体措施主要有:促进数字化阅读、创建欧洲虚拟校园、推进教师教育与教师培训活动、监测广大民众的网络学习情况等
成人学习: 学习永远不太晚(2006)、 成人学习行动计划: 成人学习正当其时(2007)	关注四个方面的内容:消除成人学习参与的障碍;确保成人学习的质量,包括信息和指导、学习内容满足实际需要的程度、学习支持以及能力的认证等方面;关注人口老龄化和促进移民的社会融合;建立非正规和非正式学习成果评估认证系统,加快国家资格框架的构建

資料整理自:高益民,张宏理. 2000 年以来欧盟终身学习政策述评[J]. 比较教育研究,2010(3):24-29;贺中华. 欧盟终身学习政策研究[D]. 山西大学,2015:15;王韦韦. 欧盟《成人学习行动计划(2006、2007)》研究[D]. 浙江师范大学,2008;杨晨. 2000 年以来欧盟促进弱势群体社会融合的成人教育政策研究[D]. 浙江师范大学,2014:26.

目前,非盟已经出台了一体化发展的战略文本,如促进高等教育一体化发展的《非盟高等教育一体化发展战略》,促进职业教育一体化发展的《非洲职业技术教育与培训振兴战略》,这些战略作为各自教育领域的纲领性文

件,系统地设计了这些领域的目标、原则、优先领域和保障体系,对非洲区域层面和国家层面的高等教育与职业技术一体化改革和治理具有重要的信息交流、业务指导和监督意义。成人教育的一体化发展也同样需要一个纲领性文件。因此,制定一个专门的全面综合的成人教育教育战略,统一规划非洲成人教育的发展方向,这是非盟未来需要特别关注的政策问题。

(二)质量保障机制不健全

对教育质量的评估贯穿于欧洲成人教育的整个过程。从欧洲目前成人教育战略质量保障工程的实施情况来看,主要在两个层次上展开工作。一是在组织层面,有专门的教育监管机构。目前,欧盟层面的教育组织管理机构主要是欧洲委员会及其下属的教育和文化总司(Directorate General for Education and Culture,DGEAC),主要负责监管执行局承担的主要项目。[①]二是在体制层面,建立定期的监督评估机制。2004—2005年度里斯本战略"中期回顾"对里斯本战略的实施效果进行了阶段审查,对终身学习的实施进行了中期回顾。2012年3月,欧盟委员会发布了《教育关键数据2012》的报告,总结了过去十年欧盟教育体系构建的主要进展,取得的重要成果及面临的困难。[②] 欧盟对成人学习行动计划进行诊断性评估、形成性评估和总结性评估,这样全程性的评估对欧盟成人教育政策的制定、教育资源有效的分配、教育质量的提高和政策的顺利执行有着重要的保障作用。

在《依靠青年和成人学习与教育的力量促进非洲发展的声明》中就曾提出要建立非洲区域—次区域—国家三级的质量保障机制,全面监测成人学习与教育活动的实施状况。[③] 但是,这只是一项区域层面上的承诺,并未能成功开展。

非洲国家众多,不同国家间教育体制的差异是一体化发展面临的重大挑战。一体化战略不仅要求促进政治互信,而且更需要成员国在社会文化经济体制等方面相互适应。[④] 如果没有完善的质量保障机制,就没有一个完整的标准来规范化推行成人教育战略,一体化就不能得到有效的保障。

---

① 窦现金,卢海弘,马凯.欧盟教育政策[M].北京:高等教育出版社,2011:11.

② 贺中华.欧盟终身学习政策研究[D].山西大学,2015:20.

③ Confintea VI Preparatory Conference in Africa. African Statement on the Power of Youth and Adult Learning and Education for Africa's Development[R]. UIL,2009:6.

④ 万秀兰,孙志远.《非盟高等教育一体化战略》评析[J].比较教育研究,2011(4):32.

在这一方面,非盟应该向欧盟学习,建立协调完善的非洲成人教育一体化发展战略质量保障机制。

（三）民间组织参与度仍然不够

民间组织通常是由特定目标聚合,往往代表着所属阶层与代表的公共利益,在舆论制造、意识提升和政策制定方面发挥着重要作用。[①] 非洲民间组织在从事成人教育活动有着丰富的经验,比官方组织更容易深入了解当地情况,更加能反映非洲底层社会成人教育的发展动态。然而,非洲民间组织在参与非洲成人教育一体化发展战略的过程中没能很好地发挥其作用。

首先,从扮演的角色来看,非洲民间组织只是在政策制定过程中作为咨询者,并未真正参与到政策的决策和评估中去。如非洲十国开展的"外包/流动化战略"项目,根据参与的民间组织制定识字项目培训方案,而由政府的相关部门对项目实施过程进行监测与评估,使得项目的制定开展与监督评估这几个环节脱节。

其次,从宣传的方面来看,非洲民间组织对于非盟的成人教育战略宣传不足。尽管非洲四大民间组织建立了非洲成人教育平台,其初衷是为了动员民间组织积极参与成人教育和识字方面的政策宣传,但是这些平台的官网及各组织的官网并没有转载非盟的教育战略文本,没有很好地对涉及成人教育的政策进行解读,更没有政策执行和战略实施的最新进展报道。这不利于成人教育政策与信息的上传下达。

因此,非洲民间组织应加强自身的能力建设,有效地服务于公民的需求,同时加大力度宣传非盟的成人教育战略,参与成人教育政策的制定、实施和监督,倡导并推动官方的政策、课程与改革的发展。

（四）成人教育自身存在的问题

成人教育自身存在的问题,如文盲率居高不下、脱离本土文化发展等阻碍了非洲成人教育一体化的发展。

1.扫盲教育任重而道远

据统计,到 2015 年,在非洲这些国家当中,没有一个国家完成了将成人

---

① UNESCO. Civil Society in Africa: Definition and Role in the Process of the African Union Programme-NEPAD[R]. France: UNESCO, 2009: 20.

文盲率(尤其是女性)减少 50％的全民教育目标,而且有相关报告显示,非洲的扫盲进程在全球范围内进展也是最慢的(2000—2015 年下降了 13％)。[①] 在非洲,尽管有些地方的成人识字率有所提高,但人口的高增长阻碍了其进一步发展。在扫盲过程中,由于教育机会不公平、课程不适应、资金不足等状况,难以降低从未入学或中途辍学学生的人数比例。

文盲率高,极大地影响了成人教育政策的重点,导致成人教育的发展仍停留在最低层阶段,即扫盲与普及成人基础教育,无法满足社会经济发展对人才提出的要求,与国际主流动态(即终身学习理念)脱轨,阻碍了各种形式成人教育的全面发展,最终将会危及整个非洲大陆经济和社会的发展,无法真正实现非洲复兴。因此,扫盲教育仍然是未来非洲成人教育一体化发展战略的重中之重,解决最基本的识字问题才能更好地为后续工作打下基础,向着 SDG4 的终身学习目标迈进。

2. 难以实现与本土文化的真正融合

在教育过程中,如何最好地将成人教育与本土文化融合的问题仍然是非洲成人教育的一个重大挑战。非洲本土文化是非洲人民几千年代代相传的智慧,也是非洲成人教育的主要教育内容。近代以来,由于受到西方殖民思想的侵入,非洲成人教育逐渐"西方化"发展,采用西方的培养模式、教学理念和教学内容,非洲成人教育渐渐失去了自己的特色。

而非洲语言作为本土文化内容的教学媒介,受到一定的发展限制。一方面城市化使得英语成为通用的语言,有时会受到某一特定环境中使用的语言频率的限制;另一方面非洲语言多样,许多民族语言中缺乏相关出版资料,没能更好地利用语言和文化教育支持区域一体化发展。

因此,非洲成人教育未来的发展必须重新回归本土知识文化,充分利用人的潜力和基础设施,重新整合非洲原有的知识资源,建立新的本土知识体系,融入成人教育的教学中。这些都是非洲成人教育一体化发展战略亟待解决的问题。

---

① UNESCO. EFA Global Monitoring Report. Education for All 2000—2015：Achievements and Challenges[R]. Paris：UNESCO,2015：18.

第八章　非洲高等教育质量保障一体化路径:
基于 FOPA 模型的分析

　　非洲教育一体化发展战略,无论非盟的、次区域发展共同体的还是各区域教育专业组织的,也无论是高等教育、基础教育、成人教育还是职业教育的,都有若干重要主题,包括教育治理能力建设、教育质量保障、信息化建设、区域合作等。这些主题,在简·奈特关于教育一体化路径分析的 FOPA 模型话语体系中,更多属于院校层次功能的路径。其中质量保障是重中之重。知识经济时代,高等教育的质量决定知识创造与科技创新转化为生产力的能力和速度,对振兴非洲经济,提高非洲社会发展水平和国际竞争力至关重要。高等教育质量保障作为非洲促进高等教育一体化的功能性路径之一,也是非洲高等教育一体化的重要内容。两者相辅相成,相伴在非洲大陆及其次区域两个层面上逐步推进。

　　当然,简·奈特所讲的教育一体化的政治、组织和功能的三路径,是相互区分又相互联系的,功能的路径分析中一定会涉及政治和组织的路径,政治的路径和组织的路径分析中也一定会涉及功能的路径。因此,本章将根据简·奈特教授的 FOPA 模型,对非洲高等教育质量保障一体化战略和政策的现状、进程进行分析,算是以高教质量保障一体化这一主题为例,从政治、组织和功能路径,来进一步洞察非洲教育一体化进程。

第一节　非洲高等教育质量保障一体化的政治路径

　　非洲高等教育质量保障一体化的政治路径是指非洲大陆和次区域两个层面上的高等教育质量保障组织机构通过签署公约、制定计划和方案、开展政策对话等途径推动辖区高等教育质量保障的一体化发展。

一、部分非洲国家签署《阿鲁沙协定》①

1981 年 12 月 5 日，在联合国教科文组织的推动下，非洲国家莱索托、多哥、苏丹、赞比亚、坦桑尼亚、尼日利亚、尼日尔、埃及、布隆迪、塞内加尔、布基纳法索、卢旺达、加蓬、阿尔及利亚、赤道几内亚、几内亚、科特迪瓦、贝宁、喀麦隆、乍得、埃塞俄比亚、加纳、肯尼亚、摩洛哥、塞拉利昂、索马里、突尼斯、乌干达和斯威士兰共 29 个协商签署了《非洲高等教育研究、资格、学位、学历及其他学术资格》(*Regional Convention on the Recognition of Studies，Certificates，Diplomas，Degrees and other Academic Qualifications in Higher Education in the African States 1981*，简称《阿鲁沙协定》)②，旨在促进非洲国家重视和发展高等教育，支持人力资源培训以促进知识传播、创造与应用；并通过提高高等教育的质量，增进非洲国家间师生流动，从而促进非洲高等教育合作与发展。③ 该协定既是目前在非洲国家高等教育系统多样化背景下，全面推进非洲高等教育资格框架，促进实现高等教育资格互认和高等教育质量保障一体化发展的政治依托；也是各缔约国决心密切合作以协调各国高等教育入学标准，采用可协调的一致话语和评估标准，确保非洲国家高等教育学分、课程学习和学历、学位等具有可比性的重要政治承诺。

为此，1981—2003 年，《阿鲁沙协定》区域委员会累计召开了 8 次会议，高等教育"认证"和"质量保障"等议题多次被讨论。受欧洲《里斯本协定》影响，修订《阿鲁沙协定》被非洲提上日程。2014 年，《阿鲁沙协定》修订版——《亚的斯亚贝巴协定》发布，"质量保障"被修订进协定中。④《亚的斯亚贝巴协定》中把"质量保障"定义为"为确保和维护利益相关者可接受的标准而进行的对高等教育系统、高等教育机构和项目的持续性评估和提升的

---

① 另外可参见第一章第三节第三部分有关联合国教科文组织主持修改全球或区域教育一体化文书的论述。

② UNESCO. Regional Convention on the Recognition of Studies，Certificates，Diplomas，Degrees and other Academic Qualifications in Higher Education in the African States 1981[Z]. Arusha，5 December 1981.

③ Adamu A Y. Internationalisation of Higher Education in Africa：Introducing Credit Accumulation and Transfer System[J]. Public Policy，2012(8)：199-213.

④ UNESCO. Legal Instruments[EB/OL]. [2018-09-20]. http://portal. unesco. org/en/ev. php-URL_ID=49282&URL_DO=DO_TOPIC&URL_SECTION=201. html.

过程"①。为此,该协定中还增加了一条新的目标,即在非洲国家、次区域和大陆三个层次上确定和建立有效的质量保障体系和认证系统。新协定中关于高等教育质量保障的修订成功地推动了泛非洲和次区域性组织机构纷纷做出施行高等教育质量保障一体化的决策,非洲高等教育质量保障一体化被提上日程。

《阿鲁沙协定》及其修订版自签署之日起,便是各缔约国履行承诺,提升高等教育质量,为非洲人力资源可持续发展提供保障的主要推手。

二、非洲区域组织制定非洲高等教育质量保障一体化规划

21 世纪最初 10 年,非洲的高等教育比以往任何时候都更加明显地表现出国际化的特征。非洲的和次区域性的组织机构为促进和改善区域内高等教育的质量,纷纷通过制定高等教育质量保障一体化战略、计划或五年规划等指导相关工作,以实现高等教育质量保障一体化为目标带动和协调非洲各国高等教育质量保障的发展。

在大陆层面上,为振兴非洲高等教育,推动高等教育质量保障的协调一致发展,在与欧盟战略伙伴关系的支持下,非盟提出"非洲高等教育质量保障和认证一体化战略"(Harmonisation of African Higher Education Quality Assurance and Accreditation,HAQAA)。② 作为非盟推动非洲高等教育质量保障一体化的总框架,该战略是指导非洲高等教育质量保障一体化的根本纲领。以此为引领,非洲大陆层面上的泛非组织机构开始制定和推行高等教育质量保障一体化的战略和计划。

在该框架的指导下,非洲大学协会在其《战略计划 2011—2015》(Strategic Plan 2011—2015)和《核心项目 2013—2017》(Core Programme 2013—2017)两项政策中,对促进非洲高等教育质量保障一体化发展设定了具体目标和落实措施。

在次区域层面上,非洲及马达加斯加高等教育委员会于 2014 年制定了首个高等教育五年战略发展计划即《非洲及马达加斯加高等教育委员会战

①　UNESCO. Legal Instruments[EB/OL]. [2018-09-20]. http://portal. unesco. org/en/ev. php-URL_ID=49282&URL_DO=DO_TOPIC&URL_SECTION=201. html.

②　Introduction of the Harmonisation of African Higher Education Quality Assurance and Accreditation [EB/OL]. [2018-11-01]. https://haqaa. aau. org/about/governance/.

略发展计划 2015—2019》。该计划为中西部非洲及马达加斯加地区的高等教育质量保障一体化发展设定了 2 个五年发展总目标和 5 个具体目标,并详细制定了实施策略(即预期结果)和评估标准。[①]

东非高等教育质量保障网络联盟于 2015 年 9 月发布了《五年战略计划2015—2020》,该计划中为促进东非高等教育质量保障一体化发展设定了 8个目标,对实施策略、活动方式、范围、责任主体等均做出了明确规定。[②]

南部非洲发展共同体则组织成员国于 1997 年签署了《教育和培训协议》(*Protocol on Education and Training*),该协议从本科生教育和研究生教育两方面做出高等教育一体化承诺,要求各缔约国为本国以外的生源预留至少 5% 的入学机会。[③] 为此,缔约国应尽快协调开发一致的、等值的高校入学标准,高校应积极落实双边资格认证机制和学分转换系统,通过协调学历促进师生流动。

第二节　非洲高等教育质量保障一体化的组织路径

如前所述,组织路径是以更系统的方式来发展和指导区域化措施的组织架构,包括政府和非政府机构、专业组织、基金会和专业人员互助网络(networks)。这些组织承担着政策制定、出资、研究、能力建设、管理和宣传等责任。

在非洲,高等教育质量保障一体化的组织路径既包括有一定影响力的泛非洲性和次区域性政府或非政府实体组织和教育相关专业组织,也包括这些组织通过职能结构调整组建的高等教育质量保障工作组,或其支持成立的区域性和次区域性高等教育质量保障网络联盟。

---

① African and Malagasy Council for Higher Education. CAMES' Strategic Development Plan 2015—2019[EB/OL]. [2018-11-01]. http://www. lecames. org/attachments/article/56/youblisher. com-855961-CAMES_Strategic_Development_Plan. pdf.

② East African Higher Education Quality Assurance Network. EAQAN Strategic Plan 2015—2020[EB/OL]. [2019-08-20]. http://eaqan. com/strategic-plan/.

③ Southern African Development Community. Protocol on Education & Training[EB/OL]. [2019-08-20]. https://www. sadc. int/documents-publications/show/Protocol _ on _ Education Training1997. pdf.

一、泛非洲组织

（一）非盟组建高等教育质量保障和认证一体化服务机构

非盟认为："高等教育是实现非盟发展高质量人力资源，促进非洲大陆经济社会进步，实现和平、繁荣、一体化发展愿景的关键工具。"[①]为此，在欧盟和相关合作伙伴（主要是德国）的支持下，2015 年前后，非盟委员会召集专家学者为"非洲高等教育质量保障和认证一体化战略"组建了欧盟—非盟委员会监督组、咨询委员会和非洲质量保障标准技术开发工作组三个泛非性质的高等教育质量保障服务机构[②]，为非洲高等教育质量保障和认证的一体化发展开发、制定和提供专业咨询与技术指导。

（二）非洲大学协会主持成立非洲高等教育质量保障联盟

作为非盟促进非洲高等教育发展的主要执行机构，非洲大学协会以促进非洲高等教育机构在质量保障、资格认证、学位等值与互认、课程开发、研究生培养、科学研究方面的合作与交流为发展目标的重中之重。

2007 年，在世界银行经由联合国教科文组织"全球质量保障能力行动计划"的资助下，非洲大学协会主持成立了非洲高等教育质量保障联盟[③]，旨在为非洲高等教育机构提供质量保障服务，同时，也为促进非洲与全球其他相关组织的合作与交流服务。组建至今，该联盟主要通过组织非洲高等教育质量保障相关主题的会议和能力培训工作坊，促进高等教育质量保障人力资源开发，来推动非洲的高等教育质量保障一体化发展。

（三）非洲教育发展协会成立跨国质量监控中心

跨国质量监控中心（Inter-Country Quality Nodes，ICQN）是非洲教育发展协会依据成员国面临的共同教育问题而设立的，每个中心由一个成员国教育相关部门承办并领导工作。2002 年教育质量特设工作组（Ad-Hoc

① Turning Africa. Higher Education，the Africa-EU Partnership［EB/OL］.［2020-08-04］. https://tuningafrica.org/en/the-africa-eu-partnership.

② Governance of the Harmonisation of African Higher Education Quality Assurance and Accreditation［EB/OL］.［2018-11-12］. https://haqaa.aau.org/about/governance/.

③ African Quality Assurance Network. About the AfriQAN［EB/OL］.［2018-11-01］. https://afriqan.aau.org/? q=about-us.

Working Group on Quality of Education)成立以后,非洲教育发展协会开始启动几个跨国质量监控中心作为 2003 年双年会议和 2006 年双年会议的跟进机制。跨国质量监控中心的作用在于聚集非洲各国教育部代表解决国家教育重点问题,为成员国分享非洲创新的教育经验信息。通过合作解决问题的方式,获得更加专业的国家/区域机构(非洲教育发展协会工作组或国际专家机构等)的战略支持,使各国在他国经验教训中改善自身项目实施和提出相应解决方案。

目前按主题设置的这类中心有 6 个,分别是儿童早期发展跨国质量监控中心(毛里求斯),扫盲和国家语言跨国质量监控中心(布基纳法索),数学与科学教育跨国质量监控中心(肯尼亚)以及和平教育跨国质量监控中心(肯尼亚),教与学跨国质量监控中心(卢旺达),技术与职业技能发展跨国质量监控中心(科特迪瓦)。[①] 每个跨国质量监控中心都根据成员国面临的共同问题设定各自的工作目标开展相关活动。详见表 8.1。

表 8.1 非洲教育发展协会工作组及跨国质量监控中心的发展演变

工作组/质量监控中心	名称	协调机构	成立年份	运营状态
工作组	学校考试	爱尔兰高等教育合作发展署	1989	1993 年关闭
	职业教育与培训	世界劳工组织	1988	1995 年解体
	图书部门(书籍与学习资料)	英国国际发展部	1988	至今活跃
	高等教育	世界银行、非洲大学协会	1988	至今活跃
	教育统计	瑞士国际发展署、联合国教科文组织达喀尔区域办事处	1988	并入教育管理与政策支持工作组
	教师专业	英联邦秘书处、多哥、乌干达、塞舌尔、赞比亚	1988	并入教学跨国质量监控中心
	资源流动	法国政府、世界银行	1988	——
	捐赠者信息系统	世界银行	1988	并入秘书处职能部门
	部门学习交流行动组	联合国教科文组织	1988	——

---

① ADEA. Inter-Country Quality Nodes (ICQN)[EB/OL]. [2016-07-11]. http://www. adeanet. org/en/inter-country-quality-nodes.

续表

工作组/质量监控中心	名称	协调机构	成立年份	运营状态
工作组	教育研究和政策分析	加拿大国际研发中心	1989	2000 年并入教育管理与政策支持工作组
	女性参与	洛克菲勒基金	1989	结业
	教育系统评估	法国政府	1990	关闭
	教育财政	加拿大国际发展署	1994	2006 年并入教育管理与政策支持工作组
	非正规教育	瑞士合作与发展机构、联合国教科文组织教育研究所	1996	至今活跃
	早期儿童发展	荷兰政府、联合国儿童基金会加纳办事处	1997	并入早期儿童发展跨国质量监控中心
	远程教育与开放学习	联合国教科文组织达喀尔区域办事处	1997	2011 年并入 ICT 专案组
	教育与发展交流	挪威发展合作署	1988	至今活跃
	数学与科学教育	非洲数学与科技中心	2004	并入数学与科学跨国质量监控中心
工作组	艾滋病毒/艾滋病与教育特设工作组	非洲教育发展协会秘书处	2001	2008 年解体
	教育质量特设工作组	非洲教育发展协会秘书处	2002	2006 年解体
	政策对话特设工作组	非洲教育发展协会秘书处	2003	2008 年关闭
	后基础教育特设工作组	世界银行	2004	2008 年并入跨国质量监控中心
跨国质量监控中心	和平教育	肯尼亚教育科技部	2004	至今活跃
	扫盲和国家语言	布基纳法索教育与扫盲部	2007	至今活跃
	职业技术技能发展	科特迪瓦职业技术教育培训部	2010	至今活跃
	早期儿童发展	毛里求斯教育和人力资源部、高等教育和科研部	2011	至今活跃
	数学和科学教育	肯尼亚教育科技部	2014	至今活跃
	教与学	卢旺达教育科技科研部	2016	最新成立

转引自:汤春红.非洲教育发展协会教育治理路径研究[D].浙江师范大学,2017:29.

（四）非洲远程教育理事会成立开放和远程高教质量保障和认证机构

非洲远程教育理事会于 2004 年成立，是由非洲远程教育提供者和参与者组成的泛非性教育组织，目前约有近百所非洲高校注册成为会员。该理事会主要通过能力建设和合作伙伴关系等途径，促进非洲开放和远程教育与学习方面的研究、政策开发和质量保障活动。

2009 年，为进一步保障非洲开放和远程高等教育的质量，理事会委托尼日利亚国家开放大学代理非洲开放和远程高等教育质量保障和认证机构（ACDE Quality Assurance and Accreditation Agency，ACDE-QAAA）一职[①]，旨在实施非洲开放和远程教育质量认证服务，确保非洲的开放和远程高等教育机构能以协调、伙伴合作等方式积极地进行质量保障实践。至此，非洲开放和远程高等教育质量保障和认证机构为非洲开放和远程高等教育建立了质量保障、认证、衔接和学分转换的平台。

二、非洲次区域性组织

（一）中西非及马达加斯加建立的非洲及马达加斯加高等教育委员会

非洲及马达加斯加高等教育委员会作为非洲法语国家高等教育质量保障的跨区域性机构，开启了非洲大陆上第一个正式的区域高等教育认证程序。如前所述，目前该委员会有 19 个成员。

该委员会把质量保障一体化作为中西部非洲高等教育发展与合作的重要内容，在其《战略发展计划 2015—2019》中指出"当前委员会以在会员国高等教育和科研领域发展质量保障文化为目的"[②]。为此，委员会正在积极推进建设区域质量保障与认证的信息管理平台，推动区域内的高等教育文凭等值与互认和质量保障工作。这项高等教育质量保障一体化计划在很大程度上对其会员国的高等教育质量做出了监督和保证，尤其是在推动区域内学历和文凭的等值与互认上发挥了关键性的作用，并已取得了实质性的进展。大多数中西非国家因此在国家层面并没有建立起专门的高等教育质

---

① African Council for Distance Education. Programmes of ACDE［EB/OL］. ［2019-08-20］. http://acde-afri. org/priority-areas.

② African and Malagasy Council for Higher Education. CAMES' Strategic Development Plan 2015—2019［EB/OL］. ［2018-09-20］. http://www. lecames. org/plan-strategique/.

量保障机构,而多是直接委托该委员会对本国高校和教育项目进行认证和评估。

（二）东非大学校际理事会等东非组织

东非大学校际理事会作为东非共同体的常设教育机构,是东非地区高等院校合作的协调者、大学战略发展的协助者、东非高等教育国际可比性标准和系统的促进者。目前,理事会共有布隆迪、肯尼亚、卢旺达、坦桑尼亚、乌干达和南苏丹等六个会员国。

2012 年,为推动东非高等教育质量保障一体化发展,实现建设东非高等教育区的战略目标,在东非大学校际理事会的支持下,东非高等教育质量保障网络联盟（East African Higher Education Quality Assurance Network,EAQAN）成立。[1] 该联盟旨在通过论坛和能力培训等方式,为东非共同体成员国的高等教育质量保障协调员和其他质量保障人员提供一个关于质量保障、高等教育管理、教学等相关问题的研讨和经验交流平台。

自成立起,联盟与东非大学校际理事会、德国学术交流中心（German Academic Exchange Service）、德国大学校长论坛（German Rectors Conference）和各成员国高等教育部门等联合举办高等教育质量保障年度论坛,推动东非高等教育质量的进一步提高。截至 2018 年,在东非大学校际理事会和东非高等教育质量保障网络联盟的协同领导下,东部非洲地区循序渐进地开展起质量保障实践活动,目前已初步实现该区域的高等教育质量保障一体化,东非大学校际理事会表示建设东非高等教育区的目标已初步实现。[2]

（三）南部非洲发展共同体等南部非洲组织

1. 南部非洲发展共同体及南部非洲地区大学协会

南部非洲发展共同体[3]认为教育和培训是促进社会和人力资源发展的主要路径,为此,在遵循《阿鲁沙协定》的基础上,组织成员国签署了《教育和培训协定》,以此为指导纲领促进该地区教育的一体化发展。高等教育质量

---

[1]　East African Higher Education Quality Assurance Network. Who We Are[EB/OL]. [2019-08-20]. http://eaqan.com/about-us.

[2]　The East African Community Common Higher Education Area. Declaration[EB/OL]. [2019-08-20]. http://iucea.org/eahea1/declaration.

[3]　详见第一章第二节。

保障是该协定的内容之一。为此,南部非洲发展共同体正在积极制定质量管理政策,推动成员国的高等教育质量管理实践。

南部非洲地区大学协会①主要通过一系列领导对话和研究项目为促进区域高等教育一体化服务。自成立以来,该协会完成了对南共体成员国高等教育现状的调查了解,还就气候变化、科技发展及高等教育、公共部门和工业之间互惠战略等主题撰写了报告。这些研究为制定南部非洲全面的、共同的发展战略,确定高等教育优先发展领域做出了重大贡献。

2.南部非洲高等教育质量保障网络联盟

南部非洲高等教育质量保障网络联盟(Southern African Quality Assurance Network,SAQAN)由南部非洲国家质量保障机构和高等教育机构自主组建,这些机构因致力于在南部非洲加强高等教育质量文化而团结在一起。目前,该组织主要通过组织南部非洲地区高等教育质量保障相关主题的会议和工作坊促进其目标的实现。

(四)北部非洲区域的阿拉伯大学协会等组织

1.阿拉伯大学协会

阿拉伯大学协会(Association of Arab Universities,AARU)于1964年成立,是一个具有独立法人性质的非政府组织。目前,北部非洲阿尔及利亚、埃及、利比亚、摩洛哥、苏丹、突尼斯和北非之外的吉布提、索马里等8国的105所阿拉伯大学是其会员。②

该协会除促进师生流动、组织会议、完善基础设施和维护阿拉伯语言与文化等发展目标外,还致力于推进地区合作,促进阿拉伯地区大学的质量保障和认证。为实现质量保障目标,阿拉伯大学协会专门成立了质量保障和认证委员会(Council of Quality Assurance and Accreditation,CQAA),负责在全球化新形势和开放市场经济条件下控制高等教育质量。

2.阿拉伯地区高等教育质量保障网络联盟

阿拉伯地区高等教育质量保障网络联盟(Arab Network for Quality Assurance in Higher Education,ANQAHE)于2007年成立,旨在促进阿拉

---

① 详见第一章第二节。

② Association of Arab Universities. About Arab Countries [EB/OL]. [2019-08-20]. http://www.aaru.edu.jo/En/English/Home.aspx.

伯地区质量保障信息的交流,建立新的高等教育质量保障机构,制定成立或支持质量保障机构的标准,宣传优秀的质量保障实践,加强不同国家高等教育质量保障机构间的联系。[①]

自成立以来,该联盟主要通过主办高等教育质量保障相关主题的工作坊,制定质量保障标准和组织阿拉伯地区高等教育质量保障会议等活动,推动阿拉伯地区高等教育质量保障一体化发展。

除以上非洲本土的组织机构外,非洲高等教育质量保障一体化的组织路径中还包含了联合国教科文组织、欧盟、欧洲高等教育质量保障协会、德国和中国的技术支持、资源援助和人员参与。

第三节　非洲高等教育质量保障一体化的功能路径

非洲高等教育质量保障一体化的功能路径是指非洲大陆和次区域层面上所制定的一系列增加非洲高等教育质量保障一致性、透明度的框架、计划与标准。这些框架与计划为建立和加强非洲各国高等教育质量保障系统之间的联系提供技术保障。

一、开发非洲高等教育资格认证工具

资格认可是实现高等教育一体化的重要基石,而质量保障则是资格认可的前提和基础。为提升非洲国家的高等教育质量意识,增进高等教育体系间的互动和交流,非洲大陆和各次区域的高等教育质量保障组织机构不约而同地选择了制定高等教育资格框架和建立学分转换与累积系统两条路径。

(一)制定高等教育资格框架

在不同文化背景和殖民时期宗主国教育的影响下,非洲国家建立和发展起来的高等教育系统,不仅带有鲜明的本国特点,也在层次、结构和类型上存在着较大的差异。区域高等教育资格框架规定了受教育者获得(被授予)相应资格的标准,它既能保证高等教育资格的学术水准一致性,又能强

---

① The Arab Network for Quality Assurance in Higher Education. About ANQAHE[EB/OL].
[2019-08-20]. http://www.anqahe.org/about.html.

化和促进不同教育层次和教育类型间的沟通和衔接。与世界其他区域的高等教育资格框架相似,目前在非洲大陆上已推出的区域高等教育资格框架也是采取学习时长和学习结果结合的认证方式,旨在为区域成员国家提供可参照的资格和获得标准,促进各国建立和不断完善高等教育资格框架,重视国家高等教育质量,使本国高等教育具有可比性和等值性。

目前,非洲大陆层面上虽提出制定高等教育资格框架,但至今还未推出。在次区域层面上,北部非洲和东部非洲均已开始推行区域高等教育资格框架。其中,北部非洲国家因阿拉伯文化因素,均参与了阿拉伯地区的高等教育质量保障一体化进程。阿拉伯地区高等教育质量保障网络联盟于2012年5月推出《阿拉伯地区高等教育资格框架》(*Qualifications Framework ANQAHE Model*),该框架详细描述了阿拉伯高等教育资格分为6个层次,并从知识、技能和能力三方面描述了获得相应资格的标准,以及进入下一级教育的标准。阿拉伯地区高等教育质量保障网络联盟强调该资格框架是为包括北部非洲在内的广大阿拉伯国家提供参考,阿拉伯成员国家均可参考该资格框架协调并确定国家间高等教育资格的等值性。东部非洲于2015年4月由东非共同体权威发布了区域高等教育资格框架,该框架由东非大学校际理事会全权负责制定,资格框架指出东非共同体成员国家的高等教育资格分为3个层次,共8级。详见表8.2。

表 8.2　北部非洲和东部非洲区域高等教育资格框架

北部非洲		东部非洲	
层次	资格	层次	资格
10	博士学位(Doctoral Degree)	8	博士后(Post-Doctoral) 博士学位(PhD, Doctorate Degree)
9	硕士学位(Master's Degree)	7	硕士学位(Master's Degree) 研究生证书(Postgraduate Certificate) 研究生文凭(Postgraduate Diploma)
8	硕士文凭(Post Graduate Diploma)	6	学士学位(Bachelors Degree) 专业证书(Professional Certificate) 高级文凭(Advanced Diploma) 毕业文凭(Diploma)

续表

北部非洲		东部非洲	
层次	资格	层次	资格
7	学士学位（Bachelor Degree）		
6	高级文凭（Higher Diploma）		
5	副学士学位/文凭（Associate Degree/Diploma）		

资料来源：根据阿拉伯地区高等教育质量保障网络联盟和东非大学校际理事会网站发布的高等教育资格框架整理而得。

另外，目前南部非洲虽然仍未制定区域高等教育资格框架，但该区域以南非为首的区域师生流动和资格互认存在已久。中西部非洲及马达加斯加地区虽然也没有明确推出区域高等教育资格框架，但非洲及马达加斯加高等教育委员会早于 1972 年 4 月启动了"文凭互认与等值计划"（PRED）。该计划旨在促进成员国对相互间高等教育颁发的证书、文凭和学位进行认可和认证，保证文凭和学历的合法性、有效性和等值性。该计划的缔约国承认各国同等的课程层次、教师具有同等的资格、相似的入学条件、相似的课程内容和教学组织方式；在教师、课程内容和学时方面也要遵循相应的标准。该计划自启动以来，已累计召开 29 次研讨会，评估了近千项文凭课程，并对其中的 799 个文凭项目授予了认可或等值资格。[①]

（二）建立学分转换与累积系统

学分转换与累积是促进学习者在各级各类教育间有效流动，构建学习者发展和成长平台的基本制度。非洲大陆上国家众多、高等教育资格复杂、授予标准各有不同，为保障和推行区域高等教育资格框架，促进各国间高等教育师生的积极流动，提高流动效果和效率，次区域高等教育组织机构和质量保障网络联盟正在积极建设学分转换与累积系统。

目前，非洲及马达加斯加高等教育委员会通过《战略发展计划 2015—2019》的目标指引和提升早期的"文凭互认与等值计划"为"文凭互认与等值

---

① Conseil African et Malgache Pour L'ense Ignement Supérieur. Repertoire des diplômes Africains reconnus par le CAMES[EB/OL]. [2020-08-05]. http://www.lecames.org/diplome_cames/web/site/repertoire.

信息化计划"①,正在大力建设中西非和马达加斯加地区高等教育机构文凭互认和等值信息管理平台,经该计划认证过的成果均被转入信息管理平台。此信息管理平台可视作该地区的高等教育学分转换与累积系统。2013—2018年,该地区内公私立高等教育及科研机构的712个项目已获得非洲及马达加斯加高等教育委员会的认证和等值转换认可,并已录到系统中。② 其中,截至2017年,博士学位认证数占5%、硕士学位认证数占25%、资格许可数占50%、文凭教育占20%。③ 中西部非洲及马达加斯加地区已成功建立起区域高等教育学分转换与累积系统。

建立高等教育机构文凭互认和等值信息管理平台的行动充分表明了该区域高等教育质量保障一体化的信息化特征。这使得该区域内国家间的高等教育资格互认和师生互动变得更有迹可循,在一定程度上既能提高国家高等教育项目的区域认可度,证明一国高等教育项目的质量和能力,又能提升各国及其高校对高等教育质量和质量保障的关注度。因此,目前中西部非洲和马达加斯加地区的大多数国家开始大力关注高等教育的质量及其保障,积极申请高等教育项目的区域认证。

二、制定非洲高等教育质量保障标准

质量保障标准是高等教育质量保障的基础和核心,一体化的高等教育质量保障标准能为不同高等教育体制背景下质量保障体系的建设、发展和交流提供参照,增进非洲国家间高等教育的交流和互动。

(一)大陆层面的一体化高等教育质量保障标准

2014年非盟联合非洲大学协会及次区域性高等教育质量保障组织对非洲各次区域和国家现存的内外部、开放和远程教育、高等教育机构等质量保障机构及其质量保障标准和指导原则的考察表明:共有15个非洲国家制定有国家高等教育质量保障标准(阿尔及利亚、埃及、埃塞俄比亚、刚果民主

---

① Conseil African et Malgache Pour L'ense Ignment Superieur. Programme Reconnaissance et Équivalence des Diplômes [EB/OL]. [2019-08-20]. http://www. lecames. org/programmes/pred/.

② Repertoire des Diplômes Africains Reconnus par le CAMES[ED/OL]. [2020-02-28]. http://www. lecames. org/diplome_cames/web/site/repertoire? page=36&sort=-Id_comm.

③ Repertoire des Diplômes Africains Reconnus par le CAMES[ED/OL]. [2018-05-05]. http://www. lecames. org/diplome_cames.

共和国、加纳、津巴布韦、肯尼亚、塞内加尔、坦桑尼亚、马拉维、莫桑比克、纳米比亚、南非、尼日利亚、赞比亚），21 个国家正在使用所在区域的一体化高等教育质量保障标准（安哥拉、布隆迪、布基纳法索、贝宁、多哥、博茨瓦纳、几内亚、几内亚比绍、加蓬、喀麦隆、科特迪瓦、莱索托、利比亚、马里、马达加斯达、摩洛哥、尼日尔、苏丹、乌干达、乍得、中非共和国）。[①]

鉴于次区域一体化的高等教育质量保障标准已经推行，非洲大陆层面上，非盟在欧盟的支持下，于 2015 年由非洲质量保障标准和准则技术开发工作组负责，以非洲国家和次区域已有的高等教育质量保障标准及框架为基础，通过在线征集利益相关者意见的方式，制定了《非洲高等教育质量保障标准及指导原则》(*African Standards and Guidelines for Quality Assurance in Higher Education*)。该标准分为高等教育内部、外部质量保障标准与指导原则和质量保障机构的内部质量保障标准三部分，以英语、法语、葡萄牙语、阿拉伯语发布，并开始在相关会议和培训活动上推广，旨在搜集意见后进一步修改完善。

与此同时，为保障非洲开放和远程高等教育质量，非洲远程教育理事会委托尼日利亚国家开放大学代理非洲开放和远程高等教育质量保障和认证机构一职，制定了非洲开放和远程教育质量保障和认证的工具——《非洲开放和远程高等教育机构与项目质量保障标准》(*Standards and Performance Indicators for Quality Assurance Higher Distance Education Institutions and Programs*)及《操作手册》(*The ACDE QA Toolkit*)，确保非洲开放和远程高等教育机构能以协调、伙伴合作等方式积极进行质量保障实践。

（二）次区域层面的一体化高等教育质量保障标准

在次区域层面上，截至 2019 年 8 月，除南部非洲地区外，其他非洲次区域均已制定和推出各自区域的一体化高等教育质量保障标准，并在不同程度上开始实施。南部非洲虽然没有制定和推出任何相关标准，但该区域目前正在积极响应和参与非盟已初步制定完成且在完善阶段的《非洲高等教育质量保障标准及指导原则》。

[①]　李佳宇.非洲区域一体化高等教育质量保障政策研究[D].浙江师范大学,2019:81-82.

比较而言,北部非洲国家所参考或使用的阿拉伯地区高等教育质量保障标准[①]最具全面性和多样化的特征,该标准是由一系列标准手册组成,各手册有针对性地详细罗列出各项涉及高等教育质量保障的指标和最低标准要求;东部非洲地区的高等教育质量保障标准——《质量保障路线图》更具欧洲化的特点,它是东非大学校际理事会在德国学术交流中心和欧洲高等教育质量保障网络联盟的协助下,充分参考区域内国家高等教育质量保障标准制定的,于 2010 年以英文发布;中西部非洲及马达加斯加地区的高等教育质量保障标准——《非洲及马达加斯加高等教育委员会高等教育与科研质量保障参考标准》(*Appui a L'assurance Qualite de L'enseignement Superieur et de la Recherche dans les Pays de L'espace*),于 2014 年以法语发布,该标准最具有权威性和指导性,目前该区域的大多数国家都以该标准作为评估和改善本国高等教育质量的标准。

从总体上看,非洲大陆和次区域的一体化高等教育质量保障标准指标几乎覆盖了高等教育利益相关者所关注的各方面内容。质量保障标准指标设计较为全面,涉及高等教育投入、教育教学过程和高等教育输出三方面。如表 8.3 所示,从整体上看,高等教育在人才培养、科学研究和社会服务方面的质量均被非洲广泛认定为应保障的内容。质量保障标准设计的适切性和可操作性为推动非洲高等教育质量保障一体化发展和国家间高等教育的进一步互动与学历学位互认奠定了基础。

---

① 这些标准分别是:2008 年发布的《阿拉伯大学协会大学高等教育质量保障和认证操作手册》(*Manual of Quality Assuarance and Accreditation of the Arab Universities in the AArU*)和《阿拉伯大学协会大学自我评估和外部评估手册》(*Manual of Self-Evaluation and Exterior of the Arab Universities in the AArU*);2009 年发布的《阿拉伯大学质量保障与认证的定量和定性指标标准和权重手册》(*Manual for Standards and Weights of Quantitative and Qualitative Indicators of the Quality Assurance and Accreditation of Arab Universities*);2013 年发布的《阿拉伯大学高校教育项目质量保障手册》(*Manual to Ensure the Quality of Academic Programs in the Colleges of Arab Universities*)和《阿拉伯大学开放与远程学习质量标准与认证手册》(*Manual for Quality Standards and Accreditation for Universities, Open Learning and Distance Learning*)。

表 8.3 非洲各一体化高等教育质量保障标准指标的比较

序号	质量标准指标	大陆	中西部	东部	北部
1	科学研究与创新	√	√	√	√
2	社会服务	√	√	√	√
3	信息传送与管理	√	√	√	√
4	行政与管理	√	√	√	√
5	教职员工等人力资源	√	√	√	√
6	财政资源	√	√	√	√
7	图书馆、实验室等各类基础设施	√	√	√	√
8	学生事务	√	√	√	√
9	教学及测评	√	√	√	√
10	教育项目的设计、批准、监管和评价	√	√	√	√
11	文化关系、公共交流	√	√	√	√
12	合作和师生流动	√	√	√	√
13	学校愿景、使命和战略目标	√		√	√
14	课程及其评估		√		√
15	内部质量保障体系建设		√		√
16	毕业生事务		√		√
17	科研道德		√		
18	校园生活		√		
19	教育项目在国家、区域和国际的认证		√		
20	教育项目持续性		√		
21	利益相关者			√	
22	质量保障机构的质量	√			

资料来源:根据非洲大陆和次区域一体化高等教育质量保障标准整理而得。

　　受一体化高等教育质量保障标准发布和推行的影响,使用区域一体化高等教育质量保障标准的非洲国家和其他没有相关标准的国家,逐渐开始以各自区域的一体化高等教育质量保障标准为最低参考标准,制定符合本国高等教育需求、具有本国特色的高等教育质量保障标准。

三、组织非洲高等教育质量保障会议和研讨会

质量保障信息和经验的分享与交流是增进各国高等教育质量保障系统间联系的重要手段。因此,为提高非洲国家及其高校对高等教育的质量意识,塑造非洲高等教育质量保障的意识形态,促进优秀高等教育质量保障实践案例在非洲的宣传和推广,以高等教育质量保障为主题的国际会议和研讨会已成为非洲高等教育质量保障一体化的主要功能路径之一。

（一）大陆层面的"非洲高等教育质量保障国际会议与系列研讨会"

在非洲大陆层面上,为促进高等教育质量保障人力资源开发,推动质量保障实践活动,受非盟委员会委托,在非洲大学协会和全球创新联盟的支持下,非洲高等教育质量保障网络联盟全权负责组办"非洲高等教育质量保障国际会议与系列研讨会"。截至 2018 年,该会议已经召开 10 届,会议就加强高等教育质量保障和认证及发展、高等教育质量保障与非洲一体化、非洲可持续发展目标、人文协同机制、科技创新等主题,召集非洲大陆及国际高等教育质量保障和认证专家、学者、研究人员及其他利益相关者进行了广泛的研讨,充分发挥了非洲高等教育质量保障联盟及非洲大学协会在促进非洲高等教育质量保障经验交流和知识分享的职能。[①]

（二）次区域层面的高等教育质量保障会议

东非地区在德国学术交流中心、东非大学校际理事会的大力支持下,由东非高等教育质量保障网络联盟每年就高等教育质量保障选题,东非大学校际理事会成员国高等教育部轮流主持,面向东非及非洲和全球邀请专家学者,举办"东非高等教育质量保障网络联盟论坛"。截至 2019 年,该论坛已开办 9 届,规模由最初的十几人到 2018 年已突破百人,会议主题详见表 8.4。该论坛为辖区内国家高等教育质量保障机构及其工作人员提供了研讨和交流的机会,成果斐然。乌干达、坦桑尼亚、肯尼亚国家高等教育质量保障网络联盟成员逐渐增多,影响力不断扩大;卢旺达和布隆迪受会议影响和指导,正在积极建设国家高等教育质量保障网络联盟。

---

①　李佳宇.非洲区域一体化高等教育质量保障政策研究[D].浙江师范大学,2019:85.

表 8.4 历届东非高等教育质量保障网络联盟论坛主题

年份	主题
2011	通过大学质量保障体系建设提升质量保障人员能力
2012	在高等教育课程发展与管理变革中加强质量保障人员能力
2013	营造东非高等教育质量保障文化:实践、挑战和展望
2014	营造东非高等教育区的质量保障文化
2015	提升高等教育质量,增强学生学习经验
2016	提高高等教育教学质量,提升学生学习成绩
2017	东非高等教育提升 10 年经验分享
2018	信息通信技术提高高等教育质量及其可获得性:提升东非高等教育质量保障体系有效性
2019	以能力为基础的学习:实现可持续发展目标

资料来源:东非高等教育质量保障网络联盟网站,http://eaqan.com/eaqan-forums/。

在南部非洲地区,"南部非洲高等教育质量保障会议"由南部非洲地区大学协会支持,南部非洲高等教育质量保障网络联盟全权负责。截至目前,该会议已召开 4 次,会议由成员国高等教育部门主持,面向南部非洲共同体成员国高等教育与培训部门、高等教育机构、质量保障机构、国家资格授权机构、专业协会/委员会、质量保障领域专家学者、高等教育政策分析师、国际组织和其他高等教育利益相关者发出邀请。[1] 此外,南部非洲地区大学协会也坚持举办年度南部非洲大学高层领导对话,就高等教育国际化、非洲教育开放和科研出版、全球高等教育技术趋势、大学及其创新对区域发展的贡献、高等教育质量及其保障等话题展开研讨。

中西非及马达加斯加地区自 20 世纪 70 年代起,由非洲及马达加斯加高等教育委员会主持,每 2 年召开一次"文凭互认与等值计划"研讨会。该研讨会主要是审议该计划的实施情况,分析和解决区域内高等教育项目认证中遇到的问题。目前已召开 29 次,累计千人参加。[2] 此外,为给成员国提供一个管理教师和科研人员职业发展的共同框架,委员会还通过"非洲国家

---

[1] 李佳宇.非洲区域一体化高等教育质量保障政策研究[D].浙江师范大学,2019:110.

[2] E-Diplômes, Conseil African et Malgache Pour L'ense Ignement Supérieur. Repertoire des diplômes Africains reconnus par le CAMES.[EB/OL].[2020-08-05].http://www.lecames.org/diplome_cames/web/site/repertoire.

咨询委员会计划"(Inter-african Advisory Committee)设立了数学、物理和化学,自然科学与农业经济学,人文与艺术,法律与政治,经济与商业管理,医学、药学、牙医学和兽医学,科学与工程技术学,科技体育活动、体育青年与休闲等8个专门技术委员会。① 这些技术委员会负责对相关领域进行专业评估,每年召开一次由成员国专家主持的研讨会,目前已累计召开42次,②商议评估了1.1万余份学科项目申请材料。③ 两项研讨会具有巨大的区域影响力,在相当大的程度上提高了该地区非洲国家对高等教育质量的重视程度,且极大地推动了各国积极主动地协调一致发展,以期获得高等教育的区域认证和资格。

在北部非洲地区,"阿拉伯地区高等教育质量保障国际会议"和"阿拉伯地区高等教育质量保障网络联盟区域会议"累计举办12届,规模均在百人以上。前者由阿拉伯大学协会组织,该会议不设主题,只罗列议题4~8个,这些议题涉及质量保障标准、质量保障模式、质量控制、高等教育评估、质量保障的哲学与伦理学基础、大学排名及其指标等高等教育质量保障的微观和宏观内容;后者由阿拉伯地区高等教育质量保障网络联盟主持,分别于2011年、2015年和2018年在迪拜、开罗和科威特城举办,主题分别是"高等教育质量保障:阿拉伯地区面临的挑战""阿拉伯地区高等教育质量保障:可持续性和未来发展"和"21世纪高等教育质量:实现效益和价值增值"。④ 受这两项会议影响,越来越多的北非国家开始重视国家高等教育质量保障体系建设,申请且符合阿拉伯大学协会会员条件的北非高校逐渐增多。

四、开展非洲高等教育质量保障能力培训

除召开高等教育质量保障会议,增进信息和经验的交流与分享外,与会

① Conseil African et Malgache Pour L'ense Ignment Superieur. Disciplines recensées, Comités Consultatifs Interafricains (CCI)[EB/OL]. [2018-05-05]. http://www. lecames. org/programmes/c-c-i/.

② Conseil African et Malgache Pour L'ense Ignment Superieur. Résultats de la 42e session des CCI:1521 inscrits sur les listes d'aptitude du CAMES[EB/N]. [2020-08-05]. http://www. lecames. org/resultats-de-la-42e-session-des-cci-1%E2%80%89521-inscrits-sur-les-listes-daptitude-du-cames/.

③ E-CAMES. Résultats des CCI[EB/OL]. [2020-08-05]. https://cames. online/web/site/resultats-cci? page=38.

④ 李佳宇.非洲区域一体化高等教育质量保障政策研究[D].浙江师范大学,2019:116-117.

议同步进行的还有质量保障能力培训。大陆和次区域两个层面的高等教育质量保障组织机构也正通过对高等教育质量保障相关管理、工作和科研人员能力的培训,推广高等教育质量保障一体化政策,培养非洲高等教育质量保障一体化的先行者和实践者。

(一)大陆层面上的质量保障文化培训课程

非洲大陆层面上,为创设关于高等教育质量保障的普适性理解,推广质量保障的多种路径和工具,全面推行"非洲高等教育质量保障和认证一体化战略",非盟面向非洲各国教育部、高等教育委员会和各高等教育认证组织机构开办关于"非洲高等教育质量保障共同话语"的培训课程。

在德国学术交流中心的支持下,该培训课程借鉴和结合了欧洲和非洲现有的高等教育质量保障趋势和需求,在欧洲和非洲分期开设。课程开设形式多种多样,如专家汇报、小组工作、专题讨论、案例研究和个人反馈与指导等。第一期的培训课程于 2016 年 10 月从 48 名参与者访问比利时和德国开始,随后是自学和调研阶段。[①] 参与者通过竞选获得资格,受到自己所在单位的支持,并被赋予在本国传达培训经验的使命。第二期培训课程于 2017 年 6 月在加纳阿克拉开始,为期三天的工作坊旨在研讨和改进非洲高等教育质量保障系统,在"泛非质量保障和认证框架"下提升使用新兴质量保障工具和框架的意识。[②] 2018 年,培训课程跟踪工作坊在埃及开罗举办,两期参与者齐聚一堂来讨论开发"泛非质量保障和认证框架"的工具和活动,以及自身的使命。[③]

(二)次区域层面上的质量保障相关主题培训班或工作坊

在次区域层面上,相关组织也通过培训班或工作坊等形式对成员国高等教育质量保障人员进行关于评估和认证操作等的培训。同时,各次区域也通过培训活动推介各自的一体化高等教育质量保障标准和其他相关计划。

---

① Presence Phase 1:Study Visit to Belgium and Germany [EB/OL]. [2018-11-04]. https://haqaa. aau. org/activities/haqaa-training-courses/presence-phase-1-study-visit-to-belgium-and-germany.

② Presence Phase 2:Continental Seminar in Accra,Ghana [EB/OL]. [2018-11-04]. https://haqaa. aau. org/activities/haqaa-training-courses/presence-phase-2-continental-seminar-in-accra-ghana.

③ HAQAA Training Course-Follow-Up Workshop [EB/OL]. [2018-11-04]. https://haqaa. aau. org/activities/haqaa-training-courses/haqaa-training-course-follow-up-workshop.

在东部非洲地区,东非大学校际理事会通过持续开展"能力建设及敏感性"培训,对各成员国高等教育部门的工作人员和成员高校的领导者、教师、质量保障人员等进行关于质量保障能力和质量意识敏感性的培训。培训一般分为能力建设和对质量相关问题敏感性的培养两部分,截至 2019 年 8 月,该培训已开办 7 批,累计培训 200 余人。① 培训内容具体包括高校自评数据搜集与分析,如何组织利益相关者参与质量保障,如何撰写自评报告,介绍外部同行评议程序,高等教育项目的内、外部质量保障程序,质量保障与质量管理之间的关系,协调质量保障体系跟踪调查等一系列关系高等教育质量保障和认证的具体操作指导。②

在南部非洲地区,2017 年,南部非洲地区大学协会在德国学术交流中心和南部非洲高等教育质量保障网络联盟的支持下,举办了南部非洲高等教育质量保障能力建设工作坊。此次工作坊中,与会者研讨后一致认为南部非洲需要实施质量保障能力建设项目,这为促进南部非洲高等教育质量保障一体化发展做了思想铺垫。与会者协定通过南部非洲地区大学协会加强已有的伙伴关系,集南部非洲发展共同体的高等教育质量保障需求,推动南部非洲地区的内部质量管理系统发展,协会负责外部质量保障能力发展。

在中西非及马达加斯加地区,非洲及马达加斯加高等教育委员会则通过对高等教育及研究机构管理者在大学治理与领导力方面的培训来提高高校和科研机构的质量保障意识和能力。

在北非地区,由阿拉伯地区高等教育质量保障网络联盟于 2008—2017 年分别在埃及、叙利亚、苏丹、摩洛哥等国连续举办了 6 次"质量保障工作坊",创新性学习与知识策略定制中心也正在持续开展关于质量保障能力建设、高校质量文化营造等的短期培训。③

---

① Center for Learning Innovations&Customized Knowledge Solutions. Portfolio Capacity Building Programs[EB/OL]. [2018-11-10]. http://www. cli-cks. com/wp-content/uploads/2018/08/Interactive. pdf.

② 根据以下资料整理:Inter-University Council for East Africa. Annual Report 2012—2013[R/OL]. [2018-11-10]. https://www. iucea. org/index. php? option = com _ phocadownload&view = category&id=11; reports&Itemid=613.

③ Inter-University Council for East Africa. Annual Report 2012—2013[R/OL]. [2018-12-12]. https://www. iucea. org/index. php? option=com_phocadownload&view=category&id=11; reports&Itemid =613.

虽然各次区域在质量保障能力培训方面有频次和规模上的显著差距,但更多地表现出相似性。培训对象主要是非洲国家高等教育部门和高校的负责人以及高等教育质量保障组织机构工作人员,从领导力和治理上提升质量意识和质量保障能力;培训内容多以质量意识、质量保障文化、质量保障路径、认证与评估业务等为主;从培训结果上看,参与培训的各国高等教育和质量保障相关工作人员既紧抓机会提升自己的专业能力,又积极为自己国家的高等教育质量保障发展搜集信息,许多参与者现今已成为本国高等教育质量保障领域的专家、领导者和管理者。

五、实施非洲高等教育质量保障现状调查

在非洲域外组织的参与和协助下,非洲各层次的高等教育质量保障组织认识到对非洲大陆上发展较成熟的国家高等教育质量保障机构及其工作进行实地考察和审查,既有助于搜集优秀发展经验、学习借鉴,又有助于巩固非洲高等教育的质量文化。

(一)非盟开展"非洲高等教育质量保障咨询考察和机构审查"

2018 年,非盟使用《非洲高等教育质量保障标准及指导原则》和《非洲高等教育质量保障和认证审查方法》,分别对高等教育质量保障机构发展较成熟的国家和高等教育质量保障新兴国家进行了五次试点审查和五次咨询考察。[①] 一方面,非盟希望公开透明地通过这些活动促进非洲国家对质量保障的理解,推广非洲特色的质量保障和认证方法,并支持和指导各高等教育质量保障机构实施非盟的《非洲高等教育质量保障标准及指导原则》;另一方面,非盟试图通过这些活动,为非洲国家层面的高等教育外部质量保障机构提供技术支持和指导建议,鼓励各国积极地自我改进。同时,非盟把该类活动作为持续搜集经验,修订和改进质量保障准则和审查方法的重要环节。

但截至 2019 年 8 月,关于这一活动的进展情况还未公布。尽管如此,随着这一考察活动的全面展开,非盟的考察小组前往实地考察的过程中,已在一定程度上起到了宣传非盟"非洲高等教育质量保障和认证一体化战略"

---

① Consultancy Visits and Agency Reviews [EB/OL]. [2018-11-01]. https://haqaa. aau. org/activities/consultancy-visits-and-agency-reviews/.

和推动"非洲高等教育质量保障标准"的作用。

（二）北非地区参与"阿拉伯地区高等教育质量保障调查研究"

为给阿拉伯地区高等教育质量保障一体化提供信息，了解和评估阿拉伯地区和国家层面的高等教育质量保障组织机构的现状是十分必要的。为此，2008年，阿拉伯地区高等教育质量保障网络联盟组织了第一次"阿拉伯地区高等教育质量保障调查研究"。摩洛哥、突尼斯、利比亚、埃及、苏丹、厄立特里亚等六个北非阿拉伯国家参加了该调查，表现出明显的积极参与高等教育质量保障一体化态度。2012年，第二次调查研究启动，除摩洛哥缺席外，其余北非国家继续参与了该调查。[①] 这次调查研究实际上是一项跟踪调查，主要目的是对第一次调查研究的国家进行跟踪考察和重新评估，对比分析阿拉伯地区的高等教育质量保障在四年间的发展情况。第二次调查结果显示，北部非洲地区的厄立特里亚、埃及、利比亚、苏丹和突尼斯均已建立起国家高等教育质量保障机构（摩洛哥在第一次调查时期已建立）。前后两次调查也发现阿拉伯地区的高等教育质量保障始终面临着资金和治理方面的挑战，同时，各高等教育质量保障机构在质量保障标准、审查小组组建、实地考察和保障程序上都比较相似。但在承认其他国家文凭和资格、各质量保障机构自主权方面还是存在着很明显的差别。

经过两次调查研究，阿拉伯地区高等教育质量保障网络联盟对阿拉伯地区的高等教育质量保障，有了较为系统、全面的了解，调查结果为在阿拉伯地区制定和推行一体化高等教育资格框架和高等教育质量保障标准奠定了良好基础。

除以上路径外，还有一些带有独特性的功能性路径，也在为促进非洲高等教育质量保障一体化发挥重要作用。如2007年，非盟教育部长会议决议实施"泛非高等教育质量分级机制"，这是一种针对非洲高等教育机构的质量评估工具，是一种支持持续改进质量的方法。非盟强调该机制并非大学排行榜，也不是比较各大学的工具，仅要求参与机构根据《非洲高等教育质量保障标准及指导原则》的标准对自身进行评级。2010年，试点性的自我

① 根据以下资料整理：Survey of Quality Assurance and Accreditation in Higher Education in the Arab Region［EB/OL］．［2019-08-20］． https://unesdoc. unesco. org/search/N-EXPLORE-763f51eb-6ffe-4098-b9e5-7d044fe3b674.

评级活动在非盟委员会支持下,有 32 个非洲高等教育机构参与。根据试点反馈,续订版的"泛非高等教育质量分级机制"问卷和等级工具以英文、法语和葡萄牙语三种语言发布。2014 年和 2017 年,两次以自我等级为目标的试点活动分别有 9 所和 15 所高等教育机构参与[①],由非盟和欧盟专家组成的咨询组前去指导和审查。现今,该机制已经移交非洲大学协会主持施行。

结 语

非洲国家众多、建国历史短且国情复杂,经济发展水平和社会稳定性较差,国家小而语言文化多样性特征明显。这些因素交织,促成了地缘关系紧密的国家以一体化的形式解决经济振兴、社会稳定和教育发展中面临的严峻问题与挑战。在非洲高等教育一体化过程中,高等教育质量保障既是促进一体化的抓手,也是一体化的成果,体现出以下特点。

第一,非洲高等教育质量保障的一体化是先发起于非洲次区域层面,大陆层面随之起步,两个层面间以及次区域层面间平行推进。

第二,在两个层面高等教育质量保障一体化的发展进程中,均是通过政治、组织和功能三种路径多管齐下。政治路径为区域教育一体化打破国家之间的壁垒、制定共同目标,做出一体化规划,保障了高等教育质量保障一体化的可持续性。组织路径建立了非洲高等教育质量保障一体化的实体机构和联盟,以组织和保障各项质量保障一体化协议和计划的顺利实施。如果说政治路径和组织路径是促进宏观和中观层面的一体化,那么功能路径是通过微观具体实践活动来推进一体化的。资格认证工具的开发、质量保障标准的制定、相关会议的召开、相关能力培训、相关调查等,都是对非洲高等教育质量保障一体化战略的具体落实。三种路径相辅相成,共同促进了质量保障这一领域的一体化的发生和发展。

第三,非洲高等教育质量保障一体化的推动主体是多元的。既有泛非洲性和次区域性的高层官方组织机构,也有介于官方与非官方之间的组织机构,还有非洲域外组织机构和国家的参与。

第四,非盟体制下的非洲国家间"不干涉内政"和"通过协商达成一致"

---

① 李佳宇.非洲区域一体化高等教育质量保障政策研究[D].浙江师范大学,2019:81.

一直是非洲国家合作的重要原则。这种"非洲方式"深刻印记在非洲两个层面的高等教育质量保障一体化进程中。与博洛尼亚教育一体化进程中的那种高度标准化不同,非洲高等教育质量保障一体化,更需要承认、尊重非洲国家之间的差异,更需要包容因教育传统各异而导致的质量保障重点的不同,更需要多样性和灵活性。

第五,在第四个特点基础上又产生了另外一个特点,即非洲大学高教质量保障一体化程度在观念层面上高于实践层面。在实践层面,同一教育传统的地区之间一体化程度比较高,但不同教育传统的地区之间一体化程度的提高有待时日。另外,发展水平稍高的国家更能自觉推动或者主动响应一体化,更有能力达到一体化要求。

第九章　非洲教育一体化发展战略特点、成效、面临的挑战及中国参与

基于非洲教育一体化发展战略的缘起、路径及法制基础,基于非洲教育大系统层次的、各子系统层次(高等教育、教师教育、职业技术教育、基础教育、成人教育)的一体化发展战略特点、成效和面临的挑战,基于对非洲高教质量保障一体化政治、组织和功能路径的案例研究,在这里,我们将讨论非洲教育一体化发展战略总的特点、成效、面临的挑战以及中国往后参与这些战略的一些策略。

第一节　非洲教育一体化发展战略的特点
——与世界其他地区的比较

一、教育一体化过程特征:正式、有意、自上而下、外部依赖

根据图 0.2 简·奈特关于教育一体化过程特征的分析框架,非洲教育一体化的过程达到了一个比较高级的阶段,已经是正式的而不再是非正式的,是有意的而非偶然的,是自上而下的而非自下而上的,但外部发起、资助和监督实施相对占很重要地位,是累进递增的而没有"大跃进"式的突破。

这里重点谈谈非洲教育一体化发展战略在制定和实施上高度依赖域外机构这一现象。这种依赖,与非洲经济和文化教育发展本身高度依赖外援密切相关。①

所依赖的这些机构包括联合国教科文组织、世界银行、欧盟、发达国家

---

① 参见徐辉,万秀兰.全球化背景中的非洲高等教育本土化[J].比较教育研究,2007(12).

的国际开发署等。这些机构要么与非洲签订综合协议,要么推出各种项目,要么发起各种研讨会,要么发表各种研究报告,试图帮助非洲跟上全球教育发展的脚步。例如,2002 年世界银行与联合国教科文组织携手在毛里求斯召开了一个题为"非洲中等教育:复兴策略"的研讨会,目的是检查 21 世纪初非洲的中等教育系统存在的问题,探讨深化改革的路径,确定改革的重点,鼓励利益相关者进行各个层面的合作。同年,世界银行非洲区又与非洲教育工作者和教育机构一起发起了为期 5 年的"非洲中等教育(SEIA)研究"项目。截至 2008 年,世界银行非洲人力发展部撰写了关于非洲中等教育的综合报告《面临抉择的重要关头:非洲中等教育的挑战》,提出了撒哈拉以南非洲国家中等教育发展战略的建议。① 再比如,2006 年联合国教科文组织推出过《撒哈拉以南非洲师资培训计划 2006—2015》,试图增加非洲师资队伍数量与提高教师质量,从而落实"全民教育计划",实现"千年发展目标",推动非洲国家普及基础教育。② 2012 年 11 月,联合国教科文组织达喀尔办事处、德国学术交流中心和国际教育规划研究所共同组织了"改善西部和中部非洲高等学校教育质量保障区域合作会议"。在这个国际会议上,非盟和其他一些组织建议确立非洲高等教育质量保障的区域协调机制;还建议建立非洲高等教育治理和质量保障能力建设的一体化的合作伙伴框架。③

可以看出,非洲区域化教育发展战略的制定与实施,在较大程度上依赖区域外国际组织的智力和资金援助,这一点与欧洲教育一体化和东南亚教育一体化截然不同。

二、战略目标更重内在发展而非国际抱负

这个特点是由非洲教育乃至非洲总体的国际地位决定的。

下面简单地以非洲大学协会和欧洲大学协会的区域高等教育一体化发展战略的比较为例:尽管非洲大学协会与欧洲大学协会同为区域性的大学

---

① 郑崧. 撒哈拉以南非洲中等教育发展的滞后与复兴策略[J]. 比较教育研究,2009(5).

② 楼世洲,彭自力. 联合国"撒哈拉以南非洲师资培训计划"评析[J]. 比较教育研究,2010(11).

③ Two New Initiatives to Promote Quality Assurance in Higher Education in Africa[EB/OL]. [2020-02-28]. http://www. iiep. unesco. org/en/two-new-initiatives-promote-quality-assurance-higher-education-africa-2796.

协会,具有较多的相似性,但是两者在地区高等教育一体化进程中的使命和作用却差异显著。

从表 9.1 可见,非洲的高教一体化着眼于自身能力建设和内在发展,而欧洲着眼于国际竞争力、国际领导力。非洲高等教育一体化的重点在于复兴非洲高等教育,解决高等教学、科研、社会服务等发挥核心职能上的困境;而欧洲推动高等教育一体化在于促使欧洲成为最具竞争力、最有活力的知识经济,争夺优秀人才和国际高等教育市场。[①] 非洲大学协会面临的挑战主要是内部整体发展水平落后的问题;而欧洲大学协会面临的挑战来自国际竞争,代表着欧洲高等教育与美国等其他非欧盟国家的高等教育组织开展竞争。

自身发展困境的状况,使得非洲大学协会在协调高等教育一体化进程中更加重视自身发展,关注战略的发展性,致力于发展非洲大学的能力。"发展性"这一独特价值的积极作用表现在如下方面。

非洲大学协会并没有如欧洲大学协会一般,志在国际合作中推广自身的经验,提升本地区高等教育在全球的威望。非洲大学协会与联合国教科文组织、世界银行、欧洲大学协会、英国国际发展部等国际发展伙伴合作实施战略,一同致力于推进非洲高等教育一体化,解决本土问题,关注非洲地区复兴与发展的问题。例如,非洲大学协会协调非洲卓越中心项目,就是为了解决本土大学能力不足的共同问题,提高非洲大学的专业能力,满足非洲产业发展所需的科学技术、工程、健康科学和农业科学等技能需求。再如,学术人员交流项目也是为了缓解非洲本土内师资匮乏的难题。[②]

表 9.1　非洲大学协会与欧洲大学协会的比较

事项	非洲大学协会	欧洲大学协会
成立时间	1967 年	2001 年(由成立于 1973 年的欧洲大学校长联盟与 1989 年的欧洲大学联合会合并而成)

---

① 鲁京明,等.欧盟的高等教育[M].厦门:鹭江出版社,2006:15.

② 参见陶俊浪.非洲大学协会高等教育一体化战略研究[D].浙江师范大学,2016:64-65.该论文是本书所依托项目的阶段性研究成果之一。

续表

事项	非洲大学协会	欧洲大学协会
成员数量	46 个国家的 300 多个成员大学*	47 个国家的 850 个成员大学
主要使命	促进大学间的合作与交流,为高等教育的热点问题提供讨论的平台,提高非洲高等教育的质量和适切性	发挥欧洲大学在欧洲及全球知识社会发展中的作用;在国家和地区的层面上影响关键性决策;推广最佳经验;提高大学的国际影响力等
主要职能	促进非洲大学机构的内部交流和之间的合作;收集、整理和传播有关高等教育与研究的信息;鼓励其成员与国际学术界加强接触;研究并使人们了解非洲大学的教育需求和相关需求;鼓励及更广泛使用非洲语言;组织和支持召开研讨会等	通过政策咨询,强化大学在欧洲高等教育一体化中的作用;与会员并肩作战推动欧洲高等教育一体化;定期组织研讨会,提升整个欧洲高等教育质量,促进良好实践经验的共享;代表欧洲高等教育进行对外宣传,通过国际合作提升欧洲高等教育在全球的声誉等
与外部联系	依赖国际援助	积极参与国际合作
面对的挑战	主要来自内部矛盾	主要来自国际竞争

资料整理自:胡娟,李立国. 大学协会组织研究[M]. 北京:中国人民大学出版社,2007;欧洲大学协会官网. http://www.eua.be/about/what-we-do.

注*:根据该协会网站信息,2020 年有近 400 所成员大学。

非洲教育一体化发展战略重内涵发展这一特点,与拉丁美洲甚为相似。阿根廷的梅塞德斯·V. 安德列斯(Mercedes V. Andrés)在她博士学位论文中,根据国家和区域在高等教育国际化/全球化过程中所处地位,把不同国家和地区的参与者划分为四种类型:超级玩家、部分参与的玩家、被动参与的玩家、弱小玩家(见图 9.1)。她认为拉丁美洲的大学在国际化过程中只是弱小玩家,不宜大张旗鼓参与全球化,参与国际大学排名目前劳民伤财,没有太大意义。她认为拉美大学最好的选择是专心致志,做好区域内部的一体化,从而互相促进、增强内功。这样能避免人才外流,并能增加对外教育市场谈判的筹码。这里不讨论她的观点是否正确,只想强调,持这种心态的非洲和拉美决策者和学者并不少见。

我国在相当长时间内,谈到国际化时同样更多地着眼于自身发展。只是随着我国综合国力的提高而慢慢开始兼顾国际贡献了。

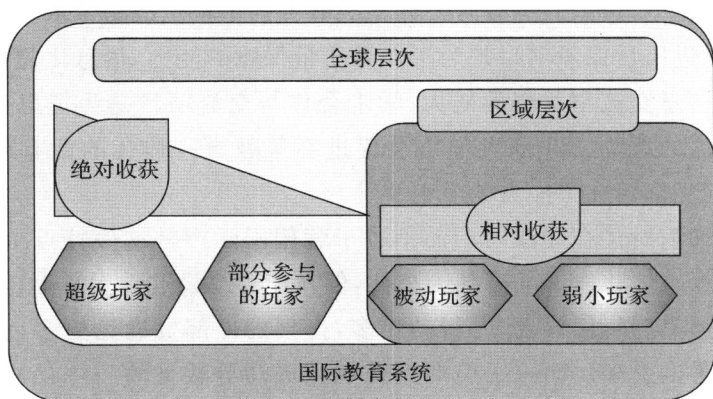

图 9.1 国际化游戏：情景、玩家和利益

资料来源：Andrés M V. Regional Cooperation in Higher Education within Educative MERCOSUR(南方教育共同市场的高等教育区域合作)[D]. 浙江师范大学,2018:61.

三、战略主题突出"能力建设"

与上一特点相关,非洲各类区域组织的教育发展战略主题,无外乎教育发展、教育公平、教育质量、教育效率。其中,非洲教育机构和教育人员的"能力建设"是贯穿所有这些主题的核心内涵和要素。"能力建设是非洲院校和国家两个层面促进高等教育国际化的共同的主要动因之一"[①],而促进能力建设的许多项目和计划是由非洲地区和次地区组织发起或落实的。例如,非洲大学协会在非洲能力建设基金会的"政策改革和领导能力开发"项目资助下,进行了非洲大学领导与管理能力的建设,开发和维护了非洲论文数据库,扩大了出版物的传播。非洲经济与社会科学研究发展协会(CODESRIA)在该基金会的资助下加强了非洲的社会科学研究,以留住非洲大学的人才和学者,加强社会科学的网络构建。前述西非经济货币联盟的"高教复兴战略",也是典型的能力建设项目,涉及高等教育学术研究及其成果运用、教学中信息通信技术运用、高等教育管理等方面。[②]

---

① Teferra D, Knight J. Higher Education in Africa: The International Dimension[M]. Boton and Accra: Center for International Higher Education, Boston College and the Association of African Universities,2008:536.

② 万秀兰. 非洲高等教育国际化的特点分析[J]. 比较教育研究,2012(4).

非洲大学协会的高等教育一体化战略中四个重点战略领域都是为了能力建设:促进质量保障项目是为了提升质量保障的能力,信息化建设项目是为了提升信息交流与共享的能力,学术合作与交流项目是为了提升院校间合作与交流的能力。非洲大学协会促进高等教育一体化的所有政策与行动,归根到底都落在了能力建设上。[①]

虽然如前所述在专注内功而不过于奢望国际声誉这一特点上,非洲与拉美的教育一体化发展战略甚为相似,但在能力建设这一主题上,与拉美相比,非洲意识更强,倡议更多,行动更多,得到的外部资助也更多,获得的实际成效似乎也更多。而拉丁美洲更强调区域高等教育的一体化协调,比如初等、中等、本科、研究生教育以及职业技术教育的文凭、学位的认证,促进教师和学生在区域内的流动以及教学和科研的合作。至于更广泛、深入的能力建设议题,在拉美还比较少见。

四、战略的组织路径多样但力量分散

从第一章第二节和第三节可以看出,与欧洲教育一体化进程不同,非洲教育一体化进程的组织和推动者众多,既有非盟这样的全洲政府间政治组织,也有东非、西非和南部非洲等次区域性的政府间政治组织,还有很多政府间或半官方的区域教育专业组织,更有联合国教科文组织和世界银行这样的影响巨大的国际组织。这些组织大多制定和推行本区域的一体化教育发展战略,有的也成为较大组织的教育一体化发展战略的推动者、支持者、实施者,当然也有成为反对者的。

一方面,这些组织政治属性不同、服务的空间范围和专业领域不同,对于教育一体化进程的作用也有所不同,但互为补充,相得益彰。另一方面,这种多样性也说明了非洲次区域之间的高度差异性,以及非盟教育一体化努力的难度和局限性,其他组织尚有存在空间。但是,值得指出的是,非洲许多非政府组织成为域外国际组织的附庸,或利益代言人,在经济上更是高度依赖国际组织,其生存的环境也比较恶劣,基本不能发挥太多独立的作用,有时反倒分散了非洲教育一体化的力量,增加了管理难度。

---

① 参见陶俊浪.非洲大学协会高等教育一体化战略研究[D].浙江师范大学,2016:65.

根据一项关于拉美教育区域一体化、国际化的研究①,在拉丁美洲,有六个政府间组织已经形成:安第斯国家共同体(CAN)、拉丁美洲太平洋同盟(PA)、南美国家联盟、美洲玻利瓦尔联盟、拉美和加勒比国家共同体、南方共同市场(MERCOSUR)。拉美经济一体化协会、美洲开发银行、拉丁美洲经济委员会等拉美区域经济组织也在拉美政治经济一体化过程中发挥了重要作用。其中南方共同市场是南美地区最大的经济一体化组织,也是世界上第一个完全由发展中国家组成的共同市场。1991 年在上述政府间政治经济组织基础上,南美教育共同市场(Educative MERCOSUR,简称 EM)成立,其决策机构,即成员国教育部长会议,也同时正式启动。虽然在头十年该教育市场进展不大,但此后发展比较快。2001 年建立了 EM 的区域协调总委员会,含三个分委员会,即基础教育、技术教育和高等教育的区域协调委员会。2005 年建立了 EM 筹资基金咨询委员会,会同语言政策咨询委员会一起开展工作。2006 年该共同市场成员国建立了各国认证机构联合网络(Red de Agencias Nacionales de Acreditación),2011 年建立了区域教育培训委员会……

可见,拉美教育的区域一体化组织,都是围绕南美教育共同市场教育部长会议框架下的治理来设立的,总体上是统一、有序设置的。其他的组织无论有没有,无论多不多,都没有进入南美教育一体化专题研究者视野。这从侧面说明拉美的教育一体化组织跟非洲非常不同。当然,欧盟这一域外组织的资助在该研究中也多次被提到。

第二节　非洲教育一体化发展战略的成效与局限

非洲教育一体化尽管不及欧洲教育一体化的广度和深度,但毫无疑问,还是取得了重要成效,给非洲教育带来了重要进步。虽然前文一些章节已对各级各类教育一体化发展战略的具体成效乃至成功经验进行了专门分析,这里不便再作赘述,但还是打算对信息分享、组织建设和制度建设上的进步进行简单归纳。另外本节还要根据某些评估结果和研究的问卷结果,

---

① Andrés M V. Regional Cooperation in Higher Education within Educative MERCOSUR(南方教育共同市场的高等教育区域合作)[D].浙江师范大学,2018:88-121.

阐明非洲官员、教师和学生自己对非洲教育一体化发展战略总的成效的看法，既包含取得的进步也包含存在的不足。

一、取得的成效

（一）推动了国际先进教育理念和经验的传播以及国际教育动态趋势分享

教育一体化过程的内涵之一就是促进信息分享。这些信息包含发达国家和新兴国家先进教育理念和经验，包括非洲各国教育创新、改革动态、面临问题以及解决思路等方面的信息。非洲国家图书出版事业和互联网建设比较落后，这样，非洲教育一体化的政治、组织和功能三方面的各种具体路径，都成为非洲教育一体化的信息生成和传播渠道。其中，学术研讨会和经验分享会成为非洲国家获得最新信息的重要手段。

作为非洲教育研究和中非教育合作的参与者，我们参加过世界银行组织的非洲应用科学、工程与技术技能合作项目研讨会，非洲高等教育卓越中心（ACE）项目研讨会和第三届中非世界银行教育合作论坛（教师教育）。在每次会议上，会议举办者都安排了我们中国学者介绍中国相关经验。最后一次的论坛为期四天，有七个有关中国浙江教师教育政策、制度方面的经验分享报告，还有全国层面的经验分享报告四个，海南省农村教师教育经验报告一个。六个小组用半天时间分赴不同的大中小学进行参观（含课堂观察）。该次论坛还安排了 17 个非洲国家分别介绍自己的教师教育体制。每次研讨会上，非洲国家代表都对中国的经验表现出浓厚兴趣，表示受益匪浅；也对非洲其他国家的不同做法进行了热烈讨论。

我们关于"你知道有哪些已经实施的促进非洲教育区域化的倡议/政策"的调查发现，"论坛、研讨会的组织"排在回答频次最多的第四位。

（二）加强了非洲教育一体化的组织建设

通篇，我们会发现，非盟、非洲大学协会、非洲教育发展协会、东非大学校际理事会等组织在非洲教育一体化进程中的身影无处不在。这些组织是推动非洲教育一体化的中坚力量，对非洲国别教育信息的收集、获得和分享，教育观念的变革，教育规划和组织能力的提升，统一课程标准的建立和推行，ICT 在教育中的运用，教育质量保障能力的提升，文凭的互认，教师学生交流机会的增加等方面，都是有所促进的。

这些作用,既是这些组织努力的结果,也是其对非洲教育一体化发展的重大贡献,更是其自身发展的体现。在推动非洲教育一体化的过程中,这些组织也在自身的组织架构、人员和项目管理能力、政策咨询能力、资金筹措能力等方面获得宝贵的发展。它们在与联合国教科文组织、世界银行以及发达国家的国际援助机构的合作中,也学习到许多教育观念和项目管理运作等方面的知识和技能。随着中非教育合作项目的增多,这些组织也开始接触中国教育的一些特色经验,相信未来也会把这些经验融入他们的教育一体化发展规划。

（三）深化了非洲教育区域一体化的政策开发与制度建设

非洲教育区域一体化的政策开发与制度建设,最主要体现在非洲高等教育资格认证方面的《阿鲁沙协定》及后来的《亚的斯亚贝巴协定》。与此相关,非盟《非洲高等教育一体化发展战略》提出分三个层面开展非洲高等教育资格证书体系建设的工作。一是国家层面的高等教育认证和质量保障机构的建立和运作,二是区域层面的高等教育资格认证系统的建立,三是非盟委员会的协调和服务工作（对现有高等教育资格证书体系进行评估,并支持其能力建设,为认证部门的人员提供短期课程等）。目前为止,非洲统一的高等教育资格证书体系大致建立,虽然非洲英语国家内部和法语国家内部的统一程度更高。

联合国教科文组织《撒哈拉以南非洲师资培训计划 2006—2015》,在非洲区域层面和国别层面开发了大量与教师教育相关的政策,指导了非洲不同区域和国家自己政策的出台。例如,东非共同体通过出台东共体中小学教师教育的课程一体化框架政策,在成员国内部实施统一的教师教育课程,这一行动从区域层面为东非教师教育发展提供了质量保障。

其他方面的例子还很多,无论在高等教育、教师教育、基础教育、职业教育还是成人教育领域,由一些重要的国际组织或区域组织发起和推动并得到非洲国家响应的政策,在前文许多章节中可谓俯拾皆是,其中一些政策已经逐渐发展成或者有望成为制度。这里分政策和制度略举几例。

关于非洲区域性教育政策的制定与推行,以非盟为例,在非洲联盟的三个"十年教育计划"中,每个计划都有若干教育发展指标,非盟都制定成"教育指标手册"予以推行。非盟作为全洲性政治实体,其教育机构出台的指标有较大专业权威性和较强的政治约束力。这种手册形同各国共同的政策指南。再以南部非洲发展共同体的成人教育区域一体化为例。该共同体的开放远程能力建设项目的成功实施,促成莱索托、马拉维、坦桑尼亚、赞比亚和津巴布韦等国制定和推行了国家开放远程学习政策。该共同体还通过了《彼得马里茨堡宣言》,这是一项专门的成人扫盲教育政策。

非洲区域性教育制度的建设,主要表现在:非洲教育管理信息系统的建设、运行和评估,非洲科技、语言和综合素质技能方面的课程和教材的一体化建设,非洲教育质量保障框架的建立,非洲学历资格和学分框架的建立,非洲国家研究与教育网络的建立等。一体化过程中非洲内部的区域组织或外部的国际组织提出的政策和制度建议纷纷被采纳、被实践。比如,联合国教科文组织《撒哈拉以南非洲师资培训计划 2006—2015》中提出和实施的有关教师的系列国家政策框架、战略和计划,被一些国家采纳或完善后加以实施。

我们关于有哪些已经实施的促进非洲教育区域化的倡议/政策的调查,回答频次最高的前三项依次是泛非大学的建立和发展、教师的培养及大学科研合作。

我们关于"你知道有哪些已经实施的实现非洲教育一体化的措施"的调查,发现回答频次最高的依次是奖学金增加、大学生交换、更多资金投入、专业/学位及课程结构的一体化。

(四)促进了非洲教育界对非洲教育一体化发展进程的认同

我们的调查问卷结果显示:90%的人认为非洲教育一体化有必要或非常有必要。关于为什么认为有必要,其理由根据提到的频次多少依次是:能够促进共同目标的建立,促进观念和技能的学习和传播,增强多样性,促进整个非洲的发展,增进非洲国家团结力,有利于扩大儿童接受教育的机会,有利于建立标准化的教育。关于为什么认为没有必要,其理由主要不是一体化的价值和方向问题,而是实施中的问题,比如:目前非洲国家的条件还不能够很好推进区域化进程,如政府能力不足、存在腐败问题、经济发展不平衡、生活动荡、社会和政治分离等;当前非洲区域教育一体化存在参与率不高的问题;非洲区域教育一体化与非洲国家人力资源发展不相符合、限制知识与非洲各国的联系、影响非洲国际化发展等。

关于如何评价促进非洲教育一体化或区域化的动员情况,总体给予肯定的占 83%。其中认为非常好的占 5%,良好的 47%,还不错的 31%。关于如何评价非洲教育区域化的有效性,给予正面评价的约占 84%。其中认为还行的占比最大,35.4%,占三分之一强;认为好的占 29.2%,近三成;认为非常好的占 19%,近二成。

二、存在的局限

非洲教育一体化发展战略,出处繁杂,内容丰富,活动众多。要完全实现战略目标,要求有较好的实施环境和条件,既包括客观物质的条件,也包括参与其中的各类人员的素养。而这两方面在非洲都比较欠缺,因此非洲教育一体化发展战略制定和实施难免存在很多局限。

(一)非洲教育一体化进程控制和成效评估工作力度不足

非洲总体发展水平的局限,影响到基础设施建设和管理水平。教育管理信息系统信息化能力,影响到非洲教育一体化进程中的数据统计和传播。有些机构对自己的战略并无实施成效的评价;有的机构虽有评价,但由于信息传播途径和水平有限,或根本没有形成正式文本,或根本不对外公开,所以其评价结果是我们难以接触到的。我们只是看到了少量对非洲教育区域一体化发展战略或计划的评估结果。

(二)非洲教育一体化发展的实际成效不足

即使是在一体化程度较高的东非,专业人员对教育一体化发展战略规划的评估,总体上也不太乐观。比如,一方面,东非大学校际理事会对其《战略规划 2011/2012—2015/2016》的中期检查结论,是"取得的结果所达到的水平反映了所用的资源,说明战略规划得到了有效实施","过去五年的东非大学校际理事会所有活动都具有很高的相关性"。但是另一方面,根据东非大学校际理事会《战略规划 2011/2012—2015/2016》的《中期审查报告(2014)》《进展报告(2014—2015)》和《进展报告(2015—2016)》以及《第 4 个东非共同体发展战略》对东非大学校际理事会部分的评估,东非大学校际理事会规划评估小组认为,该理事会过去五年为规划落实所开展的活动,在成效、效率和可持续性方面的表现不是"低等"就是"中等",该理事会需要加强战略计划的执行。[①]

如前所述,我们对"如何评价非洲教育区域化的有效性"进行了调查。调查发现,认为效果"不好"的占 10%,认为"非常差"的占 6%。关于"如何评价促进非洲教育一体化或区域化的动员情况"的调查发现,近 31% 的人给的正面评价比较勉强,只是认为"还行";而且有近 15% 的人认为"不好",还有 2% 的人认为"很不好"。

我们关于"你知道有哪些已经实施的促进非洲教育区域化的倡议/政策"以及关于"你知道有哪些已经实施的实现非洲教育一体化的措施"的调查,结果发现,各级各类教育一体化发展战略无不重视的两大战略主题都没有进入回答频次最高的前五项。这两大主题,一个是"教育管理信息化系统",一个是"ICT 在教学中的应用"。这说明,信息化发展战略在非洲教育一体化发展中的实施,还未对广大教育管理人员和大中小学教师产生深刻影响,未能在他们中间产生深刻印象。

我们在访谈中发现了一些极端的例子,说明非洲教育区域一体化发展的动员和实际影响在某些地方、某些单位还很不够。我们曾经访谈过东非一个国家的教育部副部长。他坦承完全不知道非盟有哪些关于非洲高等教育一体化发展的战略、规划或措施。虽然他解释说就任不久,需要一个熟悉的过程,但那种一无所知的程度还是令人诧异。在该国最重要的一所大学负责教学质量保障的高级管理人员曾经接受了我们的访谈。关于为什么该国没有签署《阿鲁沙协定》和《亚的斯亚贝巴协定》,这位负责人的回答竟然是"没有得到邀请"。实际上这两个协定对每个非洲国家都是开放的,都是公开呼吁每个非洲国家讨论并签署,是不会特别邀请任何国家来签署的。

(三)非洲教育一体化进程与其他地区相比显得比较慢

在联合国教科文组织认定的几大地区中,非洲地区成员国对本地区第一批高等教育资格互认协定的批准率最低。

从表 9.2 可以看出,欧洲国家的批准率最高,阿拉伯国家次之,亚太、非洲和拉美的批准率都不高,但非洲国家的批准率最低。这说明非洲高等教育一体化的程度比较低。

---

① IUCEA. Strategic Plan for 2016/17-2020/21[R]. Inter-University Council for East Africa, Kampala,2016.

表 9.2　批准第一批区域资格互认协定的地区比较

地区	地区成员国数量（不含准成员）	协定缔约国数量（只含该地区的成员国）	该地区已批准协定的成员国所占比例
欧洲(1979)（被《里士本协定》取代）	51（随时间推移有所变化）	43	84％
非洲(1981)	54	21	39％*
亚太(1983)	48	20	42％
阿拉伯国家(1978)	22	14	64％**
拉美和加勒比(1974)	33	13	39％
地中海国家(1976)	非联合国定义的地区	12	—

资料来源：Evaluation Office of UNESCO. Evaluation of UNESCO's Regional Conventions on the Recognition of Qualifications in Higher Education[R]. 2016：23.

注：* 处原文为 38％；** 处原文为 63％。

第三节　非洲教育一体化发展战略面临的特殊挑战

区域内各国教育一体化进程的影响因素，从理论上来说，包括各国政府物力和民众的意愿、各国治理能力、区域组织的号召力、区域内各国的社会经济发展基础上的人力物力和客观条件的支持、教育系统的传统联系和/或优势互补等。

非洲教育一体化发展战略存在的不足，与非洲面临的许多挑战密切相关。这些挑战，有些是任何区域的教育一体化都会面临的天然的共同的障碍，有些则是非洲教育一体化所面临的特殊挑战。

主权国家的独立性，民族文化传统的内在惯性，都构成区域一体化的天然障碍。比较研究所揭示的社会文化进程和组织模式的"可怕的多样性"；全球化过程存在的"非线性"和"偶然性"；国际化与本土化、超国家整合与国家内的多样化、普遍进化与社会—文化结构、全球传播过程和特定文化接受过程、跨国传播模型的抽象普遍性和偏离—生成的结构细化、世界层次的发展和教育意识形态的全球传播与社会—文化相互关系网络的持续多样性等"相互交织的相反趋势"①，共同构成对区域教育一体化进程的天然障碍。

---

① 于尔根·施瑞尔.比较教育中的话语形成[M].北京：北京大学出版社，2011：24-31.

这些障碍在任何地区都是存在的。不过不同发展水平的地区克服这些障碍的能力有所不同。

与欧盟和东盟相比,非洲的教育区域化发展战略面临更多更严峻的挑战,克服上述障碍的能力也更弱一些。严格意义上的非洲教育一体化,相对于非洲政治和经济一体化而言,显然来得迟一些,而且面临的挑战更多一些。正如非洲许多发展计划和倡议一样,一直以来,非洲教育一体化的努力虽然不断出现,但也不断消失。非洲推出了各种各样共同的教育政策和方案,但大多都没有真正实现。

在中非命运共同体建设中,加强中非教育交流与合作,需要我们了解非洲教育一体化过程究竟面临哪些问题,其原因是什么。

一、非洲经济和社会发展水平低下并且国家之间发展不均衡

区域教育一体化除了理论上的必然性和强烈的政治意愿外,其顺利推进还需要一定的社会经济发展基础。但非洲的社会经济发展对教育一体化进程而言,目前的推力也许还小于阻力。

(一)社会经济发展水平低

非洲经济和社会发展水平低下无须多言。根据国际货币基金组织2018年的数据,大多数非洲国家的人均收入低于其他国家。例如坦桑尼亚的人均收入为1110美元,埃塞俄比亚910美元,卢旺达820美元,乌干达711美元,塞拉利昂505美元,南苏丹246美元。[①]

这种状况带来交通成本高、获得签证难、互联网络设施差、推进教育一体化进程所需经费不足的问题。

(二)社会经济发展差异大

非洲国家之间存在较大的发展差距,这种差距本身也成为非洲教育一体化的阻力。

首先,以非洲大陆国家收入情况及人口流动为例。非洲国家里,低收入国家和中低收入国家比较集中,但也有几个中高收入国家(分别是纳米比

---

① IMF Regional Economic Outlook, April 2018, Sub-Saharan Africa: Domestic Revenue Mobilization and Private Investment[EB/OL]. [2020-02-28]. https://www.elibrary.imf.org/view/IMF086/24922-9781484339862/24922-9781484339862/ch01.xml? language=en&redirect=true.

亚、博茨瓦纳、南非、阿尔及利亚、利比亚和加蓬)甚至高收入国家(塞舌尔)。非洲的或非洲次区域的教育一体化计划的制订者是非盟或非洲大学协会等教育专业组织,或者东非共同体、西非经济与货币联盟、东部和南部非洲共同市场、南部非洲发展共同体等非洲次区域组织;但这些计划的实施者要落脚到各成员国,这些成员国实施起来又要受制于本国的年度预算。这就导致区域成员国内部同样一个计划会有不同的实施结果。

区域内不同国家贫富差异明显,人口流动通常会从低收入国家流向中低收入国家或中高收入国家。区域内部如果和平和动乱差异明显,人口就会从动乱国家流向稳定国家。当然传统文化、宗教和/或民族问题会造成某些例外,也影响着人口流动的走向。

总之,贫困本身,加上人口流动的不均衡、不对称性,都影响一个国家的教育一体化计划的实施。

其次,以南部非洲发展共同体成员国为例。该共同体过于多样化,成员国社会经济发展水平差异很大,见图9.2和表9.3。

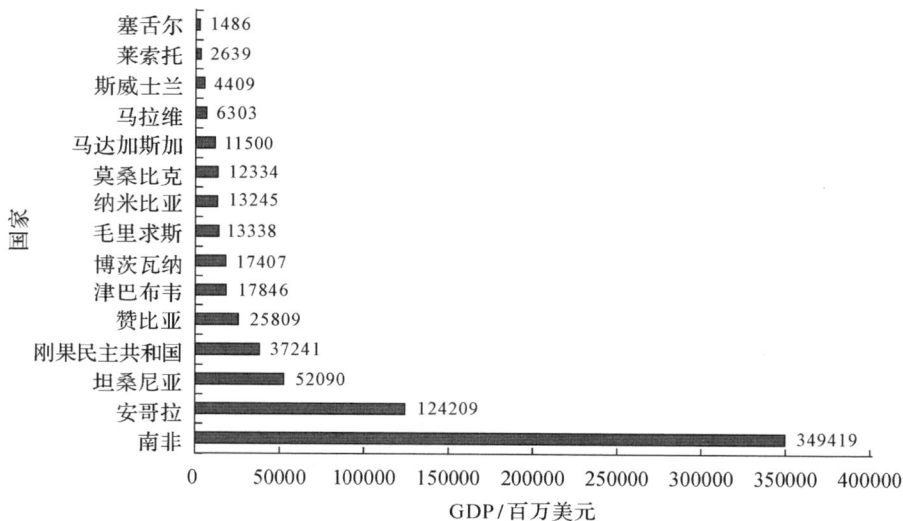

图 9.2　2018 年南部非洲发展共同体成员国 GDP 一览

资料来源:INENG. List of Southern African Development Community (SADC's) Countries by GDP[EB/OL].[2020-08-09]. https://ineng.co.za/sadc-countries-by-gdp.

表 9.3 2015 年非洲国家人口和 GDP 一览

国家	GDP/百万美元	人口/万人
尼日利亚	406000	18156.3
埃及	332300	8912.5
南非	294100	5495.7
阿尔及利亚	160800	3967.0
摩洛哥	100600	3438.0
安哥拉	95800	2532.6
苏丹	94400	4023.5
埃塞俄比亚	72500	10376.4
肯尼亚	68900	4553.3
坦桑尼亚	47200	5104.6
加纳	43300	2741.4
突尼斯	43200	1111.8
刚果民主共和国	41600	7726.7
科特迪瓦	34668	2312.6
利比亚	33200	627.8
喀麦隆	29300	2191.8
乌干达	26200	3710.2
赞比亚	19117	1547.4
津巴布韦	14659	1350.3
塞内加尔	14572	1415.0
马里	14198	1779.5
加蓬	14166	187.3
博茨瓦纳	12701	217.6
莫桑比克	12505	2801.3
布基纳法索	11872	1845.0
毛里求斯	11865	126.3
纳米比亚	11210	228.1

续表

国家	GDP/百万美元	人口/万人
乍得	10096	1367.5
马达加斯加	9524	2304.3
贝宁	9062	1078.2
卢旺达	8490	1132.4
刚果共和国	8364	470.6
赤道几内亚	7884	199.6
尼日尔	7510	1888.0
几内亚	6569	1093.5
索马里	5950	1431.8
厄立特里亚	5352	689.5
马拉维	5347	1630.7
毛里塔尼亚	4541	363.2
多哥	4405	706.5
塞拉利昂	4095	651.3
斯威士兰	3391	111.9
南苏丹	3074	1251.9
布隆迪	2772	982.4
利比里亚	2106	404.6
莱索托	1766	190.8
吉布提	1903	96.1
中非共和国	1819	465.9
佛得角	1625	52.5
塞舌尔	1427	9.7
几内亚比绍	1136	178.8
冈比亚	886	202.2
科摩罗	609	78.3
圣多美和普林西比	349	19.4

资料来源：Independent Entrepreneurship Group（INENG）. Map of Africa：GDP and Population[EB/OL].［2020-08-09］. https://ineng. co. za/map-africa-gdp-population.

这种情况下,区域教育一体化对某些国家来说是受益较多,实施起来问题不太大;对另一些国家来说实施难度大,甚至可能是一种负担,短期内受益少。对某些国家来说,维持和平与稳定、消灭饥饿是第一位的任务,缺乏参与教育一体化的热情,更缺乏参与能力。从这个意义上来说,非洲教育一体化要实现全洲"联合起来"步调一致的行动,面临很大困难。

(三)发展资金短缺

非洲联盟流动方案(AU Mobility Programme)2008 年只有 19 名非洲学生参加,2010 年只有 24 名。① 该计划只能为少数非洲学生的流动提供支持,影响有限。根据非盟教育专家的说法,其主要原因是一直缺乏财政资源。2010年 11 月,该计划受益于欧洲联盟 4650 万美元的财政支持,使其得以延长四年(从 2011 年开始)。学生流动要花费很多钱。欧洲流动计划,如伊拉斯谟计划,虽然进程顺利,但每四年花费约 2.3 亿欧元,以帮助大约 6000 名学生在欧洲大学内流动。② 非洲要推进学生流动,没有资金是无法做到的。③

大多数非洲国家,特别是撒哈拉以南非洲国家,在教育方面预算很少,这确实阻碍了非洲有效推进教育一体化。以坦桑尼亚为例。2014 年其政府教育支出仅占国内生产总值的 3.5%,低于加纳(8.1%)、莫桑比克(6.6%)、肯尼亚(5.5%)和卢旺达(5%)。经济负担也导致政府每年都把重点放在少数几个部门,这就造成了教育经费的非连续性。每年教育预算份额的变化给教育部门的项目带来了不确定性。2011/2012—2015/2016 财年,教育预算分别占国家预算总额的 16.2%、18.4%、14.7%、16.5% 和16.3%。④ 预算数额和实际得到的金额还有差别。这一数额低于全球教育伙伴关系(Global Partnership for Education,GPE)提出的 20% 标准,也低于 2008 年至 2017 年《教育部门发展计划》(*Education Sector Development Plan*,ESDP)提出的平均 22% 的水平。

---

① AU. AU Outlook on Education Report[R]. Addis Ababa,2014.

② European Commission/EACEA/Eurydice. The European Higher Education Area in 2015:Bologna Process Implementation Report[R]. Luxembourg:Publications Office of the European Union. 2015.

③ Woldegiorgis E,Doevenspeck M. Current Trends,Challenges and Prospects of Student Mobility in the African Higher Education Landscape[J]. International Journal of Higher Education,No. 2,2015:1-11.

④ Holt K. Tanzania:Education budget Brief FY 2011/12-FY 2015/16[R]. UNICEF Tanzania,2016:3.

总之,没有经费保障,非洲各项发展"目标"(例如教育质量保障一体化的"标准")都难以达到。

• 经济上的不足使非洲国家无法建立足够的高等教育机构来满足人口需求,因而无法实现自己的期望。例如,到 2012 年,南部非洲地区的大学仅能招收 1% 的博士生和 6.3% 的硕士生。

• 非洲许多大学不得不通过获得捐赠维持正常工作。基础设施的不完善、师资队伍的缩减更难以保障大学教育的质量。

• 研究生的录取人数少,大学科研资源稀缺,都妨碍非洲高等教育质量保障一体化方面的目标达成。

• 财政赤字及其引起的一体化目标的失败,进而导致各种共同方案和政策在执行力度和效率上参差不齐。

• 网络技术发展不佳以及经费缺乏,也使得很难收集区域教育统计数据以供评价和改进,妨碍教育一体化政策的科学性及一体化进程的改善。

诸如此类的挑战,造成非洲教育一体化以下问题:

(1)交通成本大,信息获取和分享困难。

(2)师生跨国交流困难。

(3)一体化政策执行难,目标实现难度大。

(四)社会治理水平低

由于人均受教育水平、经济发展水平、交通水平等因素,非洲社会治理能力和水平比较低。相对而言,非洲相当多的人缺乏艰苦奋斗精神,办事效率低、腐败程度高。

关于艰苦奋斗精神,我国一所高校承办的商务部长期援外学历学位教育项目(非洲学员为主),有一次组织学员到云南调研我国少数民族艰苦地区教育发展情况,由于当地接待能力有限,要求学生两人住一间房,但学生不同意(他们的确可以享受一人一间的待遇)。结果我们只好取消该调研计划,改为在城郊调研。身为中国人,我们对此颇为惊讶。另外,非洲人周末一般不工作,私营商店大多也是半天甚至整天关门歇业。

对区域和国际组织举办的非洲或次区域的教育会议,一些国家政府部门的中高层热衷参加会议,因为有各种差旅补贴;但回到岗位上往往不太热心传达会议精神,致使会议影响范围小。一些参与并了解诸如《协调非洲》

之类的非洲高教一体化行动倡议的人,开完会后就抛之脑后,不会向更多的人传播这些信息。有些人倾向于将整个非洲大陆的倡议行动视为个体的事情,而另一些人则没有传播信息的手段。非洲高等教育质量保证与认证中心的项目官员马库库(Violet Makuku)博士告诉世界大学新闻报:

> 许多利益相关方都没有意识到非洲高教一体化进程,因为几乎没有任何信息得到传播。①

社会上也没有主动通过网络了解教育大事的习惯。

所有这些都导致非洲社会包括许多中高层人士都对教育一体化不甚了解;也就谈不上对这一进程的广泛动员和高效推进。

关于非洲一些国家政府和学校的办事效率,我们碰到的例子不胜枚举。"当一些政策和战略在议会讨论时,它们看起来似乎很有希望;但由于无能和漫长的官僚程序,它们大多没落到实处。"②至于腐败,"民众与腐败:非洲调查2015"是透明国际组织的《全球腐败晴雨表》报告的一部分,从2014年3月到2015年9月采访了撒哈拉以南非洲28个国家的43143名民众,了解其对所在国腐败情况的体验和感受。结果发现,22%的受访者在过去12个月里为获得公共服务而行贿。在寻求警察和法庭帮助时甚至分别有28%、27%的受访者行贿。非洲穷人寻求公共服务时行贿的可能性是富人的两倍,城市居民行贿的可能性则更高。超过1/3的受访者认为,举报腐败需要面对严重的后果,是人们不愿意举报的原因。③

在以往的预算支出中,东非国家用于非发展领域的拨款占了很大比例。某些国家议员的薪水过高,与整个国家的经济发展水平难以匹配。比如:2012—2013财年,肯尼亚、坦桑尼亚政府员工的工资分别占到了该国当年财政预算的1/3和1/4。

然而对于作为东非五国最重要产业之一的农业,各国的投入则显得有

① Makoni M. Lack of Awareness Hampers Harmonisation Progress[N]. World University News,2016-12-02.
② Tekola T. Implementing People-centered and Inclusive Policies can Help Ethiopia Leave no one Behind[EB/OL]. [2017-19-01]. http://blogs.worldbank.org/nasikiliza/comment/1360 # comment-1360.
③ 余旭.非洲腐败现象增加,政府应对无方[EB/OL]. [2018-10-27]. http://www.mofcom.gov.cn/article/i/jyjl/k/201512/20151201203490.shtml.

些不足。2003 年,在莫桑比克首都马普托举行的非洲联盟峰会上,非洲领导人曾制订了非洲农业发展综合计划,并就非洲国家每年把国家预算的 10％用于农业部门达成共识。但现实情况是,包括东非五国在内的很多非洲国家并未达到这一目标。[①]

二、非洲基础设施建设落后

与社会经济发展紧密相关的是基础设施建设。区域教育一体化中,师生流动、区域国际教育交流、区域教育协调和监督作用等,都离不开良好的基础设施建设,特别是方便、快捷和价廉的交通与互联网。但是,非洲总体来说在这两方面都严重落后。

(一)交通发展落后

非洲是世界交通运输业比较落后的一个洲。非洲交通运输系统(尤其是铁路)主要是为重要产品出口而建设的,而非用作国内各地区间的交通。非洲交通发展存在不少制约因素,如国家贫困,政府用于基础设施建设资金不足;自然环境恶劣,交通建设与维护难度巨大;专业人才缺乏,管理不善;交通方式落后,大陆内部一体化水平较低。

当前,非洲铁路交通总体发展呈现缓慢态势,而且很不均衡,既有像南非这样的铁路强国,也有像尼日尔这样的铁路空白国家。

公路运输是非洲最主要的运输方式,占非洲大陆客运量的 90％。目前农村和许多城际公路大多为泥土公路,车辆走过尘土飞扬。城市甚至首都的道路有的是水泥的,有的是砂石的,有的也是泥土的。在非洲城市,交通成本占 GDP 的 21.7％。根据联合国经济及社会理事会 2009 年的"非洲评论"报告,与公民的平均收入相比,非洲的运输成本是世界上最高的。[②] 撒哈拉以南非洲地区道路状况不佳,导致交通成本上升,因为车辆消耗了更多的燃料,道路状况不佳导致车辆受损,从而增加了维护成本。在非洲国家,由于管理人员技能有限、运输设施差以及财政资源短缺,路况差、运输安全

---

① 法迪里. 东非五国新财年预算的几大看点[EB/OL]. [2018-10-27]. http://www. malaysiaeconomy. net/econ_rebalance/regional_econ_orgs/d3435122/2015-05-20/33808. html.

② UNCTAD. Trade and Development Report of 2018:Power,Platforms and the Free Trade Delusion[R]. United Nations Conference on Trade and Development,2018.

和安保是另一项挑战。根据世界卫生组织的数据,2013 年全球有 125 万人死于公路交通事故,其中低收入国家每 10 万人口中死于公路交通事故的达到 24.1 人,高于其他国家。[①] 非洲每 10 万人口中死于公路交通事故的达到 26.6 人,高于东南亚的 17.0 人,欧洲的 9.3 人。[②]

由于这些国家的经济与运输成本有关,教育一体化由于财政赤字而变得困难。没有国际或全球教育机构的支持,非洲教育一体化是负担不起的。跨境流动相关的一体化政策和条例没有发挥作用,因此限制了学生和教育专家在非洲内部的流动。

目前,几乎所有非洲国家都建立了自己的机场和航空公司,有不少机场已成为现代化的大型国际航空枢纽。非洲与欧洲之间的航线占了非洲航空运输的大部分,与北美、中东和亚洲之间也有少量直飞航班。非洲国家主要经营国内航线和少量的国际航线。

但是,对于非洲教育一体化而言,非洲国家之间的航空旅行成本是一个重要挑战,见图 9.3。

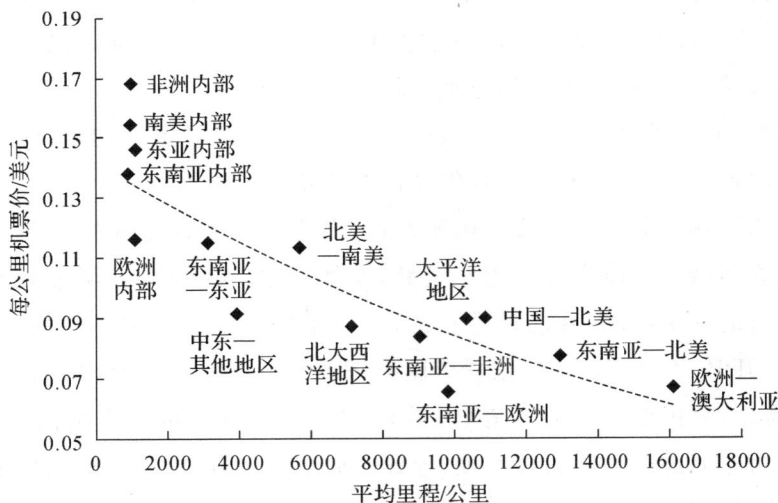

图 9.3　每公里航程的客运票价比较

资料来源:IATA. Annual Review Report[R]. International Air Transport Association,2017.

---

①　WHO. Global Status Report on Road Safety 2015[R]. World Health Organization,2015.

②　Uganda,Cameroon most affected by road traffic deaths,injuries in Africa:ECA[EB/OL]. (2019-05-07)[2020-08-03]. http://www. xinhuanet. com/English/africa/2019-05/07/c_138038561. htm.

从坦桑尼亚的达累斯萨拉姆到埃及的开罗,往返机票通常在1000美元,从乌干达到布隆迪的票价通常大约600美元。相对于这些国家的人均收入来说,这个票价太昂贵了。非洲航空成本在国际上最高。非洲国家之间的运输成本仍然是一个挑战。

绝大多数非洲国家飞机设备老化、缺乏零配件,航空公司服务差,很多国家相互之间没有直航,限制了非洲航空运输业的快速发展。[①] 图9.4是非洲内部国际航线数量。从乌干达到布隆迪,相当于从华盛顿到波士顿的距离,却要先飞到肯尼亚,再在卢旺达停留相当长一段时间,再转到布隆迪,总共需要六个多小时。

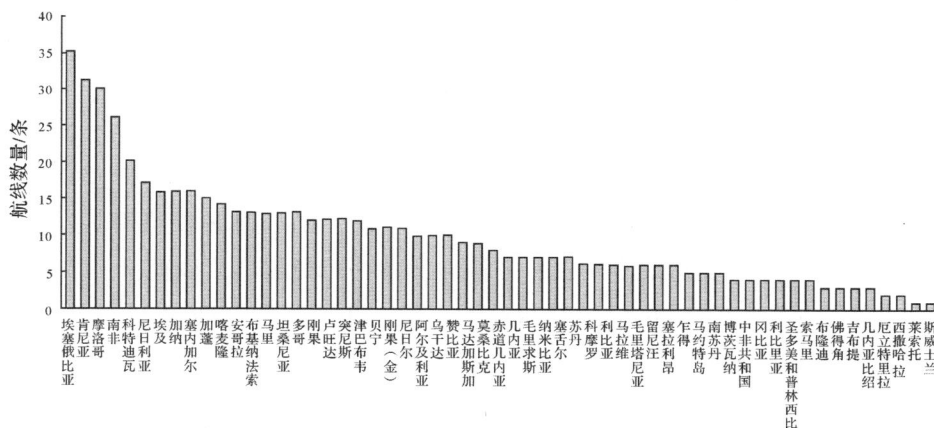

图9.4　非洲内部国际航线数量情况

资料来源:IATA. Annual Review Report[R]. International Air Transport Association,2018.

注:本图含法属留尼汪和马约特。

自然环境恶劣,交通建设与维护难度巨大。撒哈拉以南非洲地区以热带草原和热带雨林气候为主,大部分地区年降水量在1000毫米以上,但整个大陆降水量不足200毫米的地区约占1/3,生态环境脆弱。由于粗放型的经济发展方式、淡薄的环保意识,加上自然灾害、环境污染、森林破坏、冲突和战争等原因,已造成严重的非洲生态环境问题。非洲大约有2/3的土地被沙漠和干旱土地所覆盖,世界上已经荒漠化的土地有一半在非洲。因

---

① 黄新民,郑丽娟.非洲交通发展现状及前景[J].西亚非洲,2011(8).

此,囿于自然地理条件,在非洲修筑公路、铁路费时又费力,不仅造价高,而且养护费用昂贵。如撒哈拉沙漠干旱缺水,气候炎热,修筑铁路公路的难度无法想象。炎炎烈日使穿越草原地区的铁路运输线得不到充足的供水,而疾风暴雨使水土流失,路面毁坏,造成交通中断。据统计,喀麦隆陆路保养费比造价高 13 倍。①

专业人才缺乏,管理不善。目前,许多非洲国家已实现了内燃机化,摩洛哥、阿尔及利亚、刚果(金)、南非等国家还实现了铁路电气化,拥有了现代化基础设施。但是即使在这些国家,由于教育和科技总体水平落后,缺乏懂得现代化技术的管理人才,其交通运输设备的效能也无法充分发挥。如坦赞铁路的施工质量和运输设备在当地堪称一流,然而由于缺乏技术管理人才,一些机车报废,设施严重损坏,只有少数机车正常运行。有的非洲国家则由于港口管理水平低下,货物积压,拖延交货时间,造成不必要的经济损失。

交通方式落后,大陆内部一体化水平较低。从铁路交通情况看,全非洲至今没有形成统一的铁路网,营运水平很低。非洲铁路平均密度仅为 35.5 公里/万平方公里(而欧洲为 600 公里/万平方公里)。而且非洲铁路网多数集中在沿海地区,内陆交通线多从农矿区伸向海港,分支很少,且以矿产和农林产品的货物运输为主,运出量远远超过运入量。非洲各国之间,甚至一个国家内部的现有铁路轨距不一致,各类交通运输设施陈旧,技术落后。中国在非洲援建的铁路,20 世纪有坦赞铁路,2017 年新落成亚吉铁路、蒙内铁路,还有一些在建的铁路,将发挥重要作用。但是,非洲地区间的铁路联网工程进展缓慢,给铁路正常运营造成很大困难。从航空交通状况看,目前,非洲航空运输业位居世界各大洲的末位,安全性差,事故发生率高。②

在这种情况下,教育一体化计划的宣传、交流和监督无疑面临很大障碍。

(二)互联网发展落后

随着全球化的发展,全球教育一体化正在变得容易。在发达国家,信息的数字共享、监测、数据保存和管理正在成为一个规范和简约的过程。

但在非洲却不然。对政府、企业和居民来说,互联网都是一种经济负担,互联网使用有限。根据坦桑尼亚通信监管局(TCRA)的统计数据,该国居民

---

① 黄新民,郑丽娟.非洲交通发展现状及前景[J].西亚非洲,2011(8).
② 黄新民,郑丽娟.非洲交通发展现状及前景[J].西亚非洲,2011(8).

2014—2015 年的固定（有线）宽带接入率为 0.2％，使用互联网的个人约为 16％。[①]

2017 年 11 月底发布的"促进非洲互联网经济报告"显示，非洲各地的互联网渗透率和使用情况差别很大。截至 2017 年，非洲大陆 12.5 亿人口中约有 3.88 亿能上网，其中 1.6 亿人有 Facebook 账户。大约 1/3 非洲人用过互联网。非洲移动宽带互联网可及性增长迅速，近 60％的人口生活在 3G 或 4G 移动宽带信号覆盖的范围内。此外，2G 移动蜂窝信号覆盖了近 90％的人口。不过平均只有 21.8％的个人互联网在线。[②]

尽管在非洲大陆东海岸和西海岸有许多国际海底网络电缆，但因特网功能在非洲仍然是一个问题。国内通信网络速度没有竞争力。在这个智能手机时代，一个人可以上网不一定需要计算机，智能手机有助于数字上的教育一体化。但智能手机在非洲的普及速度仍比世界其他地区慢，而且在一定程度上不符合要求。根据全球系统移动协会（Global System Mobile Association，GSMA）2016 年的报告，2010 年全球智能手机使用率为 8％，非洲为 4％；2016 年这两个数据为 57％和 30％；估计到 2020 年，这两个数据分别是 66％和 57％[③]，差距有所缩小，但仍然较大。在使用智能手机方面落后，意味着非洲在数字教育一体化方面也落后。

2018 年世界银行在加纳召开了一个会议，会议租用的旅馆之一房价为 100 美元一晚，按中国的标准看价格比较高了，但其 WIFI 极不稳定，我们只好放弃不用。非洲国家的大学相比而言算好的，中小学更糟糕。我们 2019 年 1 月去坦桑尼亚北部阿鲁沙行政区据称是当地最好的小学进行调研，发现那里只有校长有一台电脑，还不通网络。

因此很明显，非洲国家在教育一体化中通过自我努力很难克服这一瓶颈。非洲需要邻国之间以及与域外支持国、国际组织和机构的合作。

①　TCRA. National Panel Survey Wave 4，2014—2015[R]. Dar es Salaam，Tanzania，2018.

②　佚名. 2017 年非洲互联网可用性和可及性增长报告[EB/OL]. [2018-10-27]. http://news. afrindex. com/zixun/article9980. html.

③　Naito T. Current State and Development Potential of the ICT Sector in Africa[R/OL]. Japan International Cooperation Agency（JICA），Tokyo，Japan，2018. https://www. ituaj. jp/wp-content/uploads/2018/01/nb30-1_web-05-SpecialAfrica. pdf.

三、非洲教育系统的异质性、国际化和本土化政策局限

洲内和国家内部异质性和社会治理水平低下,是任何社会行动的障碍,非洲教育一体化过程也不可避免受到影响。

（一）非洲教育系统的异质性

非洲前后被许多西方殖民者欺凌和奴役过,曾经是以英法为主的许多西方国家的殖民地。目前英语和法语是绝大多数非洲国家的主要官方语言(之一)。还有少数几个国家官方语言是葡萄牙语。殖民统治不仅在非洲留下了殖民者的语言,还留下了殖民者的教育系统。所以,非洲内部英语国家、法语国家、葡语国家加上北非为主的阿拉伯语国家等,其教育体制各异:管理体制、学制、课程设置、教学语言等各有重大差异。这种异质性无疑对非洲教育一体化方案的形成、交流、传播和实施效果,都会形成巨大阻力。虽然一体化不是要取消各种教育系统的特色,使其"千篇一律",但是如何把学校的课程、高校的学位协调起来,使其具有可比性,使学生的学历资格或学习经历得到其他国家的承认,是重要而艰难的工作。

无论是非盟这种政府间组织,还是非洲大学协会、非洲教育发展协会等教育专业组织,其成员的需求多样化,包括需要英语、法语、葡萄牙语或阿拉伯语翻译人员。而专业翻译成本很高,这些机构不堪重负,需要大量翻译志愿者。在一个经济发展基础很弱、购买服务能力很弱的大陆,这种语言方面的多样性无疑也会成为教育一体化的一个巨大障碍,影响到非洲教育一体化政策和项目的传播和动员力度乃至执行效果。

（二）国家内部教育的高度异质性

在面临不同殖民主义教育遗产、部族多样性、宗教多样性和语言多样化以及部族冲突等严峻挑战的非洲国家,国内教育仍然呈现高度异质性。这里的异质性,不是现代意义上的教育多样性,而是国家现代教育制度发展的障碍,必须向国家教育一体化发展。教育一体化是民族国家意识形成、和平和发展的前提之一。

目前一些非洲国家在国家意识和国家(政府)权威确立方面都存在问题。一些农村地区的部族意识大于国家意识。加上非洲过早移植西式民主观念,国家和政府、法律法规、政策制度、(专业)行业规范等权威性不太容易确立。

我国秦朝就推行的书同文、车同轨、行同伦,目前在非洲许多国家的一些地区还难以实行。

(三)缺乏明确的高等教育国际化政策

非洲教育一体化就是非洲内部的国际化。大多数非洲大学没有国际化战略和政策,普遍缺乏支持学生和教师流动的体制机制,很难确定哪个机构在国际学生和教师流动方面的地位和作用以及自治权。大多数非洲高等教育机构甚至没有关于学生流动情况的全面数据。现有学生和教师交流计划的数据不一致、不完整,而且在大多数情况下,不是由中央机构以任何标准格式收集的,因此很难做有意义的比较研究。虽然一些非洲大学正在建立国际办事处(特别是在南非、摩洛哥、加纳、尼日利亚、埃及、乌干达、安哥拉),以便服务国际学生,但有国际化政策的非洲大学数量仍然微不足道。①

学分转换与累积系统有助于对在其他大学修习的课程的认可,但在非洲国家并没有广泛被采用。只有少数非洲国家在国家内部实行学分累积和转移,例如南非。目前的挑战是,如果一个学生想从一所大学转到本国或另一国家的另一所大学,那么他将需要重新开始学习所有课程,除非是转到像南非这样的支持学分转换与累积的国家的大学。如前所述,非洲有许多不同的高等教育系统,本区域多样化的异质的高等教育体系和课程也加重了学生流动的挑战。因此,非洲大学在招收国际学生时,资格证书评估已成为日益关注的话题。目前,正在区域和次区域两级采取举措,在非洲高等教育中引入学分转换与累积系统。

除了上述问题外,非洲国家的签证和边境管理也存在技术挑战。一些非洲国家的政治动荡是签证问题变得如此复杂的主要原因。大多数非洲国家都在防止恐怖分子使用各种手段进入他们的国家,包括通过学生签证申请。这导致学生在非洲国家之间流动速度缓慢。在某些情况下,非洲学生和学术人员在前往欧洲和美国时感到更加放心和安全,而不是前往非洲邻国。因此,非洲大陆学生的流动性与非洲多样化的社会、经济和政治现实息息相关。

(四)非洲国家教育质量低影响彼此合作的兴趣

长期以来,非洲大学教育的质量和适切性一直是教育部门严重关切的问

---

① Woldegiorgis E, Doevenspeck M. Current Trends, Challenges and Prospects of Student Mobility in the African Higher Education Landscape[J]. International Journal of Higher Education,2015(2):1-11.

题。目前非洲研究生教育仍然不发达,对研究和创新的贡献仍然很小。除南非和埃及外,非洲其他国家几乎没有大学出现在这些排名的前列。非洲只能贡献全球知识的1%左右,这是世界上最低的。[①]

非洲高等教育质量低,与高教发展历程和发展规模有关。尽管非洲高校入学人数过去40年来大幅度增加,平均年增长率为8.4%(全世界为4.3%),但非洲特别是撒哈拉以南非洲高等教育总体规模还是很小。2012年,撒哈拉以南非洲地区高等教育机构在校生超过480万人,比1970年增长了20多倍(当时不足20万人)。但同年其高等教育毛入学率平均仅为8.56%,落后于世界其他地区,在东亚和太平洋岛国这一比例是32.36%,在北美是90.41%,在欧洲和中亚是63.07%,在拉美和加勒比地区是44.81%。在大多数发展中地区这一比例在20%和40%之间。[②] 撒哈拉以南非洲和世界其他地区之间的差距在过去30年中扩大了。

撒哈拉以南非洲大多数国家的高等教育系统质量较差,另一个原因是高等教育资金不足。[③] 毫无疑问,在高等教育中公共资金的削减和入学率的过快增长已经导致了教育质量的逐渐破坏和下降等消极影响。[④] 因此,关于非洲区域教育一体化的讨论一般都会考虑如何扩大高等教育入学、如何提高高等教育质量。

高等教育质量低带来的一个更直接的后果是,非洲大学从本地区的大学获得支持的可能性低,更愿意与非洲之外的大学建立和加强联系,增进了解,寻求帮助和合作,从而阻碍了非洲内部区域教育一体化。

(五)教育一体化政策和计划缺乏社会动员和本土适应性

世界银行埃塞俄比亚中心2016年发起了一场"为了发展的博客"比赛,邀请学生分享他们关于埃塞俄比亚如何发展成为不让一个人掉队的中等收入国家的思想。其中一名优胜者提到本国存在的问题:"发展政策不为包括下

① African Union. CESA 2016—2025:Indicators Manual[Z]. AU:2016.

② UNESCO Institute for Statistics. School enrollment,tertiary(% gross)[EB/OL]. [2020-08-06]. https://data. worldbank. org/indicator/SE. TER. ENRR? locations=ZQ.

③ Quartapelle L. Aid Dependence and the Challenge of Self-reliance in Sub-Saharan Africa[R]. ISPI Policy Brief,Istituto Per Gli Studi Di Politica Internazionale,2010.

④ Task Force on Higher Education and Society. Higher Education in Developing Countries:Peril & Promise[M]. Washington, D. C. :The World Bank,2000.

级官员在内的广大公众所接受。很难说我们在这些政策上已达成全国共识。"①这在整个非洲很具有普遍性。在民众甚至基层官员都不甚了解的情况下，一个政策要落实，实在是不可能。我们曾经访谈过该国一位教育部副部级官员，他都不知道非盟有何教育一体化政策，也就谈不上该国为落实非盟的一体化政策做出什么努力。

独立以来，非洲国家一直主要移植西方国家高等教育课程；非洲高等教育的课程改革很少，课程不符合当地的特殊需求。目前大多数非洲国家的教育制度以考试（长远的经济和物质利益）为导向，不考虑文化价值。而一体化过程中需要在艺术、人文科学、自然科学或工程领域建立非洲自己的高等教育标准。②

这些问题在目前的非洲教育制度中远未解决，非洲区域组织制订的教育一体化计划也难免脱离本土实际。

四、区域或国际组织在非洲教育一体化行动中的天然局限

（一）区域一体化行动性质本身的局限

在非洲教育一体化过程中，同在欧洲和拉丁美洲一样，政府间主义而不是超国家主义或联邦主义占上风。但政府间主义同联邦主义一样，有其自身必然的局限。

区域化发展战略与国家主权存在天然的矛盾。在教育国际化、国际教育市场对发展有限的国家及其当权者不太重要或者他们觉得影响不大的情况下，除非区域化发展战略十分合乎这些国家意愿，否则稍有不合主权国家心意的地方就十分容易遭到搁置甚至抵制。

非洲尽管是拥有地区一体化组织最多的大陆，但本地区的区域组织自身没有足够的经济来源来支持其倡议和计划，它们有着不同的金主，也就有着不同的议程。所以这些组织本身也不太容易形成合力，共同推进一体化进程。

非洲教育一体化说到底主要是区域或国际的外来力量进行倡议和干预的过程，对国别教育来说只是一种补充，而不可能具有决定性。

---

① Tekola T. Implementing People-centered and Inclusive Policies can Help Ethiopia Leave no one Behind [EB/OL]. [2017-01-19]. http://blogs.worldbank.org/nasikiliza/comment/1360♯comment-1360.

② Mohamedbhai G. Towards an African Higher Education and Research Space[R]. ADEA,2013:40-41.

国际组织可能有大量援助经费,但缺乏足够的行政权力,而且多少总有自己的议程偏好。而国家主权让渡程度当然由非洲国家自己把握,有时成为一体化项目推进的致命武器。所以,区域一体化教育发展战略在非洲某些国家进展不顺畅是必然的。

(二)国际组织的议程往往难以满足非洲本土适切性

比如,联合国教科文组织《撒哈拉以南非洲师资培训计划 2006—2015》所制定的政策和标准脱离非洲实际,表现为所开发的《教师政策开发工具包》不完全适合各国国情,推广起来进展缓慢;所制定的标准要求过高,实施起来大多不合格,一些国家不得不予以降低。①

五、非洲教育对外严重依赖

(一)对西方教育系统的依赖影响非洲教育一体化的自主创新

长期的殖民统治和发展乏力,导致非洲教育严重的依赖性,从教育发展道路、教育管理模式到课程内容设计都缺乏本土化特色,不能有效支持非洲国家的发展。所以非洲联盟委员会委员呼吁所有成员国建立教育、培训和创新生态系统的本地相关性。许多研究表明,非洲长期的殖民统治对当前的教育体系产生了很大的影响。殖民时期的教育体系,旨在培养非洲人成为欧洲人,而不是真正的非洲人,因此它与非洲的现实毫无关系。殖民教育对非洲大学培养目标、管理体制、质量标准、课程设置、教材建设、教学语言等方面都有深远的负面影响。② 这些最终都影响非洲教育一体化的自主创新的意识和能力,影响本土适应性。

(二)对外援的依赖影响非洲教育一体化的本土性和确定性

非洲高等教育一体化在非洲教育一体化中走在前列,也被称为创建非洲高等教育区。其资金短缺是一个重大挑战,不可避免依赖区域外部的援助。带来的问题,一方面是减少了非洲自己根据本土条件和具体情况选择适当方案的自由,一定程度上牺牲了一体化方案的本土性;另一方面是导致方案实施和完成的不确定性。

---

① 万秀兰.非洲教育区域化发展战略及其对中非教育合作的政策意义[J].比较教育研究,2013(6).

② 详见徐辉,万秀兰.全球化背景中的非洲高等教育本土化[J].比较教育研究,2007(12).

关于非洲依赖外援而没有教育方案选择的自由、方案丧失本土性的问题，这里有许多例子。

第一，欧洲联盟对非洲的援助有自己的偏好，不以非洲的意志为转移。目前欧盟大多数支持都是针对非洲的贸易自由化、和平与安全。教育是大多数非洲国家的优先事项，但这些捐助者没有给予这种优先地位。欧洲联盟的兴趣是促进非洲执行欧洲联盟成员国的可持续发展倡议，防止从非洲向欧洲联盟移民。"欧盟非洲紧急信托基金"(the European Union Emergency Trust Fund for Africa)成立于 2015 年，资金超过 30 亿欧元，但目的是帮助那些向欧盟移民最多的非洲国家对移民采取干预和预防措施。

第二，捐助者通常只选择在经济管理和减贫方面进行"适当"改革和表现"良好"的国家。判断标准是捐助者自己制定的。只有迎合或者碰巧符合他们所制定的标准，才能得到援助。例如加纳、卢旺达和坦桑尼亚在过去十年中获得了大量援助；而其他国家得到的就很少。财政赤字及其引起的一体化目标(Quartapelle 2010)的失败，导致如前所述的非洲不同国家在各种共同方案和政策的执行力度和效率上参差不齐。

第三，2017 年欧盟委员会资助非洲学生和学术人员的"非洲内部学术流动计划"(Intra Africa Academic Mobility Program)的规定过于死板，缺乏弹性：申请者条件是在非洲院校取得高等教育学位的非洲国家的国民和居民；项目受益人员必须包括 50%～70%的硕士学生，完成硕士学位的时间是 6～24 个月；博士生将占 15%～30%，给他们的时间是 6～48 个月；高校学术和行政管理人员的比例为 10%～30%，交流时间为 1～6 个月[①]。这样非洲国家没有根据其需要交换学生群体数量的充分自由。

关于外援的不确定性导致区域项目实施的不确定性，也有一些例子。一些区域项目是通过使用主权国家的预算来实施的，一些则依靠外国援助和贷款。这些援助不确定，所以，这些国家中的大多数区域项目的进展和实施情况也不确定。据大马经济网 2013 年 5 月 31 日消息：

---

① Intra-Africa Academic Mobility Scheme Scholarship Opportunities for Students and Staff Study/Research/Teaching Abroad in Africa[EB/OL].[2020-07-15]. https://eacea. ec. europa. eu/sites/eacea-site/files/4_intra_acp_intra_africa_scholarship_opportunities. pdf.

西方的援助在东非的一些国家的财政预算收入中占有很大比例，比如坦桑尼亚媒体曾报道说，该国财政预算中高达 40％来自西方国家援助。但是外国援助能否兑现和何时兑现都存在极大不确定性。比如：2012—2013 财年西方国家曾承诺向乌干达政府提供 2.89 亿美元的财政援助，但受欧盟国家财政危机的影响，援助方以乌干达经济改革未达到预期目标为由把对后者的援助额度削减了 93％，因而乌干达实际只获得了 1900 万美元的援助。[①]

（三）外来国际组织被认为是推动非洲教育一体化最重要的力量

在我们的问卷中，有一个问题是"在下列组织中，哪些是推动非洲教育一体化进程的最强劲组织？请根据它实际发挥作用的重要性程度进行排序"（5 个组织选项包括：国际组织、非盟、非洲各国政府、院校、非洲大学协会和非洲教育发展协会等区域性教育专业组织）。结果发现，在排名第一重要的非洲教育一体化力量中，域外国际组织占比最高，为 36％，其次是非盟占 32％，然后是政府力量占 16％，再后面是区域教育组织占 12％和院校占 4％。在排名第二重要的非洲教育一体化力量中，非洲区域教育组织占比最高，达 40％，非盟和政府分别占 20％，国际组织 16％，院校占 4％。在排名第三重要的非洲教育一体化力量中，政府占比最高，为 36％，国际组织和非盟各占 24％，区域教育组织和院校各占 12％和 4％。

域外组织在非洲教育一体化力量中最重要，这一发现有点可悲。虽然国际援助的有效性原则包含受援国主事权，但执行起来并不容易。短期内，外来国际组织在非洲起重要作用仍是无法改变的事实。

第四节　非洲教育一体化发展战略中的中国参与

非洲教育一体化发展战略涉及各级各类教育，我国要参与其中，首先要考虑一些原则，其次要考虑具体的政策。

---

① 法迪里. 东非五国新财年预算的几大看点［EB/OL］.［2018-10-27］. http://www. malaysiaeconomy. net/econ_rebalance/regional_econ_orgs/d3435122/2015-05-20/33808. html.

一、中国参与非洲教育一体化发展战略的原则

第一，要与有经验的国际组织合作，共同参与非洲教育发展，以发展和壮大中国参与全球教育治理的能力。联合国教科文组织、联合国儿童基金会、世界银行等国际组织对非教育援助在财政、人才、专业技术等方面有众多优势，所援助的非洲教育项目已经具有一整套相对成熟的运作模式。在与非洲教育机构进行合作的域外伙伴中，中国作为伙伴的存在，与英美法等国家相比，数量少得触目惊心，与我国的国际政治和经济地位不相称。这与"我国高等教育国际合作还历练不够、能力不足、人才短缺"高度相关。因此，近期我国参与非洲教育发展的"最好选择之一是加强与世界银行等国际组织的合作，在合作中成长，并逐渐强化参与力度和作用"[①]。

第二，要注意发挥中国教育发展长期积累下来的特色优势和先进经验。要牢记中国教育对外开放的使命之一是分享中国经验，贡献中国智慧。中国在各行业人才培养上都有一系列可贵的创造性探索，值得分享给世界；非洲国家也希望了解更多的教育模式以便参照和选择。非洲无论自觉还是不自觉，都一直在片面追随西方的教育制度和发展经验。这是一种悲哀。中国的教育也不一定完全适合非洲，但至少可以为非洲打开另一扇窗户，呈现发展中大国不一样但比较成功的理念和实践。

第三，要把对非洲国家教育发展议程的对接与适当引领结合起来。对接非洲各界关于教育的认识是一方面，引领非洲思考改革的实质问题和方向是另一方面。我们不能片面跟随非洲国家自己的思路走，因为这些思路往往受西方的一些不太切合非洲实际的观念的影响。我们要结合中国实践历程，考察非洲教育现状，独立做出自己的判断，实时引领非洲国家更多了解中国相关问题的成功经验，向非洲国家提出我们自己关于非洲问题的改革思路和建议。

第四，要与非洲本地的区域组织建立密切联系。这些组织在区域层面上有相当的动员能力，有较多的人脉资源，也有相当大的专业影响力。例如，在第三章第三节，我们谈到了非洲大学协会自身组织建设的经验及其与

[①] 万秀兰,李佳宇.非洲高等教育卓越中心建设及中国参与——以世界银行"非洲高等教育卓越中心计划"为例[J].比较教育研究,2019(4).

利益相关者互动的经验。这些经验都值得我们学习和利用。中国参与非洲区域教育一体化，除了传统上与非洲各国政府的双边合作的方式外，如果加上与这些组织的多边合作，将事半功倍。

第五，要先简后难，稳扎稳打，持之以恒，注重实效。非洲教育问题千头万绪，而且教育本身深受众多因素的影响，更别说推动一项改革并非易事。因此，参与非洲教育一体化发展，切忌浮躁冒进。近期还是以观察研究、配合支持为主。但同时要注意坚定不移、持续参与、有所作为，做到言必行、行必果。这方面，日本人在非洲的表现值得我们学习。

第六，不失时机狠抓一两个重点领域重点项目的试点和推广，注重宣传效应。可以先期把中国某些行之有效的先进教育政策和制度，在非洲某国的某地甚至某校进行试点和改进。对那些效果好、比较受欢迎的政策和制度，可以扩大试点和改造。对那些最终证明受到普遍欢迎的政策和制度，我们可以不失时机推出其中一两项，作为国家层面中非教育合作的重大举措，重点投入援助资金，重点派出技术人员，创新非洲教育制度，重建某些教育标准，最终达到促进非洲教育公平，提升非洲教育质量的目的。这样的重量级合作项目，有望为中国教育智慧走向非洲打开大门。

第七，要鼓励和培育一批积极投身非洲教育研究和中非教育合作事业的骨干队伍和品牌项目。加强参与，人才是首要，项目是抓手，需要国家和院校来鼓励和培育。建议如下：一是关心和支持专门从事非洲教育的科研和教学队伍的成长，委托其提供相关咨询服务。二是委托这些专业团队来组织、监督和评估我国官方对非教育合作项目，建立项目评估的指标体系，并定期进行量化考核，以便基于考核结果进行中非合作平台资格的动态调整。三是鼓励这些团队的学生到非洲高教卓越中心开展短期访学。四是从这些团队向国际组织驻非机构派遣志愿者或借调人员。五是设立"中非合作研究奖""中非教育合作先进单位"和"中非教育合作杰出人物奖"等奖项，塑造合作的典范，形成合作品牌项目。六是鼓励中国驻非外交、新闻机构和中资在非企业优先聘用有在非学习和工作经历的毕业生。七是着力培育我国高职对外合作人才，逐步增加高职对非高技能型人才短期培训项目，同时鼓励中国特色高职通过能力建设,开始或扩大招收非洲留学生。[①]

二、我国如何参与非洲高等教育一体化发展进程

非洲各级各类教育一体化进程中,高等教育的一体化进程无疑在非洲是发展最快的、最迫切需要的、更可行的。我国对非洲教育一体化进程的参与,当然首先要重视对非洲高等教育一体化的参与。为此,建议如下。

(一)对非洲学历资格框架、质量保障框架筹建机构的援助与合作

全国高等学校学生信息咨询与就业指导中心(为中国教育部指定的全国高等教育学历证书的唯一认证机构)、中国教育部高等教育教学评估中心等机构,以及中国高校相关专家可以在经费或技术上,与非洲开展这方面的援助与合作。

这里以对接非洲大学协会的高教一体化教育发展战略为例,提出以下建议。

1.支持高等教育质量保障机构的发展:我国上述机构和人员,可以在经费或技术上,开展对非洲高校质量保障机构、各国质量保障机构、各区域质量保障机构的援助与合作,以支持质量保障机构的发展,进而加快非洲高等教育质量网络的完善。

2.推动非洲高等教育质量保障联盟的实施:对非援助部门或驻非工作部门可参与到非洲高等教育质量保障联盟的活动中。如组织开展研讨会、讲习班和会议,提升质量保障机构的运作能力;通过通讯稿、杂志、书籍和其他纸质或电子的文件,传播高等教育质量保障的资讯;参与合作研究项目;筹集资源;建立高等教育质量保障机构和专家的数据库;创建和维护官方网站;等等。

3.加快非洲高等教育质量保障网络的覆盖:我国非洲教育研究学者可尝试赴非开展调研,或与非洲本土学者合作,了解非洲高等教育质量保障网络覆盖率不广、保障机制不完善的原因,了解非洲高等教育质量保障网络实施中的困难,以期形成政策报告,以供中国促进非洲教育质量保障的政策制定者参考,最终促进非洲高等教育质量保障网络的覆盖。

[①]　万秀兰,李佳宇.非洲高等教育卓越中心建设及中国参与——以世界银行"非洲高等教育卓越中心计划"为例[J].比较教育研究,2019(4).

（二）促进非洲高等学校的区域能力建设

能力建设是非洲教育一体化发展战略的核心主题。中国在这方面加强参与，将会事半功倍。

1. 资助和指导区域能力建设项目

中国对非教育援助资金，在总量控制下，如何合理分配提高效率，当然有文章可做。我国可借鉴英国国际发展部援助非洲大学协会区域能力动员计划的经验。每年资助一定经费，用于支持非洲区域与次区域教育组织或成员大学的区域能力建设。指导和鼓励非洲次区域大学协会、教育中介组织、成员大学等主动承担区域动员项目的具体实施。指导申请者往切实提升区域能力的方向申请，如以高等教育促进非洲科技、农业、工业、医疗、食品、卫生、信息化网络、社会保障发展的各种领域，优先加强非洲高校的教育教学、科研以及社会服务自主能力建设，再促进高等教育机构的区域能力建设，最终提升整个非洲高等教育的能力建设，以支持非洲实现教育一体化、促进非洲自主解决本土问题。

2. 加强对区域能力建设项目的监管和评估

我国在资助非洲高等教育区域能力建设项目后，不能放任之，应当加强对项目实施的监管和评估。应及时审查项目的实施，提醒项目承担方及时提交项目进展的过程性报告，以委派项目委员会代表实地考察、调研的方式，了解进展情况和存在的问题，并对项目问题及时反馈和提供解决思路，以避免项目活动拖延、报告发布拖延的问题。此外，针对经费发放不及时及财务制度烦琐等问题，应限期 AAU 完成经费到位问题，并协助简化财务报销等问题。

3. 协助加强研究与创新相关政策的宣传

区域能力建设项目的成果不仅有项目报告，还有各类宣传册和政策简报，如高校领导力发展的榜样人物推介、高校科技之星榜样人物推介、高校领导力建设良好实践的政策简报等。这些成果不仅使得高校能力建设的成果得以推广，区域化发展能力显著提升，也促进了非洲高等教育和社会发展中关键问题的解决。因而，我国学者亦可整理研究这些创新性政策简报，加强非洲能力建设经验在本土的宣传和推广。

4.援助非洲大学信息化能力建设

我们可以多开展中非专项信息化建设项目,包括派中方志愿者教师前往非洲大学,协助培训信息化教师,培养信息技术专业本、专科生,促进信息通信技术在非洲大学科研、教学和管理上的应用。也可以以交换生实习见习的形式,派我国信息技术专业三年级大学生前往非洲 3～6 个月,帮助非洲大学了解我国教育技术的先进理念、设施和效果。

非洲区域论文数据库的建设一直进展缓慢,但非洲本土完成的学位论文包含了许多本地经验和数据,无论是对非洲大陆还是非洲以外的研究者来说,都是宝贵的研究资源。中非教育合作可参与协助 DATAD 的实施,以推动非洲的研究成果走向世界。

我们可以以政府主导、民间众筹的方式,募集更多信息技术基础设施,如电脑、打印复印机、扫描仪器等,捐赠给非洲高等教育机构。也可以鼓励中国企业走出去,以惠民、互利的理念,到非洲销售、普及基础的信息技术设备,提升非洲高等教育的信息化水平。

(三)中国如何参与非洲标志性的学科建设计划

学科建设是高等教育能力建设的重要内容。学科建设也有轻重缓急,有一般意义上的也有标志性的。我国的参与最好从标志性的项目开始。"非洲高教卓越中心建设"便是标志性的非洲重点学科建设计划。当前,贯彻落实中共中央办公厅、国务院办公厅《关于做好新时期教育对外开放工作的若干意见》以及教育部《推进共建"一带一路"教育行动》,提升中国高等教育国际化水平,都要求中国进一步参与这类重要建设计划,为此提出以下建议。

1.明确参与非洲高教卓越中心建设的角色定位

(1)作为合作伙伴参与世界银行非洲高教卓越中心建设。中国教育部主导的"中非高校 20+20 合作计划"项目、政府奖学金项目和商务部主导的短期对非人力资源培训以及长期援外学历学位项目,都可与非洲现有的高教卓越中心挂钩,为其持续发展开拓渠道,具体合作内容涉及各类课程的开发与实施、联合培养和科学研究。同时,可鼓励中国专家参与非洲高教卓越中心的技术合作、咨询和评估工作,协助其更好地评估自身发展状态,合理、严格执行计划,完善管理,提高资金利用率,促进高教卓越中心建设第二步的评估与监管工作有效开展。

（2）作为援助者参与世界银行非洲高教卓越中心建设。大多数高教卓越中心存在基础设施不完善、后期资助没着落的问题。中国财政部、商务部和援外基地可参照国际标准，援助这些高教卓越中心大力改善教学与科研基础设施，签署后续周期性资助协议，明确专款专用制度，帮助建立健全财务监管制度，保证援助的基础性和有效性。当然，技术性援助要越来越多地结合进来。

（3）与世界银行合作援建若干"中非高教卓越中心"。目前，北部非洲地区没有世界银行和其他区域组织合作建立的高教卓越中心，中国可借助"一带一路"倡议合作伙伴关系，促进一流大学与北非国家在亟须解决的共有问题，如环境治理、清洁能源等领域成立高水平卓越中心，进行科研合作，着力培养紧缺型高水平人才。另外，中国在非洲亟须发展的铁路、电力、农业等方面富有职业技术教育经验，可通过世界银行"高教卓越中心计划"向世界银行申请该计划第三期项目，成立中国资助的"中非职业技术教育卓越中心"，开展实质有效的产学研结合的职业技术教育与培训，为非洲社会经济发展培养掌握相关专业技术技能的人才。

2.谋划和丰富参与非洲高教卓越中心建设的项目与活动

有了明确的角色定位后，谋划中国参与非洲高教卓越中心建设的具体项目和活动就有了根据。

（1）国际合作研究项目。建议我国财政部和教育部与世界银行合作，资助非洲高教卓越中心联合开展"基于非洲教育改革与发展需要的中国经验"或"非洲教育问题的中国方案"类的系列科研项目。资助来自中国、世界银行和非洲的相关学者共同组成国际合作研究团队，围绕非洲教育现状和发展需求，重点开展有关中国教师教育、科技教育和职业技术教育特色经验的系列研究。这样的团队及其研究需以各方（中国、非洲和国际）能共同接受的话语，形成国际权威教育产品、客观认识和可有效推广的中国经验，进而有针对性地解决非洲教育问题。

（2）对非教师短期国际培训项目。围绕非洲教师数量极度短缺、质量极低以及高校教师资格制度不完善等短板，中国可通过世界银行与非洲大学（作为第三方机构）合作实施"非洲卓越教师""非洲卓越校长""非洲高校教师教学资格证书"等培训项目，加强对非洲教师和校长的短期培训，提升示范和辐射效应。培训要着重联合各高教卓越中心围绕数学、科学和职业技术等专业，利用中国相关专业在课程设置、教学创新和管理改革等方面的经验，提升各高教卓越中心相关专业教师的教学和管理水平，带动相关中心的学生培养能力；人员要实行双向流动，中方派遣教育专家和教师志愿者前往非洲的高教卓越中心，参与教学并分享中国经验，非洲学员来中国进行短期现场培训；培训合格后由我方或三方联合颁发证书。目前"非洲高校教师教学资格证书培训"项目已由浙江师范大学和世界银行非洲卓越中心联合实施。

（3）"中国—世界银行—非洲STEM人才"教育项目。根据世界银行应用科学、工程与技术合作伙伴计划和高教卓越中心项目明确的学科倾向，中国可设立科学、技术、工程和数学相关专业的对非援助性教育项目，"高校研究生""一带一路"等中国政府奖学金名额应向这些专业的非洲学生倾斜。同时，应委托非洲高教卓越中心所在高校和中国省部级重点院校联合实施这些项目，并建议教育部支持在非规模大、前景好、有大批当地员工急需培训的中国企业来参与和承担非洲STEM人才实践培养环节，促进中国高校和企业与非洲卓越中心的合作与培训。

（4）中—非教育科研成果或教材出版项目。对于科学、数学和工程教育等领域基于非洲教育需要、体现中国教育特色的教材和教育教学科研成果，要组织中非相关专家学者，进行英、法文甚至斯瓦希里等当地小语种的翻译出版。

（5）"中非教育对话与经验分享"系列研讨会。结合上述合作项目，资助中非教育研究专家和非洲教师、教育官员在中国或非洲国家，讨论中非教育改革与发展，中国教育教学经验的非洲适切性，中非教育合作的成就、问题及应对策略等议题。[①]

三、我国如何参与非洲职业技术教育一体化发展进程

鉴于非洲职业技术教育和培训的社会生产环境、学校现有基础和能力水平都与我国有很大差异，如果要加强双方合作的吸引力和提高可持续性，

---

① 万秀兰，李佳宇.非洲高等教育卓越中心建设及中国参与——以世界银行"非洲高等教育卓越中心计划"为例[J].比较教育研究,2019(4).

就需要我们思考到底能做什么,该怎么做。

有些领域,我们的理念和经验是可以直接推介的。比如对非洲基础设施建设、医疗体系、交通和通信等领域的中高层技术人员的培养和培训合作,我们可以加强推介。

有些领域容易被我们忽略,但又非常重要,也是我们特别能有所作为的。比如在非洲作为主要生产部门的非正式生产部门及其员工的培训,需要我们调查研究非洲的非正式部门生产、经营和人员受训状态及其存在的问题,反思当初中国社会和中国职业技术教育与培训是如何帮助实现产业转型、实现生产和就业从非正式部门向正式部门跨越的,这里面哪些是经验,哪些是教训,哪些可以供非洲学习借鉴,哪些需要非洲引以为戒。

另外,积极妥善地配合中国企业走进非洲,是我国参与非洲职业技术教育一体化发展进程的一个重要抓手。这需要中国政府与职业技术教育机构、在非中资企业,与非洲的区域性职教组织和非洲政府及企业共同合作。

四、我国如何参与非洲成人教育一体化发展进程[①]

(一)共同研制中国—非洲成人教育合作战略

2016 年 7 月,中国教育部发布的《推进共建"一带一路"教育行动》中正式提出:"开展'一带一路'教育法律、政策协同研究,构建沿线各国教育政策信息交流通报机制,为沿线各国政府推进教育政策互通提供决策建议,为沿线各国学校和社会力量开展教育合作交流提供政策咨询。"[②]

中国与非洲各国政府可借助中非合作论坛的平台,合作成立非洲成人教育研究小组,组织研究人员进行实地调研,深入考察非洲当地的教育问题,了解非洲国家成人教育发展的实际需求,与非洲国家政府协商制定出符合非洲教育发展特点的、具有可行性的成人教育战略规划,规划中非成人教育合作的路径,为非洲各国开展成人教育合作提供政策咨询,从而为非盟制定统一的成人教育战略提供一定的参考依据,推动非洲成人教育的一体化

①　钟颖.非洲成人教育一体化发展战略的研究[D].浙江师范大学,2018:89-91.
②　中华人民共和国教育部.教育部关于印发《推进共建"一带一路"教育行动》的通知[EB/OL].[2017-07-08].http://www.moe.edu.cn/srcsite/A20/s7068/201608/t20160811_274679.html.

发展。同时还能推动中非双方的价值观认同和区域身份认同,以夯实中非命运共同体的政治基础。

(二)拓宽资源开发与共享的合作渠道

非洲成人教育师资短缺、资金不足、基础设施落后是制约非洲成人教育发展的外在环境因素。中国支持非洲一体化建设的重点举措之一是支持非洲的基础设施建设,而且在中非合作论坛第五次部长级会议中做出"每年资助非洲教育项目200万美元"的承诺。

为解决非洲成人教育师资短缺的问题,中国可以借助"中非高校20+20合作计划"的项目,以高校为单位,以援外基地为平台,协助非洲对接的大学开展成人教育教师研修班,共同培养出成人教育的优秀教师,打造专业的成人教育师范培养体系,推动双方成人教育从业人员、教师与管理者的交流访问,促进区域内各国间对优质成人教育教师培养模式互学互鉴。

在资金投入与基础设施合作方面,我国可加大力度投资非洲成人教育领域,支援非洲成人教育的基础设施建设。

在资源共享方面,中国的国家开放大学可以与南非大学建立伙伴关系。我国的国家开放大学也开设了国家精品课程等丰富的在线教育资源。而南非大学是非洲历史最为悠久、影响最为广泛的开放大学,是世界著名开放大学,在开放教育资源建设、学生支持服务等方面具有一定的特色。[①] 一方面,双方可以合作开发有效的开放教育资源平台,整合教育资源互补协作,促进更多免费和优质的资源共享,共同推进成人教育的协调发展;另一方面,双方可合力研究非洲成人教育中的本土文化成分,保护蕴含"非洲元素"的特色资源,推动非洲文化走向世界舞台。

(三)推广中国扫盲教育经验

到2010年,非洲仍有49.6%的文盲率,而且2015年非洲没有一个国家完成了将成人文盲率(尤其是女性)减少50%的全民教育目标。而在全球范围内,中国在开展扫盲教育方面的表现突出。据相关数据显示,中国的成人文盲率从新中国成立初期的80%以上,到2000年第五次全国人口普查

① 李薇,赵净,李林曙.南非大学办学特色及对我国开放大学建设启示[J].河北广播电视大学学报,2016(4):11-15.

下降为 6.72%,2010 年 4.08%。[①] 这些成就与国家的高度重视密切相关。新中国成立后,坚定不移地实施扫盲教育政策,普及九年义务教育,关注西部地区,重点攻克少数民族扫盲,尤其是少数民族妇女扫盲教育的问题。[②]非洲国家众多,文盲率高是各国政府成人教育开展面临的最为基础的问题。中国可与非洲合作开展扫盲项目活动,向非洲分享扫盲教育的发展经验,借助孔子学院和孔子课堂的平台,深入当地社会,开发适合非洲当地特色和文化的识字教材,帮助非洲国家实现扫盲教育的可持续发展。

（四）鼓励民间组织的积极参与

非盟委员会项目协调官范塔洪大使表示:"中非友好合作涉及方方面面,不仅体现在政治外交层面,还体现在经济、社会以及民间交流等各个方面。对和平稳定的非洲来说,中国是非常重要的支持力量。"[③]目前,已经有很多中国商人到非洲开展贸易活动,中国向非洲派遣了大批医生、护士和技术人员,还有许多非洲人在中国办的学校和医疗中心里接受培训。中非友好合作已经深入民间、深入人心。

非洲一些民间组织在成人教育项目的组织与开展方面有着丰富的经验。中国成人教育协会等非正式组织可以从经费和技术上,开展对非洲成人教育民间组织的援助与合作,共同承包区域内项目,加强联系和沟通,深入基层合作,进一步了解非洲成人教育一体化亟待解决的问题,进而加快中非成人教育民间力量的互动步伐,与中非官方互动互补,全方位、立体式地推动非洲成人教育一体化发展。

---

① 观察者.联合国报告:印度文盲人口世界最多 中国 20 年来减少 1.3 亿[EB/OL].[2017-11-13].http://www.guancha.cn/Education/2014_01_30_203395.shtml.

② 杨小燕.新中国扫盲教育政策发展研究[D].西南大学,2012:30-31.

③ 人民网.非盟中国项目协调官:"中国梦"将牵手"非洲梦"[EB/OL].[2017-07-13].http://world.people.com.cn/n/2015/1202/c1002-27878303.html.

参考文献

一、英文文献

（一）著作

1. Adams A V, de Silva S J, Razmara S. Improving Skills Development in the Informal Sector-Strategies for Sub-Saharan Africa[M]. Washington, D. C. : The World Bank,2013.

2. Bernal M. Black Athena: Afroasiatic Roots of Classical Civilization. Volume III: The Linguistic Evidence[M]. New Brunswick: Rutgers University Press, 2006.

3. Darvas P, Gao S, Shen Y, et al. Sharing Higher Education's Promise beyond the Few in Sub-Saharan Africa[M]. Washington, D. C. : World Bank,2017.

4. Esedebe P O. Pan-Africanism: The Idea and Movement 1776—1991 [M]. Washington, D. C. : Howard University Press, 1994.

5. Experton W, Fevre C. Financing Higher Education in Africa[M]. Washington, D. C. : The World Bank, 2010.

6. Fredriksen B, Brar S, Trucano M. Getting Textbooks to Every Child in Sub-Saharan Africa: Strategies for Addressing the High Cost and Low Availability Problem[M]. Washington, D. C. : World Bank,2015.

7. Inoue K, di Gropello E,Taylor Y S, et al. Out-of-school Youth in Sub-Saharan Africa: A Policy Perspective[M]. Washington, D. C. : The World Bank,2015.

8. Ki-Zerbo J. Educate or Perish: Africa's Impasse and Prospects[M].

Dakar：UNESCO-UNICEF，1990.

9. Majgaard K，Mingat A. Education in Sub-Saharan Africa：A Comparative Analysis[M]. Washington，D. C. ：The World Bank，2012.

10. Mazrui A A. The Africans：A Triple Heritage[M]. Boston：Little Brown，1986.

11. Moock R，Harbison R W. Education in Sub-Saharan Africa：Policies for Adjustment，Revitalization，and Expansion[M]. Washington，D. C. ：The World Bank，1988.

12. Mulkeen A. Teachers in Anglophone Africa：Issues in Teacher Supply，Training，and Management [M]. Washington，D. C. ：The World Bank，2010.

13. Nafukho F，Amutabi M N，Otunga R N. Foundations of Adult Education in Africa[M]. Hamburg：Pearson South Africa，2005.

14. Obanya P. Bringing back the Teacher to the African School[M]. Addis Ababa：UNESCO-IICBA，2010.

15. Oxenham J. Effective Literacy Programmes：Options for Policy-Makers[M]. Paris：Unesco，2008.

16. Read T. Where Have All the Textbooks Gone? Toward Sustainable Provision of Teaching and Learning Materials in Sub-Saharan Africa[M]. Washington，D. C. ：The World Bank，2015.

17. Sabo A. Indabawa A O，Afrik T，et al. The State of Adult and Continuing Education in Africa[M]. Windhoek：University of Namibia，2000.

18. Teferra D，Knight J. Higher Education in Africa—The International Dimension[M]. Boston and Accra：Center for International Higher Education，Boston College and the Association of African Universities，2008.

（二）论文

19. Adamu A Y. Internationalisation of Higher Education in Africa：Introducing Credit Accumulation and Transfer System[J]. Public Policy，

2012(8).

20. Adedeji S O，Olaniyan O. Improving the Conditions of Teachers and Teaching in Rural Schools Across African Countries［M］. Addis Ababa：UNESCO-IICBA，2011.

21. Adegoke K A. Capacity Building of Lead Teacher Training Institutions in Sub-Saharan Africa：Ghana［R］. ED/HED/TED/2003/PI/11，UNESCO，2003.

22. Andrés M V. Regional Cooperation in Higher Education within Educative MERCOSUR(南方教育共同市场的高等教育区域合作)［D］. 浙江师范大学,2018.

23. Asare K B，Nti S K. Teacher Education in Ghana：A Contemporary Synopsis and Matters Arising ［J］. SAGE Open，2014.

24. Djait H. Written Sources before the Fifteenth Century［M］//Vol. I (Methodology and African Prehistory) of General History of Africa［C］. Edited by J. Ki-Zerbo，1981.

25. Egbo B. Transformative Learning in a Changing World：Guidelines and Strategies for Practice［C］//Sixth International Conference on Transformative Learning. Michigan State University，East Lansing，Michigan，2005.

26. Egbo B. Teacher Capacity Building and Effective Teaching and Learning：A Seamless Connection［J］. Mediterranean Journal of Social Sciences，2011，2(5).

27. Epstein M J，McFarlan F W. Measuring the Efficiency and Effectiveness of a Nonprofits Performance［J］. Strategic Finance,2011(10).

28. Hardman F，Ackers J，Abrishamian N，et al. Developing a Systemic Approach to Teacher Education in Sub-Saharan Africa：Emerging Lessons from Kenya，Tanzania and Uganda ［J］. Compare：A Journal of Comparative and International Education，2011，41(5).

29. Hardman F，Abd-Kadir J，Tibuhinda A. Reforming Teacher Education in Tanzania［J］. International Journal of Educational Development，2012，32(6).

30. Hoosen S，Butcher N，Njenga B K. Harmonization of Higher

Education Programmes：A Strategy for the African Union［J］. African Integration Review，2009，3(1).

31. Knight J. A Conceptual Framework for the Regionalization of Higher Education：Application to Asia ［M］//Higher Education Regionalization in Asia Pacific. New York：Palgrave Macmillan US，2012.

32. Knight J. Towards African Higher Education Regionalization and Harmonization：Functional，Organizational and Political Approaches ［M］//The Development of Higher Education in Africa：Prospects and Challenges. Published online：20 Aug，2014.

33. Mhlanga E. Regionalisation and Its Impact on Quality Assurance in Higher Education［J］. Creative Education，2012，3，Special Issue.

34. Ngcwangu S. The Ideological Underpinnings of World Bank TVET Policy：Implications of the Influence of Human Capital Theory on South African TVET Policy［J］. Education as Change，2015，19(3).

35. Osuji C U. Capacity Building of Teachers as a Strategy in Bridging the Gap in Nigerian Educational System［J］. African Education Indices，2014，7(1).

36. Shabani J，Okebukola P，Oyewole O. Quality Assurance in Africa：Towards a Continental Higher Education and Research Space ［J］. International Journal of African Higher Education，2014(1).

37. Shabani J. Higher Education in French-Speaking Sub-Saharan Africa［M］//James J F Forest and Philip G Altbach. International Handbook of Higher Education. Dordrecht：Springer，2007.

38. Wan X L. Trends of China's Aid to African Education［J］. Norrage News，2015(52).

39. Woldegiorgis E，Doevenspeck M. Current Trends，Challenges and Prospects of Student Mobility in the African Higher Education Landscape ［J］. International Journal of Higher Education，2015，4(2).

（三）本土区域教育组织文件

40. ADEA. ICQN-TVSD 2015 Ministerial Conference on Skills and

Competencies Acquisition[EB/OL]. [2016-10-19]. http://www.adeanet.org/pqip-dctp/en/activities/icqn-tvsd-2015-ministerial-conference-skills-and-competencies-acquisition.

41. ADEA. ICQN-TVSD Experts Seminar on Youth Employment in Africa Summary Report[EB/OL]. [2016-10-20]. http://www.adeanet.org/en/system/files/summary_report_31_mar_1_apr_2015_eng.pdf.

42. ADEA. ICQN/TVSD Seminar on the Socio-economic Integration of Young People in Africa[EB/OL]. (2013-05-08). [2016-10-22]. https://www.adeanet.orgen/news/icqn-tvsd-seminar-on-the-socio-economic-integration-of-young-people-in-africa.

43. ADEA. Inter-Country Quality Nodes (ICQN)[EB/OL]. [2016-07-11]. http://www.adeanet.org/en/inter-country-quality-nodes.

44. ADEA. Launching Conference of the ADEA Inter-Country Quality Node on Technical and Vocational Skills Development[EB/OL]. [2016-10-20]. http://www.adeanet.org/en/activities/launching-conference-of-the-adea-inter-country-quality-node-on-technical-and-vocational-skills.

45. ADEA. Policy Brief: Harmonization of Higher Education in Africa or Why We Need to Hang in Together[R]. Dakar,Senegal,2015.

46. ADEA. Informal Apprenticeship: A Viable Alternative to Building Youth Employment Skills[EB/OL]. [2019-07-04]. http://www.adeanet.org/en/system/files/policy_briefs/policy_brief_informal_apprenticeship.pdf.

47. ADEA. Second Meeting of the Inter-Country Quality Node on Technical and Vocational Skills Development [EB/OL]. [2016-10-26]. http://www.adeanet.org/en/activities/second-meeting-of-the-inter-country-quality-node-on-technical-and-vocational-skills.

48. ADEA. State-of-the Art of the Outsourcing Strategy of Literacy Programs [EB/OL]. [2017-09-12]. http://www.adeanet.org/adea/biennial-2006/doc/document/A33faire%20faire_en.pdf.

49. ADEA. Summary Conclusions on the ICQN/TVSD Country Reports on "Providing Africa's Youth with Skills and Training for Jobs" [EB/OL]. [2016-10-18]. http://www.adeanet.org/min_conf_youth_

skills _ employment/sites/default/files/u26/Summary％ 20Conclusions％ 20on％20the％20Country％20Reports. pdf.

50. ADEA. The ICQN-TVSD Inter-Country Seminar on National Qualifications Frameworks Report［EB/OL］.［2016-10-21］. http：//www. adeanet. org/pqip-dctp/sites/default/files/documents/nfq _ seminar _ synthesis_report_0. pdf.

51. ADEA. The ICQN-TVSD Inter-Country Seminar on the Financing of Vocational Training［EB/OL］. ［2016-10-22］. http：//www. adeanet. org/pqip-dctp/en/activities/icqn-tvsd-inter-country-seminar-financing-vocational-training.

52. ADEA. Training on Development of Policy Briefs［EB/OL］.［2016-08-15］. http：//www. adeanet. org/sites/default/files/policy_brief_writing _workshop_evaluation_report. pdf.

53. African and Malagasy Council for Higher Education. CAMES' Strategic Development Plan 2015—2019［EB/OL］. ［2018-09-20］. http：//www. lecames. org/plan-strategique/.

54. African Platform for Adult Education. Forging Partnerships Towards a Renewed Vision of Adult Education in Africa［R］. Nairobi：African Platform for Adult Education，2008.

55. AfriQAN. About us［EB/OL］.［2013-02-20］. http：//afriqan. aau. org/? q＝aboutus.

56. AfriQAN. Constitutional Amendments _ 2013［R］. Libreville，Gabon,June 2013.

57. Allafrica. Africa's Education Strategy to Unleash Continent's Potential ［EB/OL］. ［2016-01-29］. http：//allafrica. com/stories/201601291593. html.

58. Association of African Universities. AAU Supports the CESA 2016—2025 Initiative ［EB/OL］. ［2016-02-18］. https：//blog. aau. org/aau-supports-the-cesa-2016-2025-initiative.

59. Association of African Universities. Strategic Plan 2011—2015 ［R］. Accra，Ghana，2011.

60. Association of African Universities. Core Programme（2013 —

2017)[R]. Accra，Ghana，2013.

61. Association of African Universities. The Implications of WTO/ GATS for Higher Education in Africa：Proceedings of Accra Workshop on GATS［EB/OL］. ［2018-10-19］. https：//trove. nla. gov. au/work/ 32278115? selectedversion＝NBD41229239.

62. Association of African Universities. Objectives and Expected Outcomes［EB/OL］. ［2015-08-02］. http：//www. aau. org/page/objectives-and-expected-outcomes Quality-assurance-support-programme-african-higher-education .

63. AAU. Database of African Theses and Dissertations（DATAD）［EB/OL］. ［2015-08-20］. http：//www. aau. org/page/database-african-theses-and-dissertations-datad.

64. African and Malagasy Council for Higher Education. CAMES' Strategic Development Plan 2015—2019［EB/OL］. ［2018-11-01］. http：// www. lecames. org/attachments/article/56/youblisher. com-855961-CAMES_Strategic_Development_Plan. pdf.

65. FAWE. Strengthening Gender Research to Improve Girls' and Women's Education in Africa[R]. FAWE，2011.

66. ICADETA. Strategic Plan（2014—2019）[R]. 2014.

67. INHEA. INHEA and AAU to Implement CESA 2016—2025［EB/ OL］. ［2017-06-08］. http：//www. inhea. org/inhea-and-aau-to-implement-cesa-2016—2025.

68. IUCEA. Strategic Plan for 2016/17—2020/21［R］. Inter-University Council for East Africa，Kampala，Uganda，2016.

69. IUCEA. Enhancing the Capacity of East African Universities to Utilize ICT for Sustainable Regional Development［EB/OL］. ［2015-07-20］. http：//www. aau. org/sites/default/files/mrci/iucea_final_report_no_ 55_june2011. pdf.

70. IUCEA. A Roadmap to Quality：Handbook for Quality Assurance in Higher Education[Z]. 2010.

71. IUCEA. Rolling Strategic Plan（2011/12—2015/16）[Z].2011.

72. IUCEA. Regional Quality Assurance Framework[EB/OL]. [2010-12-04]. http://www. iucea. org/? jc=qal.

73. IUCEA. Information and Communication Technology Masterplan (2009/10—2014/15)[EB/OL]. [2014-11-23]. http://www. iucea. org/index. php? option = com _ phocadownload&view = categories&Itemid =613.

74. Junaid M I, Maka F. In-Service Teacher Education in Sub-Saharan Africa: A Synthesis Report [EB/OL]. [2016-05-26]. http://www. iicba. unesco. org/sites/default/files/In-Service%20booklet%201. pdf.

75. SARUA. Building Higher Education Scenarios 2025: A Strategic Agenda for Development in SADC[R]. Sarua Leadership Dialogue Series. volume 3,number 2,2012.

（四）非盟及次区域政府间组织文件

76. African Union. Continental Education Strategies for Africa(2016—2025)[R]. Addis Ababa，2016.

77. African Union. Implementation of the Continental Education Strategy for Africa[EB/OL]. [2016-06-27]. https://african-union. africa newsroom. com/ press/ implementation-of-the-continental-education-strategy-for-africa? lang=en.

78. African Union. Meeting to Set Up an Informal Working Group on the Implementation of the 2014 Addis Convention[R]. Paris,2015.

79. African Union. Agenda 2063: The Africa We Want. Second Edition,Popular Version[R]. Addis Ababa: African Union,2014.

80. African Union. Arusha Convention Modified [R]. Nairobi, Kenya,2011.

81. African Union. Concept Paper for the First AU Pan-African Conference on Educational Publishing[R]. Addis Ababa，Ethiopia,2009.

82. African Union. Report of First Pan African Conference on Curriculum,Literacy and Book Sector Development: Re-building Education in Africa[R]. Addis Ababa,Ethiopia，2009.

83. African Union/AQRM. Harmonization of Higher Education Programmes in Africa: Opportunities and Challenges [R]. Accra, Ghana,2008.

84. African Union. Harmonization of Higher Education Programmes in Africa: A Strategy for the African Union[R]. Johannesburg,South Africa, 2007.

85. African Union. Strategy to Revitalize Technical and Vocational Education and Training (TVET) in Africa [R]. Addis Ababa, Ethiopia,2007.

86. African Union. The Second Decade of Education for Africa (2006—2015):Plan of Action[R]. Addis Ababa, Ethiopia,2006.

87. African Virtual University. Multinational Support Project [EB/OL]. [2017-05-15]. http://www. avu. org/avuweb/en/projects/past-projects/multinational-support.

88. African Virtual University. Teacher Education Program 2003[EB/OL]. [2017-06-18]. http://www. avu. org/avuweb/en/projects/past-projects/teacher-education.

89. EAC. 4th EAC Development Strategy (2011/12—2015/16)[R]. Arusha: EAC, 2011.

90. EAC. Ministers Endorse Plan for Harmonization of EAC Education Systems [EB/OL]. [2013-02-28]. http://www. eac. int/education/index. php? option ＝ com _ content&view ＝ article&id ＝ 77: ministers-endorse-plan-for-harmonization-ofeac-education-systems-&catid ＝34: press-rleases&Itemid＝48.

91. EAC Secretariat. Harmonised Curriculum Structures and Framework for the East African Community Secondary Teacher Education [R]. Nairobi, Kenya, 2014.

92. East African Higher Education Quality Assurance Network. EAQAN Strategic Plan 2015—2020[EB/OL]. [2019-08-20]. http://eaqan. com/strategic-plan.

93. ECLT Foundation. AU Spotlight on Rights,Education & Gender

Equality [EB/OL]. [2016-03-17]. http://www. archive. constantcantact. com/fs105/1011067834807/archive/112412310855. html.

94. ECOWAS. Education Experts Develop Strategies to Harmonize Educational Systems in West Africa[EB/OL]. [2018-01-31]. http://www. ecowas. int/education-experts-develop-strategies-to-harmonize-educational-systems-in-west-africa.

95. The East African Community Common Higher Education Area. Declaration[EB/OL]. [2019-08-20]. http://iucea. org/eaheal/declaration.

96. The First International Conference on Adult Basic and Literacy Education in the Southern African Development Community. The Pietermaritzburg Declaration[R]. Pietermaritzburg: SADC, 2002.

97. Ngosi V B. Higher Education in the Second Decade of Education for Africa(2006—2015)[R]. African Union Commission, August 2009.

98. Organization of African Unity. Harare Programme of Action of the Decade of Education in Africa (1997—2006) [R]. Addis Ababa: OAU,1999.

99. Olubusoye O E. Indicators and Date for Monitoring: The Plan of Action for the Second Decade of Education for Africa[R]. A Consultancy Report Submitted to the Directorate of Human Resources, Science and Technology of the African Union Commission, Addis Ababa, Ethiopia,2008.

100. SADC. Regional Open and Distance Learning Policy Framework [R]. SADC, 2012.

101. SADC. Southern African Development Community Regional Indicative Strategic Development Plan[R]. Gaborone: SADC, 2002.

102. Southern African Development Community. Protocol on Education & Training (1997) [EB/OL]. (1997-09-08). https://www. sadc. int/documents-publications/show/Protocol_on_Education Training1997. pdf.

103. STC-EST. African Union-International Centre for Girls and Women Education in Africa Strategic Plan 2015—2017[R]. Addis Ababa: African Union, 2015.

（五）域外国际组织文件

104. Aitchison J，Alidou H．The State and Development of Adult Learning and Education in Subsaharan Africa-Regional Synthesis Report [R]．Hamburg：UNESCO Institute for Lifelong Learning，2009.

105. Arias O，Evans D K，Santos I．The Skills Balancing Act in Sub-Saharan Africa：Investing in Skills for Productivity，Inclusivity，and Adaptability[M]．Washington，D. C.：The World Bank and Agence Française de Développement，2019.

106. Bashir S．The Imperative of Skills Development for the Structural Transformation of Sub-Saharan Africa：Potential for China-World Bank-Africa Collaboration[R]．Washington，D. C.：The World Bank，2015.

107. Bhuwanee T．Reforming Secondary Education in Africa：Proceedings of a Regional Seminar [EB/OL]．[2017-10-26]．http://unesdoc. unesco. org/images/0015/001512/151295eo. pdf.

108. Bold T，Deon，Gayle M，et al．What Do Teachers Know and Do? Does It Matter? Evidence from Primary Schools in Africa [Z]．Washington，D. C.：The World Bank，2017.

109. Bontoux V，Amanda B，David F，et al．Secondary Textbook and School Library Provision in Sub-Saharan Africa[R]．Washington，D. C.：The World Bank，2008.

110. Evaluation Office of UNESCO．Evaluation of UNESCO's Regional Conventions on the Recognition of Qualifications in Higher Education[R]．Internal Oversight Service. IOS/EVS/PI/149，2016.

111. Harley K，Barasa F S．TESSA Formative Evaluation Report [R/OL]．[2015-10-18]．http://www. tessafrica. net/sites/www. tessafrica. net/files/TESSA_Formative_Evaluation_Report_October_2012. pdf.

112. International Labour Office．Global Employment Trends for Youth[R]．International Labour Office，Geneva，August 2004.

113. Lauwerier T，Akkari A．Teachers and the Quality of Basic Education in Sub-Saharan Africa[R]．Education Research and Foresight，

Working Papers Series. Paris: UNESCO, 2015.

114. Naito T. Current State and Development Potential of the ICT Sector in Africa[R]. Japan International Cooperation Agency (JICA), Tokyo, Japan, 2018.

115. Pedró F. "Quality Teachers for EFA": Enhancing Teacher Education for Bridging The Quality Gap in Subsaharan Africa [R]. Progress Report July 2013. UNESCO, 2013.

116. Saint W S. Universities in Africa: Strategies for Stabilization and Revitalization[M]. Washington, D. C. : The World Bank, 1992.

117. Souter D, et al. ICTs for Education in Africa[R]. Washington, D. C. : The World Bank, 2014.

118. Sutherland-Addy E. Gender Equity in Junior and Senior Secondary Education in Sub-Saharan Africa [R]. Washington, D. C. , United States of America: The International Bank for Reconstruction and Development/The World Bank, 2008.

119. Tekola T. Implementing People-centered and Inclusive Policies can Help Ethiopia Leave no One Behind[EB/OL]. [2017-01-17]. http:// blogs. worldbank. org/nasikiliza/comment/1360#comment-1360.

120. TIMSS. 2003 International Mathematics Report. Findings From IEA's Trends in International Mathematics and Science Study at the Fourth and Eighth Grades[R]. Chestnut Hill, MA: TIMSS & PIRLS International Study Center, Boston College, 2004.

121. UIS. New Methodology Shows 258 Million Children, Adolescents and Youth Are Out of School[R]. Fact Sheet no. 56, September 2019. UIS/2019/ ED/FS/56.

122. UIS. School Resources and Learning Environment in Africa—Key Results from a Regional Survey on Factors Affecting Quality of Education (August 2016) [R/OL]. [2020-08-10]. http://uis. unesco. org/sites/ default/files/school-resources-and-learning-environment-in-africa-2016-en/ school-resources-and-learning-environment-in-africa-2016-en. pdf.

123. UIS and Global Education Monitoring Report. Meeting

Commitments: Are Countries on Track to Achieve SDG 4? [R]. UIS and Global Education Monitoring Report, 2019.

124. UNESCO. General Introduction to the Standard-setting Instruments of UNESCO[EB/OL]. [2019-10-13]. http://portal. unesco. org/en/ev. php-URL_ID=23772&URL_DO=DO_TOPIC&URL_SECTION=201. html.

125. UNESCO. Better Education for Africa's Rise II: Promoting and Transforming TVET in Eastern Africa (2017—2021)[R]. Paris, 2017.

126. UNESCO. Evaluation of UNESCO's Regional Conventions on the Recognition of Qualifications in Higher Education[R]. Evaluation Office of UNESCO, 2016.

127. UNESCO. Education for All 2000—2015: Achievements and Challenges[R]. Paris: UNESCO, 2015.

128. UNESCO. UNESCO Education Strategy 2014—2021[EB/OL]. [2015-10-15]. http://unesdoc. unesco. org/images/0023/002312/231288e. pdf.

129. UNESCO. Evaluation of the Teacher Training Initiative for Sub-Saharan Africa (TTISSA)[R]. Paris: UNESCO, 2009.

130. UNESCO. Teacher Training Initiative for Sub-Saharan Africa (TTISSA)2006—2015[Z]. Paris: UNESCO, 2006.

131. UNESCO. Regional Convention on the Recognition of Studies, Certificates, Diplomas, Degrees and Other Academic Qualifications in Higher Education in the African States[Z]. revised at Cape Town on 12 June 2002.

131. UNESCO. The Arusha Convention: Regional Convention on the Recognition of Studies, Certificates, Diplomas, Degrees and other Academic Qualifications in Higher Education in the African States[Z]. Arusha, Tanzania, 1981.

132. UNESCO, African Union. Revised Convention on the Recognition of Studies, Certificates, Diplomas, Degrees and Other Academic Qualifications in Higher Education in African States[Z]. 2014.

133. UNESCO IICBA. UNESCO IICBA Strategic Plan 2018—2021

［R］. UNESCO-IICBA，2019.

134. UNESCO Institute for Lifelong Learning. Maputuo Strategic Platform：The Literacy Initiative for Empowerment in Africa［R］. Hamburg：UIL，2008.

135. UNESCO Office in Dakar. Harmonization of Bachelor-Master-Doctorate Programme in West Africa［EB/OL］. （2016-04-18）［2020-07-15］. http：//www. unesco. org/new/en/media-services/single-view/news/harmonization_of_bachelor_master_doctorate_programme_in_west.

136. UNESCO，UNICEF. The World We Want：Education in the Post—2015 Development Agenda［R］. New York：UNESCO，UNICEF，March 2013.

137. Verspoor A，Bregman J. At the Crossroads：Challenges for Secondary Education in Africa ［EB/OL］. ［2017-10-28］. http：//siteresources. worldbank. org/INTAFRREGTOPSEIA/Resources/SEIA _ Synthesis_Report_feb_08. pdf.

138. WHO. Global Status Report on Road Safety 2015［R］. World Health Organization，Geneva，Switzerland，2015.

139. Wolfenden F，Umar A，Aguti J，et al. Using OERs to Improve Teacher Quality：Emerging Findings from TESSA［R/OL］. http：//oro. open. ac. uk/27174/2/PCF_6_Full_paper_Wolfenden_Amended. pdf.

140. Wolfenden F，Buckler A S H，Keraro F. OER Adaptation and Reuse across Cultural Contexts in Sub-Saharan Africa：Lessons from TESSA（Teacher Education in Sub-Saharan Africa）［EB/OL］. http：//jime. open. ac. uk/articles/10. 5334/2012-03/print.

141. World Economic Forum. Africa Competitiveness Report 2017 ［EB/OL］. ［2017-09-30］. https：//www. weforum. org/reports/africa-competitiveness-report-2017. pdf.

142. World Economic Forum. The Global Competitiveness Report 2016—2017［EB/OL］. ［2016-09-28］. https：//www. weforum. org/reports/the-global-competitiveness-report-2016-2017-1.

143. The World Bank. 4th Paset Forum：Partnerships and Innovation

Skills Development in Africa[EB/OL]. http://documents. shihang. org/curated/zh/982271496828868021/pdf/115745-WP-PASETForumReport June-PUBLIC. pdf.

144. The World Bank. The PASET Regional Benchmarking Initiative to Strengthen African Universities: An Africa-led Initiative to Bridge the Skills Gap in Applied Sciences, Engineering, & Technology[R/OL]. 2017. http://documents. banquemondiale. org/curated/fr/215061468181132396/pdf/105382-REV-Benchmarking-factsheet-Aprl 2017-v2. pdf.

145. The World Bank. "Learning for All: Investing in People's Knowledge and Skills to Promote Development", An Executive Summary of the Strategy 2020[R]. Washington,D. C. : The World Bank,2011.

146. The World Bank. Youth and Employment in Africa: The Potential, the Problem, the Promise[R]. Washington,D. C. : The World Bank, 2009.

147. The World Bank. Opening Doors: Education and the World Bank [R/OL]. (2002-01-01)[2010-07-01]. http://documents. worldbank. org/curated/en/154481468781526700/Opening-doors-education-and-the-World-Bank.

（六）其他文件

148. African Development Bank. AfDB Group Strategy for Jobs for Youth in Africa,2016—2025[EB/OL]. (2016-06-07). https://www. tralac. org/news/article/9843-afdb-group-strategy-for-jobs-for-youth-in-africa2016—2025. html.

149. Ministry of Education. Pre-tertiary Teacher Professional Development and Management in Ghana[R]. Accra: Ministry of Education, 2012.

150. Mohamedbhai G. Towards an African Higher Education and Research Space: A Summary Report[R]. ADEA,2013.

151. Quartapelle L. Aid Dependence and the Challenge of Self-reliance in Sub-Saharan Africa[R]. ISPI Policy Brief, Istituto Per Gli Studi Di Politica Internazionale, 2010.

152. Sawahel W. African Ministers Agree Reform of Science

Education[EB/OL]. [2020-02-20]. http://www. scidev. net /en/news/
african-ministers-agree-reform-of-science-education. html.

153. SMASE-Africa. Strategic Plan 2016—2020 Abridged Version
[EB/OL]. [2017-10-27]. https://smase-africa. org/index. php/resources/
strategic-plan? download＝2:strategic-plan.

二、中文文献

(一)著作

154. 达姆图·塔费拉,菲利普·G. 阿尔特巴赫. 非洲高等教育:国际参考手册[M]. 郑崧,等,译. 杭州:浙江大学出版社,2014.

155. 丹条·特弗拉,简·奈特. 非洲高等教育国际化[M]. 万秀兰,等,译. 杭州:浙江大学出版社,2013.

156. 皮埃尔·布尔迪厄. 科学的社会用途——写给科学场的临床社会学[M]. 刘成富,张艳,译. 南京:南京大学出版社,2005.

157. 世界银行. 撒哈拉以南的非洲教育政策——调整、复兴和扩充[M]. 朱文武,皮维,张屹,译. 杭州:浙江大学出版社,2008.

158. 天津职业技术师范大学非盟研究中心组. 非洲一体化背景下的中非合作[C]. 郑砚秋,等,译. 北京:世界知识出版社,2013.

159. 于尔根·施瑞尔. 比较教育中的话语形成[M]. 郑现秋,等,译. 北京:北京大学出版社,2011.

160. 顾建新,牛长松,等. 南非高等教育研究[M]. 北京:中国社会科学出版社,2010.

161. 国家教育发展研究中心. 2004 年中国教育绿皮书——中国教育政策年度分析报告[M]. 北京:教育科学出版社,2004.

162. 胡娟,李立国. 大学协会组织研究[M]. 北京:中国人民大学出版社,2007.

163. 刘鸿武. 新时期中非合作关系研究[M]. 北京:经济科学出版社,2016.

164. 刘鸿武,罗建波. 中非发展合作:理论、战略与政策[M]. 北京:中国社会科学出版社,2011.

165.楼世洲.尼日利亚高等教育研究[M].北京:中国社会科学出版社,2009.

166.鲁京明,等.欧盟的高等教育[M].厦门:鹭江出版社,2006.

167.罗建波.通向复兴之路:非盟与非洲一体化研究[M].北京:中国社会科学出版社,2010.

168.罗建波.非洲一体化与中非关系[M].北京:社会科学文献出版社,2006.

169.万秀兰,等.肯尼亚高等教育研究[M].北京:中国社会科学出版社,2009.

170.张海英.高等教育合作与经济发展互动关系研究[M].天津:天津大学出版社,2014.

171.张民选.国际组织与教育发展[M].上海:上海教育出版社,2010.

172.张忠祥.中非合作论坛研究[M].北京:世界知识出版社,2012.

173.赵中建.教育的使命——面向二十一世纪的教育宣言和行动纲领[C].北京:教育科学出版社,1996.

(二)论文

174. Robert, Daugherty. 投资非洲教育,中国正在领先[EB/OL].(2019-05-13)[2019-11-18]. https://baijiahao. baidu. com/s? id=1633412935651230883&wfr=spider&for=pc.

175.陈艳云,张逸帆.日本对南太平洋岛国ODA政策的调整及其特点[J].东北亚学刊,2013(4).

176.法迪里.东非五国新财年预算的几大看点[EB/OL].[2018-10-27]. http://www. malaysiaeconomy. net/econ_rebalance/regional_econ_orgs/d3435122/2015-05-20/33808. html.

177.房乐宪.政府间主义与欧洲一体化[J].欧洲,2002(1).

178.黄新民,郑丽娟.非洲交通发展现状及前景[J].西亚非洲,2011(8).

179.黄正柏.战后欧洲联合中的"政府间主义"及其影响——兼及欧洲一体化与国家主权的关系[J].华中师范大学学报(人文社会科学版),2000(6).

180. 贾瑞霞. 国外学者关于一体化理论的一些研究[J]. 当代世界与社会主义, 2000(3).

181. 焦阳. 非洲发展高等教育将有"大手笔"三大行动启动[N]. 中国教育报, 2011-02-15.

182. 靳凤林. 资本的道德二重性与资本权力化[J]. 哲学研究, 2014 (12).

183. 阚阅, 陶阳. 向知识银行转型——从教育战略看世界银行的全球教育治理[J]. 比较教育研究, 2013(4).

184. 李军, 田小红. "一带一路"背景下中、非大学的国际合作与发展[J]. 华南师范大学学报(社会科学版), 2017(1).

185. 李薇, 赵净, 李林曙. 南非大学办学特色及对我国开放大学建设启示[J]. 河北广播电视大学学报, 2016(4).

186. 刘鸿武, 方伟. 国家主权、思想自立与发展权利——试论当代非洲国家建构的障碍及前景[J]. 西亚非洲, 2012(1).

187. 刘鸿武. 非洲一体化步履维艰[J]. 环球, 2012(7).

188. 刘青建. 非洲"2063年愿景"与发展援助的利用——中国经验与欧盟角色[J]. 当代世界, 2015(12).

189. 楼世洲, 彭自力. 非洲大学协会战略计划(2011—2015)评析[J]. 比较教育研究, 2012(12).

190. 楼世洲, 彭自力. 联合国"撒哈拉以南非洲师资培训计划"评析[J]. 比较教育研究, 2010(11).

191. 卢凌宇, 刘鸿武. 非洲的可持续发展: 挑战与应对[J]. 国际问题研究, 2016(4).

192. 罗建波. 非洲一体化进程中的非盟: 历史使命与发展前景[J]. 当代世界, 2014(7).

193. 罗建波. 泛非主义与非洲一体化[J]. 哈尔滨市委党校学报, 2007 (4).

194. 毛信意, 戚音. 中非职教合作大有可为——中国助力非洲职教发展[N]. 人民日报海外版, 2018-12-14(10).

195. 戚凯. 如果非洲实现一体化, 世界会变得怎样? [N]. 北京周报, 2017-06-13.

196.舒运国.泛非主义与非洲一体化[J].世界历史,2014(2).

197.舒运国.试析非洲统一组织时期泛非主义的走向——非洲统一组织国家和政府首脑会议文件剖析[J].世界历史,2006(4).

198.汤春红.非洲教育发展协会教育治理路径研究[D].浙江师范大学,2015.

199.陶俊浪,万秀兰.非洲高等教育一体化进程研究[J].比较教育研究,2016(4).

200.万秀兰,李佳宇.非洲高等教育卓越中心建设及中国参与——以世界银行"非洲高等教育卓越中心计划"为例[J].比较教育研究,2019(4).

201.万秀兰.非洲教育区域化发展战略及其对中非教育合作的政策意义[J].比较教育研究,2013(6).

202.万秀兰.非洲高等教育国际化的特点分析[J].比较教育研究,2012(4).

203.万秀兰,孙志远.《非盟高等教育一体化战略》评析[J].比较教育研究,2011(4).

204.万秀兰,田甜.《非洲教育"二·十"行动计划(2006—2015)》评析[J].比较教育研究,2010(4).

205.万秀兰,孙志远.《非洲职业技术教育与培训振兴战略》之评析[J].比较教育研究,2009(11).

206.王超,王秀彦.动力机制与阻力因素:欧洲高等教育一体化改革的启示[J].教育研究,2012(1).

207.王培利,崔逸豪.历史视角下的超国家主义研究[J].廊坊师范学院学报(社会科学版),2017(6).

208.魏航.欧盟高等教育合作交流政策研究[D].东北师范大学,2011.

209.吴钒珲.南非教师教育质量保障政策研究[D].福建师范大学,2012.

210.邢雪.中国首次通过联合国教科文组织成立信托基金支持非洲发展[N].人民日报,2014-10-09(21).

211.熊淳,魏体丽.非洲基础教育均衡发展的困境初探——以尼日利亚初等教育均衡发展之路为例[J].河北师范大学学报(教育科学版),2012(8).

212. 徐华芝. 全民教育发展及其问题研究[D]. 苏州大学,2014.

213. 徐辉,万秀兰. 全球化背景中的非洲高等教育本土化[J]. 比较教育研究,2007(12).

214. 徐莉,王默,程换弟. 全球教育向终身学习迈进的新里程——"教育2030行动框架"目标译解[J]. 开放教育研究,2015(12).

215. 杨小燕. 新中国扫盲教育政策发展研究[D]. 西南大学,2012.

216. 姚菲. 东非大学校际理事会教育一体化战略研究[D]. 浙江师范大学,2017.

217. 衣慧子. 南部与东部非洲教育质量监测联盟的实践研究[D]. 浙江师范大学,2013.

218. 余文胜. 非洲统一组织[J]. 国际研究参考,2000(12).

219. 余旭. 非洲腐败现象增加,政府应对无方[EB/OL]. [2018-10-27] http://www. mofcom. gov. cn/article/i/jyjl/k/201512/20151201203490. shtml.

220. 张瑾. 姆贝基"非洲复兴"思想剖析[J]. 改革与开放,2009(8).

221. 张力. 中国教育发展与规划的政策要点[J]. 教育发展研究,2010(Z1).

222. 张忠祥. 中国在非洲一体化进程中的作用[J]. 上海师范大学学报(哲学社会科学版),2012(5).

223. 郑崧,郭婧. 非洲高等教育质量保障中的地区合作——以东非大学理事会为例[J]. 比较教育研究,2011(4).

224. 郑崧. 撒哈拉以南非洲中等教育发展的停滞与复兴策略[J]. 比较教育研究,2009(5).

225. 中非合作论坛. 中非合作论坛第五届部长级会议——北京行动计划(2013年至2015年)[EB/OL]. [2017-07-08]. http://www. focac. org/chn/ltda/dwjbzzjh/hywj/t954617. htm.

226. 中华人民共和国教育部. 教育部关于印发《推进共建"一带一路"教育行动》的通知[EB/OL]. [2017-07-08]. http://www. moe. edu. cn/srcsite/A20/s7068/201608/t20160811_274679. html.

后　记

　　本书的准备和撰写过程历时五年,得到了国家社科基金的资助,也得到了浙江师范大学教师教育学院、非洲研究院领导和同事的大力支持,得到了我国比较教育界的支持和鼓励,得到了坦桑尼亚、埃塞俄比亚、乌干达等国大学以及联合国教科文组织非洲能力建设研究所、东非大学校际理事会等机构领导和专家的大力支持,也得到了我所指导的博士和硕士研究生的大力支持和参与。

　　这里特别要感谢浙江师范大学的楼世洲、刘鸿武、周跃良、陈明昆、於荣等教授,华东师范大学黄志成教授,坦桑尼亚达累斯萨拉姆大学校长威廉·阿南基瑟(William Anangisye)教授,乌干达卡巴莱大学校长乔伊·科维斯卡(Joy C Kwesiga)教授,埃塞俄比亚亚的斯亚贝巴大学教育质量保障研究专家穆鲁·卡塞(Mulu Nega Kahsay)博士,东非大学校际理事会的本德·鲁辛达(Bend Ruhinda)博士和约瑟夫·科萨姆(Joseph Cosam)博士,等等。感谢他们为本研究提供的学术意见,或接受我的访谈,或帮助我进行有关联络。其中威廉·阿南基瑟校长还亲自填写了本研究的问卷。

　　这里也要特别感谢本项目团队张玉婷、郑崧、徐倩等博士的支持,尤其感谢几年来我指导的多位博士生和硕士生的直接参与,其中陶俊浪主要参与了非洲大学协会的相关发展战略以及非洲高教一体化发展战略历程研究,孙志远参与了非盟高教一体化发展战略和非盟职业教育振兴计划的研究,李佳宇主要完成了非洲高等教育质量保障一体化路径研究,钟颖参与了非洲成人教育相关发展战略研究,吴书敏参与了非洲基础教育的相关战略研究,任云慧参与了非洲教师教育的相关发展战略研究,汤春红参与了非洲教育发展协会的相关发展战略研究,姚菲参与了东非大学校际理事会的相关发展战略研究。坦桑尼亚博士生福特·安东尼·扎卡利亚(Fute Antony Zakaria)参与了非洲教育发展战略面临的障碍研究。

正是有了这些支持和参与,我们才能开展这项复杂工程,研究了诸多非洲教育相关组织,特别是研究了这些组织在非洲教育管理、教学质量保障、教育技术运用等重点领域诸多区域一体化发展战略的规划和政策,研究了这些规划和政策一体化的政治、组织和功能路径及其法律基础,也尝试研究了这些组织和机构的教育一体化发展战略取得的成效、实施中面临的挑战,我国参与非洲教育一体化的路径,等等。

希望本书能为我国的中非教育合作相关决策以及全球教育治理思路提供一定参考,也能为我国读者进一步了解非洲教育打开一扇窗户。

非洲教育一体化发展战略是一张巨大的网,下面有太多的组织,太多的战略策略和规划政策,太多的持份者和太多的影响因素。而且有些战略是刚刚开始,尚待时间去落实;有的战略是刚刚结束,尚待时间去检验。加上非洲研究还是一个新兴的研究领域,基础薄弱,所以五年的研究时间非常不够,本书还有很多不足的地方,尤其是有关非洲教育一体化发展战略的实施效果和影响因素分析方面有待加强。我们的研究有待继续,还望广大学者和同仁提出宝贵意见。

浙江师范大学国际与比较教育研究院
万秀兰
2020 年 8 月 30 日

图书在版编目(CIP)数据

非洲教育一体化发展战略研究 / 万秀兰等著. 一杭
州 : 浙江大学出版社，2020.12
ISBN 978-7-308-21070-6

Ⅰ.①非… Ⅱ.①万… Ⅲ.①教育－一体化－发展战
略－研究－非洲 Ⅳ.①G54

中国版本图书馆 CIP 数据核字(2021)第 028307 号

非洲教育一体化发展战略研究

万秀兰　李佳宇　等　著

责任编辑	吴伟伟 weiweiwu@zju.edu.cn
责任校对	许艺涛
封面设计	雷建军
出版发行	浙江大学出版社
	(杭州市天目山路 148 号　邮政编码 310007)
	(网址:http://www.zjupress.com)
排　　版	浙江时代出版服务有限公司
印　　刷	杭州高腾印务有限公司
开　　本	710mm×1000mm　1/16
印　　张	30.75
字　　数	504 千
版 印 次	2020 年 12 月第 1 版　2020 年 12 月第 1 次印刷
书　　号	ISBN 978-7-308-21070-6
定　　价	98.00 元